KB055723

한국 판타지 아이템 도감

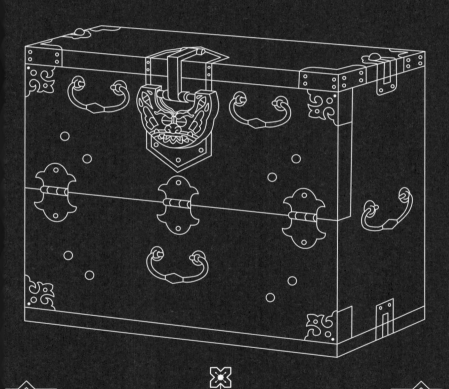

화화

한국 판타지 아이템 도감

저자 : 화화 스튜디오

ISBN 979-11-967556-6-9 [03910]

발행일 : 2022년 4월 6일

발행처 : (주) 화화

話花
화화
HWAHWA

목차

2. 의류/장신구

3. 문방구

4. 일상사물

5. 유기물

6. 술/약

7. 기타

서 론

쳇바퀴처럼 돌아가는 일상 속, 사람들은 마음 한켠에서 꿈을 꾸며 다양한 마법 도구들을 상상합니다. 나를 부자로 만들어줄 돈이 계속 나오는 상자, 내가 싫어하는 사람을 몰래 벌할 수 있는 무언가 등 다채로운 상상 속에서 이러한 도구들은 빠지지 않고 등장하며, 이는 과학이 눈부시게 발전한 오늘날에도 많은 사람의 머릿속에서 이루어지는 몽상입니다.

서양을 기반으로 한 판타지물의 다양한 콘텐츠 속에는 이를 충족해주는 마법 아이템들이 하나의 필수요소로서 자리잡고 있습니다. 하지만 동양을 기반으로 한 콘텐츠의 경우 판타지물 자체가 흔하지 않을 뿐더러, 동양의 정서와 문화가 담긴 마법 아이템을 찾기란 더욱 쉽지 않으며, 그나마 국내에 많이 알려진 건 도깨비방망이, 선녀의 날개옷 등에 불과합니다.

한국형 몬스터 판타지물 <묘시월드>를 애니메이션으로 제작하고 있는 저희 화화 스튜디오에서는 애니메이션에 필요한 마법 아이템 자료를 찾아보다, 현존하는 자료는 그 양도 턱없이 부족할 뿐더러 체계적이지도 않고, 상상력을 자극하는 삽화 하나 그려져 있지 않다는 점이 아쉽게 생각되었습니다. 이에 저희가 직접 "한국의 고문헌에 등장하는 다양한 마법 아이템을 담은 자료집을 만들어보자"라는 생각을 가지게 되었고, 그렇게 수개월간 이승민 선생님과 함께 모은 자료로 이 책이 나오게 되었습니다.

책 속에 등장하는 마법 아이템들은 한국의 고전소설과 문헌 속에 등장하는 원전을 기반으로 내용을 작성하였습니다. (스케치 과정에서는 누구나 가지고 싶고 독자 여러분의 상상력을 자극할 수 있는 아름답고 이색적인 모습의 아이템으로 그리고자 하였는데, 원전 속 묘사가 부족하거나 도구의 쓰임이 확실치 않은 것들에는 한국의 유물과 민화 속 도구들의 모습을 참고함과 동시에 저희 화화 스튜디오의 상상력이 조금씩 가미되었습니다.)

본문 내용을 읽어보시다 보면 옛 중국을 배경으로 한 내용이 많음을 발견하실 수 있을 겁니다. 이에 관해서는 자세한 설명이 필요할듯 합니다.

옛 우리 조상들은 옛 중국의 국가나 지방을 배경으로 한 소설을 많이 창작하였습니다. 지금도 그러하지만 당시에도 중국이라는 나라는 넓은 대륙을 가진 나라로, 다양한 상상력을 펼치기 좋은 이국적인 무대였던 것으로 보입니다. 현대의 많은 판타지물 작가님들이 서양의 판타지 설정을 차용해서 쓰시는 것과 같은 이치입니다. 그래서 우리의 조상이 상상하여 썼음에도 불구하고 배경이 중국인 경우가 많지만, 배경만 그러할 뿐 내용에 있어서는 한국의 정서가 녹아있으며 원전은 모두 한국의 것임을 장담합니다.

다만, 기록이 정확하지 않은 설화중에는 중국 문화가 바탕이 되는 것들도 있습니다. 설화(說話)라는 것이 한자 뜻 그대로 '입에서 입으로 전해지는 이야기'이다 보니, 어디서부터 어디까지가 어느 조상에게서 전달되었는지 선을 나누기 애매한 부분이 있습니다. 고민 끝에 저희 화화 스튜디오에서는 한 때 고구려가 현재 중국의 영토를 차지하고 있었고, 우리는 고구려를 한국의 조상으로 간주하기 때문에 그 근방의 설화도 우리나라의 설화로 봐도 무방하다고 결론을 지었습니다. 이야기의 무대가 중국 지방인 점은 상당히 아쉽지만, 우리 조상들이 중국에서 건너온 이야기에 살을 붙이고, 더 재밌게 각색한 자체를 즐기는 데 중점을 둔 것으로 보았습니다. 그러한 의미에서 우리도 이를 어느 정도 수용하고, 우리의 문화로 여겨 활용하고 발전시키는 것이 중요하다고 생각합니다.

도구라는 것은 인간의 삶에서 빠질 수 없는 것 중 하나이며, 인간의 정신문화와 사회문화를 이해하는 중요한 요소입니다. 도구의 사전적 정의는 다음과 같습니다.

도구 [道具]
일을 할 때 쓰는 연장을 통틀어 이르는 말
어떤 목적을 이루기 위한 수단이나 방법

즉, 도구는 인간이 생활하는 데 사용하는 모든 연장을 통틀어 이르는 말이기도 하지만, 어떤 목적을 이루기 위한 수단이나 방법을 의미하기도 합니다. 한국의 역사와 문화를 발전시키기 위해서는 옛 문헌 속 우리의 것들을 계속해서 이용하고 연구하는 것이 중요합니다. 그러한 의미에서 이 책이 한국의 다양한 판타지 장르를 발전시킬 수 있는 도구(道具)가 되기를 바라며, 한국 전통 문화의 현대화와 글로벌화를 위해 화화 스튜디오는 계속해서 다양한 프로젝트를 이어나갈 것입니다.

참고사항
- 책에 실린 도구는 총 323개입니다.
- 책에 소개된 도구들의 이름은 모두 본문에 그대로 기재했고, 문헌에 나와 있지 않은 도구 이름은 내용에 나온 특징을 바탕으로 작명하여 기재했습니다.
- 도구가 소개된 문헌의 내용은 근본적인 문맥을 해치지 않는 선에서 읽기 쉽게, 이해하기 쉽게 정리했습니다.
- 책에 사용된 모든 삽화와 일러스트 디자인은 화화 스튜디오에서 제작된 업무상저작물로 화화 스튜디오의 서면 동의 없이는 어떠한 형태나 수단으로도 이용할 수 없습니다. (비상업적 목적의 경우에도 반드시 화화 스튜디오의 동의를 얻은 후에 사용하시기 바랍니다)
- 각 도구의 디자인은 한국형 몬스터 판타지물 <묘시월드> 애니메이션 및 게임, 출판물 등에 그대로 적용되어 사용될 예정입니다.

아이템 목차별 분류

판타지 아이템들의 항목은 총 7가지로 크게 분류하였습니다. 아이템의 일반적인 용도와 형태를 분류 기준으로 삼았는데, 예를 들어 일반적으로 붓의 경우 무언가를 기록하기 위한 도구이지만, 판타지 아이템으로써 '문신손님의 붓'은 인간의 운명을 정해주는 역할을 합니다. 이 경우 목차에는 아이템의 원래 용도와 형태를 바탕으로 '문방구'에 분류되어 있지만, 내용상의 용도는 '기타'로 구분되어 있습니다. 다음은 목차에 적용된 아이템 분류 기준의 정의와 순서입니다.

무기류	전쟁이나 싸움에 사용되는 도구
의류/ 장신구	몸을 싸서 가리거나 보호하기 위하여 피륙 따위로 만들어 입는 것, 몸치장을 하는 데 쓰는 것
문방구	주로 문인들이 서재에서 쓰는 물건들로, 글을 쓰거나 사무를 보는 데 필요한 도구
일상사물	생활에 필요한 다양한 물건
유기물	생체를 이루며, 생체 안에서 생명력에 의하여 만들어지는 물질
술/약	알코올 성분이 들어 있어 마시면 취하는 음료/병이나 상처 따위를 고치거나 예방하기 위하여 먹거나 바르거나 주사하는 물질
기타	구슬, 물, 조각상 등 위 항목들에 포함되지 않는 도구

아이템 용도별 분류

앞서 설명해드렸다시피 목차에 따라 분류된 항목과는 별도로 아이템의 실제 쓰임에 따라 용도를 크게 8가지로 분류하고, 여기 속하지 않는 그 외 다양한 것들은 '기타'로 묶어두었습니다.

공격용	직접적으로 대상에게 물리적, 신체적 피해를 바로 줄 수 있는 것. 군사를 불러내는 것과 귀신 혹은 요괴를 물리치는 도구도 포함
방어용	대상의 공격(술수, 물리적 피해 등)으로부터 방어를 할 수 있는 것
저주용	남에게 재앙이나 불행이 일어나도록 빌고 바라는 마음을 담아 사용하거나, 사용자에게 불행한 일이 생기거나 재앙이 일어나는 것
이동용	타고 이동할 수 있거나 이동수단으로 변신하는 것, 혹은 이동할 때 간접적으로 도움을 주는 것
화수분	원하는 것 혹은 재물을 끊임없이 얻을 수 있는 물건
치유용	작게는 상처를 치료하는 것부터 크게는 죽은 사람을 살리는 것까지 신체적, 정신적 치료를 가능하게 하는 것. 불사불로(不老不死)를 가능하게 하는 것과 배고픔을 없애는 경우도 포함
변신용	사용하면 외적인 모습에 변화가 일어나거나 신체에 확실한 변화가 생기는 것. 젊어지거나 힘이 세지는 경우도 포함
분석탐지용	정보를 얻을 수 있거나 대상의 실체를 볼 수 있는 것
기타	기타 다른 다양한 용도로 사용되는 것

여러 방법으로 사용 가능한 도구들은 용도를 2가지 이상 표기했습니다. 최대한 문헌에 적힌대로 해석하고자 했으나 도구의 용도를 나누는 과정에서 설명이 부족하거나 해석이 난해한 것들은 저희의 독자적인 해석과 설정이 조금 추가되었습니다.

무기류

한국 판타지 아이템 도감에서 가장 많은 수량을 차지하고 있는 아이템
은 바로 검입니다. 도술을 부리고 요괴들을 퇴치해야 하는 신화나 설
화 속의 주인공들에게는 아무래도 공격형 무기류 아이템이 가장 많이
필요하겠지요.

갑옷

공명 선생의 갑주(甲冑)*

와룡도인이 석태룡에게 준 갑옷과 투구로 제갈공명이 사용했던 것

용도	방어용
관련문헌	석태룡전

석태룡은 어릴 적 어머니를 여의고, 그의 아버지마저 간신들의 계교로 수룡섬에 귀양을 가게 되었다. 아버지가 없는 틈을 타서 계모는 태룡 남매를 죽이기 위해 태룡의 생일날 음식에 독약을 넣었다. 하지만 돌아가신 태룡의 어머니가 태룡의 꿈에 나와 이를 알려주었고, 태룡 남매는 음식을 먹지 않았다. 이에 계모는 남매에게 음식을 억지로 먹였고, 남매는 독에 의해 기절하고 말았다. 하지만 다행히도 유모가 약을 먹여 독을 치료해주었고, 남매가 달아날 수 있도록 도와주었다. 그렇게 남매는 집을 떠나 길을 가던 도중 도적을 만나 서로 헤어지게 되었다. 이후 태룡은 꿈에서 나타난 어머니가 알려준 길로 가서 와룡도인을 만났고, 와룡도인으로부터 5년간 병법과 무술을 배웠다. 이때 남해국에서 오철쇠라는 장수가 십만 대군을 이끌고 쳐들어와 80여 채나 되는 성을 함락시켰다. 오철쇠는 오자서의 현손(玄孫)*으로, 머리가 셋, 손이 여섯 개이며, 키는 11척이나 되었기 때문에 어떤 장수도 그를 막아낼 수 없었다.

와룡도인은 오철쇠는 삼태육성(三台六星)*의 정기를 가지고 있으나, 태룡은 태백 금성의 정기를 가지고 있어 대적할 만하다면서, 석태룡에게 공명

선생의 갑옷과 투구를 주고 출전할 것을 명했다. 그렇게 석태룡이 길을 떠나려고 하는데 태향산 선군이 길가에서 말을 데리고 있다가 상제가 전하라고 하였다며 용마를 주고는 사라졌다.

그렇게 출전한 태룡은 전장에서 병서와 천문지리를 익혀 뛰어난 재주로 적의 공격을 막아내고 있던 누이 석여룡과 재회하였고, 힘을 합쳐 오철쇠를 격파하여 나라를 구하였다.

와룡도인이 석태룡에게 옛날에 제갈공명이 사용했다고 하는 공명 선생의 갑주를 주는데, 흥미로운 점은 와룡도인 역시 제갈공명의 별명인 와룡이 들어간다는 점이다. 그리고 제갈공명은 장수가 아니라 책사라 자신의 갑옷이나 투구가 따로 있지 않았을 것이니 이 도구는 석태룡전의 작가가 창작한 도구라 생각된다.

* 갑주: 갑(甲)은 갑옷, 주(冑)는 투구를 이른다
* 현손(玄孫): 증손자의 아들. 또는 손자의 손자
* 삼태육성(三台六星): 북두칠성의 국자 모양에 비스듬히 늘어선 세 쌍의 별. 우리나라 천문에서 매우 중요한 별자리로 인식되었으며 이름을 붙여 의인화하여 중요한 신장으로 생각했다

곽재우의 붉은 옷

곽재우의 아내가 만들어 준 군복으로 많은 사람의 정성을 모아 바느질한 것. 제아무리 강한 화살과 총알이라도 군복을 뚫지 못한다

용도	방어용
관련문헌	임석재 전집 한국구전설화

곽재우는 임진왜란 때 의병장이었는데, 감사였던 곽월의 다섯 자식 중 막내였다. '홍의장군'이라고 불렸던 곽재우는 호탕하고 힘이 센 장사였다.

어느 날 정초가 되어 곽재우는 처갓집에 세배를 하러 갔다. 처갓집 앞에는 강이 있고 강 건너편에 산이 있었는데, 그 산 중턱에서 불이 반뜩반뜩하는 것을 보았다. 강 건너편의 산은 사람이 오를 수 없는 곳인데, 불이 반뜩반뜩하는 것을 이상하게 여긴 곽재우는 집으로 돌아와 사람들에게 반뜩거리는 불에 관해 물었다. 처갓집 식구들이 말하길 삼 년 전부터 사람이 오를 수 없는 앞산에서 불이 반짝거린다고 했다. 이것을 이상하게 생각한 곽재우는 이튿날 그곳에 올라가려고 했으나, 사람들은 내려오지도 올라가지도 못하는 높고 험한 곳이라며 곽재우가 가지 못 하게 말렸다. 그래도 곽재우는 사람들의 만류를 뿌리치고 산에 올라갔다. 산에는 작은 집이 있었고, 그곳에는 젊은 아가씨와 팔 척의 거대한 사내가 있었다. 그 남자는 곽재우를 보고 반가워하며, 사람이 오기 힘든 곳인데 어떻게 왔느냐고 물었다. 곽재우가 어떻게 하다 보니

오게 됐다고 하자, 남자는 이제 자신의 원수를 갚을 수 있겠다고 했다. 곽재우가 그에게 무슨 원수를 갚느냐고 물었다. 남자와 여인은 남매 사이인데 굴 안에 있는 큰 호랑이가 자신들의 아버지를 잡아먹었으며, 그 호랑이에게 원수를 갚으려 하는데 그동안 사람을 만나지 못해 원수를 갚지 못하고 있었다고 했다. 그리고 남자는 고기를 준비해서 곽재우에게 배불리 먹인 후 이야기하였다. 남자는 자신이 소리를 질러 호랑이가 밖으로 나오면 자신과 호랑이가 공중에서 싸우게 될 것인데, 그때 밑에서 한 번만 소리를 질러 달라고 했다. 곽재우는 남자의 부탁에 알겠다고 대답했다. 그렇게 굴 앞으로 간 남자는 소리를 질렀다. 그러자 굴이 쩌렁쩌렁 울리면서 큰 호랑이가 나왔고, 공중으로 올라가 남자와 싸우는 것이었다. 곽재우는 남자와 호랑이가 싸우는 모습을 보고 까무러쳐서 아무 소리도 지르지 못했다. 한참을 싸운 남자와 호랑이는 기진맥진하여 내일 싸우자고 하고는 돌아섰다. 기절한 곽재우를 본 남자는 곽재우의 몸을 주물러서 살려내고는, 소리 한 번 지르면 될 것을 왜 못 했느냐고 했다.

다음날 남자는 곽재우에게 노란 사슴을 잡아 먹여서 기운을 돋궈주고는, 이번에는 꼭 소리를 질러 달라고 했다. 남자는 다시 호랑이를 불러 싸웠는데, 곽재우가 저번처럼 기절하지는 않았지만, 공포에 몸이 얼어붙어 소리를 지르지 못하고 눈만

16

멀뚱멀뚱 뜨고 있었다. 남자는 다시 호랑이와 쉬었다 내일 싸우자고 한 뒤, 곽재우에게 내일 소리를 지르지 않으면 자신이 곽재우를 죽이겠다고 했다. 남자는 다시 곽재우에게 고기를 해 먹이고, 이튿날 다시 호랑이와 싸우러 올라갔다. 곽재우는 겨우겨우 기를 써서 모깃소리만 한 크기로 소리를 질렀다. 그러자 남자와 싸우던 호랑이가 이 소리를 듣고 아래를 내려다보았다. 남자는 호랑이가 잠시 한눈판 순간을 놓치지 않고 칼로 호랑이의 목을 쳐서 죽였다. 남자는 원수를 갚았다며 호랑이의 간을 내어 먹었고, 곽재우에게는 고맙다며 자신의 여동생을 주겠다고 했다. 그리고 앞으로 몇 해 안에 조선에 난리가 날 것인데, 그때 다시 만나자고 하며 사라졌다. 곽재우는 남자의 여동생을 데리고 처가로 내려왔다. 처갓집 사람들은 산에 올라간 사위가 사흘이 되도록 돌아오지 않아 걱정하고 있었다. 그때 무사한 모습으로 곽재우가 돌아오자, 처갓집 사람들은 곽재우에게 무슨 일이 있었느냐고 물었다. 곽재우는 처갓집 사람들에게 그간의 이야기를 모두 해 주었다.

그리고 시간이 흘러, 조선에 임진왜란이 일어났다. 의병군 장군이 된 곽재우에게 남자의 여동생은 "천인침 만인침(天人針 萬人針), 많은 사람의 정성을 모아 바느질한 군복은 총알도 피합니다."라고 하며, 정성스럽게 만든 붉은 군복을 곽재우에게 주었는데, 화살과 총알이 그 군복을 뚫지 못했다. 그래서 사람들은 곽재우를 홍의장군(紅衣將軍)이라고 불렀다.

그리고 임진왜란 중 어느 날 의병군과 일본 수군이 대치하고 있는데 곽재우의 귀가 가려웠다. 그때 어디선가 독수리가 날아와 일본군 배의 돛대에 앉았는데, 그 돛대가 무너지면서 배가 뒤집혀 버렸다. 일본군의 배가 뒤집힌 덕분에 곽재우는 그 전투에서 쉽게 승리를 거두었다. 독수리가 의병군 진영으로 날아오자, 곽재우와 사람들은 반갑게 환영했다. 그러자 독수리가 곽재우에게 오랜만이라며, 자신을 알아보지 못하겠냐고 했다. 곽재우는 골똘히 생각하더니 기억이 잘 나지 않는다고 했다. 그러자 독수리는 자신은 중국에 사는 독고필인데, 전에 호랑이에게 원수를 갚았던 남자라고 했다. 그러자 곽재우는 기억이 난다고 하며 그를 기쁘게 맞아 주었다.

여동생 없이 남자 혼자만 있는 경우도 있고, 남자와 여인이 남매 사이가 아니라 부부 사이인 유형도 있다. 곽재우가 부인의 혈루*를 갑옷에 먹여 입고 다녔는데, 화살과 총알이 그 갑옷을 뚫지 못해 홍의장군이라 불렸다는 유형도 있으며, 호랑이가 날아다니지 못하는, 그냥 평범한 호랑이인 유형도 있고, 원수를 갚은 남자가 붉은 옷을 입고 도와주러 와서 곽재우에게도 붉은 옷을 주는 경우도 있다. 그리도 도움을 준 사람이 곽재우가 아니라 곽재우의 선조로 남자를 도와주어 받은 붉은 옷을 곽재우가 이어받았다는 유형도 있으며, 곽재우 대신 힘이 센 남자, 죽장군, 소금장수가 주인공인 경우도 있다.

* 혈루(血漏): 여성 성기의 부정 출혈

낭중 갑옷

권선동이 전장으로 떠나기 전 강낭자한테 부부의 증표로 받은 갑옷으로, 불에도 타지 않고, 물에도 젖지 않는 강한 방어력을 가지고 있다

용도	방어용
관련문헌	권익중전

무기류-검-자용검의 관련 문헌 <권익중전>에서 해당 내용 확인 가능

보신갑(保身甲)

몸을 보호하기 위해 입는 갑옷으로 여러 고전소설에 등장한다

용도	방어용
관련문헌	금섬전, 양풍운전, 김원전, 상운전 등 고전소설 다수

보신갑은 다양한 고전소설에서 주인공이 옥황상제 혹은 귀인이나 신선으로부터 받는 도구로 등장하며, 이 갑옷을 입고 주인공은 큰 공을 세우는 등의 활약을 한다.

<상운전>에서는 상운이 16세가 되던 날, 칠성선관이 와서 보신갑을 주고, 북두선관이 와서 칠성검을 주었다. 상운은 이 도구들을 가지고 오랑캐의 침략을 막아낸다.

<양풍운전>에서는 옥황상제가 선물한 갑옷으로, 인간 세상에 없는 보배라는 설명과 함께 천왕보살이 양풍운에게 하사한다. 그리고 이 보신갑을 입고 양풍운은 철통골을 이기며 전쟁에서 공을 세운다.

<김원전>에서는 청의와 홍의를 입은 두 동자가 김원에게 건넨 석함 속에 들어있던 것으로, 황사자(黃獅子) 보신갑(保身甲)으로 등장한다.

이처럼 보신갑은 여러 군담소설에 나오며, 범상치 않은 존재들에게 받는 도구이지만 특별한 능력은 없는 것으로 나온다.

<금섬전>에서는 금섬이 천축도사로부터 전장으로 떠나기 전에 받으며, 이 갑옷을 입고 전장에서 큰 활약을 펼쳐 공을 세운다.

용갑옷

백두산 천지를 더럽힌 흑사를 물리치기 위해 만든 갑옷으로, 머리의 사슴뿔은 날카로운 칼이며, 오리 주둥이의 입에는 화살이 설치되어 있는데 한 번에 화살이 일곱 발씩 나온다. 입은 사람이 힘을 주면 몸통의 모든 털이 빳빳하게 서서 강한 공격력과 방어력을 가질 수 있으며, 물고기 모양의 꼬리를 통해 물속에서 자유롭게 헤엄칠 수 있다

용도	공격용, 방어용
관련문헌	민간전승

백두산 천지는 풍경이 아름다워서 신선들도 내려와서 노닐곤 하는 곳이었다. 그러던 어느 날 천지에, 크고 흉측한 검은 뱀의 정령이 나타났다. 그 흑사는 온몸이 독으로 가득해서 천지의 물을 시커멓게 오염시켰고, 비린 냄새가 사방에 진동하여서 아름다운 천지를 생명체가 도저히 살 수 없는 곳으로 만들어버렸다. 이를 보다 못한 옥황상제가 천병들에게 천지를 더럽히는 흑사를 토벌하라는 명을 내

렸다. 하지만 많은 천병도 흑사를 당해낼 수 없어서 연전연패당하고 말았다. 그래서 옥황상제는 백두산 천지에 있는 흑사를 물리치는 사람은 자신의 사위로 삼고, 동시에 백두산 천지의 용왕으로 임명하겠다는 방을 붙였다. 하지만 흑사가 너무 강하여 누구도 선뜻 나서는 사람이 없었다.

옥황상제의 딸 중 아홉 번째 딸은 '저 못된 흑사를 처단할 정도면 얼마나 용맹하고 멋있는 사람일까? 그런 사람이랑 결혼할 뿐만이 아니라, 가끔 허락받아야 내려갈 수 있는 아름다운 백두산 천지에서 용왕 대접받으면서 살면 얼마나 행복할까?'라고 생각하면서 빨리 흑사를 처치하는 사람이 나타나길 기다렸다. 그런데 아무리 기다려도 흑사를 처단하겠다고 나서는 사람이 나타나지 않아 공주는 조바심이 났다. 그래서 공주는 자신이 그런 용맹한 사람을 직접 찾으러 가기로 결심했고, 세상의 모든 독을 해독할 수 있는 구슬을 몰래 가지고 인간 세상으로 내려갔다.

한편 백두산 주변에는 굉장히 활을 잘 쏘고 용감한 남자가 한 명 살고 있었다. 그는 옥황상제가 내린 방에 대해서는 아무것도 모른채, 오로지 흑사 때문에 많은 사람이 고통받고 있으며 머지않아 자신의 마을에도 흑사가 해를 끼칠 것 같아 자신이 흑사를 없애야겠다고 마음먹었다. 그래서 활을 어깨에 메고 백두산으로 향했다. 그는 백두산 꼭대기에 올라가서 발로 바

닥을 탕 구르면서 "이 나쁜 흑사야! 얼른 나오너라! 내가 널 처단해주겠다!"라고 외쳤다. 그러자 악한 악취와 함께 거대한 흑사가 천지에서 꾸물꾸물 올라와서 남자를 노려봤다. 그럼에도 남자는 겁먹지 않고 흑사에게 화살을 쐈다. 남자의 화살은 흑사의 관자놀이에 꽂혔다. 그런데 그 순간 흑사가 남자를 확 덮쳤고, 남자는 정신을 잃고 쓰러졌다. 쓰러졌던 남자가 정신을 차려보니까 선녀같이 아름다운 여자가 자신에게 복숭아즙을 먹이고 있었다. 남자가 "당신은 누구시오?"하고 묻자 선녀가 대답했다. "저는 옥황상제의 아홉 번째 딸로 우연히 이곳을 거닐다가 당신이 흑사와 싸우는 것을 보게 되었고, 요괴가 뿜은 독에 쓰러진 것을 보고 그냥 지나칠 수 없어서 당신을 구하게 되었습니다."라고 말했다. 흑사는 자신의 관자놀이에 화살을 맞춘 인간을 분명히 독으로 죽였는데, 그 인간이 다시 살아난 것을 보고는 복수하기 위해 나타났다. 하지만 선녀가 독을 없애는 구슬을 가지고 있는 것을 보았고, 저기에 닿으면 자기가 죽겠다고 생각하여 얼른 도망친 뒤 몸을 숨겼다.

흑사가 물러나는 것을 본 선녀는 안심하고는 남자에게 말했다. "전 이만 천궁에 돌아가야 할 것 같습니다. 몰래 내려온 것이기 때문에 아버지께서 알면 큰일 납니다."

용감하게 흑사와 맞서 싸우는 남자의 모습에 반한 선녀는 남자에

게 옥황상제가 어떤 방을 붙였는지 알려주었다. "저는 당신이랑 결혼하고 싶어요. 천궁에서 기다리고 있을 테니 낭군님은 부디 저 흑사 요괴를 처단하여 주십시오."라고 말했다. 남자가 "당신을 어떻게 찾아야 하오?"하고 묻자 선녀가 독을 없애는 구슬을 주면서 "이것은 독을 없애는 구슬로, 이것이 있으면 흑사의 독에 당하지 않을 것입니다. 그리고 지금 천지의 물은 저 흑사의 독 때문에 시커멓게 변하고 비린 냄새가 나지만, 흑사 요괴를 물리치고 천지에 이 구슬을 넣으면 거울같이 깨끗한 예전의 천지로 돌아올 것입니다. 그 모습은 천궁에서도 볼 수 있으니 천지가 정화되면 제가 당신을 만나러 내려오겠습니다."라고 말하고 천궁으로 올라갔다.

구슬을 얻어 흑사가 무서울 필요가 없어진 남자는 흑사를 찾아다녔지만, 흑사는 남자에게 그 구슬이 있다는 것을 알고 도망 다녔다. 그리고 남자 앞에 나타나더라도 누군가를 잡아먹어 배를 빵빵하게 부풀린 것을 남자에게 보이며 약을 올리고 도망쳤다. 이것을 본 남자는 '아, 이놈이 나랑 싸울 생각을 안 하고 또 어딘가에서 살생을 하고 왔구나. 내가 빨리 저놈을 처단해야 하는데. 뭔가 뾰족한 수를 생각해야겠어.'라고 생각하고 집으로 돌아가 지혜로운 어머니에게 어떡하면 좋을지 방법을 물어보았다.

이야기를 들은 어머니는 아들에게 갑옷을 만들어 주었다. 먼저 얼굴에는 사슴의 머리 같은 것을 씌웠는데 사슴의 뿔이 날카로운 칼로 만들어져있었다. 그리고 입에는 오리 주둥이 같은 것을 달았는데 안에는 화살을 설치하여 한 번에 화살이 일곱 발씩 나오게 장치를 했다. 그리고 몸통에는 소처럼 노란 털이 달려있었는데, 그 노란 털이 전부 강철이며 입은 사람이 힘을 주면 모든 털이 빳빳하게 서도록 만들었다. 그리고 엉덩이에는 물고기 꼬리 같은 것을 달아주었는데 그 꼬리는 소의 힘줄로 만들어서 꼬리를 자유롭게 움직여 물속에서 헤엄칠 수 있게 만들었다.

남자가 그것을 입고 천지로 갔다. 흑사가 그 모습을 숨어서 보니 난생처음 보는 이상한 게 서 있었다. "저건 뭐지? 그놈만 피하면 되는 줄 알았더니 저건 또 어디서 나타난 괴물이지?" 라 중얼거리며 모습을 드러냈다. 그러자 남자는 흑사에게 "흑사 요괴야! 나한테 덤벼라!"하고 소리를 질렀다. 흑사는 순간 움찔했지만, 아무리 봐도 그 남자가 아니었다. 흑사는 남자를 한입에 삼키려고 머리를 꽉 물었다. 그러자 칼날로 이루어진 사슴뿔에 흑사의 입안이 찢어졌다. 남자는 흑사의 입안에서 오리 주둥이로 화살도 마구 쏘았다. 흑사는 너무 아파서 그 남자를 꿀꺽 삼키려고 했다. 하지만 남자가 온몸에 힘을 주었고, 그러자 강철로 된 털들이 모두 빳빳하게 서서 남자는 삼켜지지 않고, 오히려 흑사의 이빨만 전부 부러져버렸다. 흑사는 괴로움에 몸부림을 치다가 남자를 뱉어내고 도망갔다.

남자가 흑사와 격렬하게 싸우던 도중, 선녀에게 받은 독을 없애는 구슬이 천지에 빠져버렸다. 그러자 천지에 있던 흑사의 독이 다 정화되어 물이 맑아졌다. 천궁에서 선녀가 천지의 모습을 보고 "우리 낭군님이 드디어 해냈구나! 그 나쁜 요괴를 처단한 거야." 하고 천지로 내려왔다. 그런데 남자는 없고, 이상한 괴물 같은 게 서 있었다. 그 모습에 선녀는 매우 놀랐으나 남자가 선녀를 진정시키며 자초지종을 이야기해주었다. 선녀는 이렇게 기지를 발휘하다니 더 멋있다고 말하며 남자의 갑옷을 벗기려고 했다. 그런데 둘이 밤낮을 낑낑대도 갑옷을 벗을 수가 없었다. 흑사랑 접전하는 시간동안 이미 갑옷이 자기 몸처럼 되어버린 것이었다. 선녀는 자신의 아버지한테 가서 이야기하면 옥황상제니까 뭔가 방법이 있을 거라며 남자를 데리고 천궁에 올라갔다. 옥황상제는 남자가 흑사를 물리친 것을 칭찬하였다. 남자는 선녀가 미리 일러준 대로 옥황상제에게 자신을 사위로 삼아달라고 했다. 옥황상제는 아홉 번째 공주에게도 의견을 물었고, 선녀 역시 전부터 남자를 사모하고 있었다고 대답했다. 옥황상제는 둘의 결혼을 허락하였고, 남자를 천지의 용왕으로 임명하겠다고 했다. 그리고 인간의 모습으로는 천지를 지키기 힘들 것이라며, 괴물의 모습과 인간의 모습을 자유자재로 변신할 수 있는 능력을 주었다. 그렇게 선녀와 남자는 천지의 용궁으로 내려가 살게 되었고, 남자는 도망간 흑사가 죽었는지 살았는지 확인하기 위해 흑사를 찾아다녔다. 그렇게 동굴 속에 숨어 있는 흑사를 찾아내어 처단한 후에는 행복하게 잘 살았다고 한다.

이는 백두산 주변의 조선족들 사이에서 전승되고 있는 이야기다. 그래서 중국의 설화로 볼 수도 있지만, 백두산이 역사적으로 한국의 산이었으며, 백두산이 한국과 중국의 경계점임을 생각하면 양국의 공통설화일 가능성이 있으며 그렇게 봐도 무방하다고 생각한다.
이 이야기에서는 두 가지 신기한 도구가 등장한다. 하나는 어머니가 남자에게 만들어준 갑옷으로, 신령이나 도사의 도움이 없이 인간의 기술로 만든 물건임에도 다양한 기능이 있었으며, 흑사를 위기에 몰아넣었다. 또 한 가지는 공주가 가져온 독을 없애는 구슬로, 그 구슬 덕분에 흑사의 가장 강한 무기인 독이 무용지물이 되었으며 흑사의 독으로 오염되었던 천지의 물 역시 깨끗하게 정화되었다.

용린갑

옥함 안에 들어있던 유충렬의 도구 중 하나로, 용궁의 기술로 만들어진 훌륭한 갑옷이다. 입은 사람이 화살이나 대포의 철탄 같은 공격에도 타격이 없을 정도의 방어력을 가지고 있다

용도	방어용
관련문헌	유충렬전

무기류-검-장성검의 관련 문헌 <유충렬전>에서 해당 내용 확인 가능
<어룡전> 속 용린갑 : 주인공인 어룡이 스승인 통천도사로부터 하늘에서 내려준 신물이라는 용천검과 용린갑을 받는 내용이 나온다.
<백학선전> 속 용린갑: 조은하와 대결을 펼쳤던 마대영이 전장에 입고 나온 갑옷으로, 특별한 능력이 언급되지는 않는다.

장신갑옷

선관들이 위현에게 준 갑옷으로 천상의 보배. 화살이 통하지 않을 정도로 강한 방어력을 가지고 있으며, 허리 아래 비늘 하나를 들면 몸이 사라지는 특별한 능력 또한 가지고 있다

용도	방어용
관련문헌	위현전

무기류-검-용천검의 관련 문헌 <위현전>에서 해당 내용 확인 가능.

<석일태전>에서 석일태가 옥황상제로부터 받은 은신갑(隱身甲)이 장신갑옷과 비슷한 능력이 있을 것으로 보인다. 석일태전 역시 뒷부분이 훼손되어 석일태가 은신갑을 사용하는 모습이 어떤지 알 수 없다.

관련문헌	삼국유사, 민간전승

조은하의 갑옷

옥황상제가 조은하에게 준 갑옷. 용의 비늘로 만들어진 것처럼 광채가 찬란하게 빛이 나는 것이 특징. 갑옷에 화살이 닿기도 전에 화살을 없애버리며, 갑옷에 화살이 닿으면 조금의 타격도 느낄새 없이 화살의 촉이 바로 부러질 정도로 강한 방어력을 가지고 있다

용도	방어용
관련문헌	백학선전

의류/장신구-부채-백학선의 관련 문헌 <백학선전>에서 해당 내용 확인 가능

콩으로 만든 갑옷

아기 장수가 붉은 콩 한 말을 가지고 만든 갑옷. 모든 공격을 막아낼 수 있는 갑옷이다. 단, 콩이 비어있는 부분이 약점이 된다

용도	방어용

임금과 벼슬아치들의 폭정에 백성들이 시달리던 시절, 어느 가난한 부부가 아이를 낳았다. 아기의 탯줄은 어떤 도구를 써도 잘리지 않았는데 억새풀로 이용하니 자를 수 있었다. 그런데 아기가 태어난 지 얼마 되지 않아 이상한 일이 자꾸 생겼다. 부부가 아이를 방에 잠깐 눕혀 놓고 나갔다 오면 아기 혼자서는 올라갈 수 없는 시렁*이나 장롱 위에 올라가 있는 것이었다. 이를 이상하게 여긴 부부가 몰래 숨어서 아이를 지켜보니 아기의 겨드랑이 밑에 날개가 있어 높은 가구 위에 올라갈 수 있고, 날아다닐 수 있는 것이었다. 겨드랑이에 날개가 난 아이는 장차 영웅이 된다고 하는데, 영웅이 태어난 걸 알면 왕이 가만두지 않으리라 생각한 부부는 아이를 데리고 깊은 산속으로 도망쳤다. 하지만 영웅이 태어났다는 소문이 이내 백성들 사이에 돌았고, 왕은 아기 장수를 찾기 시작했다. 이 사실을 눈치챈 아기 장수는 어디선가 콩 한 말을 가져

와 어머니께 볶아달라고 했다. 어머니는 콩을 볶다 한 알이 튀어나오자 무심코 집어먹고 말았다. 아기 장수는 이렇게 볶은 콩으로 갑옷을 만들었는데, 딱 한 알이 부족하여 왼쪽 겨드랑이 날갯죽지 아래를 가리지 못했다.

아기 장수는 부모님께 조금 있으면 군사들이 몰려 올 것인데 혹시 자신이 싸우다 죽으면 좁쌀 서 되, 콩 서 되, 팥 서 되와 함께 시신을 뒷산 바위 밑에 묻고, 삼 년 동안 아무에게도 그 사실을 알려서는 안 된다고 신신당부를 했다.

이내 군사들이 아기 장수를 잡기 위해 몰려왔다. 아기 장수와 군사들은 전투를 벌였다. 그런데 놀 랍게도 병사들이 쏘는 활이 아기 장수가 입고 있는 갑옷에 맞자 힘없이 떨어졌다. 그렇게 모든 공격을 막아내던 아기 장수가 왼팔을 들어 올리자 콩으로 가리지 못한 부분이 드러났고, 그때 그 부분에 화 살이 꽂혔다. 이로 인해 아기 장수는 죽고 말았다. 아기 장수가 죽고 병사들이 물러가자 아기 장수의 부모는 그가 부탁한 곡식들과 함께 뒷산 바위 밑 에 그를 묻어주었다.

왕은 아기 장수가 죽었다는 병사들의 보고에 안심 하였다. 하지만 백성들 사이에서는 아기 장수가 아 직 살아있으며, 숨어서 병사들을 훈련시키고 있다 는 소문이 돌기 시작했다. 이에 왕은 직접 병사들 을 이끌고 아기 장수의 부모를 찾아가서 아기 장 수를 어디에 묻었는지 물었다. 부모가 말하지 않자 왕은 그들의 목에 칼을 겨누며 협박했고, 아기 장 수의 부모는 어쩔 수 없이 아기 장수를 뒷산 바위 밑에 묻었다고 실토했다. 왕은 병사들을 시켜 바위 밑을 파보았지만, 아무것도 나오지 않았다.

하지만 커다란 바위가 신경 쓰인 왕은 아기 장수를

낳을 때 뭔가 이상한 일이 없었냐고 물어보았다. 이번에도 아기 장수의 부모가 순순히 대답하지 않 자 계속 협박하였고, 결국 아기 장수의 탯줄을 억 새풀로 잘랐다는 사실을 알아내었다. 이에 왕이 억새풀로 바위를 치자 바위가 열렸다. 그 안에는 아기 장수가 있었고, 아기 장수와 함께 묻혔던 좁 쌀은 군졸이, 콩은 장수로, 팥은 말 탄 기병이 되어 있었다. 그러나 바위가 열린 틈으로 바람이 들어가 자 그 많은 병사가 녹듯이 사라졌고, 아기 장수도 같이 사라졌다. 이때가 아기 장수가 죽은 지 삼 년 이 되기에 딱 하루가 모자란 날이었다. 그 후 아기 장수가 죽은 곳에 용마가 내려와 사흘을 슬피 울더 니 스스로 물에 빠져 죽었다고 한다.

* 시렁: 물건을 얹어 놓기 위하여 방이나 마루 벽에 두 개의 긴 나 무를 가로질러 선반처럼 만든 것

풍운갑(風雲甲)

억울하게 죽은 처녀의 원한을 풀어주고 받은 천하의 보갑으 로, 천궁 조화가 붙은 갑옷. 입으면 몸이 날래지고, 창이나 검 에 피해를 입지 않음과 동시에 신체 능력을 강화시켜준다

용도	방어용
관련문헌	장국진전

무기류-검-절운도 의 관련 문헌 <장국 진전>에서 해당 내 용 확인 가능

검

검각산 신령의 보검

악한 요괴인 대망을 물리친 검각산 신령의 보검. 검을 내리치면 번개와 불길이 일어난다

용도	공격용
관련문헌	장한절효기

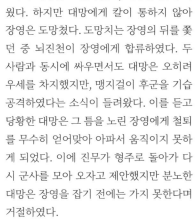

구리산에는 천오백 년 묵은 대망이 살았다. 대망은 검각산 노선의 사당인 성황사를 빼앗고, 자신을 스스로 상산도사라 칭했다. 대망은 어느 날 우연히 길에서 본 진씨를 흠모하여 검각산으로 유인하였고, 그녀를 겁탈하려 하였다. 그러나 악귀를 쫓을 때 읽는 도가의 경문인 옥추경과 마귀의 본성을 비추어서 그의 참된 형상을 드러내 보인다는 신통한 거울인 조마경에 놀라, 이 일은 미수에 그쳤다. 대망은 이후 진씨를 얻기 위해, 진씨의 부친인 진무에게 가서 제안을 하였다. 자신은 구두산 아래서 천오백 년 동안 진법을 수행한 도사인데, 장영을 치는 것을 도와줄 테니 장영을 잡으면 진씨 부인과 혼인 시켜 달라는 조건을 걸었고, 진무는 이를 승낙하였다.

진무는 대망에게 군사 오만을 주며 장영을 칠 것을 부탁하였으나, 대망은 거절하고 부적 한 장을 꺼내어 수백만 군사를 불러내 보였다. 그렇게 장영을 치러가는데 장영에게 가려면 중간에 장영의 장수가 지키는 성을 지나야했다. 대망은 신통력으로 안개를 일으켜 성을 지키는 병사들이 밖을 못 보게 만든 후 지나갔다. 그리고 순식간에 장영을 공격하러 양평관으로 가 마침 장영의 군사들에게 공격받던 진웅을 구해냈다. 이후 선봉으로 나서서 장영의 장수 맹지걸과 교전하였는데, 대망은 신통력으로 칼이 들지 않게 했기 때문에 맹지걸을 간단히 퇴패(退敗)*시켰다.

맹지걸에게 상산도사의 위험을 들은 장영이 군사를 몰고 나와 대망을 도발하였고, 대망은 맞서 싸웠다. 하지만 대망에게 칼이 통하지 않아 장영은 도망쳤다. 도망치는 장영의 뒤를 쫓던 중 뇌진천이 장영에게 합류하였다. 두 사람과 동시에 싸우면서도 대망은 오히려 우세를 차지했지만, 맹지걸이 후군을 기습 공격하였다는 소식이 들려왔다. 이를 듣고 당황한 대망은 그 틈을 노린 장영에게 철퇴를 무수히 얻어맞아 아파서 움직이지 못하게 되었다. 이에 진무가 형주로 돌아가 다시 군사를 모아 오자고 제안했지만 분노한 대망은 장영을 잡기 전에는 가지 못한다며 거절하였다.

대망은 뇌진천의 서찰 내용을 전해 들은 후 군사를 이끌고 성 아래에 매복하였다. 뇌진천이 대망과의 약속대로 장영과 함께 성벽 위를 순행하다가 나무로 만든 가짜 장영을 말에 태워 밀어 떨어뜨렸다. 대망은 이것이 장영인 줄 알고 말까지 통째로 집어삼켰다. 이때 진짜 장영의 명령에 맹지걸이 불을 일으켰고, 대망은 도망치려 했지만 가짜 장영에게 달려 있던 낚싯바늘에 걸려 도망치지 못하였다. 결국, 대망은 입에서 기운을 토

해내 광풍을 일으켜 낚싯줄을 끊고 도망쳤다. 기진한 채로 본진에 돌아온 대망은 낚시바늘을 뽑고, 원수를 갚으려 마음먹었다. 진무가 이에 걱정하자 대망은 스스로 선봉이 되어 장영을 잡겠다고 나섰다. 전투 끝에 장영을 비롯한 세 장수가 패배해 도망치자, 대망은 큰 뱀과 안개, 군사를 불러내어 그들을 쫓았다.

장영이 대망을 당해내지 못하고 도망치다가 잡힐 위기에 처했을 때, 검각산의 신령이 나타나 구해주었다. 검각산 신령은 장영에게 상산도사의 정체가 천오백 년 묵은 대망이며, 대망이 전날 검각산을 지나던 진씨 부인을 보고 아내로 삼으려 옥추경과 조마경에 놀라 뜻을 이루지 못하자 사람으로 변해 진무를 달래어 사위가 되려고 전쟁에 참여한 것임을 알려 주었다. 장영은 검각산 신령과 함께 성에 도착하여 제단을 쌓고, 오방기(五方旗)를 세워 오악산신(五嶽山神)*을 불러냈다. 오색과 오방, 사신과 이십팔수에 맞추어 군사를 배치하고, 검각산 신령은 보검을 들고 중앙의 방위에 서서 대망을 죽일 의식을 준비하였다. 검각산 신령은 장영에게 거짓으로 패배하여 대망을 유인하고, 위급할 때에는 중앙의 황색 깃발 아래에 엎드리라고 하였다. 계획대로 대망이 장영을 쫓아 제단 가까이 오자, 도술로 오악의 기운을 일으켜 철갑을 두른 군사와 이십팔수의 신장을 불러내었고, 보검을 내리쳐 번개와 불길을 일으켜 대망을 죽였다. 그리고 장영은 대망의 시체를 불태워 버렸다.

* 퇴패(退敗): 싸움에 지고 물러감
* 오악산신(五嶽山神): 중국의 다섯 靈山(영산)을 관장하는 신

고정금

안동태백산의 천 년 묵은 백자나무로 만든 목검

용도	공격용
관련문헌	장인걸전

여우가 여진족의 장군이 되어 장인걸이 사는 고려를 침략하였다. 하지만 자물쇠 귀신인 이연쇄가 이 여우의 정체와 약점을 알려주었고, 장인걸은 안동태백산의 천 년 묵은 백자나무*로 고정금이라는 칼을 만든다. 장인걸은 이렇게 만든 고정금을 두 명의 부하장수에게 주었고, 두 장수는 이 목검으로 여우의 머리를 쳐서 죽였다.

* 백자나무(백자목, 栢子木): 잣나무, 잣을 백자(栢子)라고 부르기도 한다

김유신의 신검

제 신라의 명장 김유신의 검으로, 하늘의 기운이 깃들어 힘이 더해진 신검. 커다란 크기의 바위도 가를 수 있을 정도의 힘을 가지고 있다

용도	공격용
관련문헌	삼국사기, 흥무왕실기, 구전설화 등

김유신이 17세에 신라를 침공하던 외적을 물리칠 뜻을 품고 홀로 중악(中嶽) 석굴*에 들어가 빌었더니, 산신이 나타나 방술(方術)*을 전해 주고는 오색찬란한 빛만 남기고 사라졌다. 그리고 18세에 열박산(咽薄山) 골짜기에 들어가 하늘에 기도하니 빛이 내려와 보검에 실리고 칼이 스스로 움직이는 것 같았다. 김유신이 이렇게 얻게 된 신검으로 바위를 쳤더니, 바위가 갈라져

그 산이 단석산(斷石山)이 되었다는 유래담이 전해지고 있다.

고전소설인 <흥무왕실기>에서는 김유신이 석굴에서 도인에게 비결(祕訣)을 받았을때 신검도 같이 받았으며, 이 신검의 이름이 용천검(龍泉劍)이라고 한다는 이야기도 있다.

* 중악(中嶽)석굴: 김유신장군과 원효대사가 수도처로 전해지는 석굴, 장군굴, 극락굴이라고도 불린다
* 방술(方術): 신선도에서 행하는 갖가지 술법

또아리검

박쥐 괴물의 궤짝 속에 들어있던 검은뱀 모양의 검. 주인 외에는 공격을 가하기 때문에 주인으로 인지하도록 길들이는 것이 중요하며, 검을 향해 침을 두세 번 뱉으면 길들일 수 있다. 공격할 때 상대를 향해 검을 던지면 또아리를 틀었다 풀었다 반복하며 목을 베어낸다

용도	공격용
관련문헌	조선전래동화집

옛날에 어떤 곳에 살던 한 남자가 아주 아름다운 아내를 얻었다. 남자는 매일 아내의 손을 잡고 후원(後園)에 나가서 달을 보거나 꽃을 보는 것을 재미로 삼았다. 그러던 어느 날 밤, 전과 같이 아내의 손목을 잡고 후원을 이리저리 다니는데, 난데없이 커다란 박쥐 같은 것이 내려오더니, 눈 깜짝할 사이에 아내와 아내의 여종을 빼앗아 양쪽 날개 아래에 넣고 어디론가 날아가 버렸다.

젊은 남편은 사랑하는 아내를 잃어버려 슬펐지만, 반드시 아내를 찾아내겠다고 결심을 하고 길을 떠났다. 남자는 십 년간 아내를 찾기 위해 조선 땅을 모두 다니며 안 찾아본 곳이 없었는데, 그럼에도 불구하고 아내를 찾지 못하였다. 이렇게 조선 땅을 샅샅이 뒤져도 없다면 조선에는 아내가 없는 것이라 생각했고. 남자는 다른 나라에 가서 찾아보기 위해 배를 타고 바다를 건너 서쪽의 먼 나라로 아내를 찾아 떠났다.

그런데 배를 타고 어느 정도 가니 바람이 무섭게 불며 파도가 높아졌고, 남자가 탄 배가 뒤집혀 난선(難船)해 버리고 말았다. 남자는 뒤집힌 배에 겨우 몸을 의지해 그대로 물결 따라 흘러갔고, 그렇게 배는 어느 이름 모를 큰 섬에 닿았다. 남자가 섬의 깊숙한 곳까지 들어가 보니 커다란 기와집이 산 아래 골짜기에 하나 가득 차는 크기로 있었다. 남자가 기와집에 가까이 가보니 그 모습 또한 놀라울 정도로 훌륭한 집이었다. 그런데 대문마다 무섭게 생긴 놈들이 창을 쥐고 문을 지키고 있었다. 깜짝 놀란 남자는 얼른 풀 아래로 몸을 숨겼다.

이를 수상하게 여긴 남자는 집 안을 한 번 살펴봐야겠다고 생각하였다. 문을 지키는 놈들에게 들키지 않게 수풀 속을 기어 담장 아래까지 가서 해가 지는 것을 기다렸다가 버드나무 위로 올라가 담장 안을 살펴봤다. 그렇게 지켜보는데 버드나무 아래에 있는 우물로 어떤 여자가 물을 길러 나왔다. 남자는 버드나무 잎사귀로 자기의 몸을 가리고 물을 길러 나온 여자를 살펴봤다. 그녀는 물동이에 물을 가득 길러 하늘을 바라보며 합장(合掌)하고 "천지신명이시여, 우리 주인님을 하루 바삐 만나게 해주옵소서!"하고 빌고 있었다. 그 목소리가 귀에 익어 자세히 살펴보니 아내와 함께 잡혀간 아내의 여종이었다.

남자는 버드나무 잎을 뜯어 기도하고 있는 여종의 머리 위에다 계속 떨어뜨렸다. 여종은 바람 한 점 없는데 나뭇잎이 자꾸 떨어지는 것이 이상해서 버드나무 위를 올려다봤고, 나무 위에 자신의 주인이

있어 깜짝 놀랐다. 여종은 기뻐하여 만약에 들키면 큰일이 나니 방으로 들어가자고 하면서 남자에게 자신의 옷을 벗어주었다.

아내의 방까지 가려면 담장 안에 있는 대문 셋을 더 지나야 하고, 문마다 파수를 보는 놈들이 무서운 눈으로 노려보고 있었는데, 아내의 여종이 앞서가고 남자는 여복을 입고 있었기 때문에 아무런 문제없이 무사히 대문을 지나갈 수 있었다. 아내가 있는 방으로 들어가니 아내는 십 년 전과 조금도 다를 것이 없이 아름다웠다. 남자는 너무나 기뻐서 달려가서 아내를 껴안으려고 하였다. 그러나 아내의 얼굴은 십년 전과 같았으나 마음은 십 년 전의 아내가 아니었다. 남자가 껴안으려고 하니 "어떤 놈이 이렇게 함부로 들어와서 무례한 짓을 하려는 것이냐?" 하면서 남자의 뺨을 때렸다. 그러고는 하인을 불러 남자를 꼼짝도 못하게 묶어 쇠로 만든 커다란 상자 속에 가두어버렸다.

남자는 억울하고 분했다. 여종 역시 갖은 고생을 겪으며 10년 동안 마음 변치 않고 찾아다닌 남편에게 저렇게까지 하는 안주인을 괘씸히 생각했다. 여종은 쇠망치를 가지고 주인이 갇혀 있는 철상자가 있는 방에 들어가 그 상자를 온 힘을 다하여 쳤다. 계속 내려치니 콩알이 겨우 들어갈 만큼 조그마한 구멍이 생겼다. 여종이 그 뚫어진 구멍에 입을 대고 "아직 살아계십니까?" 라고 묻자 상자 속에서 가느다란 목소리로 아직 살아있다는 대답이 들려왔다.

여종은 이에 기뻐하며 더욱 더 힘을 넣어 망치질을 하니 주먹이 들어갈 만한 구멍이 생겼다. 여종은

이 구멍으로 주머니를 넣어주었다. 그것은 박쥐괴물의 주머니로, 주머니에서 물이 나오는데 그 물은 마시면 힘이 세지는 신기한 물이었다. 남자는 주머니 속에 있는 물을 한방울도 남기지 않고 다 마시고, 그 주머니까지 삼켜버렸다.

그러자 이 남자는 힘이 무서울 정도로 강해져 상자를 부숴버리고 나왔다. 남자는 이제 힘이 아주 강한 장수가 되어있었다. 여종은 장수가 된 주인을 커다란 쇠로 만든 궤짝 앞에 데리고 가 그것을 가리키면서 "이 쇠로 만든 궤짝 속에는 이 집 주인인 박쥐 도적이 쓰는 검이 있는데, 그 검을 꺼내세요. 그런데 주인님께서 이 궤짝을 여시면 궤짝이 제 주인이 아닌 것을 알고 웅웅 소리 내어 울며 나중에는 아우성을 칠 것입니다. 그럴 때는 이 궤짝의 왼편을 한 번 왼손으로 때리세요. 그럼 울음을 멈출 것입니다. 그리고 궤짝 안에 있는 또아리검을 꺼내려고 하시면 칼 역시 주인님이 제 주인이 아니니까, 둥글게 똬리를 틀고 있던 몸을 촤악 풀면서 주인님의 목을 베려고 걸어올 것입니다. 그때는 검에 침을 두세 번 뱉으시면 또아리 검이 주인님 명령에 복종하게 될 것입니다."

여종의 말을 들은 남자는 쇠로 만든 궤짝의 문을 열었다. 문을 열자 여종의 말과 같이 웅웅하고 요란스런 소리가 났다. 그래서 이 사람은 여종이 하라는 대로 궤짝의 왼편을 왼손으로 한 대 치니까 웅웅 울던 소리가 단번에 뚝 그쳤다.

그리고 궤짝 속에 있는 또아리검을 꺼내려고 하니 날이 시퍼런 또아리검이 사르르 풀리면서 남자의 목을 베려고 다가왔다. 그래서 남자는 여종의 말

대로 침을 퉤! 하고 한 번 뱉었다. 그러자 검은 뱀이 죽어서 쓰러지듯이 땅에 떨어졌다. 여종은 박쥐 도적의 부하들이 있는 곳에 가서 "여보시오, 여러분! 철 상자에 잡아넣었던 사람이 철통을 뚫고 나왔어요. 큰일 났어요." 하고 외쳤다. 그러자 도적의 부하들이 우르르 몰려들었다. 남자는 구석에 숨어 있다가 부하들 사이에 또아리검을 던졌다. 그러자 또아리검이 쭉 펴졌다가 다시 감기길 반복하면서 부하들의 목을 베어 모두 죽여 버렸다.

이렇게 도적의 무리를 죄다 죽이고 얼마쯤 있으니, 어디선가 쿠웅! 하는 큰 소리가 들렸다. 남자가 이게 무슨 소리냐고 여종에게 물으니 여종은 박쥐 도적이 지금 900리 밖에 왔다는 신호라고 했다. 그리고 100리를 올 때마다 한 번씩 쿠웅! 쿠웅! 하고 소리가 울리고, 하늘이 갑자기 컴컴해지더니, 남자가 10년 전에 집 후원에서 본 검고 커다란 박쥐 같은 괴물이 내려왔다. 박쥐 도적이 돌아오니 십 년 전 남자의 아내가 이를 반갑게 맞이했다. 아내는 "아이고, 수고하셨습니다. 얼마나 벌어오셨나요? 전 집에 앉아서도 사내놈을 하나 잡았습니다." 라고 말하며 철 상자가 놓여 있는 방으로 박쥐 도적을 데리고 갔다. 장수 되는 물을 주머니 채로 먹어 장수가 된 남자는 또아리검을 손에 들고 철 상자가 있는 방의 구석에 몸을 붙이고 숨어 있다가 십 년 전 자기 아내였던 여인과 박쥐 도적이 들어오자 "받아랏!" 하고 고함치면서 또아리검을 던졌다. 그러나 박쥐 도적 역시 장수 되는 물을 마신 장수라 얼른 검을 피한 뒤 하늘로 올라갔다. 이 남자도 박쥐 도적의 뒤를 좇아 공중으로 날아올라 갔다. 공중에서는 두 장수가 싸우는 요란한 소리가 들려왔고, 그렇게 얼마간 싸우다 쿵! 하고 뭔가 동그란

것이 공중에서 떨어지니 그것은 박쥐 도적의 머리였다. 여종은 얼른 치마에 싸놓았던 재를 박쥐 도적의 목이 베어진 곳에 뿌렸다. 박쥐 도적의 머리는 다시 공중으로 올라가 몸에 붙으려고 하였으나, 베어진 곳에 재가 묻었기 때문에 붙었다가도 다시 떨어져 버렸고 결국 머리는 땅에 떨어져 골이 터져 죽고 말았다.

장수가 된 남자는 곧 땅에 내려와 십 년 전 아내였던 여인의 배를 칼로 갈랐다. 그렇게 하니 뱃속에서 핏덩어리가 뛰쳐나오면서 "아이고 분해라! 석 달만 더 있었으면 내가 아버지의 원수를 갚았을 건데." 라고 말했다. 남자는 그 핏덩어리마저 짓밟아 죽였다. 그리고 열쇠를 가지고 다니면서 기와집의 창고를 죄다 열어보았다. 그곳에는 금과 은이 가득 차 있었고, 박쥐 도적의 말을 듣지 않은 처녀와 색시들이 창고에 갇혀 거의 죽어가고 있었다. 남자는 그들에게 먹을 것을 갖다주었고 기운을 차리게 한 뒤 각각 집으로 돌려보냈다. 그리고 남자도 여종을 아내로 삼아, 집으로 돌아와 행복하게 잘 살았다.

만근도(万斤刀)

백두산 천지를 만들어낸 백장군의 영험한 칼. 기세가 하늘을 흔들 만큼 강한 검으로, 흑룡의 불칼을 부술 정도의 위력을 가지고 있다

용도	공격용
관련문헌	구전설화

어느 날 백두산에 무시무시한 흑룡이 솟아나 백두산 일대의 물줄기를 모조리 말려버려 어떤 생명도 살아남을 수 없는 땅으로 만들어 버렸다. 마을 사람들은 힘이 센 백씨 총각을 장군으로 삼고 흑룡의 조화에 맞서 물줄기를 찾기 시작했다. 하지만

아무리 물을 찾아도 흑룡이 조화를 부려 훼방을 놓으니 마을 사람들은 하나둘 마을을 떠나기 시작했고, 결국 백장군 혼자 남아 물을 찾기 시작했다. 하지만 그가 물을 찾을 때마다 흑룡이 장난을 쳐서 물을 말리거나 땅에 도로 묻어버렸다. 그렇게 흑룡의 장난에 농락당하던 백장군의 꿈에 계시를 받은 아리따운 공주가 찾아왔다. 그녀는 백장군의 힘이 되고 싶다며 청석봉 옥장천의 물을 석 달 열흘간 마시면 천하무적의 장수가 된다는 사실을 알려주었다. 백장군은 공주와 함께 험한 산봉우리를 넘고 또 넘어 절벽 밑에 옥 같은 물이 솟아오르는 것을 발견했다. 공주는 100일 뒤 돌아올 테니 그동안 물을 마시고 힘을 기르라고 했다. 3달 동안 옥장천의 물을 마신 백장군은 정말로 힘이 장사가 되어 집채만 한 바위도 번쩍 들어 던지고 수십 길 고목을 훌쩍 뛰어넘을 정도가 되었다. 무서울 것이 없어진 백장군은 공주가 오는 것을 기다리지 않고, 혼자 백두산 상상봉으로 올라가 땅을 파기 시작했다. 그가 열여섯 삽을 떠서 동서남북으로 던지니 16개의 봉우리가 생겼고, 파낸 곳에는 거대한 구덩이가 생겼다. 구덩이 아래에서 물 흐르는 소리가 들려 백장군이 계속해서 구덩이를 파려는 순간, 갑자기 땅속에서 불칼이 튀어나와 요동을 치더니 백장군의 가슴을 푹 찔렀다. 백장군은 피할 겨를도 없이 피를 쏟으며 쓰러졌다.

뒤늦게 도착한 공주는 쓰러진 백장군에게 옥장천의 물을 떠먹이고 상처를 씻어주니 백장군은 서서히 기력을 되찾기 시작했다. 그렇게 열흘이 지나자 백장군은 전보다 더 강해져서 천하무적의 장수가 되었다. 백장군은 공주와 함께 계속해서 땅을 팠고, 마침내 땅속에서 거대한 물줄기가 솟아올라 백두산 상상봉의 거대한 구덩이를 가득 메워 호가 되었으니 이것이 바로 백두산 천지다.

그때 하늘을 검붉게 물들이며 흑룡이 검을 구름을 타고 불칼을 휘두르며 백장군에게 달려들었다. 백장군 역시 구름을 타고 만근도(万斤刀)를 휘두르며 응전(應戰)*하니, 그 기세가 하늘을 흔들었다. 천하의 흑룡도 백장군에게는 상대가 되지 않아 점점 밀리기 시작했고, 결국 흑룡은 천지라도 말려버릴 생각으로 천지를 향해 불칼을 내리찍었다. 하지만 백장군이 만근도를 휘둘러 불칼을 내려쳤고, 이제 흑룡의 불칼이 박살 나며 그 파편이 백두산 북쪽 벼랑 바위에 부딪혔다. 그 힘에 벼랑 한쪽이 쪼개져 물길이 생겼으니, 이것이 천지의 물이 북쪽으로 흐르게 된 시초다. 불칼을 잃은 흑룡은 달아나버렸다. 이후 백장군은 공주와 연을 맺어 부부가 되었고, 천지 맑은 물속에 수정궁을 짓고 함께 살면서 호시탐탐 천지를 노리는 흑룡으로부터 백두산을 지키고 있다. 백두산이 날씨가 자주 흐려지며 천둥이 울리고, 비가 오며 우박이 쏟아지는 등 천지조화가 무쌍한 이유는 백장군이 미처 분이 풀리지 않은 흑룡과 싸우기 때문이다.

* 응전(應戰): 상대편의 공격에 맞서서 싸움. 또는 상대편의 도전에 응하여 싸움

백마혈인검

극단의 양기로서 벽사(辟邪)*의 힘을 가진 백마의 피를 바른 검. 귀신을 쫓는 추문인 축귀문을 외우며 사용하면 검 끝에서 하늘의 빛이 모여들어 귀신을 물리친다

용도	공격용
관련문헌	조웅전

백마혈인검이란 백마의 피를 바른 검으로, 천명도사가 편지를 보내 이대와 싸울 때 백마혈인검을 사용하며 귀신을 쫓는 주문을 외우라고 했다. 백마혈인검을 가지고 이대와 치열하게 싸우던 조웅이 백마혈인검을 휘두르며, 귀신을 쫓는 주문인 축귀문을 외우자 이대는 기겁을 하며 칼을 떨어뜨렸고 조웅의 검 끝에는 하늘이 빛이 모여들더니 이대를 쓰러뜨렸다.

이대가 쓰러지자 갑자기 하늘과 땅이 아득해지고 구름과 안개가 빛을 가려 한 치 앞도 분별할 수 없게 되었다. 어둠 속에서 조웅이 계속해서 축귀문을 외우니 팔 척 신장이 나타났고, 크게 울더니 공중으로 날아가버렸다.

백마의 피는 이무기나 도깨비의 약점으로도 알려져 있다. 이는 백마의 피가 가장 극단의 양기를 상징하기 때문에 강한 벽사(辟邪)의 신력을 가지고 있다는 믿음 때문이다. 신장도 결국에는 귀신이라 음기를 가진 존재이기 때문에 조웅이 축귀문을 읽으며 백마의 피가 묻은 검을 휘두르니 신통력을 발

휘하지 못하고 당한것이다.

손진태 선생님의 <조선민담집>에도 비슷한 이야기가 나오는데 이 경우에는 임진왜란 때 관운장의 현령(顯靈)이 나타나 조선군을 도와주는데, 왜장 가토 기요마사(加藤淸正)가 이 보고를 듣고는 자신의 말을 죽이고 그 피를 뿌려 관우의 현령을 사라지게 만든다. 결국 왜군에게 패배하긴 했지만 관운장이 조선군을 도와주었기 때문에 이후에 조선에 관운장의 신을 모시게 되었다는 내용이다.

* 벽사(辟邪): 요사스러운 귀신을 물리치다
* 현령(顯靈): 영혼 혹은 신령이 모습을 나타냄

벼락칼

잘못한 자들을 벌하기 위해 하늘에서 떨어지는 칼. 주로 벼락장군이 벌을 내리기 위해 사용

용도	공격용
관련문헌	임석재 전집 한국 구전설화

사람이 잘못한 일이 있으면 하늘에서 벼락이 내려와서 그 사람을 쳐서 벌을 주는데, 옛날에는 벼락 치는 일이 흔했다. 부모님께 잘못해도 벼락을 맞고, 형제간 우애가 없어도 벼락을 맞고 하는 것은 당연하겠지만 밥풀 하나를 모르고 흘린다거나, 깍두기나 호박씨 같은 것을 버린다든가 하는 하찮은 짓에도 벼락을 맞게 되니 사람들이 마음을 놓고 살 수가 없었다.

강감찬은 이렇게 사람들이 툭하면 벼락을 맞고 죽는 것은 문제가 있다고 생각하였다. 그래서 벼락칼을 분질러 없애려고 하루는 일부러 샘 가장자리에 앉아서 똥을 누었다. 그러자 당장에 하늘에서 벼락칼이 내려와서

강감찬을 치려고 했다. 강감찬은 얼른 벼락칼을 붙잡아 분질러 버렸다. 그랬더니 그 후부터는 벼락 치는 수도 적어지고 벼락칼도 도막칼이 되어서 얼른 나왔다가 얼른 들어가게 되어서 사람들이 벼락을 훨씬 덜 맞게 되었다고 한다.

벽력도

교룡과 월섬의 목을 쳐낸 사각의 작은 쇠칼. 용과 구미호의 술법을 막을 수 있으며, 강한 상대였던 월섬의 목을 한 번에 쳐낼 정도로 강력한 위력을 가졌다

용도	공격용
관련문헌	사각전

사각은 일곱 살의 나이에 서역 청운산의 도사를 찾아가 글 쓰는 법과 칼 쓰는 법을 배웠다. 여섯 해가 지나자 도사는 북방의 호왕과 서용이 침범해 올 것이니 어서 나가, 나라와 백성을 구하라고 했다. 사각은 도사로부터 갑옷과 병서를 받고, 용왕에게 용마를 받아 세상에 나온다. 그리고 문과와 무과에 동시 장원급제를 하여 원나라의 원수가 된다. 원수가 된 사각에게 장수들이 자꾸 당하자 호국의 왕은 장수를 더 모집하였다. 이 이야기를 들은 옥수강의 교룡(蛟龍)*이 청의동자로 둔갑하여 호국왕을 찾아왔고, 수미산의 구미호도 호철연이라는 소년으로 둔갑하여 호국왕을 찾아와 서로 선봉장을 시켜달라고 했다. 호국왕이 두 요괴에게 재주 겨루기를 시켜보아도 재주가 비슷하였으나, 무엇인가 생각되는 바가 있어 교룡은 중군장으로 삼고, 구미호는 선봉장으로 삼아 사각과 대적하게 했다. 이 사실을 알게 된 사각은 그날 밤 청운도사를 찾아갔다. 청운도사는 용과 구미호를 막을 수 있는 검이라며 작은 쇠칼인 벽력도와, 목검인 송백도를

준다. 교룡은 풍운조화를 부리고, 구미호는 백가지 변신술로 사각을 공격하였으나, 사각의 벽력도에 풍운조화가 깨지고, 송백도에 변신술이 풀렸다. 사각이 도술로 돌과 모래를 날려 교룡과 구미호를 정신차리지 못하게 한 다음, 벽력도로 교룡의 머리를 베고, 구미호는 송백도로 때려죽인다.

사각은 호국 장수로 둔갑한 교룡과 구미호를 처치하고 장수인 마성대까지 해치우자, 마성대의 여동생 마월섬이 오라비의 원수를 갚기 위해 호국의 진영에 합류하게 되었다. 마월섬은 술법이 뛰어나며 사해용궁(四海龍宮)을 마음대로 왕래하며, 창법과 검술은 귀신도 가늠할 수 없었다.

작전 회의 중 월섬은 "원나라 원수 사각이 재주 뛰어나며 신병을 부린다고 하니 쉽게 잡지는 못할지니라. 그러니 내가 용궁에 가서 지원군을 요청하리라."라고 말했다. 그리고 서해용궁으로 들어가 용왕에게 구원병을 청하니, 서해용왕은 원나라의 사각은 자신의 은인이라 해치지 못한다며 구원병 요청을 거절하였다. 월섬은 할 수 없이 남해용궁으로 가 남해용왕에게 "서해용왕도 구원병을 보내주신다니 대왕도 구원병을 보내주소서."하고 거짓으로 말하였다. 이에 남해용왕은 "서해왕이 구원병을 보낸다하니 과인도 십만의 병력을 주리라." 하며 병력을 지원해주었다. 월섬은 감사를 표하고 즉시 호국의 진영으로 돌아왔다.

그리고 호국의 일등 장수 필한을 후군으로 삼고, 남만의 지원군을 좌우익으로 삼고, 월섬 자신은 스스로 선봉이 되어 머리에 취화를 쓰고, 몸에 백사포를 입고 왼손에 조화환(造化環)이라는 신통한 고리를 들고, 오른손에 홍미선(紅尾扇)이라는 부

채를 들고, 청총마(靑驄馬)를 타고 전선에 나서며 "원나라 원수 사각은 빨리 나와 나하고 자웅을 겨루어라!"라고 크게 외쳤다. 사각은 이 말을 듣고 크게 화를 내며 말을 타고 전선으로 나와 "일등 명장 수백 명이 원수의 칼 아래 혼이 되었거늘! 네 조그마한 계집이 감히 목숨을 노리는 것이냐!"라고 크게 꾸짖었다. 이에 분노한 월섬이 병사들을 지휘하며 동시에 조화환을 던지니 원진의 장졸들이 일시에 실혼(失魂)*하여 큰 혼란에 빠져버렸다.

월섬이 몸을 공중에 날리며 소리를 높여 "원수 사각은 빨리 항복하여 얼마 남지 않은 목숨을 보존하라!"라고 외쳤다. 이때 사각은 정신이 아득하여 사지를 마음대로 하지 못하게 되어있었다. 사각이 하늘을 우러러 탄식하길 "죽음은 두렵지 아니하나 나라의 은혜를 조금도 갚지 못하고, 생전에 부모와 선생을 다시 뵙지 못하고 아녀자의 칼 아래 혼이 되어야 하다니 차라리 스스로 죽으리라."하며 칼을 빼어 자결하고자 하는데, 홀연 하늘에서 사각의 스승인 청운도사(靑雲道士)의 목소리가 들려왔다. "사각은 들으라! 네 몸에 귀물(貴物)*이 있는데 어찌 사용하지 아니하느냐? 삼광주(三光珠)는 일월정기가 모여 있는 보배로 인간 세상에는 없는 물건이니 월섬의 조화환은 삼광주로 치면 깨어질 것이다. 또한 당필한은 천하의 명장이니 가벼이 생각하지 말라. 내 옥황상제를 만나 뵙고 오는 길에 선녀 여동빈을 만나니 동빈이 탄식하며 말하길, 월섬이 원국의 사각을 죽이려 하니 급히 가서 구하라 하더니 만일 지체하였다면 큰 화를 면치 못할 뻔하였도다."

사각은 하늘을 향하여 무수히 감사하고 정신을 진정하였고, 삼광주를 꺼내어 월섬의 조화환을 향하

여 한 번 치니 산산이 깨어졌다. 조화환의 영향에서 벗어나 정신을 차린 사각은 즉시 오방신장을 소환하였다. 월섬은 사각을 거의 잡게 되었는데 갑자기 조화환이 깨어지니 크게 놀라며 필한에게 말하길 "나의 조화환은 인간 세상에는 막을 것이 없는데 깨어졌으니 이 일을 어찌하리오!" 이에 필한이 대답하길 "제 비록 조화환을 깨뜨렸으나 우리 형세를 당해내지 못할 것이다." 하고 계속 공격을 가했다.

사각은 왼손에는 삼광주를 들고, 오른손에는 백우선(白羽扇)을 들고, "월섬은 들어라! 조그마한 계집이 자칭 선봉이라 하고 방자히 전장에 나와 감히 큰소리를 치니 어찌 부끄럽지 않겠느냐? 또 당필한은 들어라! 네가 한산도사의 제자면 응당 하늘의 뜻을 알 것이다. 비록 적이라고는 하지만 하늘의 뜻을 거역하니 위로는 하늘이 두렵고, 아래로 선생에게 욕이 미칠 것이니 어찌 부끄럽지 않겠는가?"라고 크게 외쳤다. 이에 월섬과 필한이 동시에 달려드니 사각은 하늘을 향하여 두 손을 모아 빌고 부적을 써 날리고 백우선을 휘둘렀다. 그리하니 홀연 폭풍우가 몰아치고 벼락이 날아들었으며, 오방신장이 일시에 밀고 들어오니 호진의 장졸들은 미처 손을 쓰지 못하고 죽어버렸다.

이에 월섬과 필한이 동시에 술법을 써서 사각과 맞서 싸웠다. 하지만 사각의 벽력도와 삼광주를 당해내지 못하였고 도망가려 하였으나, 원나라의 장졸들이 포위하여 길을 막으니 월섬과 필한은 죽기를 무릅쓰고 살 곳을 도모하였다. 하지만 사각이 휘두른 벽력도에 월섬의 머리가 떨어졌고, 월섬의 죽음을 본 필한은 항복하였다. 두 장군을 잃은 호국은 결국 항복하였고 원나라의 승전고가 울렸다. 승리한 사각은 회군(回軍)*하다 옥문관에 이르니

그곳 근처의 수령이 나와 크게 환영하였다. 사각은 그 환영에 화답한 후 방으로 들어가 등불과 촛불을 밝히고 밤을 지내니 홀연 창밖에서 "요괴가 침입하였는데 어찌 알지 못하느냐?" 하는 청운도사의 목소리가 들려왔다. 사각은 크게 놀라며 황건역사(黃巾力士)를 불러 "요물이 올 것이니 대기하였다가 무슨 일이 생기면 행동을 취하거라."라고 지시한 뒤 단정히 앉아 있었다.

밤이 깊으니 문득 좋은 옷을 곱게 차려입은 미인이 여러 가지 패물로 몸을 꾸미고 들어와 사각에게 절을 하며 "소녀는 옥문관의 시녀 이옵니다. 장군의 덕망을 태산같이 사모하여 하룻밤 모시러 왔사오니, 장군은 천한 몸을 거두어주옵소서."라고 말했다. 사각은 의아해하며 "너는 본디 어느 집의 여인인고?" 하고 물으니 미인은 "첩은 본디 양가집의 여자로서 팔자가 기박하여 시녀가 되었사오나 아직 몸을 허락한 곳이 없사옵고 굳은 절개를 지키며 장군 같은 영웅을 기다렸사옵니다. 그러니 하늘이 도우셔서 다행히 장군이 행차하심에 만나게 되었사옵니다. 첩은 또한 재주가 장군에게 미치지는 못하오나 일찍이 검술을 약간 배웠사오니 첩을 거두시면 장군이 위태할 때 도움이 될 것입니다. 첩이 어진 군자를 만나 백년을 의탁하려 하오니 장군은 생각해 주옵소서." 라고 말했다. 이에 사각이 "너의 처지가 불쌍하고 가엾다마는 내가 너의 종적을 자세히 알지 못하고, 깊은 밤에 들어온 사람을 가히 가까이 할 수가 없는지라 내일 아침에 다시 너를 부를지니 밖에 나아가 기다리라." 라고 하였다. 이에 그 미인이 미소를 띠며 입으로 독한 기운을 토해내어 사각의 정신을 희미하게 하였다. 사각은 크게 화를 내며 삼광주로 독기를 물리치고, 황건역

사를 호령하니 그 여인은 간곳없었다. 이윽고 신장이 그 여인을 결박하여 들어왔다. 사각은 "네 요마(妖魔)*한 계집이 감히 하늘의 뜻을 거역하다가 내 칼에 죽었거늘, 죽은 후에도 오히려 허물을 고치지 못하고 사람을 해치려하니 널 용서할 수가 없다. 너를 풍도지옥(酆都地獄)으로 보내니 나를 원망치 말지어다." 하며 신장에게 명하였다. 그렇게 월섬의 원혼은 염라대왕에게 보내져 다시는 이 세상에 나오지 못하게 되었다.

* 교룡(蛟龍): 상상 속에 등장하는 동물의 하나로, 모양이 뱀과 같다
* 귀물(貴物): 귀중한 물건 혹은 드물어서 얻기 어려운 물건
* 실혼(失魂): 몹시 두려워서 정신을 잃음
* 회군(回軍): 군사를 돌이켜 돌아가거나 돌아옴
* 요마(妖魔): 요망하고 간사스러운 마귀

부용검(芙蓉劍)

강남홍이 백운도사로부터 받은 쌍검. 위험을 감지하고 스스로 울어 주인에게 위험을 알리는 능력을 가지고 있으며, 일반적인 검보다는 강한 위력을 가짐

용도	공격용, 방어용
관련문헌	옥루몽

옥루몽의 여자주인공인 기생 강남홍이 백운도사로부터 병법과 검술 그리고 둔갑술까지 배운 후 비장의 보검인 부용검(芙蓉劍)이라는 쌍검을 하사받게 된다. 이후 남만왕 나탁이 쳐들어와 전쟁에 참여하게 되는데, 그때 부용검으로 많은 활약을 한다.

먼저 운남국의 왕인 축융이 수많은 귀졸

과 신장을 불러 공격해왔다. 이때 강남홍이 북을 울리고 흑기를 휘두르며, 부용검을 들고 오방을 향하여 술법을 쓰자 칼끝에서 바람이 일어났고, 축융이 불러낸 무수한 귀병들을 풀뿌리와 나뭇잎으로 변하게 하여 꽃잎처럼 공중에서 떨어지게 만들었다.

강남홍이 뒤이어 부용검으로 남쪽 하늘을 가리키니, 별안간 불빛이 하늘을 찌를 듯이 공중으로 높이 솟아올랐고, 다시 북쪽을 가리키니 망망한 대해가 나타났으며, 동서를 가리키니 천둥과 빗발이 크게 일어나 앞을 가로막았다. 적장 중 둔갑술에 뛰어난 가달이라는 자가 있었는데, 가달은 이 광경을 보더니 자신도 재주를 넘어서 변신법을 쓰려고 하였다. 그것을 알아챈 강남홍이 부용검을 높이 들어 휘두르니, 이번에는 칼 끝에서 붉은 기운이 일어나며 가달의 머리를 눌러 버려 가달은 변신법을 쓰지 못하고 쓰러져버렸다.

부용검(芙蓉劍)은 다양한 능력을 보여주는데, 사실 대부분은 검의 능력이라기보다는 강남홍이 사용한 둔갑술의 힘이다. 하지만 사용자에게 위험한 일이 있으면 검이 스스로 쟁쟁 소리를 내어 울며 위험을 알려주는 것은 확실한 부용검의 능력이다. 이는 지하국대적의 몇몇 유형에서 대적의 무기도 보여주는 능력인데, 지하국대적의 이야기에서는 술에 취해 잠들어있어서 그 소리를 듣지 못한다. 또한 오랑캐 왕의 아내로 둔갑한 여우를 제압하는 것을 봐서는 요괴에게도 효과가 있는 것으로 보인다.

불칼

백두산 일대의 물줄기를 말렸던 흑룡의 칼. 칼의 깨진 파편이 산의 벼랑을 쪼갤 만큼 강한 힘을 가지고 있다

용도	공격용
관련문헌	구전설화

무기류-검-만근도의 관련 문헌 구전설화에서 해당 내용 확인 가능

비수검(匕首劍)

권성동이 전장으로 떠나기 전 진낭자로부터 부부의 증표로 받은 검. 실제로 춘추전국시대에 예양(豫讓)이 조양자(趙襄子)를 암살하려고 할 때 사용함

용도	공격용
관련문헌	권익중전

무기류-검-자용검의 관련 문헌 <권익중전>에서 해당 내용 확인 가능

삼광검

삼태성(三台星)의 기운을 받은 검. 천왕보살이 양풍운에게 준 천하에 없는 보배

용도	공격용
관련문헌	양풍운전

유기물-꽃-낙화의 관련 문헌 <양풍운전>에서 해당 내용 확인 가능

송백도

사각이 청운도사로부터 받은 검으로, 소나무로 만든 것. 변신술 이외에도 여우 요괴의 여러 가지 도술을 풀 수 있으며, 여우 요괴를 물리칠 수 있는 힘을 가지고 있다

용도	공격용
관련문헌	사각전

고전소설인 <사각전>에서는 수미산에서 천 년 동안 은신한 여우가 호왕의 선봉장이 되어 사각과 싸우게 되는데 사각이 청운도사로부터 소나무로 만든 목검인 송백도를 받아 여우를 퇴치한다. 자세한 내용은 무기류-검-벽력도의 관련 문헌에서 확인 가능하다.

아귀의 보검

키가 십오 척에 머리가 아홉 개인 괴물, 아귀의 보검. 이 검으로 물체를 치면 썩은 풀이 부러지듯 간단히 부러진다

용도	공격용
관련문헌	김원전

무기류-채찍-산호채의 관련 문헌 <김원전>에서 해당 내용 확인 가능

악비의 보검

유곤옥이 악비의 무덤을 정비해주고 답례로 받은 보검. 검을 빼들기만 해도 귀신을 쫓아낼 수 있으며, 검으로 요괴를 찌르면 요괴의 실체가 드러난다

용도	공격용
관련문헌	해당향

유곤옥이 어머니를 찾아 여정을 떠나던 중 산속에 있는 요광사라는 절에 묵게 되었는데, 악양왕 악비의 혼령이 면류관을 쓰고 나타나 자신의 무덤에 있는 산짐승을 치우고 뼈를 안장해달라고 부탁을 하고 사라졌다. 유곤옥이 악비의 요청을 들어주자 악비는 답례로 귀신을 쫓을 수 있는 보검을 주었다. 그날 밤 유곤옥의 약혼녀인 화향념 소저가 유곤옥을 찾아왔다. 유곤옥은 속으로 의아해하면서 동침을 하려고 하는데, 갑자기 눈은 푸르고 털은 붉은 흉악한 요괴가 나타나 두 사람을 습격했다. 하지만 유곤옥이 악비에게 받은 보검으로 찌르자 요괴는 달아났고, 화향념 소저는 전혀 다른 여인의 시체가 되어있어 유곤옥은 살인자로 몰리게 되었다. 죽은 여인은 강주자사 매영의 조카 매설교로, 유곤옥은 강주자사가 직접 심문을 하게 되었다. 이때 운유보살이라는 여자 도사가 나타나 그녀 안에 천년 구미호의 영이 들어가 있는 것이라며 신술로 매소저를 살려내어 유곤옥의 누명을 풀어주었다.

그 후 유곤옥이 어머니를 만나 모시고 돌아오던 길에 다시 요광사에 묵게 되었고, 유곤옥은 다시 한 번 악비의 보검으로 여우 요괴를 쫓아냈다. 살아날 수 있었던 것에 대해 감사의 인사를 하고 싶어 다시 악비의 묘를 찾아가 인사를 드리고 숙소로 돌아오니, 한 소년이 찾아와 자신은 공부하는 학생인데 이곳에 한림학사께서 계신다는 말을 듣고 찾

아왔다며 유곤옥에게 술을 권하였다. 술을 마시고 기분이 좋아진 유곤옥이 잠을 자려고 하는데, 악비의 혼령이 나타나 "지금 여우와 이리의 무리가 사람으로 변하여 쫓아오고 있는데, 요마(妖魔)*의 술에 빠져 위태로운지 모르는가? 지금 속히 떠나라." 라고 말했다. 이에 유곤옥이 어머니를 모시고 절을 떠나려고 하는데, 백 보를 가기도 전에 수십 명의 무리가 몰려들더니, 어찌 이리 무정하게 그냥 가시냐며 하룻밤 자고 아침에 출발하라며 유곤옥을 에워싸 나아가지 못하게 막아섰다. 이에 유곤옥이 보검을 빼 들자 모두 놀라 달아나는데 그 모습이 여우와 이리의 무리였다.

이후 유곤옥이 여우와 이리 무리의 굴을 발견했을 때, 요괴를 소탕하는 도인이 나타나 요마의 굴을 공격하여 요마 무리를 모두 소탕했다.

* 요마(妖魔): 요망하고 간사스러운 마귀

열녀검

휘두르기만 해도 상대가 혼비백산하는 하늘의 보배검

용도	공격용
관련문헌	방주전

의류/장신구-옷-홍포와 화관의 관련 문헌 <방주전>에서 해당 내용 확인 가능

용광검(龍光劍)

부여를 건국한 천제(天帝)의 아들 해모수의 검

용도	기타
관련문헌	조선왕조실록

천제(天帝)가 태자를 보내어 부여(扶餘) 고도(古都)에 내리어 놀게 하니, 이름이 해모수(海慕漱)이

다. 해모수가 하늘로부터 내려오는데 다섯 마리 용이 끄는 수레인 오룡거(五龍車)를 타고, 종자(從者)* 일백여 인은 모두 하얀 고니를 탔는데, 채색 구름이 그 위에 뜨고, 음악 소리가 구름 가운데에서 울렸다. 웅심산(熊心山)에서 머물러 십여 일을 지내고 비로소 내려왔다. 머리에는 오우(烏羽)의 관(冠)을 쓰고, 허리에는 용광검(龍光劍)을 찼는데, 아침이면 일을 보고, 저녁이면 하늘로 올라가니, 세상에서 이르기를, '천왕랑(天王郎)'이라 하였다.

해모수는 북부여를 건국한 부여의 시조인 동시에 고구려의 시조인 동명성왕의 아버지로 알려져있는 천제(天帝)의 아들이다. <삼국사기>나 <삼국유사>에서는 그의 모습이나, 그에 관련된 내용이 잘 나오지 않지만, <조선왕조실록>의 <세종실록> 154권에 그가 하강하는 부분을 묘사한 내용이 위의 이야기다. 이 기록에서는 해모수가 타고 온 수레인 오룡거와 해모수의 검은 용광검이 언급되고 있다. 먼저 오룡거는 다섯마리 용이 끌며 인간 세상과 천계를 자유롭게 오고 갈 수 있는 수레다. 그리고 용광검은 이름만이 언급되지만, 천제의 아들이 찬 검이니 평범한 검은 아닐 것이라 짐작된다.

*종자(從者): (남에게 종속되어) 뒤에 따라다니는 사람

용천검(龍泉劍)

위현이 대업을 이룰 수 있도록 하늘의 선관들이 전해준 칼로, 천하제일의 명검을 일컫기도 한다. 태산은 물론이요 나무와 돌도 부술 수 있는 힘을 가지고 있다

용도	공격용
관련문헌	위현전, 제주도 전래 창민요 '용천검' 등

안남국왕 위진은 하늘에서 북두칠성이 떨어지는 태몽을 꾸고, '위현'이라는 아들을 왕자로 낳게 된다. 그러나 얼마 후 간신 갈관이 반역을 일으켜 왕은 목숨을 잃었고, 위현은 어머니와 함께 불에

타죽게 될 위기에 처한다. 하지만 태을진군이 구름을 타고 날아와 상제의 명으로 구하러 왔다며, 부적으로 불길이 접근하는 것을 막더니 곧 구하러 올 사람이 있을 것이라 하고 사라졌다. 얼마 후 만대와 여택이라는 두 충신이 왕비 모자를 구하고 은신했다. 왕이 된 갈관은 나라 이름을 대연국으로 바꾸고 자신의 아들을 세자로 봉했다.

왕비와 위현은 북해에서 북해 용자의 도움으로 배를 타고 봉래선군의 잔치에 참여하러 오는 일광노, 여동빈, 안기생, 적송자, 왕자진, 동방삭, 이태백 등 여러 선관을 만나게 된다. 선관들은 위현에게 칼과 화살이 통하지 않으며, 허리 아래 비늘 하나를 들면 몸이 사라지는 천상의 보배인 신이한 장신갑옷과 태산을 쳐도 부서지고 나무와 돌을 쳐도 부서지는 칼인 용천검(龍泉劍), 화살과 검이 피해를 입히지 못하는 투구인 보신주, 공중에 던지면 용마로 변하는 지팡이 비룡장 등 여러 가지 보배들을 주었으며, 후일 배가 고프면 먹으라며 선과도 주면서 대업을 이루라고 했다.

선관들을 만난 후 계속해서 배를 타고 나아가니 태을진군이 나타나 갈관에게는 장특, 용골안, 마철골이라는 뛰어난 명장이 3명 있는데, 장특은 천상 화덕진군의 제자로, 불로 녹여야만 쓰러뜨릴 수 있고, 용골안은 천왕보살의 낙화선이 아니면 쓰러뜨릴 수 없으며, 마철골은 염라왕의 벽력퇴가 아니면 잡지 못할 것이라고 했다.

그리고 서역 천축국의 천축사에는 통천도사라는 자가 있는데, 그는 동해 용자 용창을 제자로 두고 있으며, 수많은 비술을 알고 있고 화덕진군의 조화로 만든 멸화선(滅火扇)을 가지고 있는데, 이 멸화선이 천왕보살의 낙화선을 망가뜨릴 수 있는 보

배며, 그의 제자인 용창 역시 용궁의 조화로운 보배인 비도(하권에 나올것으로 예상되나 하권이 유실되어 정확한 능력과 내용을 알 수 없다.)를 가지고 있기 때문에 이들이 갈관을 돕게 되면 이기기 힘들어지니, 백마를 잡아 오대산 칠선단에 묻고 삼 일간 칠성제를 지내면 도사와 용창이 마음을 돌릴 것이라 알려주고는, 곧 선생을 만나게 될 거라며 구름을 타고 떠나버렸다. 위현이 계속해서 배를 타고 가니 어떤 큰 섬에 다다르게 되었는데, 그 섬의 산속 깊은 곳에는 회령궁이 있었다. 그곳에서 한 노인이 나오더니 자신이 땅의 신인 후토지신(后土之神)이며, 이곳은 한 달에 한 번 역대 영웅호걸의 혼령들이 모여 이야기를 나누는 곳이라고 했다. 위현은 자신은 여기에서 8년을 지낼 인연이 있다며 남게 되었고, 왕비와 시녀는 후토부인(后土夫人)이 관장하는 능해도로 가게 되었다. 회령궁에는 세상의 모든 영웅호걸이 모였는데, 이 중에서 뛰어난 병법가며 전설적인 도인인 황석공이 위현의 스승이 되어 신기한 묘략과 구궁변화, 호풍환우지술(呼風喚雨地術)*, 천지음양상생강극지법, 육정육갑(六丁六甲), 장신지술, 용검기마와 궁시지법을 가르쳤다.

위현이 16세가 되니 기골이 웅장했고 지략을 겸하고 있으며, 수많은 도술을 사용할 수 있게 되었다. 하루는 스승이 부적을 주며 천왕보살과 염라왕을 만나 낙화선과 벽력퇴를 구해 오라고 했다. 해변에 당도하여 스승이 준 부적을 수중에 대니 청의동자가 나타나 위현을 비선(飛船)에 태우고 천왕보살이 있는 곳까지 데려다 주었다. 배에서 내려 육로로 백여리를 가니 길가에 돌부처가 있었는데, 그 돌부처가 위현에게 낙화선을 주었다. 낙화선은 흔

들면 만물을 소멸시킬 수 있으나, 통천도사의 멸화선을 만나면 당해 낼 수 없다고 했다.

낙화선을 얻은 위현은 이번에는 저승으로 향했다. 가는 길에 귀졸을 만나게 되는데 낙화선을 흔드니 흩어져 사라졌다. 또한 백호 두 마리도 낙화선으로 물리친 후 홍포의를 입은 사람을 만나니 위현을 염라왕에게 데려다 주었는데, 염라왕은 반란 때 죽은 위현의 아버지였다. 아버지는 위현에게 벽력퇴를 주었고 위현은 지옥의 모습을 두루 구경한 뒤 귀졸의 등에 업혀 순식간에 어머니가 계신 능해도로 돌아와 왕비와 조우하게 된다.

위현이 17세가 되자 한 노인이 찾아왔다. 노인은 자신은 남해 용왕이며 위현을 자신의 사위로 삼고 싶다고 했고, 왕비가 이를 허락하였다. 용왕은 길일에 다시 찾아오겠다고 하였고, 길일이 되어 위현이 왕비와 해변으로 가니 용동(龍童)*들이 비선을 타고 두사람을 데리러 왔다. 남해용왕의 딸과 결혼한 위현은 아버지를 따르던 충신들을 모아 갈관을 치기로 한다.

이것이 <위현전>의 내용으로 신비로운 도구들이 굉장히 많이 나오는 것을 알 수 있다. 다만, 안타까운 점은 위현전의 남아있는 판본들은 상권뿐이라, 이 도구들을 사용하여 활약하는 하권의 내용은 알 수 없다는 점이다. 그나마 다행인 점은 위현에게 도구들을 줄 때 선관이 어떤 도구인지 알려주었다는 것이다. 먼저 칼과 화살이 통하지 않으며 허리 아래 비늘 하나를 들면 몸이 사라지는 장신갑옷은 이름은 나오지 않지만, <석일태전>에서 석일태가 옥황상제로부터 받은 은신갑(隱身甲)과 비슷한 능력이 있을 것으로 보인다. 안타까운 점이 있다면 석일태전 역시 뒷부분이 훼손되어 석일태가 은신갑을 사용하는 모습이 어떤지는 알 수 없다는 것이다.

용천검은 다른 소설에서도 그 이름을 찾아볼 수 있는 검으로, 재미있는 점은 <어룡전> 속 주인공인 어룡이 스승인 통천도사로부터 늘에서 내려준 신물이라는 용천검과 용린갑을 받는 내용이 나오는데, 어룡의 스승인 통천도사가 <위현전>에서 천왕보살의 낙화선을 무력화시킬 수 있는 멸화선을 가진 도사와 이름이 동일하다는 점이다. 고전소설에서는 다른 작품의 등장인물이 타 작품에 등장하는 일이 부지기수기 때문에 실제로 동일 인물인지 아니면 동명이인인지는 알 수 없다.

보신주의 경우 튼튼한 투구로 <권익중전>에서도 그 모습을 보여준다. 이처럼 위현은 선관들에게 많은 보배를 받았음에도 갈관의 장수인 장특, 용골안, 마철골을 이기기에는 역부족이라 천왕보살의 낙화선과 염라왕의 벽력퇴가 필요했다. 장특은 천상 화덕진군의 제자라고 하며, 용골안과 마철골도 쓰러뜨리기 위해서는 모든 만물을 소멸시키는 천왕보살의 낙화선과 염라대왕의 벽력퇴라는 몽둥이가 필요하다는 것을 보면 평범한 인간은 아닌 듯하지만, 하권이 소실되어 그들의 정확한 정체는 알 수가 없다.

마지막으로 위현이 아닌 천축국의 통천도사와 그의 제자며, 동해 용왕의 아들인 용창 역시 각자 멸화선과 용궁의 비도라는 보배들을 가지고 있다. 멸화선의 경우 천왕보살의 낙화선을 무력화할 수 있기 때문에 주의해야 한다고 한다. 사용하는 장면이 나오지는 않지만 화덕진군의 조화로 만들었다고 하며, 멸화선의 한자를 생각해보면 불길을 일으키는 부채로 추측된다.

용천검은 제주도에 전래 되는 창민요 <용천검>에서도 나온다. '용천검'이란 천하제일의 명검을 일컫는 말이다. <용천검> 속 내용은 이러하다. 한 여인이 겉모습이 초라한 남성을 얕봤는데, 그가 차고 있는 칼이 용천검인 것을 보고, 그 남자가 비범한 사람임을 눈치챈다. 이후 그 남자에게 사랑에 빠져 사랑의 심정을 보낸다.

* 호풍환우지술(呼風喚雨地術): 바람을 부르고 비를 내리게 하는 술법
* 용동(龍童): 어린 용

우장자검(右將雌劍)

일본의 네 개의 보검 중 하나로 암컷이며, 좌장웅검(左將雄劍)의 짝이다. 검이 인간의 형상으로 나타날 수 있다

용도	기타
관련문헌	기문총화

무기류-검-좌장웅검(左將雄劍)의 관련 문헌 <기문총화>에서 해당 내용 확인 가능

일광검

용궁의 기물로 괴물들이 탐을 내는 보검. 사람의 머리뿐만 아니라 큰 바위도 한 번에 절반으로 끊어낼 수 있다

용도	공격용
관련문헌	백학선전

의류/장신구-부채-백학선(白鶴扇)의 관련 문헌 <백학선전>에서 해당 내용 확인 가능

자용검(自用劍)

권성동이 선녀인 어머니로부터 흉노족을 막기 위해 받은 도구 중 하나. 검 스스로 싸우는 능력을 가지고 있다

용도	공격용
관련문헌	권익중전

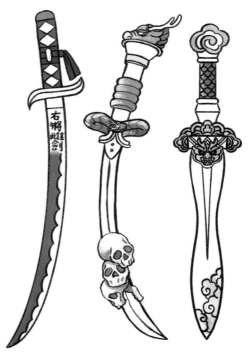

<권익중전>은 독특한 점이 주인공인 권익중이 아니라 권익중과 선녀 이춘화의 아들 권선동이 영웅으로 활약한다는 점이다. 권선동은 북방의 흉노족이 쳐들어오자 선녀인 어머니로부터 스스로 싸우는 검인 자용검(自用劍), 바람과 구름을 부리는 부채 풍운선(風雲扇), 던지면 용마로 변하는 지팡이인 비룡장(飛龍杖)을 받게 된다. 재미있는 점이 보통 영웅소설에서는 선동이 이 신물들을 가지고 전장에 나가 활약하는 식으로 이야기가 전개된다. 하지만 권선동은 이 보배들을 자신의 세 명의 부인에게 부부지의(夫婦之誼) 증표로 주고 간다.

자용검(自用劍)은 진낭자에게 주고, 진낭자는 선동에게 옛날 예양(豫讓)*이 조양자(趙襄子)*를 암살하려고 할 때 사용한 비수검(匕首劍)을 준다.

풍운선(風雲扇)은 정낭자에게 주고, 정낭자는 옛 장자방이 박랑사(博浪沙)에서 진시황의 암살을 시도할 때 사용한 철퇴를 준다.

비룡장(飛龍杖)은 강낭자에게 주고, 강낭자는 불에도 타지 않고 물에도 젖지 않는 낭중 갑옷 한 벌을 준다.

하지만 낭자들에게 받은 보배들을 가지고도 선동이 위기에 빠지자, 세 낭자는 전장으로 달려가 선

동에게 받은 보배들로 적을 물리쳐 선동이 승리를 할 수 있도록 도와준다.

선동이 선녀인 어머니에게 받은 보배들도 뛰어난 보배지만, 세 명의 낭자가 준 보배 역시 예사롭지 않다. 특히 낭자들이 준 비수검과 철퇴의 경우 춘추전국시대와 진나라 때 실존했던 인물이 사용한 물건이라는 점이다. 아이러니한 것은 예양은 비수검으로 조양자를 암살하려고 했으나 실패했으며, 장자방 역시 철퇴를 던져 진시황의 암살을 시도했으나 이 역시 실패했다는 점이다.

* 예양(豫讓): 중국 전국시대의 협객
* 조양자(趙襄子): 중국 전국시대 조나라의 제후

장성검

용왕이 유충렬에게 준 옥함 속에 들어있던 검. '산화경'의 경문을 읽으면 짤막한 모습에서 신비한 힘을 가진 십 척 장검으로 변신한다. 상대의 무기를 부수는 힘은 물론, 번개를 뿜어내는 등 다양한 능력이 있다

용도	공격용
관련문헌	유충렬전

유심과 장씨 사이에 유충렬이라는 아들이 태어났다. 어느 날 아버지 유심은 간신들의 모함을 받아 유배를 떠나게 되고, 후환을 두려워한 간신들은 유심의 집에 불까지 질러 유충렬과 장씨 부인을 죽이려 했다. 하지만 장씨 부인의 꿈에 노인이 나와 붉은 부채를 주며, 불이 나면 이것을 흔들어 불을 끄고 도망치라고 한다. 꿈에서 깨어나니 정말로 붉은 부채가 옆에 있어, 장씨 부인은 부채로 불을 끄고 유충렬과 무사히 달아날 수 있었다. 하지만 간신들이 매수한 마철이 장씨 부인을 납치하고 어린 충렬은 강에 던져버렸다.

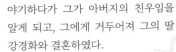

충렬은 그렇게 강에 빠져 죽을 뻔하지만 지나가던 상선에게 구출되었고, 이후 걸식(乞食)*을 하고 다니다가 강희주라는 사람과 만나게 되었다. 그에게 자신의 사연을 이야기하다가 그가 아버지의 친우임을 알게 되고, 그에게 거두어져 그의 딸 강경화와 결혼하였다.

강희주는 유심의 유배가 부당하다 생각하고 왕에게 간신들을 몰아낼 것을 상소하러 가지만, 오히려 그 상소문 때문에 황제의 분노를 사, 삼족(三族)*이 멸할 위기에 처하게 되었다. 유충렬이 휘말릴 것을 염려한 그는 유충렬에게 몸을 피하라는 서신을 보냈다. 서신을 받은 유충렬은 서해 광덕산 백룡사에서 노승을 스승으로 모시며 병서와 불경, 술법에 대해서 공부를 하였다.

그러던 어느 날 호적이 쳐들어오는데, 간신들은 황제에게 호적을 치고 오겠다고 자원하여 출전하였지만, 그들은 처음부터 싸울 생각이 없었기에 호왕과 손을 잡고 군사를 돌려 수도로 쳐들어왔다. 유충렬은 천문을 살피다 난리가 일어나 천자가 위험에 처했음을 알고 출전하겠다고 하였다. 유충렬이 떠나려고 하자 노승이 벽장에서 옥함을 하나 꺼내주는데, 옥함에는 '남경 도원수 유충렬은 열어보아라.'라는 글 새겨져 있었고, 옥함을 싸고 있는 수건에는 '모년 모월 모일에 남경 동성문에 사는 충렬의 모친 장부인이 내 아들 충렬에게 보내노라'라

는 글이 쓰여 있었다. 충렬이 옥함을 붙들고 통곡하니 노승이 그를 위로하였다.

이 옥함이 충렬에게 온 내력은 이러하다. 간신들의 사주로 충렬을 강에 던져버린 마철은 충렬의 어머니인 장씨 부인의 미색에 반하여 그를 자신의 아내로 삼으려고 하였다. 장씨 부인이 곧 아버지의 기일이라 그 전에 동침하면 부정을 타니 제사를 지낸 뒤 동침을 하겠다고 시간을 끌었고, 마철도 그게 합당하다 생각하고 제사에 사용할 재물을 모으기 시작했다.

재물을 모으던 마철이 강에서 물질을 하다가 큰 거북이가 옥함을 지고 지나가는 것을 보고는 거북을 죽이고, 옥함을 자신의 집에다 가져두었다. 장씨 부인은 옥함에 '남경 도원수 유충렬은 열어보아라'라는 글이 새겨진 것을 보고, 그 옥함을 가지고 달아나 수건에 글을 써서 강에 띄워 보냈는데, 그것을 노승이 발견하여 가지고 있다가 충렬에게 꺼내준 것이었다.

옥함 안에는 갑옷과 투구, 장검 그리고 책이 들어있었다. 투구는 금도 아니고 옥도 아니었으나 그 광채가 눈부시도록 찬란하였는데, 속을 살펴보니 금색으로 '일광주'라 새겨져 있었다.

갑옷을 보니 용궁의 기술이 틀림없을 정도로 훌륭하였으며, 무엇으로 만들었는지 짐작조차 되지 않았다. 옷깃 밑에 금색으로 '용린갑'이라 새겨져 있었다.

장검은 짤막하여 볼품이 없었는데, 같이 들어있는 '신화경'이라는 책을 펴놓고 칼 쓰는 법을 보니, 갑주를 입은 후에 술법에 사용되는 경문을 읽고 천상 대장성을 세 번 보게 되면, 움츠리고 있던 칼이 절로 펴져 변화가 무궁할 것이라 하였다. 즉시 시험

해보니 십 척 장검으로 변하여 사람을 놀라게 하였고, 검 한가운데에는 대장성(북두칠성)이 샛별같이 박혀 있으며 금색으로 '장성검'이라 새겨져 있었다. 충렬은 이 무기들을 가지고 전장에 나가 오랑캐와 간신들을 죽여, 위기에 빠진 나라를 구하고, 유배 가있던 장인과 아버지 그리고 아내를 되찾았다. 어머니 장씨 부인 역시 마철과 동침하지 않고 무사히 도망쳐 용왕의 딸의 도움으로 안전한 곳에 피해있다가 재회하였다.

<유충렬전>에는 신기한 도구들이 많이 등장하는데 먼저 장씨 부인의 꿈에서 나타난 노인이 준 붉은 부채로, 이 부채를 부치면 주변의 불길이 사라지는 능력을 지니고 있다.

그리고 또 살펴볼 것은 용왕이 충렬에게 보낸 도구들인데, 먼저 일광주는 안개를 펼쳐 상대방의 눈을 캄캄하게 만들어 자신의 모습을 볼 수 없게 만들 수 있다. 이 능력에 적국의 장수들이 충렬과의 싸움에서 그의 모습을 보지도 못하고 당해버렸다.

용린갑은 용궁의 조화가 붙은 갑옷으로, 단순히 단단한 정도가 아니라 입은 사람이 화살이나 대포의 철탄같은 공격을 맞지 않게 해준다.

장성검은 평소에는 움츠리고 있지만, 주문을 외우면 스스로 펼쳐져 십 척 장검으로 변하는데, 그 위력도 엄청나서 장성검을 내려치니 적장의 장검이나 창이 산산조각이 나거나 부러져버린다. 그리고 장성검이 번개가 되어 적을 쳤다고 하는데, 번갯불이 일어나며 그곳에 뇌성벽력이 진동하여 군사와 장수가 모두 넋을 잃고, 귀가 먹고, 눈이 어두워져 혼란에 빠졌다거나, 수많은 적의 병력이 일격에 쓰러졌다는 것을 보면 번개가 되었다는 것은 무언가의 비유가 아니라 진짜로 번개를 뿜어내는 무기라는 것을 알 수 있다. 그리고 검의 빛으로 상대의 혼백을 흩어지게 하여 기절시키는 장면이 나오기도 한다.

'신화경'은 '장성검'이 본연의 모습이 나오도록 하는 주문이 적혀 있는 도술서인데, 능력이 이뿐만이 아니라 풍백을 불러들여 강한 바람을 일으켜 적을 날려버리거나, 적이 도술로 펼친 안개와 구름을 쓸어버리기도 하며, 둔갑장신(遁甲藏身)*을 하여 자신의 모습을 감추기도 한다. 이 외에도 여러 신장을 불러 그 힘을 빌릴 수 있는 것으로 추측된다.

* 걸식(乞食): 남에게 음식을 구걸하는 일
* 삼족(三族): 부계, 모계, 처계 친족을 통틀어 부르는 말
* 둔갑장신(遁甲藏身): 남에게 보이지 않게 여러 가지 술법(術法)을 써서 몸을 마음대로 감추는 일

장원의 보검

지현(知縣)*인 장원이 금령을 요사스러운 괴물이라 생각하고 없애기 위해 공격할 때 사용한 보검. 사람을 베어도 칼날에 피가 묻지 않는다.

용도	공격용
관련문헌	금령전

기타-그 외-금령의 관련 문헌 <금령전>에서 해당 내용 확인 가능

* 지현(知縣): 현(縣)의 으뜸 벼슬아치.

절운도(切雲刀)

장국진이 여학도사로부터 받은 천하의 보배. 평소에는 작은 칼이지만 전투 시에는 스스로 펼쳐져 장검이 되며, 사람은 물론 물이나 불도 한 번 치면 좌우로 가를 수 있다.

용도	공격용
관련문헌	장국진전

장승상의 아들 장국진이 7살 때 달마국이 명나라를 침범하여 온 가족이 뿔뿔이 흩어지고, 국진은 오랑캐의 손에 잡혀 죽을 뻔하지만, 어린아이를 차마 죽일 수 없었던 호국의 장군 굴통은 국진을 그냥 물에 떠내려 보냈다. 다행히 국진은 용왕의 도움으로 살아남아 여학산 여학도사의 제자가 되어 7년간 수련한다. 수련 후 여학도사로부터 천하 보배인 절운도(切雲刀)와 청학선(靑鶴扇)을 얻어 내려와 헤어진 부모와 상봉했다.

절운도(切雲刀)란 평소에는 작은 칼이지만 적장과 싸우게 되면 스스로 펼쳐져 장검이 되며, 사람

은 말할 것도 없이 물이나 불이라도 한 번 치면 좌우로 갈라지는 천하 보검이다. 그리고 청학선(靑鶴扇)은 어려운 일을 당했을 때 부치면 화를 면할 수 있는 보배였다. 이후 어사 벼슬을 얻은 장국진이 주막에서 하루 묵게 되었는데, 꿈에서 한 여인이 나타나 자신이 예전에 이곳에서 도적을 만나 죽었으니 그 원한을 갚아달라는 것이었다. 잠에서 깬 국진은 주막의 주인을 불러 자세한 상황을 묻자, 주인은 그런 사실이 있다며 처녀가 묻혀있는 장소까지 알려주었다.

국진은 당장 날랜 장수들을 소집하여, 그 지역에 있는 도적들은 모조리 잡아 죽이라고 명했다. 그러자 장수들은 날이 저물기도 전에 도적들을 모두 잡아 목을 베었다. 그날 밤 꿈에 그 처녀가 나타나 자신의 원한을 갚아준 것을 감사하며 갑옷 한벌을 주었다. 이 갑옷은 천궁 조화가 붙은 갑옷으로 이름은 풍운갑(風雲甲)이라고 하며, 입으면 몸이 날래지고 창이나 검에 피해를 입지 않는 천하의 보갑이라고 했다. 국진은 풍운갑을 바라보다 잠에서 깼는데, 정말로 자신의 옆에 갑옷과 투구가 놓여있었다.

이후 달마국이 다시 명나라를 쳐들어오게 되자, 천자는 정서장군(征西將軍)에게 정예병 백만을 주어 적을 막도록 하였다. 그러나 달마왕은 용기와 힘이 어마어마했으며, 그 옆에는 백원도사라는 도사가 있는데, 그는 천문지리와 육정육갑과 천지풍운을 마음대로 부릴 수 있었기에 얼마 싸워보지도 못하고 패배하였다. 정서장군 역시 전사하여 달마국의 병사들이 도성 근처까지 몰려오게 되었다. 이 소식을 들은 국진은 천자에게 가서 자신이 오랑

캐들을 막겠다하고 병사들을 이끌고 출격하였다. 국진이 절운도를 휘두르자 적장들이 추풍낙엽처럼 쓰러졌다. 이에 백원도사가 부적을 써서 공중에 던지고 육정육갑을 베풀어 신병들을 불러내어 진을 쳤다. 국진을 포위하고 그 진 속에는 풍운까지 몰아치게 하여 천지분간을 하지 못하게 만든 뒤, 항복을 권유하였다. 이에 국진은 분노하여 힘이 센 신장인 황건역사를 불러 앞을 인도하게 하고, 청학선을 좌우로 부치니 구름은 흩어지고 신병들은 감히 건드리지 못하였다. 그렇게 진을 빠져나온 국진은 이번에는 자신이 도술을 사용하여 신병들과 오방신장을 불러내고, 오방신장은 각 방위를 지키게 하여 도성의 수비를 견고하게 하였다. 이에 천자는 기뻐하며 국진을 대원수로 삼았다.

그날 밤 백원도사가 팔괘를 이용하여 명의 진영을 살펴보더니 굴통장군을 불러 7년 전에 그 소년을 확실히 죽였는지 물어보았다. 이에 굴통이 물에 넣어 죽였다고 고하자, 백원도사는 그 아이가 용왕의 도움으로 살아남아 여학도사의 제자가 되어 재주를 배웠음은 물론이며, 여학도사의 보배인 절운도와 청학선이라는 천하보배를 얻었으니 절대 당해낼 수 없다며, 일단 후퇴하고 계교를 사용해 국진을 죽이고 다시 명나라를 치는 것이 승산이 있을 거라고 했다.

달마국이 후퇴를 하려고 하자, 국진은 병사들을 끌고 나와 그들을 섬멸하려 했으나, 그 앞길을 적장인 굴통이 막아섰다. 국진이 굴통에게 절운도를 휘둘렀지만 절운도는 굴통이 국진을 살려준 은인임을 알고 굴통을 죽이지 않았으며, 국진도 굴통이 자

신을 죽이지 않고 살려준 장수임을 알고, 그를 사로잡아 후한 대접을 한 뒤 그냥 돌려보내 주었다.

달마국으로 돌아간 백원도사는 자신보다 100배는 뛰어난 능력를 지닌 황화산(黃華山)의 황산도사(黃山道士)의 힘을 빌리기로 한다. 황산도사는 도술로 구미호를 불러들여, 황제의 궁에 보내 공주를 죽이고 시체를 숨긴 후 공주로 둔갑하게끔 하였다. 그리고 남편을 부추겨 국진이 반역을 모의한다고 참소(讒訴)*하게 하였다. 하지만 황제는 사위의 그런 말을 믿지 않고, 단순히 두 사람의 사이가 나쁜 줄로만 알고 국진에게 화해하라고 명령하였다.

국진이 황제의 명을 받고 황제의 사위를 찾아가니, 공주로 둔갑한 여우가 독약을 탄 술을 국진에게 주었다. 독주를 마신 국진이 배를 끌어안고 신음을 하니, 곧 하늘에서 여학도사의 명을 받은 선관(仙官)이 내려와 백가지 병이 소멸하는 술을 국진에게 먹여 국진을 해독하였다. 그리고 국진에게 여학도사가 보내는 편지와 함께 신기한 약을 주었다. 신선이 준 편지를 읽고 공주로 둔갑한 여우의 정체를 깨달은 국진은 여우를 처단하려고 하였으나, 이미 구미호는 풍운을 타고 도망치려 하고 있었다. 이에 국진이 공중으로 뛰어올라 절운도를 휘두르자, 구미호는 본 모습으로 돌아가며 땅에 떨어져 죽었다. 이후 죽은 공주의 시체를 찾아내어 신기한 약으로 다시 살려냈다.

구미호가 죽어버리자 황산도사는 자신이 직접 국진을 암살하려고 하였다. 하지만 국진의 아내이자 용왕의 딸이 환생한 유부인과, 마찬가지로 국진의

46

아내이며 천문과 풍수지리에 능통했던 이부인이 이를 간파하였다. 두 부인은 허수아비를 만든 뒤, 둔갑술로 허수아비를 국진의 모습으로 만들어 병풍 뒤에 숨어 동태를 살폈다. 이윽고 황산도사가 도술로 몰래 들어와 허수아비가 국진인 줄 알고 비수로 그 머리를 자른 뒤 기뻐하며 달마국으로 돌아갔다. 이후 국진이 집에 돌아오자 두 부인은 그 사실을 알려주었고, 국진은 부인들에게 감사하였다. 국진은 궁에 가서 달마국에서는 내가 죽었을 거라 믿을 것이니, 다시 침공할 것이라 생각하고 미리 방비를 강화해 두었다.

아니나 다를까 예상대로 달마국이 쳐들어왔고, 국진은 병사들을 이끌고 출전했다. 국진이 선봉장을 간단히 쓰러뜨리니, 황산도사가 크게 놀라며 자신이 직접 상대하기로 했다. 황산도사는 비룡 삼백 마리를 만들어 공격했다. 이 용들은 소리를 지르며 날아들었고, 뇌성벽력과 비를 쏟아지게 했다. 이에 국진이 청학선을 부치니 뇌성벽력은 사라지고, 비 역시 오지 않았다. 이어서 국진은 불덩이를 토하는 맹호(猛虎)*를 삼백 마리 만들어 황산도사의 용들과 싸우게 했다.

황산도사는 안개로 몸을 숨겨보기도 하고 풍운을 부르기도 해봤지만, 그때마다 국진이 청학선을 휘둘러 모두 무효화시켜버렸다. 국진을 당해낼 수 없겠다고 생각한 황산도사는 신병들을 불러 앞을 가리고 흑운과 안개까지 불러 몸을 숨기고 달아나려고 했으나, 국진이 청학선을 휘두르자 신병이 사라지고 기후도 깨끗해져 도망치는 황산도사의 모습을 드러나게 해주었다. 국진은 절운도를 휘둘렀고 그렇게 황산도사의 머리는 땅에 떨어지고 말았다. 황산도사의 죽음에 분노한 달마왕이 갑옷과 무장

을 갖추고 국진에게 덤벼들어 막상막하로 싸웠으나, 결국은 달마왕도 절운도에 목숨을 잃었다. 왕을 잃은 달마국은 퇴각하였으며, 달마국에는 어린 왕자가 왕위에 오르게 되었다.

이후 황제 역시 병을 얻어 세상을 떠나자 어린 아들이 그 뒤를 이었다. 어린 황제는 선대 황제처럼 현명하지 못하여 간신 이부윤의 딸을 후궁으로 맞이하고, 부윤의 아들 이침을 병부상서로 만들었다. 그리하여 조정에는 국진을 시기하는 간신들이 판을 치기 시작했고, 이 상황을 파악한 백원도사는 두 명의 첩자를 이부윤에게 보내 그의 신임을 얻게 한 다음, 국진을 모함하여 죽이라고 하였다. 국진을 눈엣가시로 보고 있던 부윤은 이 꼬드김에 넘어가 황제에게 국진을 모함하였다.

아직 판단력이 부족했던 어린 황제는 이에 속아 넘어가 국진을 죽이라 하였으나, 이때 구미호에게 한번 목숨을 잃었다가 국진의 도움으로 되살아난 누이가 이를 만류하여, 국진은 죽지 않고 멀리 귀양을 가게 되었다. 백원도사가 심어둔 첩자가 이 사실을 달마국에 알렸고, 달마국은 국진이 귀양가는 길에 병사들을 보내어 국진을 납치해 달마국으로 끌고 갔다. 달마왕은 국진을 죽여 아버지의 원수를 갚고 싶었으나, 백원도사가 이를 만류하며 국진은 천상의 별인 벼락성이 인간 세상에 하강한 것이라 옥황상제의 사랑을 받고 있어 죽이면 대왕이 훗날 화를 입게되니 깊은 구덩이를 파서 그 안에서 굶어 죽게 만들어야 한다고 했다. 그리하여 달마왕은 국진을 깊은 구덩이 속에 던져넣고 명나라를 공격했다.

달마왕은 순식간에 70여 개의 성을 함락시키고 도성으로 진격했다. 황제는 이침을 대원수로 삼고 군

사들과 함께 출전했다. 하지만 이침이 거느리고 있던 자들은 백원도사가 심어둔 첩자들이었으며, 이침 역시 명을 점령하면 나라의 절반을 주겠다는 달마왕의 꼬드김에 넘어가 병사들과 함께 달마국에 합류하고 말았다. 이에 황제는 간신들에게 속아 장국진을 귀양 보낸 것을 후회하였다. 한편 장국진은 땅굴 속에 갇힌 채 나랏일을 근심하며 통곡하고 있었다. 그 순간 용왕의 도움으로 달마국에 3일동안 큰 비가 쏟아져 국진이 갇혀있는 구덩이에도 물이 차올랐고 국진은 물 위에 떠올라 밖으로 나올 수 있었다. 국진은 곧장 집으로 가 보배들로 무장을 하고 도성으로 달려갔다. 적들을 쓰러뜨리고, 배신자인 이침을 목을 베고, 백원도사의 첩자들까지 처단하였다. 백원도사와 달마국 왕은 어쩔 수 없이 퇴각하고 말았다. 천자는 기뻐하며 국진을 다시 대원수로 삼았다. 그리고 국진은 이 기회에 달마국을 쳐서 위험이 될 뿌리를 뽑아버리기로 결심했다. 한편 달아난 백원도사는 우리 쪽에 국진을 대적할 장수가 없으니 이웃 나라인 천원국과 협력하는 것이 좋겠다고 했다. 천원국의 왕은 천상의 벼락성이 인간 세상에 내려온 국진처럼, 천상의 삼태성이 인간 세상에 내려온 것이라 그 무예와 검술이 국진과 호각일 것이며, 또한 그는 오금도사, 진학도사, 청운도사, 운전도사, 팔양도사라는 다섯 명의 도사를 거느리고 있는데, 이들 하나하나의 재주와 술법이 자신보다 뛰어나다고 했다. 달마왕은 기뻐하며 천원국에 사신을 보냈다. 천원왕은 다섯 도사에게 의견을 물어봤다. 도사들이 말하길 천원왕은 하늘의 삼태성이며, 장국진은 하늘의 벼락성이니 무예와 검술을 호각일 것이나, 장국진이 우리와 같은 스승인 여학도사의 제자라 재주와 술법까지 뛰어

날 것이라고 했다. 물론 자신들도 여학도사의 제자라 힘을 합치면 당해내지 못할 것은 없으나, 그에게는 스승의 천하보배인 절운도와 청학선이 있으며, 만약 장국진을 쓰러뜨린다고 하더라도 아끼는 제자를 잃은 여학도사가 개입하게 될 위험이 있다고 했다. 여학도사는 사해용왕을 마음대로 부리는 도사이기에 그가 개입하게 되면, 도무지 당해내지 못할 것이라며 천원왕을 말렸다. 하지만 자신의 힘과 용기에 자신이 있었던 천원왕은 자신이라면 당해낼 수 있을 것이라 생각하고 달마국의 동맹 요청을 수락하였다.

달마국에 합류한 천원왕이 장국진을 쓰러뜨릴 수 있겠냐고 묻자, 오금도사는 천하의 보배가 있으니, 그중 제일은 국진이 가진 절운도라고 했다. 하지만 천원왕에게는 그 다음가는 보배인 용천금이 있으며, 용천금 다음 가는 보배인 청사금 또한 달마국왕이 가지고 있으니, 절운도를 당해내지 못할 것이 없으며 도사들 역시 조화를 부려 도울 것이라고 했다.

백원도사는 천원왕이 무예가 뛰어나니 선봉을 맡으면 달마왕이 뒤를 따르며 돕겠다고 했다. 오금도사는 천원왕에게 장국진은 천하영웅이며 절운도 뿐만 아니라 변화가 무궁한 청학선도 있으니 조심하라고 당부하였다. 천원왕은 그렇게 하겠다고 한 손에는 용천금을 다른 한 손에는 철퇴를 가지고 전장으로 나가 "내 적수여 빨리 나와 내 칼을 받아라!"하고 외쳤다. 천원왕의 모습을 본 국진은 자신이 아니면 상대할 수 없을 것이라 생각하고 나아가 맞서 싸웠다. 두 사람의 실력은 호각이라 팔십여 합을 싸웠으나 승부를 내지 못했다. 천원국의 도사들이 술법을 사용하니 천지가 아득해

지고 지척을 분별치 못하게 하였으나 국진이 청학선을 부쳐 술법을 깨뜨렸다. 백여 합에 이르러 천원왕이 국진의 말을 노리고 철퇴를 휘둘렀으나, 국진이 고삐를 잡아당겨 말의 몸이 솟구치게 하여 철퇴를 피하였다. 그렇게 삼백여 합까지 갔으나 결국 승부를 가리지 못하였다. 결국 각자의 진영으로 돌아가게 되었고, 천원왕은 국진의 무예를 칭찬하였다. 장국진 역시 본진에 돌아와 내일은 반드시 천원왕을 잡겠다고 다짐하였다.

다음날이 되자 이번에는 장국진이 먼저 앞으로 나와 천원왕에게 어제 못다한 승부의 결착을 내자고 하였다. 이에 천원왕이 말에 오르려 하니, 달마국왕이 오늘은 자신이 승부를 보겠으니 대왕은 자신의 뒤를 따라달라고 부탁하고, 청사금을 가지고 국진에게 덤벼들었다. 달마국왕도 실력이 뛰어나 백여 합이 지나도 승부가 나지 않았다. 하지만 싸움이 길어 질수록 달마국왕의 창법에 점점 국진의 기운이 빠지기 시작했다. 이에 백원도사와 오금도사가 일시에 천지조화를 부리니 풍운과 번개가 몰아쳤다. 거기에다 천원왕까지 용천금을 들고 국진에게 달려들었다. 국진은 절운도로 두 사람을 상대하면서도 실수함이 없었으며, 틈틈이 청학선을 부쳐 도사들의 술법을 깨뜨렸다. 다른 도사들이 싸우고 있는 국진을 보고 사람의 힘으로는 잡지 못하리라 판단하고는 부적을 써서 공중에 던지니, 천지가 아득하며 신장과 신병이 무수히 적진에 나타나 명나라 병사들을 공격했다. 국진은 청학선을 부쳐 신장과 신병의 공격을 막다가 절운검을 높이 들고 온힘을 다해 도술을 쓰니, 국진의 모습은 보이지 않고 허공에서 수백 개의 칼이 눈부시게 번쩍였다. 천원왕은 현란한 그 칼 빛에 눈을 뜨지 못하였

다. 국진은 이틈을 타서 천원왕의 투구를 벗기고, 그가 탄 말의 머리를 칼로 내려치니 천원왕은 넋을 잃고 달아났다.

이렇게 적을 막아내긴 했지만 계속 혼자서 싸워왔던 국진은 피로가 쌓여 병에 걸려 자리에 눕게 되었다. 국진은 병사들에게 자신이 아픈 것에 대하여 함구령을 내리고, 성문을 굳게 닫고 수비에 전념을 다하라고 하였다.

다음날 천원왕이 앞으로 나와 승부를 걸어도 성의 문을 굳게 닫고 나오지 않았다. 이에 천원왕이 본진으로 돌아가 국진이 나오지 않는다고 이야기를 하자, 도사들은 국진이 우리를 두려워할 리가 없는데 나오지 않는 것을 보면 여학도사가 뭔가 계교를 알려준 것일지도 모른다며 두려워했고 선뜻 공격하지 못했다. 하지만 국진의 병은 좀처럼 나아지지 않았고, 그쯤 되자 도사들도 국진의 몸에 뭔가 이상이 생긴 걸지도 모르겠다는 의심을 품게 되었다.

한편 집에서 하늘의 기운을 보고 있던 이부인은 국진이 사흘 후 죽을지도 모른다는 사실을 알고 매우 놀라며, 약을 구해 국진이 있는 곳으로 가서 국진의 병을 치료하였다. 이후 병이 나은 국진이 천원왕과 마지막 싸움을 할때 절운도를 휘둘러 천원왕의 용천금을 부러뜨린다.

여기까지가 <장국진전>에서 장국진이 활약하는 부분이다. 이 이후부터는 장국진의 아내인 이계향이 활약을 하게 된다. 여기서는 여러 가지 보배들이 등장하는데, 먼저 국진이 자주 쓰는 절운도와 청학선으로, 절운도의 경우 평소에는 작은 검이지만, 경우에 따라 자유자재로 그 모습을 바꿀 수 있다는 묘사가 나온다. 그리고 굴통장군이 장국진의 은인임을 알아보고 공격을 닫지 않게 하기도 하며, 도사들이 말하길 보배들 중 제일이며, 다음가는 보배인 용천금 역시 절운도의 공격

에 부러지고 만다. 천원왕과 싸울 때 수많은 검의 환영을 보이게도 하지만 이는 장국진의 도술이지 검의 능력은 아니다. 오금도사는 절운도가 천하 제일의 보배라고 했으며, 천원왕이 가진 용천금은 절운도 다음가는 보배며, 달마국왕이 가진 청사금은 용천금 다음가는 보배라고 했다. 이야기 용천금과 청사금이 어떤 능력이 있는지 드러나지는 않지만 용천금은 칼이며, 청사금은 창임을 짐작할 수 있는 대목을 발견할 수 있다.

청학선은 위험한 일이 닥쳤을 때, 부치면 화를 입지 않는다고 했는데 작중에서 사용하는 모습을 보면 상대의 도술을 무효화 시키는 능력이 있는 것으로 보인다. 작중 적으로 많은 도사들이 등장하지만 어느 누구의 술법이라도 청학선을 한 번 부치는 것으로 사라졌다.

그리고 풍운갑은 몸을 날래게 만들어주고, 창칼에 해를 입지 않는다는 것을 봐서 몸을 보호해주는 것과 동시에 신체 능력을 강화시켜주는 것으로 보인다.

그 밖에도 장국진이 독을 마셨을 때, 선관이 백가지 병이 소멸하는 술을 가져와 국진의 독을 치료하였으며, 선약으로 이미 죽어버린 공주까지 되살리는 도구 역시 확인할 수 있다.

* 참소(讒訴): 남을 헐뜯어서 죄가 있는 것처럼 꾸며 윗사람에게 고하여 바침
* 맹호(猛虎): 사나운 범

조웅검

백발노인이 준 하늘의 보검으로, 길이가 석자며 가운데는 금빛 글자로 조웅검이라 쓰여져있음. 조웅이 전장에서 공을 세울 수 있도록 큰 역할을 한 도구이다

용도	공격용
관련문헌	조웅전

조웅의 아버지 조정인은 승상이었으나 간신인 이두병의 간계에 빠져 약을 먹고 죽었다. 이두병은 후환이 두려워 아들인 조웅까지 처치하려고 했으나, 조웅의 꿈에서 아버지 조정인이 이를 피하라고 알려주어 조웅은 어머니와 함께 산으로 피신하였다. 산에서 아버지와 인연이 있는 월경대사를 만

난 조웅 모자는 대사의 인도로 강선암(降仙庵)이라는 작은 절에 머물렀다.

그렇게 시간이 흐르고 15살이 된 조웅은 도사를 찾아 강선암을 떠났다. 그런데 가는 도중 저자에서 비범한 백발노인이 기다리고 있었다며 하늘이 준 보검을 주겠다고 했다. 이 보검은 길이가 석 자며, 그 가운데는 금빛 글자로 '조웅검'이라고 뚜렷하게 쓰여 있었다. 그리고 노인은 여기서 남쪽으로 팔백리를 가면 관산이라는 곳이 나오는데, 그곳의 천명도사부터 가르침을 받으라고 했다. 조웅은 백발노인의 말대로 천명도사를 만나 육도삼략에 천문도를 배웠으며, 그 산에 있는 날쌔고 용맹한 천리마까지 얻었다. 그리고 어느 날 천명도사가 조웅을 불러 네 처갓집에 죽음의 변이 닥쳤으니 가보라며 환약 세 알을 주며 어딘가로 가라고 지시했다. 조웅이 스승이 시키는 대로 하니 장진사 댁의 딸이 병이 심해 죽을 지경에 이르러있는 것을 발견했다. 조웅이 천명도사로부터 받은 환약을 먹여 장진사 딸의 병을 고치자 장진사는 그를 자신의 사위로 삼았다.

그로부터 얼마 후 천명도사는 또 천기를 보더니 서쪽 오랑캐가 쳐들어오려고 하니 나라를 구하라고 하였다. 조웅은 스승님과 모친에게 인사를 올리고는 보검을 차고, 천리마를 몰아 전장으로 나가 공을 세웠다.

좌장웅검(左將雄劍)

일본의 네 개의 보검 중 하나로 수컷이며, 우장자검(右將雌劍)의 짝. 검이 인간의 형상으로 나타날 수 있다

용도	기타
관련문헌	기문총화

목천(木川) 사는 곽진명은 집이 가난했다. 어느 날 부친의 친구인 동래(東萊) 부사가 물자를 좀 주겠으니 오라고 해, 밭을 팔아 노비(路費)*를 마련해 동래로 향했다. 동래로 가던 중 양산(梁山)의 황산역(黃山驛)에서 자게 되었는데, 여관방에 요괴가 있어서 그동안 그곳에 들어가 잤던 사람이 무려 7명이나 죽었다고 했다.

곽진명은 여관주인 노파의 만류를 뿌리치고 혼자 그 방에 들어가, 촛불을 밝히고 소주를 마셔 기분을 돋우고 앉아 있으니, 밤중에 현판(懸板)* 위로부터 흰 머리의 노옹(老翁)*이 내려왔다. 곽진명이 누구냐고 물으니 노인은 자신이 사람이 아니라고 했다. 곧 곽진명이 "왜 사람을 계속 죽이느냐?"고 꾸짖으니, 자기가 죽이는 것이 아니라 원통함을 들어줄 사람이 있어서 나오면 사람들이 미리 놀라 죽은 것이라고 말했다.

그래서 원통한 것이 무엇이냐 물으니, 노옹은 "내 200년 동안이나 아내를 이별하고 호소할 곳이 없으니 원통하지 않으냐?" 하고 말했다. 곽진명이 그 소원을 풀어주겠다고 말하니 노옹은 다시 현판 위로 올라가 사라졌다.

이튿날 아침 현판 위를 조사하니 칼 한 자루가 나왔고, 그 칼에 '좌장웅검(左將雄劍)' 네 글자가 새겨져 있어서, 곧 암수 한쌍의 칼이 있었음을 알 수 있었다. 주인에게 칼을 사겠다고 하니, 본래 누구 것인지 모르는데 어찌 돈을 받고 팔겠느냐고 하면서 그냥 가져가라 했다. 곽진명이 칼을 가지고 동래로 가서, 부사를 만나고 칼 얘기를 했다.

부사는 그 칼을 살펴보고는 일본사람에게 보였다. 칼을 본 일본사람은 매우 기뻐하면서, "일본에 네 개의 보검이 있었는데, 그 하나를 임진왜란 때 조선에서 분실했다. 이 칼의 수컷으로 암컷인 '우장자검(右將雌劍)'의 짝이다."라고 말하고, 은 500냥을 주고 사 갔다.

곽진명은 이 돈을 받아서 돌아오는 길에, 황산역에 들러 주인에게 또 칼값을 주겠다고 말했다. 그러나 주인은 끝내 값을 받지 않았고, 곽진명은 이로써 넉넉한 생활을 했다.

* 노비(路費) : 먼 길을 떠나 오가는 데 드는 비용
* 현판(懸板) : 글자나 그림을 새겨 문 위나 벽에 다는 널조각
* 노옹(老翁) : 늙은 남자

참룡검

사해를 구경하다 얻은 검으로, 황운이 가지고 있던 명검

용도	공격용
관련문헌	황장군전

무기류-검-참사검의 관련 문헌 <황장군전>에서 해당 내용 확인 가능

참사검

사해를 구경하다 얻은 검. 사귀를 베는 칼로 요물들은 보기만 해도 힘을 쓰지 못하며 요괴를 물리칠 수 있다

용도	공격용
관련문헌	황장군전

형악산의 거대한 은행나무가 반란군 무리 중 한 사람인 엄평으로부터 '은수자'라는 이름을 얻은 덕분에 사람의 형상이 될 수 있었다. 은수자는 그 은혜도 갚고 공을 세움으로써, 형각산 신령으로 봉해져 나라의 제사를 받고 싶다는 욕심에 엄평의 반란군을 도왔다. 은수자는 눈이 넷이고 팔이 여섯이며 키는 오십 척(약 17미터)이며, 피부는 황금 같고 형상이 심히 흉악하였다.

은수자는 겉모습만 흉악한 것이 아니라 그 힘도 강대하였다. 여섯 손 모두 각각 병기를 잡고 휘둘렀으며, 자신의 털을 빼어 뿌리면 자신과 같은 괴물이 사면팔방에 자욱하여 네 개의 눈을 깜빡이며 여섯 손을 무기를 들고 어지러이 치고 다녔다. 이에 병사들은 모두 크게 놀라 달아나다 서로를 짓밟거나, 은수자가 휘두른 장검에 찔려 죽은 이들이 무수하였다.

이에 황운과 설연은 매우 놀라며 천자를 모시고 진을 거두어 물러났다. 은수자가 쫓아오자 황운이 도술로 풍백을 불러 큰바람을 일으키고, 우사(羽士)*를 불러 큰비를 내렸다. 은수자는 뒤로 물러갔으나 전세는 완전히 역전되었다.

황운은 과거 금수산에서 선군을 만났을 당시, 그가 반란을 평정하다가 위기가 닥쳤을 때 다시 찾아오라고 이야기했던 것을 기억하고 금수산으로 향했다. 금수산 선군은 자신이 이전에 사명산 도사와 산봉우리에 올라 사해를 구경하다가 우연히 칼 둘을 얻었으니 "하나는 참룡검이오. 다른 하나는 참사검이오."라고 했다. 강력한 명검인 참룡검은 이미 황운에게 준 칼이며, 사귀를 베는 칼인 참사검은 선군이 가지고 있어 임자를 만나지 못하고 있었으나, 이제 그 요물이 나타났으니 이 칼이 아니면 그 괴물을 베지 못할 것이라며 황운에게 참사검을 주었다.

은수자가 다시 전장에 나타나자 황운이 참사검을 높이 들고 "은수자야! 너를 벨 칼이 내 손에 있으니 너는 자세히 보아라!"라고 크게 외쳤다. 은수자가 눈을 들어 참사검을 보니 정신이 아득하고 마음이 떨려 변화를 부리지 못했다. 황운이 풍우를 내리게 하여 은수자를 막으니 은수자는 풍우에 몸이 무겁고 눈에는 물이 들어와 능히 요동치 못하고 무방비로 서 있게 되었고, 황운과 설연은 그 틈을 놓치지 않고 동시에 달려가 참사검으로 내려치자 은수자는 그 자리에 흔적도 없이 사라져 버렸다. 군사를 거두어 진영을 지키며 형악산에 사람을 보내어 확인해보니 그 은행나무의 허리가 부러져 넘어졌는데 과연 큰 혹이 넷이 있으며 혹마다 물이 고여 있었다.

* 우사(雨師): 비를 맡은 신

참요검

강선암 뒷산의 옥함에 들어있던 검. 요괴에게 치명적인 검으로 추측된다

용도	공격용
관련문헌	옥난빙

열여덟 살의 나이로 대원수가 된 진숙문은 흉노를 토벌하러 전장에 나가게 되었다. 그때 악녀 유매영은 천년 묵은 여우 천년화의 도움으로 숙문의 아버지에게 망심단을 먹여 판단력을 무디게 한 뒤, 며느리인 석난영이 외간 남자와 정을 통하고 있었으며, 그가 낳은 쌍둥이 역시 숙문이 아닌 외간 남자의 자식이라고 모함하였다. 망심단 때문에 정신이 흐려진 숙문의 아버지는 석난영을 집에서 내쫓고, 쌍둥이도 목을 졸라 죽이려고 하였다. 그때 노승이 나타나 아이들을 한쪽 팔에 하나씩 안고는 사라져버렸다.

유매영은 석난영을 쫓아내는 것만으로 만족하지 않고 악소년배(惡少年輩)*를 고용하여 석난영을 죽이라고 지시하였다. 석난영은 채원대사의 도움으로 위기를 모면하고, 도월암에서 쌍둥이를 만나 그곳에서 숨어지냈다.

한편 숙문은 전쟁에서 승리하고 집으로 돌아오는 길에 강선암(降仙庵)에서 하루를 묵었다. 잠을 청하는 숙문의 꿈속에 노인이 나타나 집안에 화가 닥쳤다며 참요검으로 방비하라고 말하고 사라졌다. 잠에서 깨어난 숙문은 평범한 꿈이 아니라 생각하였고, 강선암 뒷산을 살펴보다 옥함(玉函)에 들어 있던 참요검을 손에 넣게 된다. 오랜만에 집에 들어온 숙문은 아버지로부터 난영과 쌍둥이에 대한 일을 듣게 되나 의아함을 느끼고 처와 자식을 찾아 여정을 떠난다. 여정을 떠난 지 한 달 만에 난영과 쌍둥이를 다시 만나게 된다.

유매영은 난영을 쫓아내어도 자신을 봐주지 않는 숙문에게 분노하여 천년화에게 숙문을 죽여달라고 부탁했다. 천년화는 혼자서는 숙문을 죽이지 못할 것 같아서 잉어 요괴이자 자신의 스승인 천고를 찾아가 도움을 청했다. 천고는 천년화의 부탁을 받아들이고 항주 심산에 모여서 협공으로 숙문을 처치하기로 한다.

숙문은 강선암의 노승으로부터 요괴들의 계획을 미리 전해 듣고, 참요검을 가지고 심산으로 가는 길목에 매복하고 있다가 천년화를 죽였다. 심산에서 천년화를 기다리다 제자의 죽음을 감지한 천고는 제자의 원수를 갚기 위해 숙문에게 덤벼들지만, 숙문의 참요검에 목숨을 잃게 된다. 천년화가 죽자 숙문의 아버지가 제정신으로 돌아왔다. 유매영은 형주로 도망쳐 세력을 모아 난을 일으켰으나, 숙문에게 토벌당하고 잡혀 효수(梟首)* 당한다.

* 악소년배(惡少年輩): 나쁜 행실을 일삼는 소년 무리
* 효수(梟首): 죄인의 목을 베어 높은 곳에 매달아 놓음. 또는 그런 형벌

천축도사의 단검

천축도사의 신비한 힘을 가진 단검. 저주를 해제시켜주거나 숨겨진 본체의 모습을 드러내도록 하는 신비한 힘을 가진 검으로 추측됨

용도	기타
관련문헌	금섬전

송나라 판주땅의 이부상서 이송고는 부인 왕씨와 함께 50살이라는 늦은 나이가 되도록 자식이 없

었는데, 어느 날 꿈속에서 천상의 금문학사가 천계의 시녀와 육체적인 관계를 맺은 죄로 하강하여, 금두꺼비의 모습으로 태어날 것이라는 말을 들었다. 이후 둘은 아들을 낳으니 정말로 금두꺼비가 태어나 아이의 이름을 금섬(金蟾)이라 지었다. 금섬이 10살이 되던 날 천축도사(天竺道士)가 찾아와 자신이 금섬을 대신 길러주겠다며 데려갔고, 단도로 두꺼비의 형상을 벗겨 인간으로 만들어준 뒤 금섬을 데리고 다니며 천축사, 곤륜산 등으로 자리를 옮겨가며 병서와 공부, 도술을 가르쳐주었다.

이후 오랑캐가 쳐들어 오자 금섬은 도사로부터 칠성검(七星劍)과 보신갑(保身甲)을 받고, 지나가던 노인에게 소를 받는데, 그 소가 용마로 변해 전장에서 큰 공을 거둔다.

전쟁에서 칠성검은 단순히 잘 드는 검일 뿐, 딱히 특별한 능력은 없다. 전쟁에서 비로 불을 끄는 등 금섬이 도술을 사용하기도 하지만, 부적을 태워 던지는 등 검과는 상관없이 자신의 능력으로 도술을 사용한다. 이후 금섬이 아닌 자와 억지로 결혼해야 하는 왕의 명을 받게 되자 자결한 조춘련의 묘를 금섬과 천축도사가 찾아가는데, 천축도사가 검을 휘두르자 무덤이 갈라졌으며, 춘련의 입에 붉은 구슬 한 쌍을 물려 주니, 춘련이 즉시 살아났다. 이때 무덤만 갈라지고 춘련은 아무 이상이 없었던 것을 보면 자신이 원하는 것만 벨 수 있는 능력이 있을지도 모르겠다.

청초도(青鞘刀)

잡목 자루에 두석(豆錫)으로 장식하고 청칠피(青柒皮)로 칼집을 만든 매우 조잡한 칼. 위험한 존재가 있으면 누군가가 사용하지 않아도 혼자서 그 존재를 공격한다

용도	공격용
관련문헌	난실만필

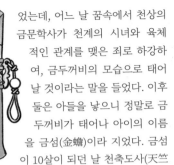

중국에 가는 사신들은 여러 고을에 필요한 토산 물자를 요구했다. 이때 별로 중요하지 않은 물건 중에는 '청초도(青鞘刀)'라는 것이 있었다. 잡목 자루에 두석(豆錫)*으로 장식하고 청칠피(青柒皮)*로 칼집을 만든 매우 조잡한 칼이다. 윤봉조 상서가 이 칼을 얻어 벼룻집에 두고 종이나 자르고 했는데, 하루는 이 칼이 없어졌다. 그러나 윤상서는 아이들이 집어 갔으려니 하고 별로 챙기지 않았다. 그런데 봄철이 지나고 여름이 되면서 집안에 이상한 악취가 풍겨 견딜 수가 없었다.

그래서 냄새나는 곳을 추적하니 내상당 찬방 마루 밑이었다. 곧 마루 판자를 뜯고 밑을 파니 굴이 있었고, 더 파니까 큰 뱀이 죽어 있었는데 거기서 나는 썩은 냄새였다. 그런데 기이한 일은 앞서 없어졌던 그 청초도 칼이 뱀의 머리에 꽂혀 있었다. 그래서 그 칼을 잘 닦아 간수했지만 역시 별로 중요하게 쓰이는 것이 아니었다.

쇠는 천지간에 강한 정기를 가졌으니 이것을 단련해 혼을 불어 넣으면, 신력이 붙어 모든 잡귀와 요마를 처치한다. 그렇지 않고 아무렇게나 두면 아무 일도 못하는 쇳덩이다.

* 두석(豆錫): 놋쇠
* 청칠피(靑漆皮): 옻칠을 한 청색의 가죽

칠성검(七星劍)

얇고 긴 형태에 일곱 개의 별이 새겨져 있으며, 고전 소설에서는 신령한 존재로부터 받는 보검으로 등장한다. 칠성신의 위력을 지니고 있어 모든 도액을 막는다

용도	공격용
관련문헌	금섬전, 이만영전, 상운전, 영이록, 동패낙송 등

칠성검이란 원래 황해도 굿의 칠성거리에 사용되는 무구(巫具)*로, 얇고 긴 형태에 일곱 개의 별이 새겨져 있으며 칠성신의 위력을 지니고 있어 도액(度厄)*의 역할을 하기 때문에 칠성검이라 불린다. 즉, 의식용 검이지만 칠성 신앙에 힘입어 한국의 고전소설에서는 신선이 가지고 있거나 선관이 영웅에게 내려주는 보검으로 등장한다. 먼저 <금섬전>에서는 금섬의 도구로 등장한다. 나라에 오랑캐가 쳐들어오자 금섬은 천축도사로부터 칠성검(七星劍)과 보신갑(保身甲)을 받고, 지나가던 노인에게 소를 받는데, 그 소가 용마로 변해 전장에서 큰 공을 거둔다. 전쟁에서 칠성검은 단순히 잘 드는 검일 뿐, 딱히 특별한 능력은 없는 것으로 나온다.
<상운전>에서는 태을선관의 환생인 상운은 7살 때 간신들의 농간과 도적들의 습격으로 부모님과 이별하게 된다. 이후 화류촌 사람인 장선이라는 노인에게 거두어져 자식처럼 길러지고, 14세가 되었을 때는 강서암에 공부를 하러 간다. 이곳에서 상운이 태을선관의 환생임을 알아본 일광도사로부터 글과 병법, 천지음양 조화법 등을 배운다. 이후 상운이 16세가 되

던 어느 날, 칠성선관이 와서 보신갑을 주고 북두선관이 와서 칠성검을 주고 간다. 그리고 동해용왕으로부터 뿔과 비늘이 있는 용마를 받는다. 이러한 도구들을 통해 간신들의 농간에 빠져 귀양 간 아버지의 귀양을 풀어주고, 오랑캐의 침략으로부터 나라를 지킨다. <상운전>에서도 칠성검은 북두선관이 와서 주고 간 보검이지만, 적을 단칼에 두 동강 내버릴 정도의 명검일 뿐 특별한 능력은 없다.
<이만영전>에서는 독특하게 주인공인 이만영이 아닌 이만영의 아내가 받는 도구로 칠성검이 등장한다. 이만영이 적의 간계에 빠져 사로잡히게 되고, 이만영의 아내인 곽증열이 선녀로부터 황금투구와 순금갑, 칠성검을 받아 적의 맹장인 맹달을 쓰러트리고, 무수한 적을 베어 포로가 된 이만영을 구한다. 그녀는 선녀에게 받은 무기들을 이만영에게 주어, 이만영이 적의 좌장군인 돌통을 쓰러뜨리는 활약을 할 수 있게 해준다.
<영이록>이라는 소설에서는 업룡이라는 사악한 용을 죽일 수 있는 검으로 등장하는데, 그 내용은 이러하다. 손기가 장난에게 칠성검을 주며 어느 방향으로 업룡이 달아날 것이니 그때 검을 휘둘러 업룡을 처치하라고 했다. 이후 업룡은 손기가 도술로 만들어낸 다섯 마리의 용에게 쫓겨 장난이 기다리고 있는 곳으로 날아왔다. 이에 장난이 칠성검을 휘두르지만 업룡이 급히 몸을 비틀어 피하는 바람에 중상을 입는다. 하지만 다행히 목숨은 건져 동북쪽으로 달아난다. 다섯용은 바람과 번개를 몰고 쫓아갔지만 결국 업룡을 끝장 내지는 못한다. 손기는 업룡을 물리쳐, 업룡의 술수로 병에 걸

린 왕이 회복하게 된 것은 다행이지만, 장난의 검법이 능하지 못하여 업룡의 피해가 백 년 후 동북방에서 있어날 것이 안타깝다고 한다.

이처럼 칠성검은 여러 군담소설에 나오는데, <영이록>을 제외한 대부분의 소설에서는 북두선관이나 선녀 등 범상치 않은 존재가 주는 반면, 특별한 능력이 없는 검으로 나온다.

* 무구(巫具): 무당이 굿을 할 때 사용하는 여러 가지 도구
* 도액(度厄): 가정이나 개인에게 닥칠 재앙이나 액을 미리 막는 일

칠성참요검(七星斬妖劍)

석 자 정도 크기의, 신령스럽고 깨끗한 기운이 감도는 검으로 주인만이 들 수 있으며, 요괴를 제어할 수 있고 인간을 상대할 때도 강력한 힘을 낸다. 주인이 죽으면 울면서 사라진다

용도	공격용
관련문헌	소현성록

<소현성록>은 소씨가문 삼대에 관한 이야기를 쓴 소설로, 국문 장편소설의 효시(嚆矢)*로 불리는 작품이다. 이 작품에서는 요괴를 퇴치하는 검인 칠성참요검(七星斬妖劍)이라는 검이 등장하는데, 그와 관련된 이야기는 다음과 같다.

하루는 소현성이 집으로 돌아가는 길에 한 선비를 보게 되었는데, 그 선비는 거동이 남달랐으며 등에는 '걸식(乞食)*'이라는 두 글자가 쓰여있었다. 이를 이상히 여긴 소현성은 그를 집에 데리고 가서 당신은 어떤 사람이며 왜 등에 걸식이라는 글자를 붙이고 다니는지 물어보았다. 이에 그 선비는 소현성에게 호통을 치기도 하고 칼을 들어 책상을 치며 꾸짖는 등 행패를 부렸다. 하지만 소현성은 조금도 화를 내지 않고 말과 얼굴빛을 태연히 하니, 그 사람은 웃으

면서 소현성의 손을 잡으며 그대의 어짊이 변하지 않았다고 그를 칭찬하였다. 이에 소현성은 당신의 풍채가 신선이나 도인답게 생겼으며 속세에 벗어난 것을 느낄 수 있었다며 함께 도에 관한 이야기를 나누게 된다.

한참 이야기를 나누더니, 선비는 옛 친구를 만났으나 줄 것이 없다며 이것을 주겠다면서 허리 아래에서 석 자 정도 되는 칼을 꺼내주었다. 그리고 오래지 않아 그 칼을 가질 사람이 생길 것이니 그때까지는 벽에 걸어 두라고 했다.

소현성이 이런 중요한 보배는 감히 받을 수 없다고 하자 선비는 화를 내며 당신에게 주는 것이 아니라 구름 아래 별에게 주는 것이니 받아두라고 했다. 선비가 말을 마치자 한바탕 맑은 바람이 불더니 선비의 모습이 사라지고 없었다. 현성은 괴이하다 여기며 칼을 빼 보니 맑은 빛이 흰 눈 같고 자루 안에 '칠성참요(七星斬妖)'라는 네 글자가 분명하게 새겨져 있었다. 이후 알게 된 사실이었지만 그 선비는 태상노군(太上老君)이었다.

그로부터 15년 후 소현성에게 소운성이라는 아들이 태어났다. 운성은 자라나서 천하 강산을 유람하고 싶었으나 부모님 곁을 떠나는 것이 아쉬워 가지 못하고 있었다. 그러던 어느 날 아버지의 숙소에서 울음소리가 났다. 운성이 깜짝 놀라 몽둥이를 들고 들어가 보니 이는 사람의 소리가 아니었으나 사람이 곡하는 소리와 비슷하였다. 운성이 방안을 살펴보니 서쪽 벽 위

에 한 줄기 무지개가 길게 있었다. 길게 비치며 방 가운데를 가로지르고, 이를 걷어 올리면 고리에 감겼는데 밝게 비치며 소리가 진동하였다.

운성이 화를 내며 우리 아버지는 성스러운 군자이신데, 그런 분의 침소에 어찌 이상한 변이 있겠느냐며 빛의 고리가 감길 때 자신의 손으로 빛을 잡아내니, 갑자기 불빛이 걷어지며 땅에 도로 떨어졌다. 이것이 바로 칠성참요검이었다. 운성은 하늘이 자신에게 준 검이라고 기뻐하며 그 검을 자신이 갖겠다고 했다. 이에 소현성도 태상노군이 말한 '구름 아래 별'이 자신의 아들 운성(雲星)임을 알고 검을 그에게 주었다.

이를 들은 여러 형제가 몰려나와 그 검을 구경하는데, 신령스럽고 깨끗하며 묘한 기운이 감돌았다. 소현성의 큰아들인 운경이 시험 삼아 그 검을 들어보려고 하는데, 잠자리가 태산을 들려고 하는 것과 같이 힘들었다. 이에 모든 형제가 한꺼번에 힘을 합쳐들자 겨우 움직일 수 있었다. 이 모습을 보던 운성은 미소 지으며 한 손으로 가볍게 잡아 칼집에 꽂았다. 운성은 그 칠성참요검을 가지고 유람을 떠났다. 유람하던 중 계명산의 한 절에 묵어가게 되었는데, 스님이 이 절의 객당에는 10년 전부터 요괴가 나타나 손님들을 해치니 자신들이 자는 곳에서 함께 자고 했다. 이에 소현성이 자신이 요괴를 해치우겠다며 홀로 객당에서 묵었다. 밤이 되자 정말로 다섯 마리의 요괴가 나타났다. 하지만 칠성참요검에는 요괴를 제어하는 힘이 있어 요괴들은 모두 소현성에게 목숨을 잃고 말았다. 이처럼 칠성참요검은 요괴를 상대로 할 때 강력한 검이지만 인간을 상대할 때도 그 위력은 전혀 부족하지 않다. 운성이 승상이 되었을 때 흉노족과 싸우게 되는데, 그때

도 칠성참요검으로 흉노의 장수들을 격파하였다고 한다. 이후 소운성이 나이를 먹어 죽자 칠성참요검은 스스로 울더니 사라졌다고 한다.

칠성참요검은 작 중 칠성검이라고 짧게 줄여 부르기도 하는데, 칠성검이라는 이름의 검은 다른 고전소설에서도 찾아볼 수 있으며, 이 역시 예사롭지 않은 인물로부터 받는 모습을 찾아볼 수 있다. 칠성검의 내용은 무기류-검-칠성검에서 확인해 볼 수 있다.

* 효시(嚆矢): 어떤 사물이나 현상이 시작되어 나온 맨 처음을 비유적으로 이르는 말
* 걸식(乞食): 음식 따위를 빌어먹음

팔광검(八光劍)

이계향이 선녀로부터 받은 신검으로, 이 검을 이용해 천원왕과 달마국왕을 이길 수 있었다. 굉장히 잘 드는 명검으로 도술도 베어낼 수 있다

용도	공격용
관련문헌	장국진전

장국진의 첫째 부인 이계향은 여섯 살 때 아버지인 병부상서 이창옥이 모함을 받아 죽고, 어머니도 아버지의 뒤를 따라 자살하여 고아가 된다. 그후 이계향은 여종인 춘운과 함께 강주에 내려 왔다가 선녀로부터 팔광검(八光劍)과 병서를 받아 무술을 연마하여 규중 호걸이 된다. 처음에 여장을 하고 나타난 국진을 금방 알아채고 혼사를 거절하지만, 후에 천자가 직접 주재하는 혼사에 응하여 국진과 부부의 연을 맺는다. 그리고 달마국의 침략을 물리치는 공을 세운 국진이 승상이 되면서, 이계향 또한 정렬부인에 봉해진다. 이때까지만 해도 그녀는 천문을 볼 줄 알고 약간의 도술을 사용하는 것이 가능한 현명한 아내 정도의 역할을 했

57

으며, 선녀로부터 받은 신검인 팔광검을 쓸 기회도 없었다. 하지만 남편인 장국진이 달마국과 천원국의 연합과 싸우던 중 병이 났을 때 그녀의 진가가 드러나는데, 그 내용은 다음과 같다.

이계향이 장국진의 둘째 부인인 유부인과 천문을 살피니, 장국진이 병에 걸려 얼마 후에 천원국 병사들에게 죽을 위기에 처하게 될 터였다. 이에 이계향은 장국진을 돕기 위해 남장을 한 뒤 갑옷을 입고, 팔광검을 가지고 길을 나섰다. 그런 계향에게 유부인이 바늘 한 쌍을 주며 이것을 가지고 동정호를 건널 때 물에 던지면 용왕의 시중들이 용궁에 들리시길 청할 건데 그때 용궁으로 가보라고 하였다. 유부인은 동정호 용왕은 자신 전생의 부모님이라 계향을 반가워하시며 도와주려고 하실 것이니, 그때 가장 좋은 약을 받아 가야 국진을 살릴 수 있을 거라고 했다.

말을 타고 달려 동정호까지 간 계향이 호수에 바늘을 던져넣자, 호수가 좌우로 갈라지더니 수십 명의 시녀가 나와서 계향을 용궁으로 모셔갔다. 용왕은 계향이 자신 딸의 환생과 어떤 관계인지 그리고 어떠한 연유로, 어디로 가는지까지 모두 알고 있었다. 그리고 용궁에서 가장 귀한 선약(仙藥)을 주고, 또 선녀 한 쌍을 불러 계향을 따라가 그녀를 도와주라고 하였다. 계향이 감사의 인사를 하고 떠나려고 하니, 용왕의 부인이 말하길 천원왕과 달마왕은 천상계의 선관이 땅에 내려온 것이니 창피를 주되 죽이지는 말라고 당부하였다.

그렇게 육지로 올라온 계향은 두 선녀와 함께 계속해서 길을 나섰는데, 이 두 선녀는 계향의 눈에

만 보이고 다른 사람의 눈에는 보이지 않았다고 한다. 계향이 국진이 있는 성 근처에 도착했을 때는 달마왕의 군대가 명의 진영을 완전히 포위하고 있었다. 계향은 분노하여 선녀들에게 앞길을 인도하라 하고 자신도 팔광검을 휘두르며 적진에 뛰어들었다. 그녀의 공격에 적장의 머리가 구, 시월 단풍 낙엽처럼 우수수 떨어졌다.

한편 국진이 병든 이후 군을 지휘하고 있던 중군장은 밖이 요란하여 살펴보니, 한 소년 장수가 단신으로 달마국 진영에 들어가 적들을 쓸어버리고 와서는 문을 열어 달라고 하는 것이었다. 소년 장수가 아군이라 판단한 중군장은 문을 열어주었고, 국진에게 이를 이야기하였다. 국진도 보고를 받고는 그 장수를 자신에게 데려오라고 했다. 국진은 그 장수가 자신의 아내인지 눈치채지 못한 채 누구인지 물었다. 이계향은 자신은 승상의 사촌 처남인데 그동안 만나볼 기회도 없었고, 자신이 벼슬도 없어 지금껏 만나지 못한 것이라고 둘러대고는 선약을 얻어왔으니 이것을 마시면 다 나을 것이라고 이야기했다. 소년 장수가 준 약을 먹은 국진은 곧 기운을 되찾았고, 계향을 부승상으로 삼았다. 계향은 국진이 아직 완쾌되지 않았을 거라며, 그를 대신해 자신이 팔광검을 가지고 전장으로 나가 천원왕과 대결했다. 오금도사가 도술을 써서 구름과 안개를 일으키기도 했지만, 그때마다 계향은 팔광검을 휘둘러 그것을 산산이 흩날려버리고 천원왕과 싸웠다. 두 사람은 날이 저물도록 싸웠지만 결국 승패가 가려지지 않았다. 전투 다음날 계향이 앞으로 나와 어제 가리지 못한

승부의 결착을 내자고 외쳤다. 하지만 오늘은 자신이 싸우겠다며 천원왕 대신 달마국왕이 나섰다. 계향은 달마왕과 오십여 합을 싸우다가 팔광검으로 달마국왕의 머리를 치고 말을 찌르니, 달마국왕은 투구가 부서지며 말에서 떨어졌다. 이에 천원왕이 급히 달려와 달마왕을 구하여 자신의 진영으로 돌려보내고 자신이 계향과 싸우기 시작했다. 칠십여 합을 싸웠을 때, 천원왕이 온힘을 다하여 용천금으로 팔광검을 내려치니 계향의 팔광검이 부러져 버렸다. 천원왕은 크게 기뻐하였으나 계향이 부러진 팔광검을 여러 번 어루만지자 부러졌던 팔광검이 다시 칠척장검이 되었다. 이 광경을 지켜보던 오금도사와 백원도사는 천원왕을 돕기 위해 각각 물병과 화전을 들고 천지조화를 부렸다. 백원도사가 화전을 한 번 흔드니 불덩어리가 계향의 전신을 감쌌다. 이에 선녀들이 폭포를 만들어 불길을 제압하였다. 이번에는 오금도사가 물병을 기울이니 큰 바다가 되어 명나라 진영으로 흘러 들어갔으나, 이번에도 선녀들이 땅을 기울여 바다를 달마국 진영 쪽으로 보내어 달마국의 병사들이 순식간에 바다에 휩쓸려 떠내려가버렸다. 그리고 계향이 진언을 외우자 사람은 보이지 않고, 천원왕의 머리 위에서 수없이 많은 칼소리가 요란하게 들리는가 싶더니 그와 동시에 천원왕의 갑옷에 수많은 칼자국이 났다. 계향의 술법에 천원왕이 당황하고 있을 때, 국진이 절운도를 휘둘렀고, 천원왕은 이를 용천금으로 막았으나 절운도의 힘에 용천금은 그만 부러지고 말았다.

국진 하나만 해도 어떻게 할 수 있을까 말까인데 여기에 계향까지 가세하니, 두 왕은 당해낼 수 없을거라 생각하고 도사들의 도술로 보호를 받으며 팔룡산으로 달아났으나, 계향은 선녀를 보내어 적병을 사로잡았다.

장국진의 아내 계향 역시 국진만큼은 아니지만 다양한 보배들을 사용하는데, 먼저 그녀가 어릴 때 선녀에게 받은 팔광검이다. 이 검은 유형에 따라서는 '비린도'라고 불리기도 한다. 아무튼 팔광검은 선녀가 준 칼로 사람의 목을 구, 시월의 단풍 낙엽처럼 떨어지게 했다는 것을 보면 굉장히 잘 드는 검으로 보이며, 심지어 도사들이 도술로 만들어낸 안개나 구름 역시 팔광검으로 내려치면 흩어진다고 한 것을 보면 도술 역시 베어버리는 것이 가능한 검이라 생각된다. 팔광검이 용천금에 의해 부러져 반토막 났을 때 계향이 진언을 외우며 쓰다듬자 다시 멀쩡한 칼이 되었다고 하는데, 이는 계향의 능력인지 팔광검이 가진 능력인지 확실치 않다.

이 외에도 계향이 사용한 보배로는 유부인이 준 한 쌍의 바늘이 있는데, 그 바늘을 동정호에 던지면 호수가 갈라지며 용궁에 초대 받을 수 있다. 그리고 그 용궁에서 받은 선약은 며칠동안 병상에 누워 위태로웠던 국진의 병을 순식간에 치료해주었다. 적국의 도사인 오금도사와 백원도사 역시 물병과 화전이라는 강력한 보배들을 가지고 있었다. 먼저 오금도사의 물병은 살짝 기울이기만 해도 바다를 불러내어 모든 것을 물로 밀어버리는 도구며, 백원도사의 화전은 한 번 흔들기만 해도 상대방을 화염으로 뒤덮어버리는 무서운 물건들이지만, 계향은 두 명의 선녀가 지켜주고 있었기 때문에 별 피해를 입지 않는다.

그리고 물건이라 보기는 힘들지만 용왕이 준 두 명의 선녀는 여러 가지 방면에서 큰 도움을 준다. 나 이외의 다른 사람 눈에는 보이지 않으며, 길을 안내해주는 것은 물론, 여러 위험으로부터 다양한 능력을 통해 보호해주며, 적을 생포해주기도 하는 등 그야말로 모든 방면에서 큰 도움을 준다.

기계

목우병마(木偶兵馬)

나무로 만든 기계로, 요사한 힘을 가진 이들만이 만들어낼 수 있다. 환술을 부리는 자들이 움직일 수 있으며, 어설픈 이들은 움직이게 할 수는 있으나 완벽하게 다루지는 못한다

용도	공격용
관련문헌	천예록

어떤 선비가 한강을 건너가다가 배 위에서 선잠이 들었다. 꿈속에서 한 사람을 만났는데, 누에 같은 눈썹에 봉황의 눈을 가졌으며 얼굴은 짙은 대춧빛이었다. 신장은 8척이나 되었으며 푸른 도포에 긴 수염을 한 위풍이 늠름하기 짝이 없었다. 큰 칼을 비껴차고 붉은 말을 타고 다가와서는 선비에게 말을 걸었다.

"나는 한수정후 관운장이니라. 긴히 말이 있어서 너를 찾아왔느니라." 그러고는 선비더러 손바닥을 편편하게 펴라 하더니 검은 먹으로 자필서명을 하고서 이렇게 말하였다. "너는 강을 건너거든 한양으로 들어가지 말고 나루터에서 잠시 머물러 있거라. 그러면 가는 줄로 엮은 삼정(三丁)*으로 싼 궤짝 일곱 바리를 배에 가득 싣고

강을 건너 한양으로 들어오는 자들이 있을 게야. 네가 그자들을 불러 손바닥의 화압을 보여주면 저들은 알아서 움직일 것이다. 그리고 너는 그 궤짝을 쌓아두되 절대 열어보지 말고 즉시 조정에 보고하여 속히 태워 없애버리도록 해야 할 것이야. 이는 나라의 대사이므로 결코 처리가 잘못되어서는 아니 되니라."

이 순간 선비는 갑자기 꿈에서 깨어났다. 전율이 온몸을 엄습해왔고 식은땀이 등에 흥건하였다. 혹시나 하여 손바닥을 펴보니 서명이 선명하게 남아 있을 뿐만이 아니라 먹 자국이 아직 채 마르지 않은 상태였다. 놀랍고 의아한 마음을 누를 길 없어 꿈속에서 교시한 대로 나루터에 서서 기다렸다. 얼마 뒤 과연 삼정으로 묶은 궤짝 일곱 바리를 싣고 남쪽에서 북쪽으로 건너오는 일행이 있었는데, 의관을 차린 한 사람이 뒤를 따르고 있었다. 다 건너오자 선비는 궤짝을 실은 사람에게 "전해줄 말이 있으니 잠시 한곳으로 모여주기 바라오."라고 말하며 불러 세웠다. 그자들은 서로 쳐다보며 놀라는 눈치였으나 금세 그곳으로 모여들었다. 선비는 가리고 있던 손을 내어 그들에게 보여주었다. 그 서명을 보자마자 그들 중 의관을 차린 자가 먼저 왼손으로 갓을 벗어 들더니 정신없이 내달려 강으로 뛰어들었다. 그리고 마찬가지로 따르던 8, 9명도 뒤따라 강으로 내달려 몸을 던졌다. 이들은 한순간에 죽어버린 것이다. 선비는 나루터를 지키는 자를 불러 "이 궤짝 안의 물건은 재앙의 빌미가 되는 것이니라. 내 장차 조정에 들어가 이를 처리하

고자 하니 너희들은 이것을 잘 지키면서 대기하도록 하여라."라고 말하고, 덧붙여 절대 열어보지 말라고 하면서 곧장 말을 내달려 성안으로 들어가 병조에 이 변괴를 자세하게 알렸다. 소식을 접한 병조에서는 즉시 사람을 파견하여 이 물건을 싣고 와서 선비의 말에 따라 섶*을 쌓고 태워버렸다. 불길이 타오르자 궤짝 하나가 쪼개졌는데, 그 속엔 목우병마(木偶兵馬)가 가득 들어 있었다. 길이가 한 마디쯤 되었고 궤짝마다 이것이 열네 개씩 가득 들어 있었다. 선비와 병조의 관리들은 이것을 보고 놀란 마음에 혀가 빠질 정도였다. 이것은 한참이 지나서야 다 타 잿더미가 되었다. 그리고 요사한 자들이 환술을 부려 도성을 어지럽게 하려고 목우병마를 실어오고 있었다는 사실이 드러났다. 이것은 마침 조정에서 처음 동관왕묘와 남관왕묘를 창건하고 제례를 시행했던 까닭에 관왕의 신이 도움을 주었던 것이다.

<송천필담> 속 목우인 : <송천필담>에도 이와 비슷한 이야기가 등장하는데, 한 도사가 나무로 만든 수많은 목우인과 함께 창과 칼 같은 무기를 싣고 명나라로 침입하려다가 관우의 신령이 이 사실을 알려주는 바람에 명의 황제를 해치려는 계획이 실패하고 만다는 이야기다. 독특한 점은 목우인과 목우병마가 등장하는 두 이야기 모두 관우신이 나타나 도움을 준다는 것이다.
<어우야담> 속 목우유마 : 이성석은 재주가 많았다. 일찍이 목우유마(木牛流馬)를 만들었는데 강아지 정도 크기의 작은 것으로, 사람의 뜻에 따라 능히 걸음을 옮길 수 있었다. 이후 이성석은 벼슬을 얻어 커다란 목우유마를 만들었는데, 몸체가 무거워 제대로 걸음을 옮기지 못하자 당시 사람들이 비웃었다고 한다.

* 삼정(三丁): 상자를 넣거나 싸려고 삼노를 엮어 만든 망태나 보
* 섶: 잎나무, 풋나무, 물거리 따위의 땔나무를 통틀어 이르는 말

오릉응심기(五稜應心機)

순금 기둥에 백은으로 된 대들보, 금과 은, 옥, 구리, 쇠로 만든 동물들로 장식한 화려한 무기다. 햇빛이 비치는 것을 따라서 응하면 마음대로 하지 못하는 것이 없는 무기다. 즉 햇빛을 이용하여 공격할 수 있으며, 구름을 만들어낼 수 있다

용도	공격용
관련문헌	남홍량전

남홍량의 기계는 염요국의 침입을 막기 위해 만들어졌다. 염요국은 땅이 팔천여 리나 되며, 그 나라의 사람들은 기골이 장대하여 키가 20장(약 60m)에 곰이나 호랑이는 간단히 때려죽였다. 또한 한쪽 눈의 눈동자가 겹쳐있으며, 전신에 털이 있으니 그 모습은 대식국의 화산모녀와 같았다. 염요국의 병

사들은 모두 정예로, 이들은 연장을 능숙하게 다루고 양식 또한 풍족하여 한 사람이 백 명을 당해내지 못 하는 일이 없었다. 그런 무서운 존재들이 남접역의 땅이 비옥하고 보물이 많다는 말을 듣고는 사나운 병사 팔십만을 이끌고 쳐들어왔다.

하지만 남홍량은 염요국의 침공을 미리 예지하고 팔풍비행거(八風飛行車)와 오릉응심기(五稜應心機)라는 기계를 만드는 법을 친구인 서치우에게 알려주었다. 이 기계들은 용천장군의 기계와 달리 묘사가 상세하게 나온다.

오릉응심기(五稜應心機)는 무기로, 순금으로 기둥을 만들고, 백은으로 이를 받치는 대들보를 만들어, 정제한 구리로 난간을 만들고, 백 번 단련한 철로 뚜껑과 바닥을 만들었다. 각각 순금의 기둥에는 금으로 만든 다섯 용이 하나의 구슬을 다투는 모습과 다섯 은으로 만든 다섯 호랑이가 하나의 반지를 희롱하는 모습, 옥으로 만든 다섯 봉이 날개를 접고 있으며, 구리로 만든 다섯 사슴이 뿔을 끌고 있고, 쇠로 만든 다섯 뱀이 기둥을 감고 있는 모습을 각각의 기둥에 수정과 함께 장식했다. 중앙에는 황금을 세워올려 손잡이를 만들었으며, 이 손잡이가 가리키는 방향으로 비치는 것을 따라서 응하면 못하는 것이 없으니, 이를 '응심기'라 이름지었다. 서치우가 완성된 그 기계들을 왕에게 보여주니 왕은 근심하기 멈추고 편히 잠을 잘 수 있었다.

<남홍량전>은 한문으로 쓰여져 있는 소설이기에 해석된 내용 중에서 매끄럽지 못하고 이해하기 힘든 부분이 있었다. 이에 따라 도구를 묘사하는 글의 내용도 창작성이 가미되어 기존 원문과는 다르게 작성되었다. 더 자세한 내용은 일상사물-교통수단-팔풍비행거의 관련 문헌 <남홍량전>에서 확인 할 수 있다.

용천이 만든 기계들(무기류)

용천장군이 만든 기계들로, 서돌궐과의 1차 전쟁과 3차 전쟁에서 사용되었다

용도	공격용
관련문헌	남홍량전

<남홍량전>은 한국의 고전소설로 가상의 국가인 남접역국(南鰈域國)의 용천장군과 죽마고우인 남홍량, 서치우가 외적의 침입으로부터 나라를 지키는 군담소설이다. 다만 <남홍량전>은 다른 군담소설에서는 찾아볼 수 없는 독특한 점이 존재한다. 보통 군담소설에서는 주인공이 여포나 관우같은 뛰어난 무력으로 활약을 하거나, 제갈공명같은 책략으로 누가봐도 불리한 상황을 승리로 이끌거나, 도술을 사용하여 신선에게 받은 엄청난 무기로 혼자서 전황을 뒤집어 버리는 유형이 대부분이다. 하지만 <남홍량전>에서는 위기에 빠졌을 때 기계의 힘으로 전황을 뒤집어버리는 것이 그 특징이라 할 수 있다. 그중 용천장군이 만든 기계는 서돌궐과의 1차 전쟁과 3차 전쟁에서 사용된다. 총 세 가지의 기

계가 등장하는데 기계에 대한 상세한 묘사가 없다는 부분이 안타깝다.

첫 번째 기계는 상대를 불태우는 도구로, 기계를 사용하여 불을 붙이자 서돌궐의 사천만의 군대는 아무것도 남은 것이 없이 한 줌의 재가 되었다고 한다.

두 번째 기계는 작은 거울 같은 모습으로 햇빛을

다스려 불길을 일으키는 물건으로, 정확한 묘사가 나오지 않아서 확신할 수 없지만, 첫 번째 기계와 동일한 물건일지도 모른다는 추측을 할 수 있다. 1차 전쟁 때 서돌궐의 수도까지 밀고 들어간 용천장군이 이 기계로 햇빛을 다스려 서돌궐의 임금이 거처하는 궁실로 향하게 하니, 거울에서 불길이 뿜어져 나와 궁궐과 전각 그리고 누대와 왕궁의 금역들이 모조리 화재에 휩싸인다. 그리고 서돌궐의 임금과 좌우를 모시는 여섯 궁궐의 첩과 내시 등 수천 명이 모조리 불에 달구어져 타 죽는다.

이어서 세 번째 기계가 등장하는데 용천장군이 금으로 만든 죽간(竹簡)*에 옥으로 글씨를 새긴 패에서 일육수(一六水)라 쓰여진 패를 뽑아 은으로 만

든 병 안에 넣고 흔드니 물이 나와 궁전터를 즉시 연못으로 만들어버렸다. 이 마지막 도구는 도술로 볼 수도 있지만, 용천의 적이었던 서돌궐 사람과, 용천의 아군인 남홍량, 제 3자라고 할 수 있는 승려, 모두 용천이 사용한 것은 기계의 힘이라고 이야기하고 있다.

이후 용천장군이 자리를 비웠을 때 서돌궐의 침입으로 2차 전쟁이 일어났고, 그때는 남접역국이 서돌궐에게 크게 패배했다. 용천장군이 돌아오면서 3차 전쟁을 일으키는데, 이때 서돌궐의 수도로 향하면서, 1차 전쟁에 사용했던 두 번째 기계를 사용하여 적의 군대나 주둔지가 보이면 모조리 잿더미로 만들어버렸다.

* 죽간(竹簡): 중국에서 종이가 발명되기 전에 글자를 기록하던 대나무 조각

채찍

돌을 부리는 채찍

돌을 향해 채찍을 휘두르면 돌들이 저절로 움직인다

용도	기타
관련문헌	한국구비문학대계

어떤 가난한 부부가 있었다. 어느 날 진시황이 만리장성을 쌓기 위해 남자들을 모두 소집하였고, 남편 또한 소집되어 내일이면 만리장성을 쌓기 위해 떠나야 했다.

남편이 떠나기 전, 부부가 마지막으로 같이 밥을 먹고 있는데, 어떤 조그만 사람이 찾아오더니 밥을 달

라는 것
이었다.
부부가 없
는 살림에 밥을
잘 대접하여 주었
는데, 조그만 사람이
은혜를 갚겠다면서 채찍을 주고 어딘가로 사라져
버렸다. 다음 날 남편이 그 채찍을 갖고 만리장성
쌓는 곳으로 갔다. 진시황이 돌로 말을 두 마리 만
들었는데, 장병들을 일렬로 쭉 세워놓고 말을 몰지
못하면 목을 베어 죽여 버렸다. 이윽고 남편의 차
례가 되었는데, 조그만 사람에게 받은 채찍을 휘두
르니 돌로 만든 말이 움직이는 것이었다. 만리장성
은 이 돌 말을 이용하여 쌓았다는 이야기가 있는
데, 직접 가서 보면 도저히 사람이 옮길 수 없었다
는 것을 느끼게 된다고 한다.

다른 유형에는 진시황에게 진편이라는 채찍이 있
었는데, 진시황이 산에 올라가서 채찍을 휘둘러 돌
을 한 번 후려치면, 돌이 스스로 굴러 내려와서 만
리장성이 되었다고 한다.

장씨 성을 가
진 자가 직지
산 아래에서
살고 있었
다. 어느
날 그는 덫을
놓아 커다란 호랑이
를 한 마리 잡아 죽였다. 그
후 2, 3일이 지났다. 갑자기 잘 놀고
있던 장씨의 아들이 비명을 지르고 땅에 쓰러지더
니, 한참이 지난 후에 일어났는데 웬 낯선 사람이
나타나 어찌하여 내 말을 죽였는가 하며 채찍으로
자신의 등을 사정없이 때려 깜짝 놀라 쓰러졌다고
했다. 그 후 채찍을 맞은 자리는 살이 썩어들어갔
기 때문에 아이는 결국 폐질자(廢疾者)*처럼 되어
버렸다. 이를 본 장씨는 호랑이 앙갚음이라며 두
번 다시 덫을 놓는 일이 없었다고 한다.

장씨는 호랑이의 앙갚음이라고 했지만 어찌하여
내 말을 죽였냐는 사람의 말을 생각하면, 호랑이
를 말처럼 타고 다니는 존재인 산신의 신벌로 보
는 것이 맞다고 생각한다.

* 폐질자(廢疾者): 고칠 수 없는 몹쓸 병에 걸린 사람

산신령의 채찍

인간을 벌할 때 사용하는 산신령의 채찍. 이 채찍을 맞은 인
간은 맞은 자리의 살이 썩고, 몹쓸 병에 걸린 사람처럼 된다

용도	공격용
관련문헌	해동잡록

산호채

청의와 홍의를 입은 두 명의 동자가 김원에게 건넨 옥함 속
에 들어있던 도구 중 하나. 이 채찍을 맞으면 얼어붙은 듯이
몸이 땅에 붙어 떨어지지 않는다. 한 번 더 채찍을 휘두르면
땅에서 자유로워질 수 있다

용도	공격용
관련문헌	김원전

김원은 좌승상 김수의 아들이다. 태어날 적에 그 모

습이 수박같이 둥근 모양이라 하여 이름을 원(圓)이라 지었다. 김원은 태어난 지 10년이 되던 날 허물을 벗고 사람의 형상으로 변하였는데, 문장과 필법에도 뛰어나고, 활쏘기, 말타기 등도 잘했다.

한편 천자의 궁전에는 키가 십오 척에 머리가 아홉인 괴물인 구두장군(九頭將軍) 아귀(餓鬼)가 천자 앞에 나타나 천자의 공주 세 자매를 자신의 시녀로 삼을 거니 내놓으라고 했다. 이에 좌장군이 칼을 휘두르며 달려들었으나, 아귀는 몸을 기울여 칼을 피하고는 입을 벌려 숨을 들이마시는 것처럼 좌장군을 입안으로 빨아들여 삼켜 버렸다.

이에 정서장군이 완전히 무장하고 달려들었으나, 아귀는 입김을 불어 정서장군 뿐만 아니라 천자 앞에 있던 오천여 명의 장정들까지 모두 오리(약 2Km)나 날려버리는 것으로 간단히 제압하고는 천자의 공주 세 자매를 납치해 달아났다.

김원은 천마산에서 무예를 익히다 구두장군 아귀가 세 여자를 업어 가는 것을 우연히 보고 칼로 아귀를 내려쳤다. 그러나 아귀는 머리에 칼이 박혔을 뿐 꼼짝도 하지 않았다. 김원이 놀라며 물러나 창을 들고 싸우려고 하니 아귀가 첫 번째 입을 벌리는데, 위턱은 하늘에 닿을 듯 커졌고, 아래턱은 땅에 닿았다. 또 하나의 입을 벌리니 번개 같은 불길이 들락날락하고, 또 다른 입을 벌리니 천병만마가 나오고, 또 다른 입을 벌리니 퍼런 불길이 산과 계곡에 넘치고, 또 다른 입을 벌리니 호랑이 표범 승냥이 무리가 무수히 나오고, 또 다른 입을 벌리니 구름과 안개가 천지에 자욱하고, 또 다른 입을 벌리니 뇌성벽력이 천지를 진동하고, 또 다른 입을 벌리니 시석(矢石)*이 비 오듯 하고, 마지막 입을 벌리니 태풍이 일어나며 집채 같은 바위가 날아왔다. 원이 이 상황

을 보고 마음이 떨려 어찌할 바를 몰랐다. 그렇게 아귀는 아홉 입으로 온갖 조화를 부리며 달아났다. 그럼에도 김원은 아귀의 뒤를 쫓아 갔고, 아귀가 바위 구멍 속으로 달아나는 것을 발견하게 된다. 김원이 이 사실을 천자에 보고하니, 천자는 자신은 장졸 오천으로도 당해내지 못하여 장수 하나를 죽게 만들었는데, 그런 괴물에게 상처를 입힌 김원을 칭찬하며, 그를 병마대원수도총독(兵馬大元帥都總督)으로 임명하여 부원수 강문추와 함께 공주를 찾아와 달라고 했다. 김원은 천마산에 이르러 천마산 산신령에게 제를 올린 뒤 문추에게 군사를 맡기고, 자신이 직접 줄을 타고 직접 지혈(地穴) 속으로 내려갔다.

김원이 구멍 속으로 들어가 한 장소에 다다랐는데, 남쪽 구석 돌문에 '대사마 대원수 김원이 이 문을 열리라.'라는 현판이 붙어 있었다. 김원이 기뻐하며 문을 열고 들어가니 그곳에는 청의와 홍의를 입은 두 동자가 앉아있었고, 두 명의 동자는 김원에게 석함 하나를 주었는데, 그 위에 황금색 글씨로 '김원이 열어 보리라.'라고 쓰여 있었다. 김원이 기뻐하며 석함을 열어보자, 자금 일월용봉(紫金 一月龍鳳)의 투구와 황사자(黃獅子) 보신갑(保身甲)과 오척 보검과 천서 세 권이 있었다. 첫 번째 책은 위로는 천문에 통하고, 아래로는 지리를 살피는 것이며, 두 번째 책은 천하 인명의 길고 짧음을 눈앞에 있는 사람을 보듯 자세하게 알 수 있으며, 세 번째 책은 적진을 멀리서 바라봐도 적의 동정을 낱낱이 탐지할 뿐만이 아니라, 적장의 수명과 병기와 군량의 수를 알 수 있으며, 적의 모략까지 간파할 수 있었다. 그 책 세 권을 펴놓고 앉아 있으면 적이 어떤 모략을 사용하여도 통하지 않고, 적의

병사가 천병만마일지라도 개미처럼 볼 수 있었다. 그 책 가운데 부채 하나가 끼어 있는데, 생김새는 큰 손바닥만 하고 무게는 종이 낱장에 지나지 않으니, 이름은 홍갑선(紅甲扇)으로 태산을 부쳐도 티끌같이 날리고, 부채를 들어 사방을 가르치면 우무(雨霧)*가 자욱하고, 사해용왕과 오방신장이 무수히 내려와 명령을 따르며, 전쟁터에 나가 적진을 향하여 한 번 부치면 만경창파라도 일시에 흩어지는 귀중한 보배였다.

또 산호채라는 채찍도 들어 있었는데, 내려치면 초패왕(楚霸王)*이라도 얼어붙은 듯이 땅에 붙어 떨어지지 않는 보물이었다.

김원이 기뻐하며 산호채를 왼손에 쥐고 왼쪽으로 돌려 오른쪽으로 치니, 두 동자가 순식간에 땅에 붙어 손과 발을 움직이지 못하고 거의 죽게 되었다. 김원은 두 동자에게 "나는 대사마 도원수 김원이다. 황제의 명을 받아 이곳에 들어와 아귀를 잡아 죽이고, 세 명의 공주를 구하여 돌아가려고 하는데 다행스럽게 선동을 만나 해와 달 같은 보배를 얻으니 근심을 잊을 수 있구나. 선동이 이 보배들을 내게 허락한다면, 내가 못된 아귀를 잡고 공주를 평안히 모셔와 불충을 면할 것이다. 만일 허락하지 않으면 큰일을 그르칠 것이니 잘 생각해 보아라."라고 말했다.

이에 두 동자는 이 보배를 가지고 김원을 기다린지 오래라며 자신들을 풀어달라고 했다. 동자의 말에 김원은 크게 기뻐하며, 산호채를 오른손에 쥐고 오른쪽으로 돌려 왼쪽으로 쳤다. 그러자 두 동자는

땅에서 떨어져 자유로워지더니 사라졌다.

김원은 갑주와 여러 보배를 가지고 사방을 둘러봤다. 마음이 적적하여 천서를 펼쳐보니, 그 책에 '몸과 마음이 삭막할 때 이 글을 보면 심사가 시원하고 마음대로 변신할 수 있으니, 나라의 은혜에 보답하라.'라고 쓰여 있었다. 김원은 천서를 모두 읽은 다음, 지하 굴 깊은 곳으로 들어갔다. 그 안에는 크고 화려한 궁전이 있었으며, 현판에는 황금색 큰 글씨로 '천하제일강산 구두장군 대아문'이라 쓰여 있었다. 김원은 이곳이 아귀의 소굴이라는 것을 직감하고는 몸을 돌려 나무 사이에 몸을 숨기고, 좌우 동정을 살피다 피 묻은 수건을 빠는 여인을 발견하게 된다. 김원은 그녀에게 공주의 행방을 물어보려고 말을 걸었는데, 그 여인이 바로 잡혀간 세 명의 공주 중 한 명이었다. 김원이 공주에게 자신의 정체를 밝히자 공주는 매우 기뻐하였다. 하지만 아귀의 조화가 무궁하다며 걱정을 하였다. 이에 김원은 자신이 수박으로 둔갑을 할 것이니 수건으로 싸서 안으로 들고 들어가라고 했다.

공주가 수박으로 변신한 김원을 수건으로 싸서 궁전 안으로 들어가니, 아귀의 부하인 문지기와 병사들의 의심을 사지 않고 아귀가 있는 곳까지 무사히 들어갈 수 있었다. 아귀에게는 납치하여 시녀로 삼고 있는 여인이 삼천여 명에, 부하 병사로 부리고 있는 작은 아귀가 수십만으로, 그 위엄은 제후의 나라보다 더하였다. 좌우의 궁전을 돌아보니 서쪽 마구간에 준마 천여 필이 매어 있고, 동편 곳집*에

금은보화가 무수히 쌓였으니 천하에 이름 없는 은근한 재산가였다. 김원은 이런 놈을 세상에 두면 천하에 큰 해가 되리라 생각하고, 공주에게 독한 술을 많이 빚어 취하게 만들어달라고 했다.

얼마 후 아귀는 칼을 맞아 다친 머리가 거의 회복되었다며 잔치를 열라고 했다. 이에 공주들은 기뻐하며 좋은 술과 맛있는 음식을 아귀에게 권했고, 아홉 입으로 술과 음식을 먹던 아귀는 술에 취해 잠을 자러 침실로 향했다. 이때 막내 공주가 취중에 보검을 휘둘러 다칠 것이 염려된다며 보검을 놓고 잠을 자라고 했다. 아귀는 그러겠다며 자신의 보검을 공주에게 맡겼다.

공주는 아귀의 보검을 가지고 김원에게 와, 아귀가 잠들었다는 것을 알리고 함께 후원으로 나가 큰 기둥을 가리키며 김원의 칼로 저 기둥을 쳐보라고 했다. 이에 김원이 보검을 들어 기둥을 치니, 기둥의 반이 부러졌다. 공주는 그 칼로 아귀를 쳤다면 아귀는 죽지 않고 오히려 큰일을 당했을 것이라며, 김원에게 아귀의 보검을 주면서 기둥을 쳐보라고 했다. 아귀의 보검으로 기둥을 치니 기둥은 마치 썩은 풀이 부러지듯 간단히 부러졌다.

김원을 산호채를 왼손에 들고 잠들어 있는 아귀에게 휘둘렀다. 이에 아귀는 땅에 붙어 꼼짝도 할 수 없게 되었다. 김원은 움직이지 못하는 아귀의 아홉 머리를 모두 보검으로 베었고, 공주와 여러 여인들은 잘린 아귀의 머리에 일시에 재를 뿌려 아귀를 죽였다. 아귀를 보좌하던 작은 아귀들은 머리에는 쌍봉자 금투구를 쓰고 몸에는 엄심갑을 입고, 장창으로 무장하고 김원을 잡으러 왔는데, 이들도 키가 9척이나 되었으며 김원과 한참을 싸워도 결판이 나지 않을 정도로 강했다. 이에 김원이 홍갑선을 한 번

부치자 작은 아귀들은 모두 재가 되어 죽었고, 궁전의 문을 지키고 있던 문지기 역시 홍갑선을 한 번 부치니 쓰러져 움직이지 못했다. 김원은 아귀의 궁전을 불태우고, 공주와 여자들을 데리고 바구니가 있는 곳으로 돌아왔다. 김원은 공주와 여자들을 먼저 바구니에 태워 지상으로 올려 보냈다. 그런데 부원수 강문추가 김원이 큰 공을 세운 것을 시기하여 여자들만 올린 뒤, 바구니를 땅굴 속으로 떨어뜨리고 흙과 돌로 구멍을 막아버렸다. 하지만 궁에 도착한 공주들이 황제에게 모든 사실을 말했고, 황제는 강문추를 처형하고 김원을 구하기 위해 사람을 보냈다. 하지만 이미 구멍까지 막혀 있었기 때문에 어떻게 할 방법이 없었다.

한편 지하세계에 갇힌 김원은 지하세계의 산천을 구경하다. 한 소년이 나무에 거꾸로 매달려 있는 것을 발견하고 구해준다. 소년은 동해 용왕의 아들로, 아귀가 자신의 누이를 뺏으러 용궁에 쳐들어왔으나, 동해 용왕이 서, 남, 북의 모든 용왕과 힘을 합쳐 아귀를 물리쳤고, 아귀는 패배해서 돌아가던 중 약초를 캐던 자신을 발견하고 분풀이로 잡아 와 거꾸로 매단 것이라고 했다. 김원은 용왕의 아들을 풀어주었고, 용왕의 아들은 그를 용궁에 데리고 가 모든 사실을 이야기 해주었다. 동해 용왕은 기뻐하며 김원을 자신의 딸과 결혼시켰다.

용궁에서 부족함이 없이 살던 김원은 부모님을 보지 못한지 오래되었다며 집에 가고 싶다고 했다. 용녀는 김원이 떠난다고 하면 용왕께서 선물을 줄 것인데, 그때 어떤 선물도 마다하고 탁자 위에 있는 연적을 받으라고 했다. 그 연적은 원하는 것이 무엇이든 나오는 연적으로, 연적에서 준마를 꺼내어 용녀와 함께 말을 타고 고향으로 향했다. 그렇게 고향

으로 가던 도중 주막에서 하루 묵게 되었다.

김원이 연적에서 진수성찬을 꺼내먹는 것을 본 주막 주인은 욕심이 생겼다. 그래서 김원이 자고 있을 때 김원을 죽이고 용녀를 탐하려 했으나, 용녀는 사라졌다. 한편 공주는 김원의 분묘를 만들어 제사를 지내던 중 괴이한 금고양이를 얻어 기르기 시작했다. 그러던 어느 날 그 고양이가 주막 주인이 훔쳐 간 연적을 물어왔고, 이 연적이 범상치 않은 물건이라고 생각한 공주는 아버지에게 말해 연적의 주인을 찾았다.

이에 주막 주인이 찾아와 거짓 사연을 말하니, 고양이가 용녀로 변하여 모든 진상을 밝히고, 김원의 시체가 묻혀 있는 장소를 알려주었으며, 봉래산 구류선의 병에 든 물과 삼신산의 금강초로 김원을 다시 살릴 수 있다고 알려주었다.

이에 황제는 주막 주인을 처형하고, 김원을 되살려 막내 공주와 결혼시켰다. 김원은 두 공주와 함께 부귀영화를 누리며 살다가, 용녀와 함께 인간 세상을 떠나 신선이 되었다.

* 시석(矢石): 예전에 전쟁에 쓰던 화살과 쇠뇌로 쏘는 돌
* 우무(雨霧): 비와 안개를 아울러 이르는 말
* 초패왕(楚霸王): '항우'의 다른 이름
* 곳집: 예전에, 곳간으로 쓰려고 지은 집

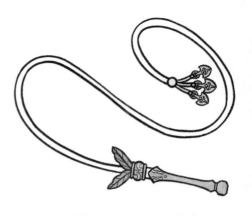

철통골의 채찍

만고의 영웅이었던 철통골의 보배 중 하나. 채찍을 휘두르면 길이 가시밭길이 되고, 채찍을 공중에 던지면 청룡으로 변하여 타고 다닐 수 있다

용도	공격용, 이동용
관련문헌	양풍운전

유기물-꽃-낙화의 관련 문헌 <양풍운전>에서 해당 내용 확인 가능

원숭이의 채찍

원숭이 세 마리가 서로 가지기 위해 싸우던 도구들 중 하나. 채찍을 땅에 한 번 내려치면 험한 산골짜기에도, 깊은 물에도 길이 생긴다

용도	이동용
관련문헌	장수의 설화 하권

의류/장신구-감투, 갓-원숭이의 갓의 관련 문헌 <장수의 설화> 하권에서 해당 내용 확인 가능

활과 화살

귀신의 활과 화살

죽은 김덕생이라는 장군이 친구의 꿈속에 들고 나타난 활과 화살. 이 화살을 맞은 이는 복통 혹은 병을 앓다가 죽는다

용도	저주용
관련문헌	청파극담

김덕생이라는 장군이 죽고 10년이 지나 나이가 어린 후처가 개가(改嫁)*하자, 김덕생 친구의 꿈에 김덕생이 활과 화살을 들고 나타나 "우리집에 도둑이 들어서 쏘아 죽이려고 왔네."라고 말하고 떠났다. 잠시 후 피 묻은 화살 한 개를 보여주며, "이미 도둑을 쏘아 죽였네."라고 말했다. 다음날 친구가 김덕생의 집에 찾아갔더니, 후처의 새 낭군이 들어오자마자 갑자기 복통(腹痛)이 나서 날이 새기도 전에 죽었다고 한다.

* 개가(改嫁): 결혼하였던 여자가 남편과 사별하거나 이혼하여 다른 남자와 결혼함

무쇠활과 화살

천지왕이 대별과 소별이가 진짜 자신의 아들인지 시험하기 위해 준 활과 화살. 해와 달을 파괴할 수 있는 힘을 가짐

용도	공격용

관련문헌	천지왕본풀이

대별과 소별 형제는 천지왕이 사는 천하궁으로 가서 자신들이 아들임을 밝혔다. 하지만 천지왕은 두 형제를 본체만체하며 무쇠로 만든 활과 화살을 주며 "너희들이 정말로 내 자식이라면 증명을 해봐라!"라고 말했다.

그 당시는 태양도 둘이고, 달도 둘이라, 아침에는 많은 사람이 타죽고, 밤에는 많은 사람이 얼어 죽었다. 이에 대별과 소별은 활과 화살을 가지고 대별은 동해로, 소별은 서해로 가서 활을 쏘아 해와 달을 하나씩 파괴하였고, 부서진 해와 달의 파편들은 밤하늘의 별이 되었다.

대별과 소별이 해와 달을 하나씩 파괴하고 돌아오자, 천지왕은 두 아들을 자랑스러워하며 자신의 자식이 틀림없다며 기뻐하였다.

신궁

도사가 연청에게 전해 준 신비한 화살. 처음 활을 쏘는 사람도 백발백중의 명궁이 될 수 있다

용도	공격용
관련문헌	보은기우록

위연청에게 천서의 내용을 가르쳐준 도사는 연청을 데리고 뒷산으로 올라가 활과 화살을 주며 백보 떨어진 곳에 있는 버드나무 잎을 맞춰보라고 했

다. 이에 연청이 자신은 백 보 떨어진 과녁에 활을 쏴본 적도 없는데, 어찌 처음부터 백 보 떨어진 버드나무 잎을 맞추겠냐고 했다.

이에 도인은 저번에 치료해줄 때 다친 곳만 치료한 것이 아니라 힘이 솟는 혈도 다루었으니, 지금은 그 힘이 두 배는 더할 것이라고 했다. 그리고 이

활은 신궁이니 연청이 쏠 만한 물건이라고 했다. 도인에게 활을 쏘는 방법을 듣고 연청이 활을 쏘니 첫 화살은 나무에 박혔고, 둘째 화살은 나뭇가지를 스치며 지나갔다. 이에 도인은 첫발은 그저 힘만 많이 써서 나무에 박혔고, 활 쏘는 법을 깨우친 두 번째는 나뭇가지를 스쳤으니 이번에는 절대 잘못되지 않을 것이라며 쏴보라고 했다. 연청이 정신을 가다듬고 활을 쏴 버드나무 잎을 맞혔으며, 이

후 두 발도 잇따라 나뭇잎에 맞아 나뭇잎에 품(品)자 모양이 만들어졌다. 도사는 연청에게 신궁과 천서를 모두 주었다.

호반 손님의 활

오방의 방향에 쏴 살(煞)을 막는다. 여기서 살(煞)은 오방신장을 말하는 것으로, 역병의 신인 손님신들 입장에서는 이들이 살이다

용도	방어용
관련문헌	손님굿

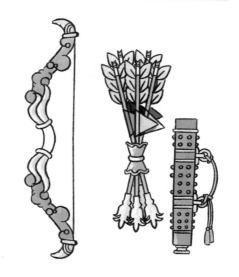

문방구-붓-문신손님의 붓의 관련 문헌 <손님굿>에서 해당 내용 확인 가능

그 외

곡물로 만든 병사

아기장수가 자신이 죽을 때 같이 묻어달라 한 좁쌀, 콩, 팥으로, 아기장수가 죽은 지 3년 되기 하루 전에 각각 군졸, 장수, 말을 탄 기병으로 변해 밖으로 나와 군대로서 역할을 함

용도	공격용
관련문헌	삼국유사, 민간전승

무기류-갑옷-콩으로 만든 갑옷의 관련 문헌에서 해당 내용 확인 가능

벼락몽둥이

화덕 벼락 장군이 인간들을 벌할 때 사용하는 철퇴. 화덕 벼락 장군의 권능 중 하나로, 이를 잃으면 벼락 장군은 하늘로 올라가지 못한다

용도	공격용
관련문헌	구전설화

옛날 옛적 조천읍 와산리에 '검은 땅 밭'에서 송씨 할머니가 큰딸과 함께 김을 매고 있었다. 일하다

잠시 쉬는데 귀가 가려워진 송씨 할머니는 큰딸에게 귀를 좀 파달라고 했다. 그런데 큰딸이 귀를 파다 실수로 귀청을 건드리자 화가 난 나머지 "이년! 지 애미 죽으라고 귀청을 쑤시는 년 어디 있겠느냐. 벼락 맞을 년!"이라고 말했다. 그때 하필 그 주변을 지나가던 화덕 벼락 장군이 그 말을 듣고 큰딸에게 벼락을 떨어뜨려 죽여 버렸다.

어머니는 자신이 경솔하게 말한 것을 후회하며 며칠을 엉엉 울었다. 그 모습을 본 옥황상제가 사정을 듣고는 화가 나, 일을 경솔하게 처리한 화덕 벼락 장군으로부터 벼락몽둥이와 벼락 그리고 벼락틀까지 압수해 버렸다. 하늘의 권능인 벼락을 잃고 불만 남은 화덕 벼락 장군은 하늘로 오르지 못하고, 이승의 신이 되어버렸다.

어이없이 권능을 잃어 분노한 화덕 벼락 장군은 불길을 몰고 다니는 바람에 그가 가는 곳마다 줄줄이 불이 났다. 마을에서는 불이 잇따르자 필시 무슨 곡절이 있다고 생각하고 제단을 마련하고 화덕 벼락 장군에게 제를 지냈다. 그때부터 불길은 사그라졌다고 한다.

벽력퇴

염라왕이 가지고 있는 철퇴. 뛰어난 명장인 마철골을 쓰러뜨릴 수 있는 유일한 무기이다

용도	공격용
관련문헌	위현전

무기류-검-용천검의 관련 문헌 <위현전>에서 해당 내용 확인 가능

보신주

위현이 대업을 이룰 수 있도록 선관들이 전해준 투구. 화살과 검이 피해를 입히지 못할 정도의 방어력을 가지게 된다

용도	방어용
관련문헌	위현전, 권익중전

무기류-검-용천검의 관련 문헌 <위현전>에서 해당 내용 확인 가능

수로달의 삼지창

물속나라 괴물에게 큰 상처를 입힌 수로달의 삼지창

용도	공격용
관련문헌	북한 설화

유기물-피-물속나라 요괴의 피의 관련 문헌에서 해당 내용 확인 가능

음양신명봉

부자 상인이 자신의 제물로 영웅들에게 만들어 준 무기 중 하나. 금으로 만들었으며, 산천의 빛을 받으면 상서로운 기운이 일어나 하늘을 향해 뻗쳐 나가기 때문에 요괴가 두려워한다

용도	공격용
관련문헌	태원지

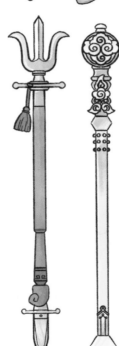

<태원지>에서 영웅들이 모험을 떠나기 전, 부자 상인인 양관이 영웅들과 대의에 동참하고 싶다며, 자신이 가지고 있는 제물로 영웅들에게 무기를 만들어주었다. 임성은 삼척등룡검, 임응은 음양신명봉, 종황은 삼척반룡검, 하승은 일월대구도를 만들었는데, 그 무게가 100근이나 되었다. 그리고 조정은 후월퇴, 양평은 개산대부, 양경은 명안모를 만들었는데, 그 무게가 8~90근 정도 되었다.

그 중 임응의 무기 음양신명봉은 위는 둥글고 아래는 네모난 모양인데, 이는 하늘과 땅의 모습을 본뜬 것이며, 금으로 만들어져 있어서 산천의 빛을 받으면 상서로운 기운이 일어나 하늘을 향해 뻗쳐 나가기 때문에 요괴는 신명봉을 두려워 했다.

이에 철퇴로 내려치거나 머리에 화살을 맞아도 아무런 상처를 입지 않았던 응천도, 음양신명봉을 맞고 죽었으며, 원숭이 요괴들의 왕 역시 임응이 종황이 알려준 주문을 외우며 내려치자 한방에 죽어버렸다. 또한 마찬가지로 원숭이 요괴의 본거지에 남아있던 원숭이 요괴들 역시 임응의 손에 목숨을 잃었다. 그리고 귀신의 섬에서 나타난 잡귀는 임응이 가진 음양신명봉을 보기만 했는데도, 사방으로 도망을 갈 정도로 귀신에게 위협적인 무기라 할 수 있다. 천리안과 순풍이는 일부러 때려보라며 몸을 내주기도 했다. 이에 임응이 음양신명봉으로 내려쳤음에도 멀쩡한 모습을 보여주었지만, 천문진에 의해 힘을 잃은 뒤에는 신명봉에 맞아 머리가 부서져 죽어버렸다.

이처럼 음양신명봉은 요괴에게 치명적인 무기지만, 인간과 싸울 때도 막강한 힘을 발휘한다. 태원 땅에 도착한 임성 일행은 태원 땅의 금국과 전쟁을 하게 되는데, 금국의 많은 장수가 임응이 휘두른 음양신명봉에 머리가 잘렸으며, 심지어 음양신명봉으로 성문까지 부숴버리는 장면이 나오기도 한다.

무기류-검-장성검의 관련 문헌 <유충렬전>에서 해당 내용 확인 가능

자금일월용봉(紫金 一月龍鳳)의 투구

자줏빛의 황금색을 띄고 있는 투구. <김원전>에서 아귀들이 쓰고 나오는 쌍봉자금투구보다 강한 것으로 보이며, 일반 투구보다는 강한 방어력을 가진 것으로 추측된다

용도	공격용
관련문헌	김원전

무기류-채찍-산호채의 관련 문헌 <김원전>에서 해당 내용 확인 가능

일광주

옥함 속에 들어있던 도구들 중 하나로, 금도 아니고 옥도 아니지만 그 광채가 눈부시도록 찬란한 투구. 머리에 쓰면 안개를 펼쳐 상대방의 눈을 캄캄하게 만들고, 자신의 모습을 볼 수 없도록 만들어준다

용도	방어용
관련문헌	유충렬전

철장(鐵杖)

신령이 나타나 전해 준 철로 된 몽둥이. 수천 년 묵은 요괴 대망을 죽일 수 있는 유일한 무기

용도	공격용
관련문헌	원회록

영주 서남에 형악산이 있었다. 이곳은 남악산의 신령이 도사를 보내어 지키게 한 지 수백년이 되었

는데, 영주와 백성이 그 영이한 자취를 사모하여, 들 가운데 현모사라는 사당을 지어 향화(香華)*를 받들었다. 그러던 어느 날 수천 년 묵은 대망이 독사와 사귀(蛇鬼)* 무리를 이끌고 현묘사에 침입하였고 이들은 토굴에 은거하였는데, 도사는 자신의 재주로 그것을 제압하지 못했다. 대망은 영주 현묘사의 도인을 토굴로 내쫓고, 그 도인 행세를 하며 백성들의 제사를 받았다. 현묘사에는 간신들의 아내도 자식을 가지게 해달라며 공을 올렸는데, 그날 밤 어떤 사람이 청사(靑蛇)*를 타고 와서 자신을 겁탈하는 꿈을 꾸고 열달 후에 아이를 가지게 되었다. 간신들의 말을 들은 황제의 후궁도 현묘사에 가서 자식을 가지게 되었다.

그렇게 후궁의 소생과 간신들의 자식인 진림, 석성문, 여철정 등 40여 인은 대망의 기운을 받고 태어났으니 그 눈이 대망과 같았다. 그 사실을 모르는 황제는 아들이 생긴 것을 기뻐하며, 현묘사의 도인이 아이를 점지해주었다고 생각했다. 그래서 현묘사를 보국대흥전으로 증축하고, 도사를 천관도사로 추존하였다. 이때부터 백성들도 그곳에 가서 공을 올리고 아이를 낳았는데, 모두 대망의 기운을 받고 태어나 재주가 일반인보다 뛰어났다.

황제가 태자를 책봉하기 위해 신하들의 의견을 모으고 있었는데, 황궁에 이미 대망의 자식인 신하가 40명이 넘게 있었고, 대망의 자식들은 후궁의 소생을 태자로 해야 한다고 건의했다. 충신이며 벼슬도 높은 필응상과 설운은 이를 죽기로 반대하고 충언을 하자, 황제는 현묘사의 도사의 의견을 들어보겠다며 사람을 보냈다. 이 상황의 부당함

에 대해서 필응상이 상소를 올리자, 화가 난 황제는 필응상의 관직을 삭탈(削奪)*하였다. 황제가 보낸 사람을 만난 대망은 풍운을 타고 황제의 앞으로 가서, 후궁의 소생을 태자를 삼으라고 하였다.

그렇게 결국 후궁 소생을 태자 자리에 앉히고, 정궁의 소생은 제후(諸侯)*로 삼았다. 이런 황제의 행동에 실망한 설운은 관직을 버리고 집으로 돌아갔다.

이때 대망은 재상과 백성들 집을 두루 다니며 음란한 짓을 하다가, 필응상의 집을 엿보게 된다. 필응상의 집을 엿보던 중 필응상에게 걸려 달아난다. 이에 필응상은 현묘사를 찾아가 그곳에 있는 승려를 꾸짖었다. 그런 필응상을 대망의 부하인 독사와 사귀가 공격해 왔지만, 필응상은 진언을 외워 이를 물리쳤다.

필응상에게 앙심을 품은 대망은 영주태수의 꿈에 나타나 신의 계시인 척하며 필응상을 잡게 했다. 이에 필응상은 영주태수에게 잡혀 황궁으로 끌려갔다. 필응상은 간신인 진사성과 대망의 아들에게 모함을 받아 죽을 위기에 처하지만, 정궁의 소생인 위왕이 황제에게 간언하여 옥하도로 유배가는 것에서 그치게 된다. 황제가 간신들의 손에 놀아나는 것에 실망한 설운은 가족들과 함께 고향인 형주로 돌아가게 된다. 고향으로 가던 중 어떤 주점에 묵었는데, 대망이 설운의 여동생이자 필응상의 부인인 설취란의 꿈에 나타나 요술을 부려 납치하였다. 대망이 진승상 집에 설소저를 가두고 겁탈하려 하지만, 설소저가 거부하자 대망은 설소저를 7일 동안 핍박하여, 그녀는 먹지도 자지도 못하

다가 연못에 뛰어들어 자결하였다. 설운은 여동생 설취란이 사라지자 그녀를 찾아 헤맸지만 결국 찾지 못하고 형주로 돌아갔다.

필응상은 유배지 옥하도에서 양취운이라는 귀녀(鬼女)를 만났다. 양취운은 어려서 검술을 익혔는데, 어느 날 누각에서 그 재주를 시험하다가 추락사하였던 것이다. 그녀가 시왕전에 가서 허무하게 죽은 억울함을 하소연하니, 염왕이 세상에 나가 필응상을 도우라고 했다는 것이다. 필응상은 양취운과 결혼하여 함께 지냈는데, 양취운은 저승을 오가며 필응상에게 나라의 운명과 관계된 정보를 알려주었다.

한편 방해되는 인물을 전부 멀리 보내버린 대망과 그 자식들은 역모를 일으켜 태자인 후궁소생을 황제로 세우고, 대망을 제후로 봉하였으며, 정궁의 아들인 위왕을 황하 절도에 안치시켰고, 대망의 자식들은 모두 높은 벼슬을 하여 국사를 마음대로 휘둘렀다. 대망의 무리는 필응상과 위왕이 나중에 걸림돌이 될지도 모른다 생각하고 사약을 내렸으나, 염왕의 명을 받은 양취운이 사약을 전달하는 사신의 목을 베어버려서, 둘은 목숨을 건질 수 있었다. 필응상은 양취운의 도움으로 위왕과 편지를 주고받은 후, 그녀와 함께 위왕의 유배지로 가 충신들을 모아 들고 일어났다.

설운은 여동생 설취란을 찾기 위해 집을 떠나 영주에 이르렀는데, 길가에 나무 한 그루가 서 있는 것을 보았다. 그 나무 아래 이르러 살피니, 나무가 굉장히 웅장하여 몸은 십여 발이 넘고, 높이는 하늘에 닿은 듯하며 잎이 무성하여 일월(日月)을 가렸다. 천하에 큰 나무가 많지만 이만한 나무는 없겠다고 생각한 설운은 그 웅장함을 칭찬하다가 문

득 먹과 붓을 내어 '대수장군(大樹將軍)'이라는 이름을 새겨주었다. 그리고는 그곳에 있는 망선궁에 들어가 기도하고 나와 그 큰 나무 밑에서 쉬다가 잠이 들어 꿈을 꾸는데, 홀연 사람이 앞에 나와 그에게 인사하였다. 자세히 살펴보니 그 사람은 노안백발에 선풍도골(仙風道骨)*의 신선같은 모습의 사람이었다. 설운이 일어나 답례를 하자 노인은 자신이 사람이 아니라 이곳에 천 년 동안 머무른 커다란 나무라고 하면서 설취란이 대망에게 납치당하여 죽은 사실을 알려주었다. 그리고 자신도 대망의 악행을 더 이상 두고 볼 수 없어서 대망과 한번 싸워 승부를 걸고자 하였으나, 이름이 없고 뒤를 따르는 자가 없어 나설 수가 없었다고 하였다. 하지만 설운을 만나 이름을 얻었으니, 자신이 비록 재주는 없으나 은혜를 갚겠다고 하면서 남악산에 들어가 신령에게 소지(燒紙)를 올려 신장과 귀졸를 빌려 오면, 자신이 대망과 싸워 일합에 대망을 잡아 설운 앞에 바치겠다고 했다. 잠에서 깨어난 설운은 그 말을 따라 남악산에 가서 신령에게 향을 피우고 절을 올렸다. 그랬더니 꿈속에 신령이 찾아와 대망을 죽일 수 있는 무기인 철장(鐵杖)을 받았다.

위왕과 필응상은 군대를 모아 황성으로 쳐들어갔다. 그러나 대망과 대망의 요괴 자손들로 이루어진 군대에게 둘러싸여 전멸당할 위기에 처해있었다. 그때 설운이 신장과 귀졸을 이끌고 나타나 대수장군도 가세하게 되었다. 신장과 귀졸들의 힘으로 대망의 요괴 자손들을 물리치기 시작했다. 이때 한 기형의 괴물이 대망 앞으로 달려가는데, 그 용모와 이목구비의 흉악함이 이루 말할 것이 없고, 신장은 하늘에 닿을 듯 했으며, 좌우의 팔이 여덟이고 다

리가 넷이었다. 눈을 한 번 깜박이면 천지가 어두
워 졌다가 밝아지고, 다리를 한 번 구르면 땅이 엎
치락 뒤치락 했으며, 팔을 한 번 휘두르면 구름과
바람이 크게 일어나 적들을 날려버렸으니, 그게 바
로 대수장군이었다. 대수장군이 한 손에 철장을 들
고 대망에게 번개 같이 달려들어 내려치니, 대망은
피를 흘리며 죽었다. 황궁으로 들어가 대망의 자식
인 후궁 소생, 진림, 석성문, 여철정을 치니, 그들
도 모두 대망으로 변하여 피를 흘리며 죽었다. 그
후 황제를 복위시키고, 위왕을 태자로 정하였다.
황제는 공신들은 포상하고, 간신들은 처벌하였다.
그날 밤 양취운은 자신이 할 일이 다 끝났으니 이
만 저승으로 돌아가야 한다며 이별을 고하고 떠났
고, 필응상과 설운은 형주로 떠났다.

설취란은 사후에 저승의 염왕전에 가서 억울함을
하소연하니, 염왕은 대망의 혼백을 잡아들여 문초
한 뒤 풍도지옥에 보내어 영원히 세상에 나오지 못
하게 하였고, 설취란에게는 수명을 다하지 않았다
며 저승사자를 시켜 이승으로 인도하게 하였다. 설
취란이 이승으로 가는 도중에 필응상에게 죽임을
당한 대망의 자식들과 간신들을 만났으나, 양취운
이 저승으로 돌아가는 길에 설취란을 지켜주었다.
필응상과 설운은 형주로 가다가 영주에 들러 설취
란이 빠져 죽은 못의 수신에게 제사를 지냈다. 그
랬더니 홀연 물빛이 변하며 설취란의 신체가 떠올
랐고, 잠시 후 설취란이 회생하였다. 그날 밤 필응
상의 꿈에 현묘사 도사가 나타나 사당을 중수(重
修)*해 주길 부탁하였고, 필응상은 나라에 부탁하
여 현묘사를 중수하고, 그곳에서 대수장군의 제사
도 지내도록 하였다.

* 향화(香華): 불전에 공양하는 향과 꽃

* 사귀(蛇鬼): 요사스러운 귀신
* 청사(靑蛇): 푸른 뱀
* 삭탈(削奪): 죄를 지은 자의 벼슬과 품계를 빼앗고 벼슬아치의
명부에서 그 이름을 지우던 일
* 제후(諸侯): 봉건 시대에 일정한 영토를 가지고 그 영내의 백성
을 지배하는 권력을 가지던 사람
* 위왕: 진짜 왕이 아닌 형식상으로의 직책
* 선풍도골(仙風道骨): 뛰어난 풍채와 골격
* 중수(重修): 건축물 따위의 낡고 헌 것을 손질하며 고침

철퇴

권성동이 전장으로 떠나기 전 진낭자로부터 부부의 증표로
받은 철퇴로, 실제로 진나라 때 장자방이 박랑사(博浪沙)에
서 진시황의 암살을 시도할때 사용한 것

용도	공격용
관련문헌	권익중전

무기류-검-자용검(自用劍)의 관련 문헌 <권익중전>에서 해
당 내용 확인 가능

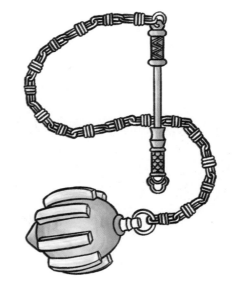

향나무 방패

사명당이 태어날 때 같이 난 향나무로 만든 방패로, 일본군과 싸울 때 사명당이 사용. 총알과 화살도 뚫지 못하는 조화가 붙은 강력한 방패

용도	방어용
관련문헌	임석재 전집 한국구전설화

사명당은 묘향산에서 태어난 사람으로, 조선 중기의 승려였다. 사명당은 자신이 태어날 때 같이 난 향나무로 방패를 만들어 임진왜란 때 일본군과 싸웠는데, 이 방패는 총알도 화살도 뚫지 못하는 조화가 붙은 방패라 일본군은 더 이상 진군할 수 없었다. 그런데 어쩌다 실수를 하는 바람에 일본인들에게 잡혀서 일본에 끌려갔다.

그 뒤에는 많은 사람이 아는 일화로 쇠로 만든 집에 넣고 불을 질러, 죽이려고 했으나 오히려 방 안에 얼음이 얼게 만들고, 얼음 속에 묻어 죽이려고 했으나 오히려 따뜻하게 만들어 땀을 닦는 등 도술로 일본 왕을 두렵게 만들어 그냥 풀려나게 되었다. 이후 임진왜란이 끝난 뒤 다시 묘향산에 돌아가 불도를 닦았다고 하며 자신이 짚고 다니는 지팡이를 땅에 꽂고 "이 지팡이에서 잎이 나면 내가 다시 돌아올 줄 알아라." 하고는 어디론가 가버렸다.

의류 · 장신구

두루마기, 감투, 부채 등은 신화나 설화 속의 주인공들에게 더욱 극적인 효과와 능력을 주는 도구들입니다. 공격부터 변신까지 다양한 힘을 보여주는 의류와 장신구를 소개합니다.

감투, 갓

궁감투

하늘나라의 물건으로 신선이 인간들에게 씌우기 위해 지상으로 들고 내려오곤 하며, 머리에 뒤집어쓰면 그 사람의 인생이 궁핍하게 되며, 그 개수가 늘어날수록 더 궁핍해진다

용도	기타
관련문헌	임석재 전집 한국구전설화

궁감투는 뒤집어쓰면 그 사람의 인생이 궁핍하게 되는 물건이다. 옛날 하늘나라 신선이 궁감투 세 개를 갖고 지상에 내려와 궁감투를 씌워줄 만한 사람을 찾으러 여기저기 돌아다녔지만, 마땅히 씌워줄 만한 사람이 없었다. 그러다 어느 글방에 훈장이 초라하게 생겼으며 때가 후줄근하게 묻은 옷을 입고 있어서, 궁감투 쓰기에 알맞았다. 그래서 궁감투 하나를 훈장에게 씌워주었다. 그리고 또 신 삼는 영감의 모습이 궁감투를 쓸 만큼 궁하게 생겨 하나는 그 영감에게 씌웠다. 하지만 마지막 남은 하나는 도무지 씌울만한 사람이 나오지 않았고, 끔찍하게도 훈장에게 궁감투를 하나 더 씌워버렸다. 궁감투를 두 개나 쓴 훈장은 평생을 궁핍하게 살면서, 그것을 자신의 팔자로 알고 살았다고 한다.

도깨비 감투

도깨비가 주는 감투로, 쓰면 모습이 보이지 않는 투명인간이 될 수 있다

용도	변신용
관련문헌	민간전승

가난하게 사는 한 사람이 있었다. 이 사람은 게를 잡아다가 파는데, 도깨비가 이를 불쌍하게 생각하여 쓰면 보이지 않는 감투 하나를 줬다. 그 사람은 감투를 그대로 쓰고 와서 부인에게 보이느냐고 물었더니 안 보인다고 했다. 가난한 사람은 감투를 쓰고는 시장에서 물건을 훔치기를 일삼았다. 그러던 어느 날 담배를 피우다가 담뱃재로 인해 감투

에 작은 구멍이 나고 말았다. 가난한 사람이 빨간 헝겊으로 구멍을 기웠는데, 그 빨간 헝겊은 감투를 써도 사라지지 않고 여전히 보였기 때문에 시장에서는 빨간 점이 나타나면 물건이 사라진다는 소문이 돌기 시작했다. 이 사실을 모르고 있던 가난한

사람은 그렇게 또 감투를 쓰고 시장으로 물건을 훔치러 나갔다가 사람들에게 흠씬 두들겨 맞고 결국 잡히었다고 한다.

도깨비가 아니라 산신령이나 여우, 무덤의 귀신이 주는 유형도 있다. 그리고 사마귀가 이상한 나뭇잎을 머리에 붙여 모습을 숨기고 매미를 잡아먹는 것을 본 소금 장수가 그 나뭇잎을 빼앗아서 사용하는 유형도 있다.

여우의 갓

천년 묵은 여우의 갓으로, 이 갓을 얻으면 천금 부자가 된다

용도	화수분
관련문헌	호질

복곽선생이라는 선비가 한밤중에 남몰래 아름다운 동리자라는 과부와 정을 나누었는데, 동리자의 성이 다른 다섯 아들이 그 모습을 보고 말았다. 다섯 아들은 어진 덕을 지닌 복곽선생이 야심한 밤

에 과부의 집에 숨어들어올 리가 없으니, 이는 틀림없이 천년 묵은 여우가 복곽선생 흉내를 낸 것이 틀림없다고 하면서 서로 의논하는데, 그 대화가 다음과 같다.

"여우의 갓을 얻은 자는 천금 부자가 되고, 여우의 신을 얻은 자는 대낮에 그림자를 감출 수 있으며, 여우의 꼬리를 얻는 자는 사랑 받아서 누구든지 그를 좋아한다고 하던데, 우리가 저 여우를 잡아 죽여서 나누어 가지는 게 어떨까?"

실제로 복곽선생은 여우가 아니었으니 저 물건들이 실제로 등장하지 않았으나, 저런 이야기가 민간에 떠돌았다는 것을 짐작할 수 있다. 이중 여우의 신을 얻은 자는 대낮에 그림자를 감출 수 있다고 이야기하는데, 아마도 모습 자체도 감출 수 있지 않을까라고 추측된다.

원숭이의 갓

원숭이 세 마리가 서로 가지기 위해 싸우던 도구들 중 하나. 이 갓을 쓰고 고개를 까딱하면 그 앞에 있는 건 모두 죽는다

용도	공격용
관련문헌	장수의 설화 하권

옛날에 짐승의 말을 알아듣는 아이가 있었다. 하루는 그 아이가 길을 가다 방(榜)*을 보니, 그 내용은 이 나라의 공주님이 엿 댓 자나 되는 비단을 잃어버렸으니 그것을 찾아오는 사람을 사위로 삼겠다는 것이었다.

그래서 아이는 자신이 찾아보겠다고 마음을 먹고, 찾으러 다녔다. 그러다 어느 골짜기를 지나가는데, 그곳에서는 원숭이 셋이 다투고 있었다. 그래서 왜 싸우냐고 물으니 원숭이 하나가 갓을 보여주면서, 이 갓을 쓰고 고개를 까딱하면 그 앞에 있는 건 다 죽는다고 했다. 그러니까 다른 원숭이

가 호미를 보여주면서, 이것은 죽은 사람들을 한번 긁어주면 살아나는 호미라고 했다. 그러니 또 한 마리가 채찍을 보여주면서 "이 채찍을 땅에 한 번 내려치면 험한 산골짜기도 깊은 물도 길이 생기는 것이라고 했다. 그리고 이 세 가지를 독차지하기 위해 서로 다투는 것이라고 했다. 이 아이는 "너희들끼리는 아무리 다투어도 싸움이 끝나지 않으니 내가 가려줄게. 내가 이 갓을 쓰고 채찍과 호미를 가지고 있을 거니까 저 큰 나무를 한 바퀴 돌아 먼저 나에게 돌아온 원숭이에게 다 줄게."라고 말했고, 원숭이들도 그렇게 하겠다 하고 달려갔다. 그런데 원숭이들이 서로 똑같이 와서, 서로 달라고 싸웠다. 그래서 아이가 갓을 쓴 고개를 까딱하니 원숭이 세 마리가 다 죽어버렸다. 그리고 호미로 등을 긁어주니 원숭이들은 다시 살아났다. 멍청한 원숭이들은 살려줘서 고맙다며 그 보물을 모두 소년에게 주었다.

보물들을 얻은 소년은 한양으로 가서 임금님에게 자신이 비단을 찾아오겠다고 했다. 임금님은 보름 안에 찾아오지 못하면 죽이겠다 하였고, 아이는 그렇게 공주의 비단을 찾으러 나섰다.

길을 가다 보니 큰 연못이 나와 그곳에서 쉬고 있는데 큰 황금잉어가 울고 있었다. 그래서 왜 울고 있냐고 물어보니, 자기 딸이 죽어서 슬피 운다고 했다. 그래서 아이는 자신이 딸을 살려주겠다고 했다. 잉어는 따라오라면서 물속으로 들어갔고, 아이

는 채찍으로 물에 길을 만들어 잉어를 따라갔다. 그리고 호미로 잉어의 딸을 다시 살려주었다. 잉어는 자신이 사실 이 연못의 용왕으로 딸을 살려준 보상을 해주겠다고 했다. 그래서 아이는 비단을 달라고 하였고, 용왕에게 많은 비단을 받았다. 아이는 다시 지상으로 돌아가 그것을 임금님께 바쳐 공주의 신랑이 되었다.

* 방(榜): 어떤 일을 널리 알리기 위해 사람들이 다니는 길거리나 많이 모이는 곳에 써붙인 글

부채

꿈속 노인의 붉은 부채

유충렬의 어머니인 장씨 부인의 꿈에 나타난 노인이 주고 간 붉은 부채이다. 불이 난 곳에 이 부채를 부치면 불길이 순식간에 사라진다

용도	방어용
관련문헌	유충렬전

무기류-검-장성검의 관련 문헌 <유충렬전>에서 해당 내용 확인 가능

불을 끌 수 있는 부채는 다른 문헌에서도 등장한다. <대성용문전>과 <소대성전>에서는 소대성이 화공에 당해 불에 타 죽을 위기에 빠지게 되었을 때, 화덕진군이 나타나 빨간 부채를 부쳐 불을 끄고 대성을 살려준다. <숙향전>에서도 숙향이 갈대밭에서 화재로 인해 죽을 위

기에 빠지자 노인의 모습을 한 화덕진군이 나타나더니 소매에서 붉은 부채를 꺼내어 부치며 무언가 주문을 외워 화염이 범치 못하는 장면이 있다.

옛날 어느 집에 삼대독자인 귀한 아들이 있었는데 지나가던 스님이 그 아이를 보더니, 팔자가 사납다며 탄식을 하였다. 아들의 부모가 그게 무슨 소리냐 묻자, 스님은 아이가 호랑이에게 물려갈 팔자며 자신을 따라오면 살 수 있을지도 모른다고 했다.

귀한 자식이 죽는 것이 싫었던 부모는 스님에게 자식을 맡겼는데, 이 사람은 절도 집도 없는 떠돌이 스님이었다. 그렇게 소년은 스님과 떠돌이 생활을 하였다. 하루는 스님이 법당에 가더니 오늘은 불상 밑에서 자라고 하여 불상 밑에 웅크리고 잠을 청했다. 그런데 밤에 웬 사람들이 법당 안을 보며 '좋은 밥거리 놓쳤다.'라며 입맛을 쩝쩝 다시는 것을 들었고, 그 사람들의 옷 아래에는 호랑이 꼬리가 삐져나와 있는 것을 보았다.

그렇게 한 번 호환(虎患)*을 면한 소년이 스님과 계속 길을 가다, 또 한 명의 소년을 만나 셋이 함께 다녔다. 어느 날 쌀을 얻으러 가는 아이들에게 스님은 오늘 가는 집에서 뭘 주거든 먹지 말라고 신신당부를 했다.

스님의 말대로 한 집에 가자 진수성찬을 차려주었다. 소년은 스님을 말대로 먹지 않았으나, 같이 간 아이는 소년이 말려도 신경 쓰지 않고 밥을 먹더니 그 집 딸이랑 살겠다며 거기 눌러 앉아버렸다.

홀로 돌아온 소년이 스님에게 그 사실을 말하자, 스님은 조금 있다 그 집에 가보라고 하였다. 그러자 그곳에는 집 대신 바위 굴이 있었으며, 그 속에서 호랑이들이 같이 갔던 아이를 뜯어먹고 있었다. 계속 소년을 데리고 다니던 스님은 갈림길이 나오는 곳에서 이제 각자의 갈 길을 떠나자고 말하고, 하얀 두루마기랑 파란 부채를 주고는 홀로 떠나버렸다. 마땅히 갈 곳이 없던 소년은 딸이 셋 있는 부잣집에 머슴으로 들어가 살 게 된다.

고된 일에 소년은 때가 찌들고 머리까지 헝클어져 꼬질꼬질하게 돼 버렸다. 그러자 큰딸과 둘째 딸

은 소년이 신바닥(신발바닥)처럼 더럽다고 '신바닥이'라 부르며 미워했지만, 예쁜 막내딸은 신바닥이에게 잘해주었고, 몰래 챙겨주었다. 소년의 머리도 빗겨주고 보니 잘생겨서 누가 볼까 봐 도로 휘저어놓고는 했다.

하루는 온 식구가 건넛마을로 잔치를 가 버리고 신바닥이 혼자 집에 남아 쓸쓸히 불을 때고 있었는데, 문득 스님이 준 두루마기와 부채가 생각났다. 여흥 삼아 목욕을 하고, 한번 입어보았더니 완전히 다른 사람이 된 것 같았으며, 파란 부채를 펼치자 몸이 두둥실 떠오르며 부채를 내미는 방향으로 이동하기 시작했다.

신바닥이는 그 상태로 건넛마을 잔칫집까지 날아갔다. 하늘에서 그가 내려오자 마을 사람들은 하늘에서 선관님이 내려오셨다며 절을 하고 상을 바치고 완전 난리가 났다. 하지만 신바닥이의 잘생긴 얼굴을 알고 있던 주인집 막내딸은 선관님이 신바닥이라는 것을 간파하고, 신바닥이 등짝에 몰래 점을 찍어두었다.

신바닥이는 그렇게 다시 하늘로 날아올라 유유히 사라졌고, 집으로 돌아와 머리를 헝클이고 불을 때고 있었다. 잔칫집에서 돌아온 큰딸과 둘째 딸은 신바닥이에게 오늘 신관을 보았다며 자랑을 했다. 그날 밤 막내딸이 신바닥이의 방에 슬쩍 들어오더니 그 옷을 보여 달라고 한다.

신바닥이는 처음에는 시치미를 뚝 뗐지만, 막내딸은 다 알고 있다고 말했다. 신바닥이는 이에 수긍하고 하얀 두루마기를 보여주니, 과연 막내딸이 찍어둔 점이 있었다. 두 사람이 밤에 밀회하는 모습을 두 언니가 훔쳐보고는, 큰딸은 방의 문을 잠그고 둘째 딸은 어른들에게 이 사실을 일러바쳐 버렸다. 어른들이 오는 소리에 막내딸은 당황했으나, 신바닥이는 호미로 땅을 파 아궁이로 나온 뒤 두루마기로 갈아입고, 막내딸을 안고 부채를 펼쳐 하늘로 날아올랐다.

큰딸과 둘째 딸은 신바닥이가 선관이라는 사실을 뒤늦게 알고 억울해하였고, 가까이서 선관을 보겠다며 지붕 위로 올라가다 떨어져 다리가 부러지고 말았다. 신바닥이는 막내딸과 함께 자신의 고향으로 날아가 결혼해서 부모님을 모시고 행복하게 잘 살았다고 한다.

* 호환(虎患): 호랑이에게 당하는 화

멸화선(滅火扇)

화덕진군의 조화로 만든 부채로, 천왕보살의 낙화를 망가뜨릴 수 있는 보배이며, 멸화선(滅火扇) 한자를 생각해보면 불길을 일으키는 부채일 것으로 추측된다

용도	공격용
관련문헌	위현전

무기류-검-용천검의 관련 문헌 <위현전>에서 해당 내용 확인 가능

백의 신선의 붉은 부채

남해용왕의 딸이 하얀 옷을 입은 신선에게 받은 부채로, 바람과 안개를 마음대로 부릴 수 있다

용도	공격용
관련문헌	금령전

기타-그 외-금령의 관련 문헌 <금령전>에서 해당 내용 확인 가능

백학선(白鶴扇)

하얀 학이 그려진 부채로, 유백로가 조은하에게 약혼의 증표로 준 것이라 구혼의 글이 적혀있다. 부채에 그려진 하얀 학이 밖으로 나와 타고 다닐 수 있으며, 학은 용마처럼 빠른 속도를 자랑한다

용도	이동용
관련문헌	백학선전

조경로와 양씨 부인의 늦게 얻은 딸 조은하가 13세에 남경의 외할머니에게 다녀오는 길이었다. 조은하는 소상팔경에서 황릉묘를 구경하다가 유백로를 만나 유자(약혼 증표)를 주고, 답례로 하얀 학이 그려진 부채인 백학선(白鶴扇)을 받았다. 집에 돌아와서 백학선을 보니 유백로가 자신을 향해 적은 구혼의 글이 있어 조은하는 기뻐했다. 이후 조은하는 남장을 하고 백학선을 챙겨 유백로를 찾아 나서지만, 유백로가 달국의 가달왕에게 사로잡혔다는 소식을 듣게 되었다. 조은하는 유백로를 시기한 최국량이 군량을 보내주지 않아, 유백로가 적에게 패배하여 사로잡혔다는 사실을 알게 되었고, 그 죄를 천자 앞에서 고했다. 그렇게 최국량을 감옥에 보내고 조은하가 대원수가 되어 출전하게 되었다. 원수로 임명받은 조은하는 낭자군(娘子軍)*을 이끌고 가달왕을 치러 갔다. 가달왕의 장수인 용골대 삼형제와 싸우던 중 조은하는 검이 상하는 바람에 퇴각하게 되었다. 용골대 삼형제의 용맹함에 조은하가 근심에 빠져 식음을 전폐하고 잠을 이루지 못하고 있을 때, 용왕의 아들이 그녀를 찾아와 오늘 밤 반가운 사람이 찾아오더라도 반가워하지 말고, 여러 가지로 트집을 잡아 따져 물으면 의심스러운 모습을 보일 것이니 조심하라고 했다. 그날 밤 조은하의 연인이며 가달왕에게 사로잡혔던 유백로

가 찾아왔다. 조은하
는 무척 기쁘고 반가웠지
만, 용왕의 아들이 해준 충고를 떠
올리고, 유백로에게 몇가지 질문을 하니 대답
을 회피하며 의심스러운 모습을 보였다. 이에 조
은하가 유백로를 자세히 살펴보니 허리에 보검을
차고 있었다. 조은하는 이 가짜 유백로는 분명히
자객이거나 자신의 재색(才色)*을 탐하여 온 존재
라 확신했다. 당장 그놈을 베어 분함을 풀고 싶었
으나, 놈의 보검 때문에 나중에 기회를 봐서 처치
하리라 생각하고 거짓으로 반가워하며 온화하게
대했다. 그리고 부부간의 정을 나누자며, 그에 앞
서 독한 술을 잔뜩 먹였다. 술에 취한 가짜 유백로
는 곧 잠이 들었는데, 모습이 험악하고 코고는 소
리는 뇌성 같았다.
조은하가 가만히 그놈이 찬 검을 풀어보니 인간
의 기물은 아니었다. 조은하가 검으로 그놈의 허
리를 치니 몸이 단번에 베였다. 자세히 보니 모양
이 산돼지 같고, 귀는 파초 잎 같으며, 사족은 개
짐승 같았다.
이놈은 사람이 아니고 삼천 년 묵은 토끼로, 변신
무쌍하여 천하에 두려운 것이 없고, 별호를 자칭

토선생이라 하며, 어
느 곳에 아름다운 여인이
있다 하면 납치하여 굴 안에 집을 수
백 채 짓고, 밤낮 환락을 즐기며 지냈다. 또한
위수강변에 가 용왕의 딸을 잡아다 첩으로 삼았
다. 용궁에서 군사들을 보내어 토끼와 접전을 벌
였으나, 용궁이 백전백패하여서 할 수 없이 물러
났다. 그때 마침 낭자군이 위수강을 건너며 용신
께 지성으로 제사하니, 용왕이 그 정성에 감사했
다. 그리고 토끼를 죽이고자 토끼에게 자신의 아들
을 보내 화친을 신청했고, 지금 군대를 이끌고 있
는 조은하가 장려화나 양귀비도 비기지 못할 천하
절색이라는 정보를 흘렸다. 이에 토끼가 조은하를
강제로 범하려고 하면 조은하가 자결할지도 모르
니 유백로의 모습으로 둔갑해서 접근하면 간단히
그녀를 취할 수 있을 거라고 했다. 그리고 조은하
에게는 토끼가 올 것을 미리 알려주어 조은하가 토
끼를 죽이게 만들었다. 이렇게 해서 검이 없어 근
심하던 조은하는 보검을 얻었고, 그와 동시에 용궁
은 원수에게 복수할 수 있었다.
용왕의 아들이 조은하에게 나타나 그녀에게 감사
를 표하자, 조은하는 이 괴물이 흉포한 짐승 중 무

엇인지 물어보았다. 이에 용자는 "그놈은 중산 토 선생이라 합니다. 변화가 무궁하여 용왕의 딸을 납치해 겁탈하였으니, 용궁은 그놈과 수년간 접전을 벌였으나 그놈을 결국 죽이지 못한 것은 그 검의 힘이 두려워 어찌하지 못한 것입니다. 그리하여 낭자에게 보내 죽게 한 것입니다. 만일 그 험악한 놈이 불문곡직(不問曲直)*하고 낭자를 겁탈하려고 덤벼들었다면, 낭자의 힘으로 다투다가는 그 칼을 당치 못하였을 것 입니다."라고 말했다. 이에 조은하는 "칼이 비록 좋다 한들 어제 부러진 인검만 하겠습니까?"라고 대답했고, 이에 용왕의 아들이 "내 말이 믿어지지 않는다면 한 번 시험해 보십시오."라고 말했다.

그 말에 조은하는 칼을 들고 밖에 나가 큰 바위를 치니, 바위가 절반으로 끊어졌다. 낭자는 기뻐하며 용왕의 아들에게 감사를 표했다. 그는 "제가 어찌 낭자의 감사를 받겠습니까? 저는 한날 어류일 뿐이고, 낭자는 월궁항아씨이오니 과도히 공경마옵서서. 낭자가 이제 보검을 얻었으니 용골대 삼형제를 어찌 근심하리요?"라고 말했다. 이에 조은하는 "그런데 이런 보검이 어찌 흉포한 짐승에게 있었습니까?"라고 묻자, 용왕의 아들은 "그 검은 인간 기물이 아니요. 용궁 기물입니다. 그놈이 서해 광한왕을 자주 침략한 끝에 마침내 그 보검을 빼앗았으니, 그 이름은 일광검입니다. 그 보검으로 큰 공을 이루실 겁니다."라고 말하고는 용왕의 아들은 사라졌다.

이렇게 조은하는 일광검을 얻게 되지만, 이 사실을 알 리 없는 용골대 삼 형제는 조은하의 칼이 상해 있음을 알고 그녀를 도발하였다. 화가 난 조은하는 일광검을 들고 달려가 십여 합에 용골개 삼 형제의 머리를 일시에 내려쳤고, 세 장수의 머리를 칼끝에 꿰어 들고 적진을 향해 항복을 하라고 외쳤다. 가달왕의 다른 장수들도 도전하였으나, 일광검을 얻은 조은하를 당해내지 못했다. 이에 가달왕은 자신이 데리고 있는 장수들 중 최고의 장수인 마대영을 불러 대적할 자가 없으니, 직접 출전하여 조은하를 사로잡으라 명했다. 하지만 마대영은 자신이 저런 조그마한 아이를 상대로 접전을 한다면 후세에 치욕스러울 것이라며, 화살을 잘 쏘는 곽달해 팔 형제를 불러 그녀를 쏘라고 했다.

팔 형제는 조은하에게 일제히 화살을 쐈고, 그녀는 방패와 일광검으로 화살을 막았으나, 화살이 방패를 부수고 그녀의 갑옷을 꿰뚫었다. 이에 조은하는 할 수 없이 퇴각하게 되었다. 진영에 돌아와 살펴보니 갑옷 덕분에 몸이 다치진 않았지만, 방패로도 적장의 화살을 막지 못하는 것을 근심하였다.

그날 밤 향냄새가 나는가 싶더니 한 쌍의 선녀가 들어와 조은하에게 절을 하며 옥황상제의 명을 받아 갑옷 한 벌을 주겠다고 했다. 조은하가 선녀들에게 감사를 표하자, 선녀들은 이전에 조은하가 천상에 있을 때 부리던 시녀들이니 공경하지 말라 하고 사라졌다.

조은하는 공중을 향해 무수히 감사를 하고, 갑옷을 꺼내보니 쇠도 아니고 가죽도 아닌 용의 비늘 같아 광채가 찬란하였다. 그녀는 기뻐하며 날이 밝기를 기다렸고, 아침이 밝아오자 갑옷을 입고 전장에 나가 팔 형제에게 승부를 신청하였다. 곽달해 팔 형제가 조은하에게 일시에 화살을 쏘니, 화살이 그녀가 입은 갑옷에 닿는 순간, 화살촉이 부러지며 땅에 떨어졌다. 팔 형제가 화살을 연달아 쏘니, 조은하에게 닿기도 전에 화살이 사라져버렸다. 이에 팔 형제는 크게 당황하였고, 조은하는 그름을 놓치지 않고 일광검을 휘둘러 팔 형제의 목을 베었다. 그녀의 모습을 본 마대영은 가달왕에게 그녀가 심상치 않은 상대는 맞지만, 자신은 맹호 같고 상대는 어린아이니 근심하지 말라 하고는 직접 출전하였다. 마대영은 용봉 투구에 용린갑을 입었으며, 오른손에 청룡도를, 왼손에는 장창을 쥐고 청총마를 타고 나와 조은하에게 결투를 신청했다. 이에 조은하도 갑옷을 갖춰 입고 오른손에는 일광검을, 왼손에는 백학선을 쥐고, 적토마를 타고 나와 마대영과 싸웠다. 두 사람이 칠십 여합을 싸워도 승부가 나지 않았는데, 마대영의 기운은 점점 강해지고, 조은하는 점점 지치기 시작했다. 이에 마대영이 고함을 지르며 청룡도로 조은하의 말을 치니, 적토마는 청룡도에 맞아 꺼꾸러졌다. 조은하는 몸을 일으켰으나 보행으로 말을 탄 상대를 대적하면 승산이 없어 곤란해하고 있었다. 그때 하늘의 선인이 나타나 백학선에 그려진 백학을 타면 용마에 전혀 밀리지 않을 거라는 계시를 전하였다. 조은하가 백학선을 꺼내어 천지일월에게 기도하자 백학선이 공중에 솟아 오르더니 백학 한쌍이 나타났다. 조은하는 백학을 타고 날아올라 안개와 불길을 뿜어대는 마대영을 사해용신과 신장 귀졸의 도움으로 제압하고, 왕인 가달왕까지 사로잡아, 옥에 갇힌 유백로를 구하였다. 이후 조은하는 벼슬을 거부하고, 유백로와 인연을 맺어 10자 5녀를 낳고 잘살았다.

<적성의전>의 파초선 : 다른 고전소설인 <적성의전>에서는 학이 나오진 않지만, 선관들이 부채를 타고 빠른 속도로 날아다니는 장면이 나오는데, 그 부채는 파초선이라고 한다.

* 낭자군(娘子軍): 당나라 때 군대의 이름. 주로 여자로 조직되어있는 군대
* 재색(才色): 여자의 재주와 아름다운 용모
* 불문곡직(不問曲直): 옳고 그름을 따지지 아니함

빨간 부채

가난한 할아버지가 산에서 주운 부채로 파란 부채와 세트다. 이 부채를 부치면 코가 길어진다

용도	변신용
관련문헌	한국전래소화

가난한 할아버지가 산에 나무를 하러 갔다가 빨간 부채와 파란 부채를 주웠다. 나무를 하다가 더워진 할아버지는 잠시 쉬면서 빨간 부채를 부쳤다. 그런데 코가 길어졌고, 파란 부채를 부치니 코가 다시 원래대로 돌아왔다. 이 부채가 물건이라고 생각한 할아버지는 부채를 가지고 집으로 돌아갔다. 얼마 후 부자 영감의 잔칫날 할아버지는 빨간 부채를 가지고 잔치에 가서 부자 영감의 코를 몰래 늘려놓고 돌아왔다. 부자 영감은 코 때문에 병이 나버렸고, 코를 고쳐주는 사람에게 많

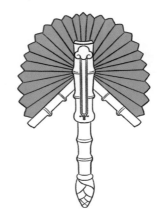
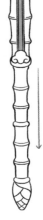

은 돈을 주겠다는 방을 붙였으나, 그 어떤 의사도
코를 고칠 수 없었다. 그때 가난한 할아버지가 파
란 부채를 가지고 와서 코를 고쳐주었고, 많은 돈
을 벌 수 있었다.

그러던 어느 날 할아버지는 빨간 부채를 계속 부치
면 코가 얼마나 길어질지 궁금해져 빨간 부채를 계
속 부쳤다. 점점 길어진 코는 구름을 뚫고 하늘나
라까지 올라갔다. 하늘나라의 신하들은 영문을 모
른 채 올라와 있는 할아버지의 코를 잡아당겼다.
잡아당기는 힘이 거세 지자, 할아버지는 코가 아
파서 파란 부채를 부치기 시작했다. 코가 줄어드
는 만큼 할아버지의 몸은 하늘로 둥둥 떠오르게 되
었다. 그때 할아버지 코를 잡아당기던 신하들이 실
수로 코를 놓치고 말았고, 할아버지는 높은 하늘에
서 떨어져 죽고 말았다.

주운 것이 아니라 스님이 집에 와서 물을 마시고 갔는데, 그
스님이 앉아있던 자리에 부채가 떨어져 있었다는 유형도 있
으며, 할아버지가 아니라 젊은 나무꾼인 경우도 있다. 부자
영감을 고쳐주고 잘 살았다는 이야기에서 끝나는 유형도 있
다. 부자 영감이 키우는 고양이가 나무꾼의 요술 부채를 훔쳐
부자 영감에게 갖다주는데, 부자 영감이 어떻게 된 일인지 알
고, 나무꾼이 관가에 잡혀가는 유형도 있다.

파란 부채

가난한 할아버지가 산에서 주운 부채로 빨간 부채와 세트
다. 이 부채를 부치면, 빨간 부채로 인해 길어진 코를 원래대
로 돌아오게 할 수 있다

용도	변신용
관련문헌	한국전래소화

의류/장신구-부채-빨간 부채의 관련 문헌 <한국전래소화>에
서 해당 내용 확인 가능

청학선(靑鶴扇)

장국진이 여학도사로부터 받은 천하의 보배 중 하나로, 적
을 향해 휘두르면 그들이 사라지고, 눈앞을 가리는 안개를
향해 흔들면 날이 맑아지는 등 어려운 일을 당했을 때 이
를 해결해준다

용도	방어용
관련문헌	장국진전

무기류-검-절운도의 관련 문헌 <장국진전>에서 해당 내용
확인 가능

풍운선(風雲扇)

권성동이 선녀인 어머니로부터 흉노족을 막기위해 받은 도구 중 하나이다. 이 부채를 이용하면 바람과 구름을 마음대로 부릴 수 있다

용도	방어용
관련문헌	권익중전

무기류-검-자용검의 관련 문헌 <권익중전>에서 해당 내용 확인 가능

하루에 천 리를 갈 수 있는 부채

남해용왕의 딸이 파란 옷을 입은 신선에게 받은 부채이다. 이 부채를 이용하면 천 리라도 하루만에 갈 수 있다

용도	이동용
관련문헌	금령전

기타-그 외-금령의 관련 문헌 <금령전>에서 해당 내용 확인 가능

홍갑선(紅甲扇)

생김새는 큰 손바닥만 하고, 무게는 종이 한장에 지나지 않는 부채이다. 태산을 부쳐도 티끌같이 날리고, 전쟁터에 나가 적진을 향하여 한번 부치면 만경창파라도 일시에 흩어지게 하는 등 다양한 능력을 가진 귀중한 보배이다

용도	공격용
관련문헌	김원전

무기류-채찍-산호채의 관련 문헌 <김원전>에서 해당 내용 확인 가능

홍선(紅扇)

조화가 무궁무진한 붉은 부채로, 부치면 불길이 일어나 상대를 태워 죽인다

용도	공격용
관련문헌	방주전

의류/장신구-옷-홍포와 화관의 관련 문헌 <방주전>에서 해당 내용 확인 가능

옷

선녀의 날개옷

하늘의 날개옷으로, 선녀들에게는 이 옷이 있어야만 하늘
로 올라갈 수 있다

용도	이동용
관련문헌	민간전승

홀어머니를 모시고 사는 나무꾼이 있었다. 하루는
나무꾼이 산에 나무를 하러 갔는데 갑자기 노루가
뛰어와서 사냥꾼이 자신을 잡으러 오고 있으니 도
와 달라고 했다. 나무꾼은 얼른 노루를 숨겨주고,
쫓아온 사냥꾼에게는 노루를 본 적이 없다고 말했
다. 나무꾼 덕분에 위기를 모면한 노루는 나무꾼에
게 은혜를 갚기 위해 선녀들이 목욕하는 폭포를 알
려주었다. 그리고 선녀 중에서 셋째 선녀의 날개옷
을 훔친 후 아이가 셋이 될 때까지 절대 선녀에게
옷을 주지 말라고 했다. 나무꾼은 노루가 말한 폭
포에 가서 셋째 선녀의 날개옷을 훔쳤다. 옷을 잃
어버린 선녀는 하늘로 올라가지 못해서 나무꾼과
함께 살게 되었다. 세월이 흘러 나무꾼과 선녀 사
이에 아이가 둘이 생겼다. 선녀가 매번 하늘을 그
리워하며 신세를 한탄하자, 나무꾼은 그동안 아이
도 둘이나 생겼고, 같이 산 시간도 오래되었으니
선녀에게 날개옷을 보여 주었다. 그러나 선녀는 날
개옷을 입더니 아이 둘을 양팔에 끼고 하늘로 올라
가 버렸다. 낙심한 나무꾼이 산에 가서 나무를 하
는데 노루가 찾아왔다. 나무꾼은 노루에게 선녀가
아이들을 데리고 하늘로 올라갔다고 하자, 노루는
선녀들이 하늘에서 두레박을 내려서 물을 길어 가

는 곳을 알려주며, 세 번째로 내려오는 두레박을
타고 하늘로 올라가라고 알려줬다. 그렇게 세 번째
로 내려 온 두레박을 타고 하늘로 올라간 나무꾼은
선녀와 아이들을 만났다. 하지만 옥황상제와 처갓
집 식구들은 지상에 사는 나무꾼을 못마땅하게 생
각하였다. 옥황상제는 나무꾼에게 사위시험을 통
과해야 함께 살 수 있도록 해준다며, 자신이 숨어
있는 곳을 찾아보라고 했다. 나무꾼이 이에 걱정을
하자 선녀는 지붕 꼭대기에 올라가 홰를 치고 있는
수탉에게 가서 장인이라고 인사를 하라고 했다. 그
렇게 사위가 자신을 찾아내자, 옥황상제는 공중으
로 활을 쏘더니 화살촉을 찾아오라고 했다. 나무꾼
이 다시 걱정을 하고 있자 선녀는 옥황상제에게 가
서 가장 비루먹은 말을 빌려오라고 했다. 나무꾼은
비루먹은 말을 빌려왔고, 선녀는 그 말을 타고 가
면 화살촉을 찾아올 수 있다고 하였다. 나무꾼이
비루먹은 말을 타고 가서 화살촉을 찾아오자, 옥황
상제는 그를 사위로 인정해 주었다. 그렇게 하늘에

서 가족과 함께 행복하게 살던 나무꾼은 갑자기 지상에 계신 홀어머니가 보고 싶어졌다. 나무꾼이 집에 갔다 오겠다고 하자, 선녀는 나무꾼이 집에 갔다 올 수 있도록 용마를 내주면서 절대 말에서 내리지 말고 어머니께 인사만 하고 오라고 했다. 나무꾼은 알겠다며 선녀와 약속을 하고 용마를 타고 집에 갔다. 오랜만에 아들을 본 홀어머니는 나무꾼에게 죽을 끓였으니 먹고 가라고 했다. 나무꾼은 용마에서 내릴 수 없으니 말 위에 앉아서 죽을 먹었는데, 죽이 너무 뜨거워 그만 그릇을 놓치고 말았다. 뜨거운 죽이 용마에 쏟아지자, 용마는 소리를 지르며 주인을 버리고 순식간에 하늘로 올라가 버렸다. 결국, 용마가 없어 하늘로 올라가지 못한 나무꾼은 평생 하늘만 쳐다보다가 병이 들어 죽었고, 그 후 수탉이 되어 하늘을 보고 선녀와 자식들을 그리워하며 '꼬끼오'하고 울었다.

입으면 보이지 않는 두루마기

입으면 자신의 모습을 숨길 수 있으며, 다른 사람의 눈에 보이지 않는다. 단, 바람에 날리거나, 두루마기가 손상되면 모습이 드러난다

용도	변신용
관련문헌	조선전래동화집

유기물-열매-빨간 아가위의 관련 문헌 중 <조선전래동화집>에서 해당 내용 확인 가능

하늘을 나는 옷

도깨비가 준 단추가 여섯 개 달린 두루마기로, 인간에게는 보이지 않는다. 단추를 모두 채우면 공중으로 몸이 떠오른다

용도	이동용
관련문헌	조선전래동화집, 임석재 전집 한국구전설화

어느 날 중국의 왕이 조선왕에게 하늘을 날아다니는 사람을 자신에게 보내지 않으면 군사를 거느리고 쳐들어가겠다고 으름장을 놓았다. 이에 나라에서는 하늘을 나는 사람을 구한다는 포고(布告)*를 내렸다.

그렇게 나라에 포고가 내려진 이후, 어떤 사람이 길을 가던 중 도깨비가 요술을 부리고 있는 것을 발견했다. 그 사람은 도깨비에게 날아다니는 재간

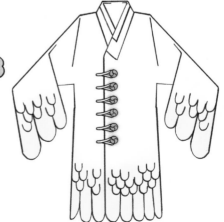

(才幹)*을 좀 가르쳐 달라고 하였고, 도깨비는 그에게 단추 여섯 개 달린 두루마기를 주었다. 이 두루마기는 눈에 보이지 않는 두루마기였다.

이 사람이 그 두루마기를 가지고 중국에 갔다. 중국 왕 앞에 가서 그 두루마기를 입고 단추를 채우니, 몸이 공중으로 둥둥 떠올랐다. 이 모습을 본 중국 왕은 호기심이 생겨서, 자신에게도 날 수 있는 방법을 가르쳐 달라고 했다. 그래서 그 사람은 눈에 보이지 않는 그 두루마기를 중국 왕에게 입혀주고 단추를 채워주었다. 중국 왕은 공중으로 둥둥 떠올랐다. 그러나 이 사람은 심술궂은 중국 왕을 밉상스레 보고 단추를 떼면 다시 내려온다는 것을 가르쳐주지 않았다. 그래서 이 심술궂은 중국 왕은 하늘에서 내려오지 못하고, 계속해서 둥둥 떠다니다가 그만 독수리가 되었다.

*포고(布告): 국가의 결정 의사를 공식적으로 널리 알림
*재간(才幹): 어떤 일을 할 수 있는 재주와 솜씨

홍금상(紅錦裳)

귀마왕의 아내 구자마모(九子魔母)의 것으로, 총 여섯 폭의 붉은 치마다. 견고하고 두터운 천으로 되어있으며, 미끄럽기가 기름과 같다. 찢어서 던지면 하늘과 땅을 덮을만큼 넓은 그물이 되어 대상을 덮치며, 치마폭에 쌓인 이들은 여색과 쾌락에 빠져 전의를 상실하게 된다

용도	공격용
관련문헌	삼한습유

김소행의 소설 <삼한습유>에서는 천계와 마군의 전쟁이 가장 큰 사건이라고 할 수 있다.

마군은 귀마왕과 그의 아내 구자마모(九子魔母)가 이끌며, 천계는 마군과 싸우기 위해 초나라의 패왕 항무를 비롯하여 제갈공명과 삼국지의 명장들(관우, 장비, 조운, 황충, 마속, 여포 등)을 지원군으로

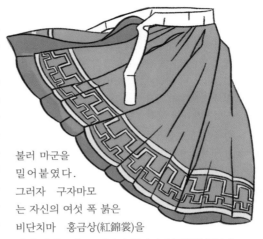

불러 마군을
밀어 붙였다.
그러자 구자마모
는 자신의 여섯 폭 붉은
비단치마 홍금상(紅錦裳)을
찢어 던지는데, 그 치마가 천라지망(天羅地網)*이 되어 천만이나 되는 천군 장군과 군사들을 휩싸버렸고, 치마폭에 쌓인 병사들은 여색과 쾌락에 빠져 전의를 상실하고 그 자리에 누워버렸다.

구자마모의 홍금상은 여색를 가진 자라면 아무리 강한 자라 하더라도 빠져나올 수 없는 공격이었는데, 조운의 경우 언제나 공명(功名)*을 세우지 못하면 아내 없는 것을 걱정하지 않겠다고 마음 먹은 까닭에 마모의 홍금상에서 벗어날 수 있었다. 관우의 경우는 예전에 조조가 수많은 미녀들로 유혹했을 때 꿈쩍도 안 한 덕에 마모의 홍금상에서 벗어나며, 제갈공명은 못 생긴 아내의 외모 덕에 마음 속의 욕심이 적어 마모의 홍금상에서 벗어나며, 오자서는 아내를 버리고 오나라로 가서 죽을 때까지 보지 않은 덕에 마모의 홍금상에서 벗어났다. 마지막으로 항우는 우미인과 눈물의 이별을 하고 말에 오른 덕분에 간신히 홍금상에서 벗어날 수 있었다고 한다. 반면 여포는 뛰어난 무력을 지녔음에도 여색과 음란함에 약했기 때문에 홍금상에 아

주 쉽게 걸려버리고 말았다. 항우가 치마폭에 쌓인 병사에게 일어나라고 재촉을 해도 "이 속은 따뜻하고 부드러우며 편안하고 즐거운데 우리가 어디로 가겠습니까?"라고 말하며 밖으로 나오기를 거절하니, 항우가 칼로 이를 찢으려고 해도 견고하고 두텁기가 비할 데 없었으며, 미끄럽기가 기름 같아서 끝내 들어갈 수도 없었다. 이것을 풀기 위해서는 여색과 쾌락을 초월한 깨달음을 얻은 존재가 필요했기에 항우는 여래를 찾아가 도움을 청하였다. 항우의 요청에 석가여래는 500명의 아라한과 8만의 무리를 이끌고 참전하니, 세상이 금빛으로 물들었다. 석가여래는 구자마모가 깔아둔 홍금상을 파괴하기 위해 무상게(無上偈)를 외우기 시작했고 마모는 급히 홍금상을 거두어들일 수밖에 없었다.

*천라지망(天羅地網): 하늘의 그물과 땅의 그물이란 뜻으로, 아무리 벗어나려 해도 피할 수 없는 경계망을 의미한다
*공명(功名): 공을 세워 이름을 떨침

홍포(紅袍)와 화관(花冠)

붉은 색의 도포와 화관. 천상의 보배라 창검도 통하지 않으며, 불에 들어가도 타지 않고, 물에 들어가도 젖지 않는다

용도	방어용
관련문헌	방주전

청학산 백운동의 도적 마대영에게 남편인 방주가 사로잡힌 정씨 부인의 앞에 천상의 화덕진군이 나타났다. 화덕진군은 옥황상제의 명을 받고 왔다며, 부인에게 홍포(紅袍)와 화관(花冠)을 주며 "이는 천상의 보배라 창검도 통하지 않으며, 불에 들어가도 타지 않고 물에 들어가도 젖지 않는 것이다."라고 말했다. 그리고 또 열녀검과 홍선을 주며 "이 부채는 조화가 무궁무진하여 적진을 향해 부치면, 일시에 불이 일어날 것이니 잘 간수했다가 급한 때를 당하거든 부치거라."라고 말했다.

화덕진군이 검과 부채를 주고 간데 없으니, 부인이 공중을 향해 무수히 절을 했다. 문득 난데없는 백호가 단 아래에서 기다리고 있어 부인이 기뻐하며 백호를 어루만지며 "네가 나를 위해 왔나 보구나."라고 말하고는 백호의 등에 올라타고 전장으로 향했다. 백호가 달려들어 적을 물어 죽이고, 부인은 열녀검을 휘두르니 적의 병사들은 혼비백산해서 일시에 흩어지고 말았다. 황제는 기뻐하며 그녀를 대원수로 삼았다.

그날 밤 정씨 부인은 부하들을 이끌고 적진 근처에 가서 불길 밖으로 나오는 적을 모조리 죽이라 명하고는 홍선을 부치자 적진에 불이 일어나 타죽은 사람이 부지기수였다. 적장 마대영은 불의(不意)*의 불을 미처 피하지 못해, 입었던 의복이 불에 타니 급히 벗어 던지고 불

을 피하는데, 정씨 부인이 백호를 타고 몸에 홍포
를 입고, 오른손에는 열녀검을 들고, 왼손에는 홍
선을 부치며, 불꽃을 헤치고 나는 듯이 달려들어
마대영의 목을 한칼에 베어, 들고 본진으로 돌아
가 승전고를 울렸다.

*불의(不意): 미처 생각하지 않았던 판

주머니

능청낭

놀부가 탄 박속에서 노인이 들고나온 가죽 주머니로, 물건
을 아무리 많이 넣어도 계속 들어가며 채워지지 않는다

용도	기타
관련문헌	흥부전

유기물-그 외-보은표의 관련 문헌 <흥부전>에서 해당 내용
확인 가능

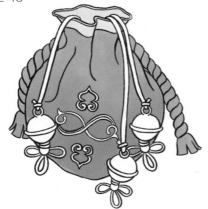

돈이 나오는 주머니

작아보이는 주머니지만, 안에서 돈이 끊임없이 나온다

용도	화수분
관련문헌	조선전래동화집

유기물-열매-빨간 아가위의 관련 문헌 <조선전래동화집>에
서 해당 내용 확인 가능

박쥐괴물의 주머니

박쥐괴물의 물건 중 하나로 주머니에서 물이 나오며, 이 물
을 마시면 힘이 세진다. 물을 얼마나 마시냐에 따라 가질 수
있는 힘의 크기도 달라지는 것으로 보인다

용도	변신용
관련문헌	조선전래동화집

무기류-검-또아리검의 관련 문헌 <조선전래동화집>에서 해
당 내용 확인 가능

취화포(吹火砲)

남성도사의 세 가지 보배 중 하나로, 원래 화덕진군의 것이었으나 남성도사가 화덕진군을 속이고 가져온 것이다. 입으로 기운을 불면 불이 일어나 사람과 초목을 모조리 불태운다

용도	공격용
관련문헌	남정팔난기

일상사물-줄-혼천승의 관련 문헌 <남정팔난기>에서 해당 내용 확인 가능

지팡이

비룡장(飛龍杖)

권성동이 선녀인 어머니로부터 흉노족을 막기위해 받은 도구 중 하나이다. 던지면 용마로 변하며, 이를 타고 다닐 수 있다

용도	이동용
관련문헌	권익중전

무기류-검-자용검의 관련 문헌 <권익중전>에서 해당 내용 확인 가능

시주를 다니는 석장

양지스님의 지팡이로, 석장에 자루를 달아 날려보내면 사람들의 집에 가서 시주를 해온다

용도	기타
관련문헌	삼국유사

양지스님은 선덕여왕 때 사람으로, 절에 앉아 석장에 자루를 달아 날려 보내면, 그 석장이 시주할 사람 집으로 날아가 멈추어 떨면서 소리를 냈다. 그러면 그 집 사람들이 시주를 구하러 온 것을 알고 자루에 시주물품을 넣어주었다. 이렇게 해서 자루에 물품이 가득 차면, 석장은 다시 양지스님에게 돌아왔다. 그래서 양지가 있는 절을 석장사라 불렀다고 한다. 양지의 신통한 도술은 이외에도 여러 가지가 있어서 말로 다 형언하기 어렵다.

의상대사의 지팡이

의상대사가 늘 사용하던 지팡이로, 그가 서역의 천축국으로 가기 전 승방문 앞에 꽂아놓고 갔다. 의상대사가 떠난 후 살아있는 나무가 되었으며, 의상대사의 생사여부를 확인할 수 있는 도구이다

용도	기타
관련문헌	팔역지

신라의 승려 의상대사가 불법을 구하기 위해 서역의 천축국으로 갈 때, 늘 사용하던 지팡이를 승방 문 앞에 꽂은 다음, "내가 떠난 후 이 지팡이에 반드시 잎이 돋아나 살아있는 나무가 될 것이다. 만일 이 나무가 살아난다면 나도 살아있는 것으로 생각하라."라고 말하고 길을 떠났다.

의상이 떠난 뒤 정말로 그 지팡이에 가지와 잎이 돋아났으며, 또 해와 달이 늘 비추니 비와 이슬이 내려도 조금도 젖지 않았다. 그 크기는 1장(약 3m) 남짓했고, 수년이 흘러도 그 이상은 자라지도 않았고, 사시사철 푸르렀으며, 꽃이 피면 지는 일이 없었다.

광해군 때 정조라는 사람이 경상도의 감사가 되어 이곳에 왔는데, 그는 "선인이 이를 지팡이로 사용했다면 나도 지팡이로 삼겠다."라고 말하고 지팡이를 잘라 갔다. 지팡이는 그 뿌리에서 두 개의 줄기가 나와 옛날 크기와 똑같이 자라나 여전히 푸르고 또 푸르렀다. 하지만 지팡이를 잘라 간 정조는 그 후 인조 때 살해당하였다.

사명당의 지팡이 : 사명당(사명대사)은 임진왜란이 끝난 후 자신이 짚고 다니는 지팡이를 땅에 꽂고, "이 지팡이에서 잎이 나면 내가 다시 돌아올 줄 알아라." 하고는 어디론가 가버렸다.

춤추고 노래하는 지팡이

"세 궤 길쌈을 누구 주자고 이리 하나" 하고 노래를 하면 "쿵쿵 절사 잘 한다. 한때가 있으리"라고 소리하며 신나게 뛰고 돌아다니는 신기한 지팡이이다

용도	기타
관련문헌	임석재 전집 한국구전설화

옛날에 어떤 청상과부가 시어머니를 모시고 살고 있었다. 이 과부는 부지런해서 밤낮으로 무명길쌈을 아주 열심히 했다. 하루는 중이 동양을 하러 와서 과부는 중에게 곡식을 한 보자기 떠다 주었다. 그런데 중은 받지 않았다. 곡식의 양이 적어서 안받는 줄 알고 많이 주는데도 중은 받지 않았다. 그래서 길쌈을 많이 해놓은 것이 있어서 이거나 주자고 갖다주었는데, 이것 또한 받지 않았다. 무명배가 나빠서 그런가 하고, 좋은 배를 주어도 받지 않았다. 그러더니 중은 자기가 짚고 다니는 지팡이를 주고 가버렸다. 과부는 지팡이를 짚고 다니지 않았기 때문에 중이 주고 간 그 지팡이를 마루 한구석에 세워 났다.

하루는 시어머니가 마루에 앉아서 물레를 돌리면서 "세 궤 길쌈을 누구 주자고 이리하나" 하고 노래를 했다. 그랬더니 구석에 세워둔 지팡이가 걸어나오면서 "쿵쿵 절사 잘한다. 한때가 있으리"라고 소리하며, 마루를 이리저리 뛰면서 돌아다녔다. 시

어머니와 과부는 이것을 보고 매우 놀랐는데, 이상하다 생각하여 과부는 "시어머니 또 한 번 해보시지요." 했다. 시어머니는 또 "세 궤 길쌈을 누구 주자고 이리하나" 했다. 그랬더니 지팡이는 또 "쿵쿵 절사 잘한다. 한때가 있으리" 노래하며 마루를 뛰며 돌아다녔다.

춤추고 노래하는 지팡이의 소문이 동네에 퍼지고, 이것이 원님의 귀에까지 들어가게 됐다. 원님은 청상과부와 시어머니를 불러 춤추고 노래하는 지팡이를 보여달라 하였다. 시어머니와 과부는 노래를 부르며 원님에게 이를 보여주었고, 원님은 신기하다며 과부와 시어머니에게 많은 상을 내렸다.

이 소문은 차차 널리 퍼져서 임금님 귀에까지 들어가게 되었다. 임금님은 이 신기한 지팡이가 보고 싶어서 가마를 보내 과부와 시어머니를 궁으로 오라고 했다. 과부와 시어머니는 물레와 지팡이를 챙겨 가마를 타고 궁에 갔다. 궁의 큰 마루에 물레를 놓고 물레질하며, "세 궤 길쌈을 누구 주자고 이리하나" 하고 노래를 부르니까 지팡이는 "쿵쿵 절사 잘한다. 한때가 있으리" 하며 아주 신나게 뛰어 돌아다녔다. 임금님은 이것을 보고는 "소문으로만 그런 말을 들었는데 과연 이것이 참말이로구나"라며 크게 기뻐했다.

임금님에게는 열다섯 난 아들이 있었는데, 이 아들이 벙어리에 조막손이라서 이것이 매우 근심이었다. 임금님이 춤추는 지팡이를 보고 돌아와서는 "참 신기하다, 지팡이가 노래하고 뛰어 돌아다닌다." 하고 혼잣말을 하니, 옆에서 듣고 있던 벙어리 아들이 "아버지 그게 무슨 말씀이십니까?" 하고 물었다. 벙어리인 줄로만 알고 있던 아들이 말을 하니 임금님은 매우 기뻐하였고, 아들에게 지팡이가 노래하고 뛰어다닌다고 이야기를 해주었다. 이야기를 들은 아들은 손으로 아버지를 끌며 같이 가서 그 지팡이를 보자고 했다. 조막손이었던 아들의 손이 펴져서 임금님은 더욱 기뻤다. 아들의 조막손이 펴진 것을 보니, 손바닥에 임금 왕(王)자가 쓰여 있었다.

귀히 될 사람은 어려서부터 남이 알아서는 안 되게 한다고 한다. 임금님 아들이 벙어리가 된 것은 귀한 것을 남에게 알리지 않는 것이고, 조막손 또한 왕(王)자가 있는 것을 남에게 모르게 한 것이라고 한다. 마찬가지로 보통 사람도 사내아이는 열 살 안에는 절대로 손금을 남한테 보이는 것이 아니라고 한다. 임금님 아들이 말도 잘하게 되고 손도 펴지자, 임금은 용상에서 내려오고 아들을 용상에 올려 임금이 되도록 했다. 새 임금님은 청상과부를 임금의 어머니로 삼고, 시어머니를 임금의 할머니로 삼아서 잘 살았다고 한다.

그 외

검은 옥대

귀수산의 등에 있던 용이 신문왕에게 준 옥대이다. 여러 쪽
으로 구성되어 있으며 각 쪽은 모두 용 모양인데 이는 모두
진짜 용으로, 떼어서 던지면 용이 되어 하늘로 올라간다

용도	기타
관련문헌	삼국유사

일상사물-악기-만파식적의 관련 문헌 <삼국유사>에서 해당
내용 확인 가능

뱀의 관

함경북도 어느 시골 숲속의 뱀이 쓰고 있던 것으로, 진주처
럼 되어있는 작은 관이다. 관을 보물처럼 잘 보관하면 집안
이 나날로 부흥하여 부자가 될 수 있다

용도	기타
관련문헌	조선의 전설

함경북도 어느 시골에 가난하지만 착하고 정직한
부부가 농사를 지으며 살았다. 어느 날, 남편은 논
에 나가 일을 하고 아내는 점심을 차려 머리에 이
고 논길을 가고 있었다. 아내는 길을 가는 도중에
맑은 물이 솟는 곳에 이르렀다. 이 물은 아무리 가

뭄이 들어도 마른 적이 없는 신비한 물이었다. 부
인은 여기서 좀 쉬면서 남편이 마실 찬물을 가져가
려고 했다. 부인이 앉아서 쉬다가 일어서려고 하는
데 뱀 한 마리가 자신이 있는 쪽으로 기어 왔다. 뱀
은 부인의 발밑에 와 닿았다. 그런데 뱀을 자세히
보니 머리에 뭔가 빛나는 것이 있었다. 뱀은 부인
의 발밑에 진주처럼 된 아름다운 작은 관을 떨어뜨
리고 다시 숲속으로 돌아갔다. 관이 너무 아름다워
부인은 그것을 가지고 남편이 일하는 곳으로 왔다.
부인으로부터 자초지종을 들은 남편은 그것은 분
명히 보통 물건이 아닐 것이니 잘 보관하자고 했
고, 두 부부는 그 진주 모양의 관을 보물처럼 잘 보

관했다. 그 이후로 이 집안은 나날이 부흥하여 부부는 부자가 되었다고 한다.

쇠테

천지왕이 수명장자를 막기 위해 머리에 씌운 쇠테이다. 쓰기만 해도 머리가 터질 듯이 아프고, 벗으려고 아무리 용을 써도 천지왕 이외에는 아무도 벗길 수 없다

용도	공격용
관련문헌	천지왕본풀이

태초의 세상에 수명장자라는 사람이 살고 있었는데, 그는 사나운 짐승들을 거느리고 있었다. 날래고 사나운 말과 소가 각각 아홉 마리며, 사나운 개 또한 아홉 마리였다. 그런 맹수들을 앞세운 수명장자에게 그 누구도 대항할 수 없었다.

수명장자는 그렇게 최초로 소와 말 그리고 개를 길들여 감당할 수 없는 폭력을 행사하였다. 그런 수명장자의 만행에 천지왕이 천계의 장수들과 함께 수많은 병사를 이끌고 수명장자를 찾아갔다. 그런데도 수명장자는 조금도 위축되지 않고 짐승들을 이끌고 천지왕에게 덤벼들었다.

하지만 천지왕은 신통력으로 수명장자의 짐승들을 모두 지붕 위에 올려버려 꼼짝도 하지 못하게 만들어버리고, 수명장자 또한 사로잡았다. 천지왕은 들고 있던 쇠테를 던져 수명장자의 머리에 씌웠

다. 쇠테는 수명장자의 머리를 조이기 시작했고, 수명장자는 머리가 터질 듯이 아팠다. 이리저리 용을 써봐도 쇠테는 꿈쩍도 하지 않았다.

그럼에도 수명장자는 굴복하지 않고 중을 불러서 "내 머리가 너무 아프니 도끼로 머리를 깨라!"라고 소리를 질렀다. 그런 수명장자의 모습을 바라보던 천지왕은 잠시 생각에 잠기더니 머리에 씌웠던 쇠테를 벗기고 말없이 천계로 돌아갔다.

<한국전래소화>의 두목 귀신의 가죽띠와 쐐기 망치 : 집을 지키는 귀신을 당번 귀신이라고 한다. 옛날 어떤 구두쇠는 이 당번 귀신을 잘 섬기지 않았고, 구두쇠 집의 당번 귀신은 굶게 되었다. 화가 난 당번 귀신은 개를 지붕 위에 올려두거나 소를 뒤집어 놓으며 항의를 했지만, 구두쇠 영감은 여전히 막무가내였다. 참다못한 당번 귀신은 두목 귀신에게 호소하였다. 두목은 당번 귀신에게 쐐기 망치와 가죽띠 하나를 주며, 가죽띠를 주인 머리에 씌우고 쐐기 망치로 치라고 했다. 당번 귀신이 그렇게 하자 구두쇠 영감은 머리가 깨질 듯이 아파오기 시작했다. 머리가 아팠던 구두쇠 영감은 종을 불러 "얘야! 도끼 좀 가져오너라! 이놈의 골을 빼개버려야지 못 견디겠다."라고 말했다. 당번 귀신은 진짜 도끼로 머리를 치게 되면 큰일이라 생각하여 가죽띠를 벗겨 도망쳐버렸고, 구두쇠 영감의 머리는 언제 그랬냐는 듯이 감쪽같이 나았다.

신기한 은장도

은장도의 칼집을 벗기면, 산이 쩍 갈라지고 그 사이에 폭포가 생기며, 선녀들이 나와서 춤을 추는 등 신기한 일들이 일어난다

용도	기타
관련문헌	한국구비문학대계

옛날에 어떤 산지기 노부부가 살고 있었다. 노부부가 자식을 낳았는데, 그 아들이 세 살 되던 해 아버지인 영감이 죽게 되었다. 영감은 죽기 전에 아들에게 조그만 상자를 하나 주었다. 그리고 할멈마저 죽고 나면 금강산을 떠나고, 상자는 위급할 때 열어보라고 했다. 아들이 일곱 살이 되던 해, 할멈마저 죽자, 산중에 혼자 살 수 없게 된 아들은 영감이 준 상자를 짊어지고 금강산을 떠났다.

그렇게 시간이 흘러 열 살이 된 아들은 길을 가던 중 한 고개를 넘어가려는데, 고개 입구에 사람들이 모여 수군거리는 것이 보였다. 사람들에게 무슨일로 그러냐고 하니, 이 고개는 사람 백 명을 모아 함께 넘지 않으면 호랑이에게 잡아먹히기 때문에 사람들을 모으는 중이라고 했다. 하지만 아이는 이들의 말을 듣지 않고, 혼자 고개를 올라갔고 가는 길에 정말 호랑이를 만났다. 호랑이가 자기를 잡아먹으려고 하자, 아이는 호랑이에게 술법 내기를 하자고 제안했다. 이에 호랑이가 먼저 이 산 저 산을 펄쩍 뛰어 다녔다. 아이는 자신의 차례가 되자, 아버지가 남긴 상자를 열어보았고, 상자 안에는 은장도가 하나 있었다.

아이가 은장도의 칼집을 벗기니, 산이 쩍 갈라지고 그사이에 폭포가 생기더니 곧 선녀들이 나와서 춤을 추는 것이었다. 그것을 본 호랑이는 아이 앞에 무릎 꿇고 빌면서 자신과 형제간이 되어 자기의 집으로 가자고 했다. 호랑이는 등에 아이를 태

우고 자신이 사는 굴로 갔다. 그렇게 아이는 호랑이의 굴에서 호랑이가 가져다주는 음식을 먹으며 스무 살이 넘도록 지냈다. 그러던 어느 날, 호랑이가 이제 청년이 된 아이에게 장가가고 싶지 않으냐고 물었다. 그가 가고 싶다고 하자, 호랑이는 처녀 하나를 물어왔다. 그렇게 그는 호랑이가 물어 온 처녀와 결혼하였다. 결혼 후 어느 날, 호랑이가 처녀에게 친정에 다녀오지 않겠느냐고 했다. 처녀가 그렇게 하고 싶다고 하자, 호랑이는 말가죽을 뒤집어써서 말로 변장하여 처녀와 청년을 등에 태우고 처녀의 집으로 데려갔다. 처녀의 부모님은 호랑이에게 잡혀 죽은 줄로만 알았던 딸이 돌아온 것에 기뻐했다. 그런데 이 소식을 듣고 처녀와 원래 결혼하려고 했던 남자가 찾아왔다. 남자는 청년에게 처녀를 걸고 장기내기를 하자고 했다. 청년이 호랑이를 찾아가 이 이야기를 하자, 호랑이는 자신이 파리가 되어 앉는 자리에 장기를 놓으라고 했다. 청년이 호랑이의 도움으로 장기내기를 이기자, 남자는 말을 타고 강을 건너는 내기를 하자고 하였다. 청년은 자신이 타고 온 말로 내기를 하겠다 하고는 말로 변장한 호랑이를 타고 강을 간단히 뛰어넘었다. 남자가 말을 타고 강을 넘으려고 할 때 호랑이는 조화를 부려 남자 강에 빠뜨려 두번째 내기도 청년이 이기게 되었다. 남자가 가만히 생각해 보니 청년이 타고 있던 말이 계속 조화를 부려 자기가 내기에 진 것만 같은 생각이 들어 그 용마를 자신에게 팔라고 했다. 청년은 그렇게 할 수가 없어 망설였는데 말로 변장한 호랑이

가 자기를 팔기 전에 자기 코를 째 놓고 팔라고 했다. 남자는 말로 변장한 호랑이를 사서 타고 길을 가다가 앞에 도랑이 나와 말고삐를 잡아 당겼다. 그랬더니 말가죽이 훌렁 벗겨지면서 호랑이가 나왔다. 호랑이를 본 남자는 놀라서 달아났고, 호랑이는 다시 청년의 집으로 돌아가 함께 잘 살았다.

여우의 신

천년 묵은 여우의 신발로, 이 신발을 신으면 대낮에 그림자를 감출 수 있다

용도	변신용
관련문헌	호질

의류/장신구-감투, 갓-여우의 갓의 관련 문헌 <호질>에서 해당 내용 확인 가능

천상 공주의 반지

옥황상제가 사랑하는 천상공주가 아끼던 반지다. 특별한 능력은 없는 것으로 보이나, 하늘의 반지로서 매우 귀한 보배임은 틀림없다

용도	기타
관련문헌	조선민담집

지상에 아직 산, 강, 바다, 평원이 형성되지 않았던 때의 일이다. 어느 날 옥황상제가 사랑하는 공주가 아끼는 반지를 지상에 떨어뜨렸다. 지상에 떨어졌기 때문에 아무리 천상에서 반지를 찾은들 반지가 있을 리 없었다. 그래서 옥황상제는 한 장군에게 지상으로 내려가 반지를 찾아오라고 명했다. 그렇게 하늘의 장군은 지상으로 내려와 봤지만, 땅이 아직 진흙땅이어서 어느 쪽에 반지가 묻혀 있는지를 짐작할 길이 없었다. 그래서 하늘의 장군은 큰 손으로 여기저기 헤매며 반지를 찾았다. 장군이 손으로 진흙을 움켜쥐어 놓은 곳은 산이 되고, 손바닥으로 문지른 곳은 평원이 되었다. 또 흙을 파헤친 곳은 바다가 되었고 손가락으로 할퀸 곳은 강이 되었다고 한다.

문
방
구

문방구는 학용품과 사무용품을 통틀어 이르는 말입니다. 문방구 중 문방
사우라 불리는, 문인들의 서재를 꾸며주던 도구들은 신화와 설화에서도
그 존재를 강하게 보여줍니다. 신비한 문방구들을 소개합니다.

그림

그림귀신

그림 속에서 나오는 귀신으로, 몸이 전체적으로 불균형하고 뒤틀린 모습을 하고 있다. 자신의 그림 외에도 그림이 있는 곳이면 어디든지 나타날 수 있다

용도	기타
관련문헌	인귀설화

옛날 옛적 어느 마을에 김판석이라는 남자가 있었다. 이 남자는 젊었을 때부터 책을 즐겨 읽었다. 그런데 집에 틀어박혀 책만 읽다보니 아는 것은 많아졌지만, 웬만한 바위덩어리 하나 들지 못할 정도로 힘이 약하고 겁이 많았다. 그러다가 아들을 하나 낳게 되었는데, 이 아들은 아버지를 닮아서인지 뛰어 놀기를 싫어하고, 붓과 종이를 가지고 놀기만 했다.

아들은 그림에 소질이 있었고, 김판석은 많은 종이를 사서 아들이 그림 연습을 할 수 있도록 했다. 그러던 어느 날 밤에 병풍 뒤에서 계속해서 부스럭 소리가 났다. 잠에서 깬 김판석은 그 소리의 출처에 귀를 기울이고 등잔불을 켰다. 그러자 갑자기 부스럭 소리가 커지더니 병풍에서 사람 형태를 한 귀신이 천천히 꿈틀거리면서 나와 김판석에게 다가오고 있었다. 놀란 그는 기절을 했고 아침이 되어 깨어나자 병풍만 쓰러져 있을 뿐이었고, 그 귀신의 종적은 온 데 간 데 없었다.

집안 사람들에게 그 말을 했더니 아무도 믿지를 않았고, 그날 밤부터 계속해서 그 귀신은 김판석을 괴롭히기 시작했다. 김판석의 몸은 하루가 다르게 비쩍 말라가고 있었다. 그러던 어느 날 그의 친구가 문안을 왔는데 그 친구는 김판석과는 달리 담력이 아주 센 사람이었다. 김판석의 사정을 들은 친구는 자신이 대신 그 방에서 밤을 보내기로 하고 그날 밤 여지없이 그 귀신이 나타나 두 팔을 벌리고 침을 흘리며 다가왔다. 이에 숨겨둔 철퇴로 얼굴을 치자 갑자기 그 귀신은 쪼그라들더니 한 장종이로 변했다. 그 종이를 보니 김판석의 아들이 장난삼아 그린 귀신 그림이었다. 이후 다시는 그 귀신이 나타나지 않았고, 김판석은 아들에게 그림을 그리지 못하게 했다.

솔개그림

백두산의 바람 요괴가 그림을 잘 그리는 소년을 납치해 그리게 한 것으로, 소년이 3년 동안 정성을 다해 그린 그림이다. 위기에 빠졌을 때 그림 속 솔개가 나타나며, 도움을 준다

용도	공격용
관련문헌	백두산 부리봉 설화

백두산 부리봉과 관련된 전설에 의하면 백두산에 바람을 부리는 요괴가 살았다. 그 요괴가 그림을 잘 그리는 소년을 납치하여 자신의 궁전에 솔개그림을 그리라고 명령했고, 소년은 3년 동안 정성을 다하여 솔개 그림을 완성하였다. 이후 소년이 바람 요괴를 퇴치하러 왔을 때 위기에 빠지자 소년

이 그렸던 솔개가 살아나 소년을 태우고 함께 싸웠다. 바람요괴는 머리를 베어도 다시 붙어서 계속 살아났다. 그러자 솔개는 한쪽 발로 마귀의 몸뚱이를 집어서 낭떠러지 밑으로 내던지고, 다른 쪽 발로는 마귀의 잘린 머리를 집어 백두산 천지의 물속으로 던져버렸다. 그렇게 바람 요괴는 퇴치되었으나, 솔개는 혹여 천지 속에 빠진 마귀의 머리가 다시 살아나 몸과 붙을까 봐 천지 동쪽의 바위에 앉아 천지를 감시했고, 그 솔개가 오늘날의 부리봉이 되었다.

청소녀

도술을 부릴 수 있는 이상한 중이 그린 여인 그림이다. "청소녀야"하고 부르면 그림 속에서 여인이 나와 원하는 것을 가져다준다

용도	화수분
관련문헌	한국구비문학대계

옛날에 어렵게 사는 사람이 있었는데, 집에 오면 아이들은 밥을 달라며 난리고 부인은 배고프다고 드러누워 있는데도 마땅히 벌어먹을 곳이 없었다. 하루는 남자가 부인이고 자식이고 모두 내버리고 어디로 좀 가야 되겠다 싶어 정처 없이 길을 떠났다.

남자는 그렇게 산속에 들어갔는데 해가 저물어 버렸고, 불빛이 반짝거리는 곳으로 찾아가 보니 조그만 절이 있었다. 남자가 주인을 찾으니 중 하나가 나와 사정을 듣고는 들어오라고 하였다. 남자가 배가 고프다고 말하자 중이 "청소녀야." 하고 불렀다. 벽장에서 대답하는 소리가 들리더니 벽장 속에서 아름다운 처녀가 음식을 들고나왔다. 다음 날 중이 또 청소녀를 불러 상을 차리라고 하자 아름다운 처녀가 벽장 속에서 상을 가지고 나왔다. 남자는 잘 먹고서 절을 나오는데 가만히 생각해보니 절간 중이 남의 집 처녀를 벽장 속에 가둬놓고 부려먹는 것 같아서 절로 돌아가 중을 붙잡고 따졌다. 중은 그런 것이 아니라 자신이 그림을 잘 그린다면서 백지에다가 머리카락이 치렁치렁한 처녀 하나를 그렸다. 중은 이 처녀의 이름은 청소녀인데, 청소녀를 부르면 그림 속에서 나올 것이며 원하는 것을 요청하면 다 가져다 주지만 너무 많이 요청하지는 말고 먹을 만큼만 요청하라고 했다. 남자가 중에게 받은 그림을 품에 안고 오다가 시험을 한다고 청소녀를 불러 밥을 한 상 달라고 하니, 청소녀가 밥 한 상을 들고 나왔다. 남자가 잘됐다 싶어 그림을 들고 집에 와서 청소녀를 불러 밥을 가져오라고 해서 부인과 자식들에게 밥을 먹였다. 남자는 배가 부르니 욕심이 생겼고, 청소녀를 불러 돈을 한번 가져와 보라고 했다. 청소녀는 돈을 가지고 왔는데 남자는 그만두라는 소리를 하지 않

고 내버려 뒀다. 한양에서는 나라 창고에 있는 돈이 전부 어디로 가버려서 날랜 하인을 시켜 돈 줄기를 쫓아가 보라고 했다. 하인이 돈 줄기를 쫓아가 보니 어떤 집 마당에 돈이 산더미같이 쌓여있었다. 그 집은 청소녀를 가진 남자의 집이었고, 나라에서는 도둑질을 했다며 남자를 잡아 옥에 가두고 죽이려고 하자 남자가 산속 절의 중이 준 것이라며 자신의 죄가 아니라고 변명을 했다. 나라에서 남자는 죄가 없다며 풀어주었고, 중을 잡아 와 도술로 사람들을 현혹한 죄가 있으니 죽어 마땅하다며 그를 옥에 가두었다.

중을 사형하는 날 중이 한 가지 소원이 있다며 죽기 전에 그림을 한번 그려보고 싶다고 했다. 왕이 허락하여 큼직한 백지를 갖다주니, 중이 이리저리 강원도 금강산이며 팔만구암벽이라며 그림을 그렸다. 그리고는 맨 끄트머리에 조그맣게 집 하나를 그려놓고는 이건 내 집이라면서 문을 열고 들어가 버렸다. 종이를 번쩍 들었지만 이미 중은 없었다. 나라에서는 그렇게 돈도 잃고 중도 놓쳐버렸다.

설화다 보니 다양한 유형이 존재하는데 쌀알이 나오는 닭이 그려진 그림인 경우도 있고, 돈 나오는 까막까치가 그려진 그림인 경우도 있고, 구멍을 그려주는데 그 구멍에 손을 넣으면 돈이 나올 거라는 경우도 있으며, 코만 있는 사람의 얼굴을 그려주고 코를 누르면 밥이 나오는 경우도 있고, 대추가 나오는 대추나무가 그려진 그림인 경우도 있다. 비둘기를 한 마리 그려주고 마로 만든 겨릅대를 주어 겨릅대로 비둘기를 때리면 돈을 물어오는 경우도 있다.

그림이 아닌 유형도 있는데 까치 한 마리를 그린 물레를 주며 물레를 돌리면 돈이 나오는 경우도 있고, 금고로 들어가 열 냥씩 물어 오는 장닭을 준 경우도 있으며, 돈이 나오는 벼루를 주는 경우도 있다.

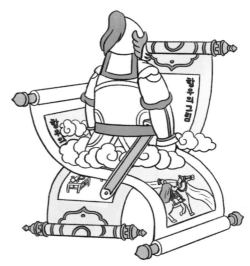

항우의 그림

항우가 강을 건너는 그림과 홍문연 잔치를 여는 그림으로, 오랜 세월이 지나 그림에 악함이 깃들었다. 밤이 되면 항우의 모습으로 나타나 항우인 척하며 인간을 겁주고 해를 끼친다

용도	기타
관련문헌	청구야담

옛날 어떤 곳에 요괴가 행패를 부려 비워둔 집이 있었다. 몇 사람의 무인이 이 집에 모여 노름을 하자고 약속을 했다. 이에 한 무인이 먼저 그곳에 가서 청소를 하고 등잔불을 밝힌 후 사람들을 기다렸다. 그런데 밤중에 갑자기 비가 쏟아졌고 무인은 돌아갈 수도 없고 해서 혼자 앉아 있었다. 삼경(三更)* 무렵이 되자 갑자기 수많은 병사의 소리와 군마 소리가 들리더니, 큰 칼을 차고 있는 한 장군이 말을 타고 들어왔고 그 뒤를 따라 수많은 병사가 들어왔다.

무인은 마루에서 내려와 땅에 엎드린 후 장군을 다시 쳐다봤는데, 그 눈동자가 둘이었다. 또한 타고 온 말을 보니 그 옛날 항우(項羽)가 탔다는 오추마(烏騅馬)*였다.

장군은 엎드리고 있는 무인을 일으키며 자신을 따라 오라고 했다. 장군은 무인과 함께 당상(堂上)*으로 올라갔다. 장군은 "내가 누군지 알겠느냐?"고 물었다. 무인은 <사기(史記)>를 조금은 알고 있었기에 대답했다. "눈동자가 둘이고, 타고 오신 말이 오추마인 걸 보니, 초패왕(楚覇王)이신 듯합니다." 이에 장군은 웃으며 말했다. "그래 맞다! 나는 유방과 8년 동안 싸우다 결국 패하고 유방에게 천하를 양보했지. 이런 나를 후세 사람들은 어떤 사람으로 여기느냐? 전장에서 내 지략이 부족했던 게 아니라 하늘이 나를 버렸을 뿐인데, 세상 사람들도 그렇게 알고 있느냐?" 이에 무인이 대답했다. "그건 <사기>의 남궁 '주석지문답(酒席之問答)"에 실려 있는데 어찌 모르겠습니까?" 이에 항우가 크게 화를 내며 꾸짖었다. "이런 애송이 녀석하곤 이야기가 안 되는군. <사기>는 내가 죽고 몇 년 뒤에 나온 책인데, 내가 어찌 알겠느냐? 얼른 그 내용을 말해보라."

이에 무인 항우의 명에 따라 <사기>의 내용을 말했다. "<사기>에 따르면 유방은 장량, 한신, 소하란 세 호걸을 잘 썼지만, 대왕은 범증(范增)*을 제대로 쓰지 못해 승패가 갈렸다고 쓰여 있습니다." 이에 항우는 혀를 차며 탄식을 했다. "맞아, 그런 일이 있었지. 나도 그걸 후회하고 있다."

무인이 항우에게 말했다. "제가 평생 애달프고 안타까운 게 있는데, 대왕께 물어봐도 되겠습니까?" 항우가 무엇이냐고 되묻자 무인이 말했다. "대왕께선 비록 동성에서 패했지만, 한 번이라도 오강을 건너 강동에서 다시 군사를 일으켰다면 천하가 어찌 되었을지 아무도 모를 일입니다. 만약 그때 대왕께서 다시 일어나 천하를 주름잡았다면 감히 맞설 자가 없었을 겁니다. 그런데 잠깐의 분함을 참지 못하고 스스로 목을 베는 지경에 이르렀으니, 어찌 애석하지 않을 수 있겠습니까? 대장부가 왜 아녀자의 구차한 절개에 연연하셨습니까?" 항우는 그 말을 다 듣지도 않은 채 칼로 기둥을 치며 말했다. "그만! 말을 멈추어라! 나도 그걸 생각하면 회한이 몰려와 죽고 싶다. 나는 이제 돌아가겠다." 그러더니 이내 마루에서 내려와 말을 타고 중문 밖으로 나갔다. 무인이 몰래 그 뒤를 따라가 봤는데 그들은 집 뒤쪽에서 종적도 없이 사라져버렸다. 이에 무인은 무척 기이하게 생각했다. 날이 밝자 무인이 집 뒤쪽에 가서 다시 살폈는데, 그곳에는 빈방이 하나 있고, 먼지가 자욱한데 방 한쪽 벽에 항우가 강을 건너 출전하는 그림과 항우의 홍문연(鴻門宴) 잔치 그림이 붙어 있었다. 무인이 이 그림들을 떼어내서 불사르니 이후로 그 흉가에 요괴가 없어졌다고 한다.

항우의 혼령으로 착각할 수도 있지만, 무인이 아침에 항우가 사라진 장소로 가보니 항우의 그림이 있었고, 그 그림이 태운 이후로는 나타나지 않았다는 것을 보면 항우의 혼령이나 귀신같은 것이 아니라 항우의 그림이 오랜 세월이 지나 사(邪)가 되었고, 그것이 항우인 척 행세한 것으로 보인다.

* 삼경(三更): 밤 11시 ~1시
* 오추마(烏騅馬): 검은 털과 흰 털이 섞인 말로, 옛날 중국의 항우가 탔다는 준마.
* 당상(堂上): 대청 위.
* 범증(范增): 진나라에 대항하여 군사를 일으킨 항우의 책사.

책

도깨비의 사역서

알 수 없는 궤짝 속에 들어있던 책으로, 읽으면 도깨비들이
나타나 원하는 것은 무엇이든지 이루어준다

용도	기타
관련문헌	한국구비문학대계

옛날에 어떤 마을에 선비가 한 명 살았는데, 글은
잘했지만, 굉장히 가난했다. 그리고 과거를 보러
가면 선비에게 글을 배운 사람은 합격하는데, 선비
는 항상 낙방이었으니 정말로 탄복을 할 일이었다.
그리고 살림이 변변치 않아도 선비는 공부만 하고
노동일을 안 해봤으니 살림은 점점 힘들어져 갔다.
그러던 어느 날 속이 갑갑해 저녁을 먹고 잠깐 바
람을 쐬러 밖으로 나갔다. 길을 가다 보니 발에 뭔
가가 차였고, 무엇인지 살펴보니 조그마한 궤짝이
하나 있었다. 그것이 뭔지 확인하고 싶었지만, 날
이 어두워져 선비는 그것을 자기 집으로 가져왔다.
그 궤짝은 자물쇠가 잠겨 있었는데, 선비가 이것을
억지로 열어보니 그 안에 책이 한 권 있었다. 선비
가 그 책을 읽어보는데 한 대목을 읽으니 바깥에서
"예!" 하는 소리가 들렸다. 또 한 대목을 읽으니 "
예!" 하고 무언가 대답하는 소리가 계속 들려왔다.
선비는 '이게 평범한 책은 아니구나.' 싶어서 책을
싹 다 읽고 문밖으로 나가니, 밖에는 뿔이 난 도깨
비들이 군인처럼 잔뜩 들어서 있었다.
선비가 "다 왔냐?" 하고 묻자 도깨비들은 "예! 왔습
니다."라고 대답했다. 이에 선비는 "내가 오늘 너희
들을 부른 것은 딴 게 아니라, 이 나라가 정치를 잘

하지 못하고 있어서다. 정당한 적임자를 선정해 벼
슬을 줘야 할 건데 순전히 돈으로 매관매직을 하고
있으니 이런 제도가 있어서 되겠냐? 그런데 그걸
나 혼자 힘으로 바꾸긴 어려워서 내 너희들을 부른
것이다."라고 말했다. 그러자 도깨비들이 "예! 그러
면 어떤 사람이 나쁜 사람입니까?"라고 말했다. 선
비는 "과거볼 때 시관(時官)*, 그 글에 점수를 매기
는 행정관, 이 사람이 나쁜 사람이다. 그놈들의 농
간으로 모두가 이리 되는 것이다."라고 말했다. 그
말에 도깨비는 "예! 가서 그놈을 죽이든지 무슨 수
를 내야 되겠습니다."하고 전부 가버렸다.
새벽이 되니 도깨비들이 돌아와 "다녀왔습니다."
라고 말했다. 선비가 어떻게 되었느냐고 물으니,
도깨비는 "그놈을 끌어내서 안 죽을 정도로 패고,
'아무데 사는 아무개 노인은 글도 잘 쓰고 유식한
데, 왜 과거를 보면 전부 낙방을 시켜버리고, 돈을

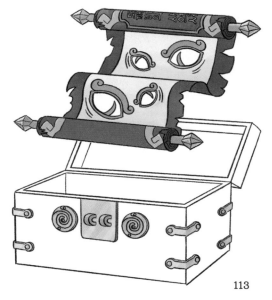

준 사람만 합격을 시키니 이러면 되겠는가? 너는 죽어야 한다.'라고 말하니 다시는 그런 짓을 하지 않고, 그 노인도 불러서 아주 좋은 벼슬을 주겠다는 다짐을 받고 왔습니다."라고 말했다.

이에 선비는 고생이 많았다며 도깨비들을 치하(致賀)*하고, 앞으로 또 무슨 부탁할 일이 있으면 부를 테니 돌아가라고 하였다. 도깨비들은 "예!"라고 말하고 싹 사라졌다. 날이 밝자 선비의 집에 가마가 와서는 "시관되는 분이 어르신을 모시고 오라고 해서 왔습니다."라고 말했다. 이에 선비는 "에라이, 이놈들아! 나 같은 사람을 어찌 일국 시관이 알겠느냐? 너희가 잘못 들은 거다. 돌아가라 난 안 갈 것이다."라고 말했다. 그러자 가마꾼들은 안 가면 자신들이 죽는다며 사정하였고, 선비는 마지못해 그 가마를 타고 시관에게 갔다.

시관은 도깨비들에게 두들겨 맞아서 얼굴에 멍이 들고 피가 나고 있었다. 그는 선비에게 "내가 지금까지 대단히 잘못했소! 나를 위해 아무 벼슬 그걸 당신이 해 주시오! 그렇지 않으면 제가 죽습니다."라고 말했다. 이에 선비는 "전 그럴 자격이 없는 사람입니다."라고 대답했다. 그럼에도 시관은 "자격이 되나, 안 되나 해 주시오!"라며 자꾸 권해서 마지못해 승낙하였다.

그렇게 해서 그 선비는 도깨비의 도움으로 큰 벼슬을 하게 되었다. 그런데 그 책을 계속 가지고 있으면 욕심이 생길 것이고, 그 책의 힘을 이용하여 자신이 나쁜 사람이 될 것 같다고 생각하였다. 그래서 책을 불살라 버리고 잘 살았다고 한다.

* 시관(時官): 현직에 있는 벼슬아치.
* 치하(致賀): 남이 한 일에 대하여 고마움이나 칭찬의 뜻을 표시함. 주로 윗사람이 아랫사람에게 한다.

도깨비의 책

도깨비가 죽은 후 그 본체인 빗자루에서 나온 두툼한 책. 첫 장을 열어보면 도깨비들이 나와 금관을 씌워서 전국을 여행시켜주고 대왕 대접을 해준다. 단, 금관을 벗으면 도깨비들에게 버려지므로 조심해야 한다

용도	기타
관련문헌	임석재 전집 한국구전설화

옛날에 유명한 포수가 있었는데, 하루는 사냥을 하러 갔다가 짐승을 한 마리도 잡지 못하고 빈손으로 집에 돌아가고 있었다. 가던 길에 날이 저물었고, 포수가 어두운 길을 걸어오는데 무언가 앞을 딱 가로막고 있는 것이 있어서 "너는 뭐냐? 어째서 사람이 가는 길을 막고 있냐?" 하고 큰 소리로 외쳤다. 그랬더니 앞을 가로막고 있던 것이 "나는 도깨비다, 씨름 한판 하자!"라고 답하였다. 포수는 이를 승낙하고 씨름을 했는데 지고 말았다. 도깨비가 또 한판 하자 해서 했는데, 이번에도 포수가 졌다. 도깨비는 씨름에서 이기는 것이 재미가 나는지 계속해서 씨름을 하자 했으며, 번번이 포수가 졌다. 이렇게 한 서너 시간 계속해서 씨름을 했는데 포수는 "아저씨 좀 쉬었다가 합시다." 하니까 도깨비는 아저씨라는 말이 듣기가 좋았던지 그러자 하고 쉬고 있었다. 포수는 쉬면서 이놈을 어떻게 해야 이기겠는가 생각하다가, 다시 씨름을 할 때 접이 칼을 꺼내 도깨비를 찔렀다.

그렇게 포수는 집에 와서 잤다. 다음 날 아침이 밝아 씨름한 곳에 가보니까 불탄 빗자루에 칼이 꽂혀 있었다. 포수가 칼을 뽑으려고 하니 빗자루에서 두툼한 책이 나왔다. 포수는 그 책을 펼쳐보고 첫 장을 읽는데 "예예 왔습니다."하는 소리가 났다. 주변을 둘러보니 아무것도 보이지 않고 소리만 들렸다. 둘째 장을 읽으니까 다른 목소리로 "예예 왔습니다." 하는 소리가 났다. 또 다음 장을 읽으니까 "예예 왔습니다."라고 했다. 이렇게 한 장씩 읽을 때마다 "예예 왔습니다." 하였다. 마지막 장을 읽으니 무엇을 갖다 머리에 씌우면서 "대왕님 금관을 쓰시오." 했다. 머리를 만져보니 금관이 쓰여 있었다. 그리고는 "오늘은 서울 구경을 갑시다." 하더니 노래를 하면서 포수를 떠메고* 공중으로 올라가서 서울로 갔다. 서울구경을 다 하니까 또 떠메고 집으로 왔다.

다음날 포수가 또 그 책을 한 장 한 장 읽으니 또 "예예 왔습니다."하고 소리가 나며, 금관을 씌우고 "오늘은 평양 구경을 갑시다." 하고 떠메서 공중으로 높이 올라 평양에 내려놨다. 평양 구경을 다 하니까 집으로 왔다. 다음날도 그 책을 읽어 다른 곳을 구경하고, 다음날에는 또 다른 곳을 구경하고, 날마다 여기저기 구경했다. 이렇게 해서 포수는 매일 여러 곳을 구경했다. 어느 날은 공중에서 머리에 쓴 금관을 만져보다가 금관이 벗겨져 땅에 떨어지고 말았다. 떠메고 가던 것들이 이를 보고서 "야! 이거 우리 대왕이 아니고 사람이다!"하면서 탁 놓으니까 포수는 땅에 떨어져 죽고 말았다.

*떠메다: 무거운 짐 따위를 쳐들어서 어깨에 걸치거나 올려놓다.

삼원명감수(三元明鑑數)

정희량이라는 자가 사람의 운명을 상중하의 삼원으로 규정해 그 이론을 엮은 책으로, 총 100여 권이다. 이 책을 읽고 공부하면 틀림이 없이 정확한 예언을 하고 점을 보게 된다

용도	기타
관련문헌	어우야담

정희량은 운수학(運數學)에 밝아 자기 운명을 점쳐보고, 큰 화를 피하기 어렵다는 것을 알고 있었다. 그래서 풍덕에서 친장을 당했을 때 조강가에 신을 벗어 놓고, 물에 빠져 죽은 것으로 꾸미고 도망쳐 중이 되었다. 깊은 산속 절에 숨어 살면서 머리를 기르고 거사가 되어 스스로 호를 이천년이라 했다. 희량은 사람의 운명을 상중하의 삼원(三元)으로 규정해 그 이론을 책으로 엮었다. 책은 100여 권으로, 그 이름을 <명감수(明鑑數)>라 했다.

미천한 신분인 김륜이 정희량에게서 점치는 법을 배우는데, 하루는 밤에 밖에서 여우가 우니 정희량이 산을 향해 주문을 외우고 손가락을 튕기어 소리를 냈다. 아침에 보니 여우가 피를 토하고 죽어 있어서, 김륜은 정희량이 도술을 갖고 있음을 알게 되었고, 뜰에 내려가 절을 하고 자신에게 그 도술을 가르쳐 달라고 했다.

이에 정희량은 김륜에게 "너는 점치는 법만 배워도 평생 여유 있게 살 수 있다. 너의 마음을 단련하지 않은 상태로 도술을 가르치면

반드시 사람을 해치게 될 것이니 가르쳐 줄 수 없다."라고 말하며 거절했다. 이에 김륜은 화를 내고, 정희량이 지어놓은 삼원명감수 100여 권을 훔쳐 도망쳤다. 김륜은 이 책을 사람들에게 팔았는데, 이 책으로 공부한 사람은 점이 틀림이 없었다. 이후 난리 중에 책이 모두 흩어졌는데, 이광의(李光義), 이화(李華), 양대축(梁大軸) 등의 무리가 대략 베껴 새로 완성했지만 완전하지 못하였다.

신화경

옥함 안에 들어있던 유충렬의 도구 중 하나로, 이 책에 적혀있는 주문을 읽으면 같이 들어있던 '장성검'이 본연의 모습을 되찾을 수 있다. 풍백을 불러들여 강한 바람을 일으켜 적을 날려버리거나, 적의 도술을 무용지물로 만들어버리기도 하며, 둔갑장신(遁甲藏身)*을 하여 자신의 모습을 감추기도 하는 등 여러 가지 도술을 사용할 수 있다

용도	공격용
관련문헌	유충렬전

무기류-검-장성검의 관련문헌 <유충렬전>에서 해당 내용 확인 가능

*둔갑장신(遁甲藏身): 남에게 보이지 않게 여러 가지 술법(術法)을 써서 몸을 마음대로 감추는 일.

선적(仙籍)

천계에 사는 선녀와 선관들의 호적으로, 선녀와 선관들의 이름, 생년월일 등 신분에 대한 기록이 적혀있다. 선녀와 선관이 사랑을 하게 되면 이 호적에서 영구적으로 제명당한다

용도	분석탐지용
관련문헌	삼한습유

일상사물-그 외-패향옥녀의 향의 관련문헌 <삼한습유>에서 해당 내용 확인 가능

여우의 천서(天書)

여우요괴의 책으로, 총 세 권으로 구성되어 있다. 읽으면 여러 가지 도술을 부릴 수 있게 된다

용도	변신용, 기타
관련문헌	천예록, 한국구비문학대계, 전우치전, 민간전승 등

<천예록>의 저자 임방은 여우가 여성으로 둔갑하여 사람을 유혹하는 이야기에 대해서 '전하는 바

에 의하면 여우에게는 부서(符書)*가 있어 이것을 가지고 요상한 짓거리를 한다고 하는데, 정말 그런가? 설마 그럴 리가!'라는 말을 남겼다. 실제로 민담에서는 여우로부터 천서를 빼앗아 신통한 능력을 익히는 이야기들을 여러 곳에서 찾아볼 수 있다.

<한국구비문학대계>에는 다음과 같은 이야기를 찾아볼 수 있다.

문가학이라는 사람이 절에 들어가서 공부를 하고 있었다. 그런데 밤만 되면 절의 승려들이 다 숨듯이 방으로 들어가 버렸다. 이를 이상히 여기고 물어보니, "밤마다 백여우가 나타나 못살게 해서 밤이면 다들 여우를 피하는 겁니다."라고 대답했다. 밤이 되니 여우가 각시의 모습으로 둔갑하여 문가학에게 와 공부를 못하게 방해하였다. 그래서 여우의 손목을 붙잡고 죽이려고 하였더니, 여우는 "내 목숨을 살려주면 변신술이 적힌 책을 드리겠습니다."라고 말하며 살려달라고 했다. 문가학은 여우를 살려주고 책을 받았다. 이 책을 읽고 마지막 한 장이 남았을 때, 여우가 인간으로 둔갑하고 와서는 "당신의 아버지가 조금 전에 세상을 버렸으니 속히 집으로 내려가야 할 것 같습니다."라고 말했다. 아버지가 죽었다고 하니 책을 내려놓고 급히 고향으로 향했고, 여우는 그 책을 가지고 도망쳤다. 책의 마지막 장에는 옷고름을 숨기는 비법이 적혀 있었는데, 문가학은 마지막 장을 읽지 못했기 때문에 몸을 숨기는 요술을 써도 옷고름을 숨기지 못해 허공에 옷고름만 둥둥

떠다녔다. 그런 모습으로 서울로 갔더니 사람들이 옷고름 요괴가 나타났다며 문가학을 죽이려 하였다. 문가학은 도망치다가 지금의 서우실* 옆에 떨어졌는데 쫓아온 정부의 관리들은 문가학이 떨어진 곳에 못을 파라고 했다. 지금까지도 그 못이 서우실 옆에 있다.

<전우치전>에서는 전우치가 여우로부터 책을 무려 세 권이나 빼앗지만, 한 권을 다 읽고, 나머지 두 권은 미처 다 읽기도 전에 문가학과 비슷한 방법으로 여우가 빼앗아가버려서 전우치는 천서 한 권의 도술만 쓸 수 있게 되었다고 한다. <전우치전>에서 전우치가 저승차사 강림이나 서화담에게 패배하긴 하지만, 천서 한 권만으로도 왕을 골탕먹이고 세상을 혼란스럽게 만들 정도의 능력을 얻게 된다는 것을 알 수 있다.

그 외에도 구전설화에 여우로부터 책을 얻는 이야기를 찾아볼 수 있으나, 어떤 유형이든 책은 다시 여우의 손에 돌아가거나, 책의 일부분을 여우가 속이고 주지 않아 인간이 그 도술을 온전하게 사용할 수 없는 내용이 대부분이다.

<신증동국여지승람> 속 너구리의 서책 : 담양(潭陽)에 연동사(烟洞寺)라는 절이 있었는데, 이 절에서는 이영간(李靈幹)이 학문을 닦고 있었다. 이 절의 스님은 몰래 술을 빚고는 했는데, 이것이 술이 될 만하면 누군가가 훔쳐서 마셔버리는 것이었다. 스님은 이영간의 소행이 틀림없다고 여기고 종아리를 때렸다. 죄 없이 종아리를 맞아 억울했던 이영간은 진범을 잡기 위해 몰래 숨어서 살펴보았다. 그런데 늙은 너구리가 이 술을 마시는 것이었다. 이영간은 너구리를 붙잡고 "내가 매를 맞은 것은 모두 너 때문이니 널 죽여야겠다."라고 말했

117

다. 그러자 그 늙은 너구리가 사람의 말로 "당신이 나를 용서해주면 비술을 가르쳐주겠소."라고 말했다. 그리고 그 옆에 청의동자가 나타나 서책 한 권을 이영간에게 주었다. 이영간은 그 너구리가 준 책을 잘 간직하여 마침내 비술에 도통하고 훗날 범상치 않은 행동을 많이 하였다고 한다.

*부서(符書): 점술에서, 뒷날에 일어날 일을 미리 알아서 해석하기 어렵게 적어 놓은 글.
*서우실: 전라남도 장성군의 행정지명.

예언서

조선시대에 어떤 여인이 들고 있던 예언서. 책 속에는 몇년 무슨 달, 무슨 날에 어떤 일이 일어나는지 상세한 내용의 예언들이 적혀있다

용도	기타
관련문헌	금계필담

조선 숙종 무렵(1674~1720) 한 선비가 있었는데 아내가 죽자 젊고 아름다운 여인을 첩으로 맞아들였다. 그녀가 바느질로 돈을 벌어 그런대로 살림을 꾸려갈 수 있었다. 그런데 신기하게도 그녀는 언제나 좋고 나쁜 일들을 예측해서 선비에게 정확히 알려주었다. 처음에는 우연이라 생각한 선비였으나 아내의 미래 예견이 계속되자 그녀에게 신비한 도술이나 초능력이 있는 것이 아닌지 궁금해져서 어떻게 미래를 아는 것인지 여러 번 물어보았다. 하지만 그럴 때마다 첩은 그저 우연의 일치일 뿐이라 둘러대었다.

그 무렵 조선은 영의정인 허적이 권세를 잡고 있던 시기였는데, 마침 허적의 집이 선비가 사는 집 근처라 허적은 선비를 자신의 편으로 만들려고 했다. 하지만 선비의 첩이 "허적과 가까이하면 나쁜 일을 당할 테니, 그를 멀리하십시오."라며 간곡히 말렸다. 이때까지도 선비는 첩을 완전히 믿지 않았으나, 허적의 아들 허견이 1680년 역모 행위로 처형당하며 동시에 허적과 가까운 사람들이 연관되어 처벌받는 모습을 보고는 첩의 말을 완전히 믿고 따르게 되었다.

그러던 어느 날 선비의 집에 손님이 찾아와 선비는 그와 바둑을 두면서 즐겁게 놀고 있었는데 그때 선비가 거느린 종이 와서 첩이 급히 할 말이 있다고 알려주었다. 선비는 무슨 일인지 걱정이 되어 손님께 양해를 구하고 첩을 보러 갔다. 첩은 화려하게 단장한 모습으로 선비에게 "제가 오늘 죽을 날이라서 당신한테 이별을 알리고 싶었습니다."하고 말했다. 선비는 놀라서 그게 무슨 말이냐고 그쳤지만, 첩은 죽고 사는 것은 다 운명이니 앞으로 몸을 아끼라고 말한 뒤 바로 그 자리에 누워서 조용히 숨을 거두었다.

아끼고 사랑하던 첩이 죽자 선비는 한참 동안 식사도 잠도 거르며 그녀의 죽음을 슬퍼했다. 시간이 흘러 마음을 추스른 선비는 첩의 방에서 그녀의 물건을 정리하던 중 그녀가 지니고 있던 상자 속에서 책 한 권을 발견했다. 책 속에는 몇 년 무슨 달 무슨 날에 어떤 일이 일어나는지 상세한 내용의 예언들이 적혀 있었다. 그제야 선비는 죽은 첩이 앞일을 알려주는 예언서를 갖고 있어서 미래를 정확히 알 수 있었음을 깨달았다.

예언서를 이리저리 들춰보던 선비는 예언서의 뒷부분도 읽었는데, 거

기에는 자신의 운명도 적혀 있었다. 그 부분은 선비 자신이 '다음해 6월 며칠에 위유사가 되어 충청도의 금영에 도착한다.'라는 이야기로 끝나있었다. 선비는 그 이상 자신에 대한 언급이 없는 것으로 보아 금영에 도착하고 죽는 것이 아닌가 하는 우려도 들었으나 확신할 수 없어서 책을 덮고 방을 나갔다.

시간이 흐르고 선비는 예언대로 충청도 금영으로 발령을 받게 되었다. 처음에 선비는 자신이 금영에 가면 죽을까 봐 상관에게 평안도로 보내 달라고 하였고, 이에 대해 허락까지 받았으나 그 무렵 충청도에 전염병이 크게 번져 상부에서 선비에게 병들고 굶주린 백성들을 위로하는 벼슬인 위유사에 임명하여 충청도로 보내버렸다.

금영으로 가는 중 큰비가 와서 강물이 줄어들기를 기다렸다가 떠났는데, 금영에 도착하고 나니 예언서에 적힌 날짜와 딱 맞았다. 그제야 선비는 바로 오늘이 자신이 죽을 날이라는 사실을 깨닫고는 충청감사와 주위 사람들에게 자신이 겪은 일을 말하며, 오늘은 자신이 죽을 날이니 놀라지 말고 장례를 치러 달라고 부탁한 뒤 그날 밤 조용히 숨을 거두었다.

<동사잡록(東事雜錄)> 속 예언서 : 박진헌이라는 사람이 화살로 꿩을 맞추었고, 잡은 꿩을 가지러 갔더니 그 자리에 책이 있었다. 그 책이 점술에 관한 책이라 박진헌은 앞날을 내다 볼 수 있었다고 한다.
<해동이적(海東異蹟)> 속 예언서 : 박구라는 사람이 화살로 꿩을 맞추니 꿩이 책을 물어다 주어 미래를 알 수 있게 된다. 마지막으로 구비문학에서는 점을 치는 토끼를 쫓아내니 토끼가 책 한 권을 떨어뜨리고 달아나는데 그 책이 토정비결이었다고 한다.

인물도감책

대별상이 항상 들고 다니는 책으로, 세상에 존재하는 모든 인물의 목록과 그 사람이 어디에 사는지 기록되어 있다. 이뿐만이 아니라 특정 인물을 누가 점지해줬는지에 대한 것도 기록되어 있는 것으로 추측된다

용도	분석탐지용
관련문헌	마누라본풀이

어느 날 마마를 일으키는 신 대별상이 인물도감책을 한아름 안고 아이들에게 마마를 일으키러 내려왔다. 이 모습을 본 삼승할망인 명진국 따님아기가 예를 갖추어 인사를 하고, 자신이 점지해준 아이들에게 마마를 약하게 앓게 해달라고 부탁하였다. 이에 대별상은 감히 어디서 아녀자가 대장부의 앞길을 막고 이래라저래라 하냐며 화를 내고 욕을 해댈 뿐만이 아니라, 명진국 따님아기가 점지해준 아이들에게 마마를 더 심하게 주어 아이들의 얼굴을 완전히 바가지처럼 얽은 얼굴로 만들어버렸다.

이에 화가 난 명진국 따님아기는 대별상의 부인이자 홍역을 일으키는 신인 홍진국 마누라를

생불꽃으로 아기를 임신하게 하고는 태어나지 못하게 하였다. 배 속의 아이는 2년이 지나도록 태어나지 않았고, 그 고통에 홍진국 마누라는 배를 움켜잡고 고통을 호소했다. 대별상은 저승할망에게 사신을 보내 해산을 요청했다. 하지만 동해용궁 따님아기는 자신은 열두 달이 지난 아이는 태어나게 할 수 없으니 삼승할망을 찾아가라고 했다.

대별상은 할 수 없이 삼승할망에게 사신을 보내지만, 삼승할망은 "어머나 대별상 같은 대장부가 나 같은 아녀자한테 부탁을 하겠습니까? 거짓말하지 마세요."라며 사신을 돌려보냈다. 하는 수 없이 대별상이 직접 삼승할망을 찾아갔으나, 삼승할망은 거들떠보지도 않다가 대별상이 무릎을 꿇고 엎드려 한참을 비니 삼승할망은 자신의 힘을 빌리고 싶으면 중처럼 머리를 파랗게 깎고, 송낙*을 둘러쓰고, 장삼을 걸쳐 입고, 버선만 신은 채로 다시 찾아와 댓돌 아래 엎드리라고 했다.

천하의 대별상도 자신의 아내가 죽을지도 모르니 자존심과 체면을 다 버리고 삼승할망의 요구대로 우스꽝스러운 차림으로 찾아와 싹싹 빌었다. 그러자 삼승할망은 대별상의 집으로 가서 다 죽어가는 부인 허리를 세 번 쓸었다. 그랬더니 자궁 문이 열리며 아기가 태어났다. 그 뒤로 대별상은 아이들에게 마마를 가볍게 내리기 시작했다.

인물도감책은 대별상이 마마를 일으키러 다닐 때 한아름 안고 다니냐고 하는 것을 보아 세상에 존재하는 모든 인물의 목록과 그 사람이 어디에 사는지 기록되어 있는 책으로 보인다. 그리고 대별상이 삼승할망이 점지해준 아이들에게 마마를 더 심하게 주었다는 내용이 있는 것을 보아, 그 사람을 누가 점지해 주었는지도 알 수 있는 것으로 추측된다.

*송낙: 승려가 평상시에 착용하는 모자.

유기물-그 외-백년해골의 관련문헌 <맹감본풀이>에서 해당 내용 확인 가능

인물도성책(人物都姓冊)

저승의 재판관이 들고 있는 책으로, 사람의 이름과 그 사람의 수명이 쓰여있다. 저승의 재판관은 이 책을 보고 사람의 삶을 끝낼지 지속할 지를 판단한다. 놀라운 점은 각 사람에게 정해진 수명을 바꾸는 것 또한 가능한 것으로 보인다

용도	분석탐지용
관련문헌	맹감본풀이

천계의 천서(天書)

취미산(翠眉山)의 도관이 연청에게 준 세 권의 책으로, 하늘의 천서이다. 글자가 큰 것은 손바닥만 하고, 작은 것은 파리만 하게 쓰여있는데, 세 권 전부 구름과 우레 모양으로 되어 있다. 천서에는 세 가지 등급이 있으며 그 등급에 따라 배울 수 있는 것이 다르다

용도	공격용, 기타
관련문헌	보은기우록

문창성의 붓을 받은 연청은 마음씨도 따뜻하여 어려운 사람에게 베풀 줄도 아는 청년으로 자라났다. 심지어 길에서 주운 금덩어리를 본래 주인을 찾아 돌려주기도 해서 주변에서는 칭찬이 자자하였으나, 금덩어리를 아무렇지도 않게 돌려주었다는 사실에 탐욕스러운 아버지 위지덕은 노여워하며, 큰 돌을 집어 연청을 마구 때렸으며, 그뿐만이 아니라 노비를 불러 곤장까지 쳤다. 심한 매를 맞은 연청은 쓰러졌는데, 어렸을 때 연청에게 붓을

준 도사가 연청의 집으로 찾아와 손으로 주물러 뭉친 것을 풀어주고, 침을 놓으며, 허리에 차고 있던 호리병에서 푸른 가루를 뿌리고, 상처가 벌어진 곳에는 누런 고약을 붙여주었다. 연청을 치료해 준 도사는 연청의 관상을 봐주며 대문장뿐만이 아니라 영웅의 업적도 이룰 것이라 하고 돌아갔다. 완전히 회복한 위연청은 자신을 치료해 준 것을 감사하기 위해 취미산(翠眉山) 도관을 찾아갔다. 그러자 도사는 연청을 자신의 제자로 받아들이고, 하늘의 천서로 가르침을 주겠다고 했다.

천서에는 세 가지 등급이 있으며, 상급 천서에는 구현비밀이라 하는 비결이 적혀 있으니 천강성과 지살성을 합해 일백여덟개가 되는 도술을 익힐 수 있으며, 이 도술을 익히게 된다면 조화를 일으켜 변신하고 물을 바꾸어 기름을 만들며, 돌로 금을 만들 수 있으니, 하늘과 땅, 지하를 통틀어 가장 뛰어나며, 오행의 법칙을 벗어나게 되어 목숨이 천지 일월과 함께 하게 될 것이라고 했다.

이에 위연청은 그것은 높은 신선과 도사들이 배우는 것으로 자신이 원하는 것은 구름을 타는 신선이 되는 것이 아니라 나라의 은혜를 갚는 것이라고 했다.

이에 도사는 하급 천서에는 시간을 희롱하며, 귀신을 제어하고, 비바람을 부르고, 둔갑하여 몸을 숨기고, 신병을 부리며 안개를 통제할 수 있으니 이를 원하냐고 묻자, 연청은 그것은 요사한 환술이니 그것을 배울 바에는 차라리 재주가 없는 평범한 사람이 되겠다고 했다.

이에 도사는 웃으며 연청의 기개를 시험해보고 싶어 물어본 것이라며, 동자를 시켜 세 권의 천서를 주며 이것을 보고 익히라고 했다.

연청이 상자를 열어 천서 세 권을 꺼내 보니 이는 하늘의 비밀스러운 보물이었다. 글자가 큰 것은 손바닥만 하고, 작은 것은 파리만 하게 쓰여 있는데, 다 구름과 우레 모양으로 되어 있는 책이었다. 보통 사람은 읽을 수 없었겠지만 위연청은 하늘의 문창성이라 배운 적이 없어도 저절로 알아볼 수 있었다. 도인이 곁에 앉아 글자마다 자세히 설명해주니, 첫 번째 책은 천문지리와 음양사시를, 그리고 바람과 구름, 추위와 더위를 골라내어 천지를 재단할 수 있는 방법이 적혀 있었다. 해와 달을 바꾸고 용이 되고, 범이 되며, 신출귀몰하여 세상이 만들어지는 이치를 다루니 소매 속에서 하늘과 땅을 쥐락펴락하는 법이었다.

두 번째 책은 즐거움의 운수와 세상이 운행되는 이치를 풀어내어 앉아서 천지를 계산할 수 있고, 손을 꼽아 흥하고 망함을 판단하여 길흉이 나고 들어가는 것과 미래에 일어날 일을 손바닥 보듯이 하니 삿된 기운을 제어하며 용과 호랑이를 복종

시키는 방법이었다.

마지막 책에는 세상에서 가장 뛰어난 검술과 태초에 임금이 아홉 번 일으킨 전쟁을 의논한 것이니, 제갈량의 팔진법(八陣法)*과 당나라 이정 장군의 육화진법(六花陣法)*을 써놓아 기습과 공격의 묘한 이치를 알려주고 손자와 오기의 계책과 황석공의 비결을 밝힌 것이었다.

연청은 그렇게 도인의 도움으로 천서에 있는 모든 재주를 익히게 되었다.

*팔진법(八陣法): 제갈량이 군사를 거느리고 전쟁을 수행하는 가운데 역대 병가(兵家)들의 진법(陣法)을 계승 발전시켜 연구해 낸 독특한 진법
*육화진법(六花陣法): 진법의 하나로, 당나라의 이정(李靖)이 제갈량의 팔진법(八陣法)에 기초하여 만들었으며, 눈꽃의 모양을 띄었음.

천서(天書) 세 권

청의와 홍의를 입은 두 명의 동자가 김원에게 건넨 옥함 속에 들어있던 도구 중 하나. '몸과 마음이 삭막할 때 이 글을 보면 심사가 시원하고 마음대로 변신할 수 있으니, 나라의 은혜에 보답하라.'라고 쓰여있으며, 각 책마다 내용이 다르다.
첫 번째 책: 위로는 천문에 통하고 아래로는 지리를 살피는 것이 가능해진다.
두 번째 책: 천하 인명의 길고 짧음을 눈앞에 있는 사람을 보듯 자세하게 알 수 있게 된다.
세 번째 책: 적진을 멀리서 바라봐도 적의 동정을 낱낱이 탐지할 뿐만 아니라, 적장의 수명과 병기와 군량의 수를 알 수 있으며, 적의 모략까지 간파할 수 있게 된다

용도	공격용, 기타
관련문헌	김원전

무기류-채찍-산호채의 관련 문헌 <김원전>에서 해당 내용 확인 가능

청학동 일기(靑鶴洞日記)

옛날 이세계의 청학동에서 도술을 익힌 김기라는 자가 들고 있던 책으로, 신이한 일들이 쓰여있다고 한다

용도	기타
관련문헌	계서야담

진사 김기는 김선의 동생으로 집이 원주 흥원창 아래에 있었다. 어느 날 건장한 사내가 백마를 끌고 와서 타라고 하는데 이 사람이 김기의 눈에만 보이고 다른 사람의 눈에는 보이지 않았다. 김기가 사내의 말을 타고 산속으로 들어가니 그곳은 이세계(異世界)의 청학동이었다. 백발의 늙은 신선으로

부터 도술을 공부하였는데 김기는 그곳에 있는 제자인 중국의 강남 사람과 일본의 오사카 사람과 함께 득도하였다. 몇 달 후 집에 돌아온 이후로도 눈을 감고 집중을 하면 사람과 말이 대령해 있어 자주 왕래하였는데, 집안사람들이 보기에는 수일간 눈을 감고 있다가 깨어나는 것처럼 보였다.

여느 날과 같이 청학동에 가서 스승과 산책을 하였는데 스승이 도술을 보고 싶다고 하자 중국인은 흰 학으로, 일본인은 큰 호랑이로, 김기는 낙엽으로 변하니 스승이 기뻐하였다. 어느 날 그가 양친에게 자신은 얼마 안 있어 세상을 떠날 것이라 하더니 병 없이 앉아서 세상을 떠났다. 그 아버지가 아들의 유품을 정리하다 상자속에서 '청학동일기(靑鶴洞日記)'라는 책을 발견하였는데 신이한 일이 씌여 있어 간직해두었다.

하늘의 계시를 적은 책

하늘에서 떨어진 벼락이 석벽을 가르자, 그 사이에서 나온 세 권의 책.
상권: 우주의 법칙과 음양의 이치는 물론이며 신장을 부리고, 비, 구름, 바람, 천둥을 부르는 술법이 담겨 있다.
중권: 땅의 이치와 함께 축지법과 산을 무너뜨리고 바위를 깨며, 바다와 강을 뒤집는 술법이 적혀 있다.
하권: 사람의 선악을 살피는 심안법, 싸우면 반드시 이기는 진법, 해로운 것을 피하고 이로운 것으로 나가는 방법, 몸을 감추는 술법이 적혀 있다

용도	공격용, 기타
관련문헌	태원지

<태원지>는 임성 덕재, 임응 시경, 종황 미백, 조정 준보, 하승 우상, 양관 명원 등의 여러 영웅이 여러 섬을 돌아다니면서 다양한 요괴들과 싸우는 모험 끝에 태원이라는 새로운 땅에 도착하여, 자신의 나라를 세우게 되는 한국의 고전소설이다. 이 <태원지>에서는 종황이 도술, 전략 등 다양한 능력을 이용해 가장 큰 활약을 한다.

첫 번째 섬에서 임성 일행은 어마어마한 힘을 가지고 있을 뿐만이 아니라 평범한 무기로는 상처도 입힐 수 없으며, 도술까지 사용하는 응천이라는 괴물과 싸우게 된다. 종황은 응천이 바꾼 기후를 원래대로 돌려놓거나, 신이한 검들을 소환하여 응천을 공격해 교란시켜 임응이 응천에게 결정타를 날릴 수 있게 도와준다.

두 번째 섬에서는 쥐 요괴들이 바위로 입구를 막아둔 소굴로 동료들을 끌고 가버리는데, 종황이 주문을 외우며 칼을 들어 바위를 가리키자 벼락이 떨어져 가운데에 구멍이 뚫렸고, 이에 종황이 고양이 가죽과 부적을 이용하여 신통한 고양이를 만들어 쥐 요괴들을 모두 소탕한다.

세 번째 섬에서는 특수한 기운을 사용하여 사람을 하늘로 끌어 올린 뒤 잡아먹는 이무기가 있었다. 종황이 그 정체를 간파하여, 이무기에게 치명적인 석웅황을 넣어 만든 허수아비에 붉은 부적을 붙이니 그것이 사람과 같이 되었고, 이를 이무기가 사람을 끌어올리는 장소로 보내어 이무기가 스스로 독을 먹고 죽게 만든다.

네 번째 섬에서는 원숭이 요괴 무리를 만나게 되는데, 종황이 계교를 부려 원숭이 요괴들이 지나가는 길목에 독을 탄 술을 가져다 놓았다. 술을 좋아하는 원숭이들은 그 술을 마시고 모두 죽거나 정신이 혼미해지는데, 원숭이 왕도 독을 먹고 정신을 차리지 못하고 있었다. 이에 임응은 종황이 가르쳐준 주문을 조용히 외우며 신명봉을 휘둘러 원숭이 왕을 죽인다.

이후 임응은 원숭이들의 은신처가 있는 구덩이 밑

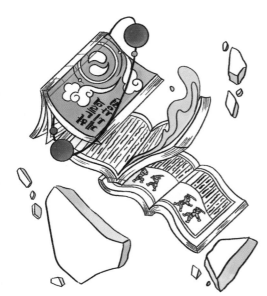

된다. 종황이 먼저 칼을 빼어 하늘을 가리키며 주문을 외우니 쇠 갑옷을 입고, 화려한 무늬가 새겨져 있는 창을 가진 신병(神兵) 수백 명이 하늘에서 내려와 두 요괴에게 덤벼들었으나, 신병들은 모두 요괴에게 맞아 죽어버린다.

종황은 두 신장(神將)을 그린 그림에 붉은 부적을 붙여 무언가를 준비하였으나, 두 괴물은 종황의 술법을 꿰뚫어보고 있었다. 종황이 시험 삼아 포를 쏘아 조정이 궤를 열자, 하늘에서 두 신장이 내려와 두 요괴와 맞서 싸운다. 사나운 바람이 어지러이 불며 모진비가 어지러이 내리는 가운데 서로 승부를 가리지 못하고, 이에 종황이 소리를 지르자 두 신장이 돌연 열 길이나 되는 사람으로 변하여, 긴 무지개 모양의 칼을 손에 들고 두 요괴를 공격한다. 그러자 요괴도 열 길이 되는 사람으로 변하여 대적하였고, 이에 신장들은 세 개의 머리와 여섯 개의 팔을 가진 사람이 되어 여섯 개의 칼로 요괴를 공격하니, 두 요괴 역시 세 개의 머리와 여섯 개의 팔을 가진 사람이 되어 여섯 개의 칼로 대적하였다. 신장이 벼락이 되어 치니 두 요괴는 구름이 되어 피하고, 신장이 황룡이 되어 날아드니 두 요괴는 적룡이 되어 공중에서 서로 싸웠다. 그러던 중 두 요괴가 갑자기 쥐로 변하여 수풀 속에 숨었고, 신장이 고양이로 변해 잡으려하자, 두 요괴는 누런 개로 변하였다. 신장은 즉시 사나운 호랑이로 변하였고, 이에 두 요괴는 갑자기 사자가 되어 호랑이를 물어 죽여 버렸다. 그러자 신장이 그려진 그림이 땅에 떨어졌다.

종황의 술법을 깨뜨린 두 요괴가 술법으로 종황의 동료들을 납치하자, 종황은 두 요괴가 한 짓인 줄 알고 즉시 칼을 빼 하늘을 가리키며 술법을 썼다.

에 떨어지게 되는데, 종황이 허리띠를 풀어 한쪽 끝을 구멍에 넣고 주문을 외웠다. 그러자 그 띠가 수만 장이나 되는 쇠밧줄로 변하여 구멍 속으로 내려가 임응을 구출할 수 있었다.

다섯 번째 섬은 아름다운 여인들만 사는 섬이었는데, 그곳의 여인들은 영웅들에게 우리와 결혼하여 이 섬에서 함께 살자고 유혹하였다. 하지만 종황은 이들이 여우임을 간파하여, 개의 가죽과 부적으로 신통한 개를 만들어 여우들을 모두 소탕한다.

여섯 번째 섬에서는 지네요괴가 바위틈에 숨어서 독기를 뿜어 일행을 눈 못 뜨게 하지만, 종황이 침을 뱉어 눈에 바른 뒤 주문을 외우자 다시 눈을 뜰 수 있게 되었고, 닭의 깃털과 부적을 이용하여 신이한 닭을 만들어 지네요괴를 퇴치한다.

그리고 태원땅에 가기 전에 도착한 마지막 섬에서는 천리안과 순풍이라는 강력한 요괴들과 싸우게 오색구름이 하늘에서 내려와 두 요괴를 둘러싸 앞을 보지 못하게 만든 뒤, 신장을 불러 산속의 돌로 된 벽을 깨뜨려 장수들을 구해왔고, 전처럼 진영을 구축한 뒤 구름을 거두었다. 괘를 뽑아 요괴의 정체를 간파한 종황은 많은 영웅들과 병사들을 동원하여 사방신과 별자리, 그리고 해와 달의 형상으로 진영을 짜는 천문진(天文陣)을 만들어, 두 요괴를 무력화시켰고, 힘을 잃은 요괴들은 임응의 신명봉에 목숨을 잃게 된다.

이처럼 종황은 요괴들의 본질을 간파할 뿐만이 아니라 수많은 술법으로 요괴들을 쓰러뜨리며, 이후 태원땅에 도착해서는 뛰어난 전략을 구사하여 금국과의 전쟁을 승리로 이끌게 된다.

종황이 이처럼 신술(新術)을 사용하는 최고의 도사며, 전략가가 될 수 있었던 이유는 바로 이 하늘의 계시를 적은 책 덕분인데, 그 책을 얻게 된 사연은 다음과 같다.

종황은 어렸을 때 깊은 산속에 있는 절에서 글을 읽으며 공부를 했다. 그런데 어느 날 절 뒤에 있는 석벽에서 종황의 이름을 부르는 소리가 들려와서 그곳으로 가봤는데, 특별히 보이는 것이 없어서 그냥 돌아왔다. 이러기를 사나흘 했는데 닷새가 되는 날, 갑자기 석벽에 벼락이 떨어져 석벽이 갈라졌고, 그 안에는 하늘의 계시를 적은 책이 세 권이나 있었다.

세 권의 책에는 어마어마한 정보들이 담겨 있었는데, 먼저 상권에는 우주의 법칙과 음양의 이치는 물론이며, 신장을 부리고, 비, 구름, 바람, 천둥을 부르는 술법이 담겨 있었고,

중권에는 땅의 이치와 함께 축지법과 산을 무너뜨리고 바위를 깨며, 바다와 강을 뒤집는 술법이 적혀 있었으며, 마지막으로 하권에는 자연의 이치와 함께 사람의 선악을 살피는 심안법, 싸우면 반드시 이기는 진법, 해로운 것을 피하고 이로운 것으로 나가는 방법, 몸을 감추는 술법이 적혀있었다. 종황도 처음에는 읽어도 무슨 말인지 전혀 알지 못했지만, 차분히 몰입해서 반복해 읽다보니 어느 날 그 신묘한 술법들을 깨닫게 되었다고 한다.

호랑이로 변하는 책

어떤 가난한 사람이 뒷산의 산신령에게 기도를 드린 후 꿈 속에서 받은 책. 이 책을 읽으면 커다란 호랑이로 변신할 수 있으며, 책을 다시 읽으면 사람으로 돌아올 수 있다

용도	변신용
관련문헌	민간전승

옛날 어느 마을에 황씨 성을 가진 한 가난한 효자가 홀어머니를 모시고 아내와 살고 있었다. 그러던 어느 날 어머니가 병이 들었는데 어떤 약을 써도 효과가 없었고, 용한 의원의 말에 따르면 개의 간 백 개를 먹어야 낫는다고 했다.

하지만 가난한 황씨는 개를 백 마리나 살 돈이 없어 뒷산의 산신령에게 기도를 올렸다. 여느 날과 같이 산신령에게 기도하던 황씨가 깜빡 잠들었을 때, 그의 꿈에 한 백발의 노인이 나타나 "너의 효심이 지극하니 이 책을 주겠다. 이 책만 있으면 개의 간 백 개를 구하는 것도 가능할 것이다."라고 말하고 사라졌다. 잠에서 깬 황씨의 옆에는

정말로 웬 책 한권이 있었다. 백발노인의 말대로 그 책을 읽었더니 몸이 부르르 떨리며 커다란 호랑이로 변신했고 책을 다시 읽으니 다시 사람의 모습으로 돌아왔다.

황씨는 산신령이 자신의 효심에 감동하여 개를 사냥해 어머니 병을 고칠 수 있도록 도와준 것이라 생각하고, 그날부터 호랑이로 변신하여 여러 동네를 돌아다니며 개를 잡아 어머니에게 가져다드렸다. 드디어 황씨는 99마리의 개의 간을 구해드릴 수 있었고, 어머니의 병은 점점 호전되어 한 마리의 개만 더 잡으면 어머니의 병을 완치 할 수 있었다.

아내는 항상 밤마다 집을 나갔다가 새벽이면 돌아오는 남편이 의심스러웠다. 그래서 남편이 나갈 때 몰래 살펴보았다. 그런데 남편이 책을 읽더니 갑자기 호랑이로 변신하는 것이었다. 남편에게 두려움을 느낀 그녀는 책을 불태워버렸다. 황씨는 마지막 백 마리 째 개를 잡아왔는데, 책은 없고 구석에 타고 남은 잔해만이 남아있음을 발견하였다. 아내가 책을 태운 것을 안 황씨는 다시는 사람으로 돌아갈 수 없다는 사실에 분노하여 이성을 잃었다. 이성을 잃은 황씨는 아내를 죽이고, 전국 팔도를 돌아다니며 사람들을 죽이고 다녀 황팔도라 불렸다고 한다. 결국 나라에서 포수를 모집하였고, 황팔도는 총에 맞아 죽었다.

그 외

금척

출처를 알 수 없는 곳에서 쥐가 들고 온 금색의 자이다. 죽은 사람의 가로, 세로를 이 자로 재면 그 사람이 되살아난다

용도	치유용
관련문헌	민간전승

어떤 머슴이 어느 날 큰 꿈을 꾸었다. 하지만 꿈 자랑만 하고 내용은 이야기하지 않았으며, 원님이나 되야 들을 수 있다고 했다. 내용이 궁금했던 사람들은 원님에게 이를 이야기했다. 원님도 머슴의 꿈이 궁금해져, 그 머슴을 불러 꿈 이야기를 해보라고 했다. 하지만 머슴은 잠시 생각하더니 원님에게도 이야기 할 수 없는 꿈이라고 했다. 그렇게 머슴의 꿈 이야기는 점점 높은 관리들을 거친 뒤 결국 임금님 앞에까지 가게 되었는데, 머슴은 임금님 앞에 가서도 꿈의 내용을 말하지 않았다. 임금은 화가 나 머슴을 감옥에 가두고 며칠 뒤 죽이겠다고 했다.

그렇게 감옥에 들어간 머슴은 우연히 감옥 안을 들락거리는 쥐가 죽는 것을 보게 되었는데, 다른 쥐가 금자 같은 것을 물고 와서는 죽은 쥐의 가로 세로를 재니까 죽었던 쥐가 되살아났다. 머슴은 그 자가 보물이라 생각하고 그것을 빼앗았다. 마침 임금의 딸이 죽을병에 걸려 백약이 무효라는 소문을 듣고 머슴은 자신이 살릴 수 있다고 자청해, 자로 공주를 살려 부마가 되었다.

중국의 천자가 그 소식을 듣고는 자기의 딸도 살려 주기를 청했다. 역시 자로 살려 준 뒤, 머슴은 두 나라의 부마가 되었다. 머슴은 두 부인의 시중을 받으면서 "하하하! 구름을 뚫고 하늘로 솟아 올라가 오른손에는 해를 쥐고, 왼손에는 달을 쥐는 꿈이 바로 이런 뜻이었구나."라고 말했다고 한다.

무엇이든 나오는 연적

용궁에 있던 보배 중 하나로, 용궁에서 지상으로 단숨에 갈 수 있는 준마부터 화려한 진수성찬까지 원하는 것은 무엇이든 꺼내서 사용할 수 있다

용도	화수분
관련문헌	김원전

무기류-채찍-산호채의 관련 문헌 <김원전>에서 해당 내용 확인 가능

문신손님의 붓

인간에게 천연두를 퍼트리는 손님신들 중 문신손님의 붓으로, 이 붓을 이용해 살 자식은 검은 점을 찍고, 고생할 자식은 붉은 점을, 죽을 자식은 낙점을 찍는다고 한다

용도	기타
관련문헌	손님굿

강남천자국 세천산에서 생겨난 명신손님은 대별상을 비롯하여 모두 쉰세 명이었다. 그들은 자신들이 태어난 강남천자국을 마음에 들어 하지 않았다. 그러다 해동조선국이 살기 좋다는 소문을 듣고 조선으로 가려고 하는데 강남천자국의 넓은 땅을 비워둘 수 없어, 단 세 명의 손님신만 강남천자국을 나왔다. 하나는 글 잘쓰는 문신손님, 하나는 칼 잘 쓰는 호반손님, 그리고 하나는 아리따운 각시손님이었다.

문신손님은 청사도복에 흑사띠를 두르고 통영갓을 썼으며 꽃가죽신을 신고 말을 탔다. 검은 책을 옆에 끼고 큰 붓을 손에 들고서, 살 자식은 검은 점을 찍고, 고생할 자식은 붉은 점을, 죽을 자식은 낙점을 찍었다. 호반손님은 옥양목 겹장삼(겹長衫)* 과 옥양목 버선에 육날 미투리를 신고 칼을 차고 나왔다. 활로 살(煞)을 막는데, 동쪽으로 청제살, 서쪽으로 백제살을 막고, 남쪽의 적제살, 북쪽의 흑제살, 중앙의 황제살을 막아, 사방의 살을 막았다. 각시손님은 형산 백옥 같은 얼굴에 분세수를 곱게 하고 삼단 같은 머리를 동백기름으로 광을 내어 곱게 땋아 갑사댕기 반만 물러 외틀어서 머리에 꽂고 금봉채를 잡았다. 순금비단 짝저고리는 거칠 비단 안을 받쳐 반달 같은 깃을 달고 명주고름 끈을 달아 맵시 있게 잡아맸으며, 잎을 그린 다홍치마는 범나비 주름을 잡아 무지개 말을 달고 거칠 비단 안을 받쳐 맵시 있게 졸라매었다. 삼승 겹버선에 꽃가죽 신을 받쳐 신고 가마를 타고 나오는데, 목각나무 가마에 호피 휘장을 두르고 꽃방석을 깔았다.

손님네가 의주 압록강에 이르러 강을 건너려 하는데 배가 보이지 않았다. 이리저리 방황하다 한쪽을 바라보는데 배 한 척이 보였다. 그 배의 사공에게 배를 태워달라고 했지만, 사공은 이 핑계 저 핑계를 대고서 배를 태우려 하지 않았다. 손님네들이 뱃삯을 후히 주겠다며 간곡히 부탁하니, 사공이 각시손님 얼굴을 흘깃 쳐다보며 "뱃삯이고 무엇이고 저 각시와 하룻밤만 같이 자게 하면 배를 빌려드리리다."라고 말을 던졌다.

그러자 각시손님이 머리끝까지 분이 치솟아 얼굴이 붉어졌다. 각시손님은 사공의 사는 곳과 이름을 묻더니만 품속에서 장도칼을 꺼내 단칼에 사공의 목을 쳐서 강물에 던졌다. 그러고도 분이 덜 풀려 사공 사는 집으로 찾아가 사공의 일곱 아들을 모두 잡아내어 마마를 얹혀 차례로 한명, 한명 죽어나가게 했다. 여섯 아들이 속절없이 죽어 나가니 사공의 아내가 통곡하면서 정화수를 떠 놓고 손님네들에게 싹싹 빌었다. 각시손님은 다 죽여도 분이 안 풀리지만, 아내의 정성을 봐서 손님네가 마지막 아들을 살려주는데, 안팎곱사등이에 눈에는 무명씨를 박고, 입은 비뚤어지게 하고, 아랫도리는 앉은뱅이로 만들어 꼼짝달싹 못하는 열두 가지 병신으로 만들어버렸다.

손님네들은 그곳을 나와 은도끼를 둘러메고 뒷동산으로 올라가 대나무를 쪼개서 배를 만들어 타고 조선 땅으로 건너왔다.

날이 어두워졌을 때 손님네들은 한양 김장자의 집에 다다랐는데, 그는 집채가 열두 채나 되는 큰 부자였다. 손님네가 하룻밤을 묵어가길 청하지만, 냉정하고 욕심 많은 김장자는 산적뗀지 도적뗀지 모르는 사람을 어떻게 들이냐며 자신의 집은 빈대도 많고 벼룩도 많아서 손님 잘 방은 없다며 쫓아내버렸다. 화가 나서 홱 돌아선 손님신들은 다 쓰러

져가는 오두막에 당도하게 되는데 그곳은 김장자 집에서 방아를 찧어주고 품삯을 받는 노구할미의 집이었다. 손님네가 노구할미에게 하루 묵어가길 청하자, 호롱불 밑에서 버선을 꿰매던 노구할미가 깜짝 놀라서 바늘하고 실을 다 집어 던지고 "손님네요. 소인이 미련해서 몰라봤습니다. 어서 들어갑시다."라고 말하며 버선발로 뛰어나왔다. 노구할미가 손님네를 모신다고 몽당 빗자루로 여기도 털고 저기도 털자 벼룩 빈대가 튀어나오고 먼지가 일어났다. 손님네들이 그 마음을 갸륵하게 여기며 방으로 들어가 앉았다. 노구할미는 손님네들에게 먹을 것을 주려고 방아를 찧었지만, 가진 것이 없어 죽도 아니고 숭늉도 아닌 것을 이 빠진 그릇에 담아서 대접하였다. 손님네가 들여다보니, 숟가락으로 퍼먹을 것도 없어서 한 그릇씩 들고서 쭉 마셨다. 마시고 보니 그래도 곡기가 뱃속에 들어가 허기가 한결 가셨다.

손님네는 노구할미에게 이 은공을 갚고 싶다며, 친손자나 외손자가 없는지 물어보았다. 노구할미는 "나한테 딸이 하나 있었는데 시집을 간 뒤에 손녀 딸을 낳고 죽어버렸으며, 방아품 파는 처지에 그 자식을 키울 수 없어서 남의 집에 줘버렸는데 죽었는지 살았는지 알 수가 없다."고 했다. 손님네는 "그 손녀라도 데려오면 우리가 점을 제대로 찍어줄 테니 데리고 오시오."라고 말했지만, 노구할미는 자신이 유모로 들어가 키운 김장자 댁 삼대독자 외동아들 철현이 도련님을 돌봐달라고 했다.

손님네는 자신들을 문전 박대한 김장자가 싫었지만, 노구할미가 간곡히 부탁하자 "그대 마음이 갸륵하니 정 그렇다면 장자한테 가서 물어보아라."라고 했다. 노구할미는 즉시 장자 집으로 달려가서

는, 자신의 집에 강남국 명신손님들이 좌정해 있으니, 철현이 도련님이 마마를 잘 넘길 수 있게 하자고 했다. 이에 김장자는 어디와서 망발이냐며 화를 내었다. 노구할미가 꾸지람만 듣고 오는데, 손님네는 이미 그 집에서 일어난 일을 알고 있었다.

손님네는 어서 가서 외손녀를 찾아 데려오라고 재촉하였고, 노구할미는 외손녀를 데려왔다. 손녀가 놀라지 않도록 각시손님이 손녀의 몸에 살짝 들어가서 작은 점을 살짝 찍은 다음, 짧은 명을 길게 마련하고, 인물도 좋아지게 해주었다.

이 소식을 들은 김장자는 덜컥 겁이 나 철현이를 연하사라는 절로 피신 보내고, 담 너머 골목 모퉁이마다 고추 불을 피워 손님네가 오지 못하도록 막았다. 김장자의 아내는 철현이에게 엄마가 데리러 올 때까지 절대로 집에 오지 말라고 했다. 이때 손님네가 철현이를 찾아서 김장자 집으로 가는데, 고추 불이 매워서 들어갈 수가 없었다. 김장자를 괘씸하게 생각한 손님네는 모여서 의논을 했고, 각시손님이 철현이 엄마랑 똑같이 변신을 해서 연하사로 철현이를 찾아갔다. 그리고 "철현아, 어서 가자. 손님네들 떠나고 없으니 어서 집으로 내려가자."라고 말했다. 이 말을 듣고서 철현이는 각시손님을 따라 집으로 향했다. 각시손님은 철현이가 대문 안에 들어서자마자 아래 종아리를 한 차례 들이치고 배와 머리를 한 대씩 거듭 친 뒤 은침을 꽂아 놓았다. 철현이는 다리가 끊어지고, 배가 터지고, 머리가 깨질 것 같은 극심한 고통과 함께 마당 가운데 엎어져서, 이리 뒹굴고 저리 뒹굴면서 울었

다. 김장자 내외가 이 소리에 깜짝 놀라 문을 열고 나와 철현이를 방 안으로 옮겼다.

손님네가 돌아다니는 돌손 날손에 영정, 부정*까지 다 들여앉혀놓자, 철현이는 아파 죽겠다고 울음을 터뜨렸다. 이때 명신손님네들이 덤벼들어 철현이를 얽어매기를 시작하니 사흘 만에 붉은 종기가 불뚝불뚝 일어났다. 김장자의 아내는 철현이가 절에 가서 무엇을 잘못 먹었는지 온몸에 두드러기가 일어났다며 걱정을 했다. 이에 김장자는 검정 옷 입혀놓고 짚에다 불을 피워 아래위로 그슬러 주면 싹 없어진다고 했다. 철현이 엄마가 장자 시키는 대로 검정 옷을 입혀놓고 불을 피워 위아래로 그슬리자 오히려 상황이 악화되어 몸에 혹이 불뚝불뚝 불거졌다. 이에 김장자는 혹 따위는 산 너머 사는 침쟁이를 불러 째서 고름을 짜내면 그만이라고 했다. 김장자의 아내는 그 미련한 말을 그대로 듣고서, 침쟁이를 불러 이리저리 혹을 째니 피도 고름도 안 나오고 살이 허옇게 드러나면서 아이가 숨넘어 가는 소리를 냈다. 이때 손님네가 철현이 뼈마디에 은침과 쇠침을 마디마디 꽂아놓으니, 아이가 배 아파 죽겠고 다리 아파 죽겠다며 위로 구르고 아래로 굴렀다. 이에 김장자의 아내는 철현이에게 손님네가 좌정한 것이 분명하니 손님네한테 빌어보자고 했다.

이때 김장자가 철현이 꼴을 보니 말이 아니었다. 목에선 쇳소리가 나고, 열은 불덩어리같이 나고, 온몸에 혹이 불뚝불뚝 일어나서 처량하기 그지없었다. 그제서야 김장자가 손님네에게 빌었다. 목욕재계하여 깨끗이 한 뒤 의관을 갖춰 입

130

고 정화수를 떠놓고서 "손님네요. 손님네요. 강남 천자국 명신손님네요. 우리 철현이 살려주면 앞 뒤 주 헐어서 떡하고, 뒷 뒤주 헐어서 술하고, 검둥 송 아지 잡아서 대우해 드릴테니 우리 철현이 좀 살 려주오."하며 반말 섞어서 빌기 시작했다. 그래도 비는 것이 가상해서 손님네들이 철현이 몸에서 돌 손 바람손 영정 손을 불러냈다. 그러자 혹이 가라 앉아 구슬이 되더니 딱지가 앉고 목소리가 정상으 로 돌아왔다. 철현이는 언제 아팠냐는 듯 자리를 털고 일어났다.

손님네들의 마음씨에 고마움을 느낀 장자의 아내 는 장자에게 "우리 철현이가 손님네 덕으로 살아 났으니 앞 뒤주 헐어 떡할까요? 뒷 뒤주 헐어 술 할 까요? 검둥 송아지를 잡을까요?"하고 물었다. 이 에 김장자는 "예끼, 요망한 사람이 이게 웬 말이 냐. 내년 시절이 어찌 될 줄 알고 앞 뒤주를 헐며, 올해 시절이 어찌 될 줄 알고 뒷 뒤주를 헌단 말인 가. 검둥 송아지가 또 웬 말인가? 그러지 말고 아 침에 밥 한상해서 우리 먹고 난 뒤에 집에다가 차 려놓으면 손님네가 먹고 가든지 싸서 가든지 하겠 지!"라고 말했다.

손님네가 앉아서도 천 리를 보고, 서서도 천 리를 굽어보는데 이를 모를 리가 없었다. "괘씸하기 짝 이 없다. 우리가 앞 뒤주, 뒷 뒤주 헐라고 했느냐, 검둥 송아지를 잡으라 했느냐? 저런 재물밖에 모 르는 놈은 자식도 필요 없다. 씨도 손도 없이 해야 한다!"라고 외치고는 철현이를 바로 때려눕히고는 뼈 마디마디마다 은침, 쇠침을 꽂아놓으니 철현이 가 다시 위로 뒹굴고 아래로 뒹굴면서 죽는소리를 했다. 손님네들이 철현이한테 어머니 아버지에게 유언이나 남기라 하니, 철현이가 울면서 "불쌍한

우리 엄마, 남편 하나를 잘못 만나 편안한 세월을 보지를 못 하고, 하나밖에 없는 자식을 잃어버리 는구나! 우리 엄마 불쌍해서 내 어이 갈까? 아이고, 아버지, 올 아버지요. 재물만 알다가 삼대독자인 나를 잃으니 구비구비 후회하리라. 엄마야 잘 계시 오, 아버지 잘 계시오, 나는 부모를 잘못 만나 손님 네 따라 떠나갑니다."라고 말했다. 이때 손님네가 철현이 목을 조르자 철현이 숨이 벌떡 넘어갔다. 철현이 엄마가 위아래로 뒹굴고 가슴을 두드리며 함께 가자고 통곡을 했지만, 철현이는 이미 이승 사람이 아니었다.

한편 손님신들은 부모 잘못 만나 죽은 철현이를 불쌍히 여겨 어느 집에 다시 태어나고 싶은지 물 었다. 철현이는 열 살 전에 죽으면 새로 태어나 좋 은 인생을 살 수 있으나, 자신은 이미 열 살을 넘었 으니 그냥 막내가 되어 손님신을 따라다니기로 했 다. 그렇게 넷이 된 일행이 이곳저곳 떠돌아다니니 곳곳마다 사람들이 손님네들을 정성껏 맞아 대접 하였다. 손님네들은 집집마다 마마를 착실히 앓게 하고 융숭하게 배웅을 받았다. 불손한 집에는 심한 마마를 내렸으나, 철현이가 사정한 덕에 아이의 목 숨을 마구 빼앗지는 않았다.

그렇게 이곳저곳을 돌아다니던 손님신들은 다시 김장자와 노구할미가 살던 마을에 돌아오게 되었 는데, 노구할미가 김장자의 커다란 집에 살고, 김 장자는 다 쓰러져가는 오두막에 중풍(中風)*으로 누워버리고, 김장자의 아내는 바가지를 끼고 구걸 을 다니다 철현이 만한 나이의 아이를 보고는 눈 물을 흘리며 이 엄마도 데려가라고 흐느껴 울었다. 이 모습을 본 철현이는 가슴이 아팠고, 냉정한 손 님네들도 철현이 모자의 모습에 가슴이 아팠던 건

지 장자의 중풍을 고쳐주고 먹고 살만큼의 재산도 되찾아줬으며, 삼신에게 부탁하여 대를 이을 자식까지 점지해주니, 철현이는 안심하고 부모 곁을 떠나 강남천자국으로 돌아갔다.

이 이야기에서는 인간에게 천연두를 퍼트리는 손님신이 등장하는데, 그 손님신들은 여러 가지 도구를 사용한다.
먼저 문신손님의 붓으로 살 자식은 검은 점을 찍고, 고생할 자식은 붉은 점을, 죽을 자식은 낙점을 찍는다고 한다. 즉, 병의 천연두의 강도를 정하는 붓이라고 할 수 있겠다.
다음은 칼 잘 쓰는 호반손님의 활이다. 호반손님은 활로 살(煞)을 막는다고 하는데, 동쪽으로 청제살, 서쪽으로 백제살을 막고, 남쪽으로는 적제살과 북쪽으로는 흑제살, 중앙의 황제살을 막는다. 이것은 바로 오방신장의 방향, 색깔과 동일하다. 즉, 호반손님이 막는 살은 오방신장을 말하는 것으로, 손님신이 역병의 신이기 때문에 수호신인 오방신장이 손님신 입장에서는 살(煞)인 것이다.
마지막 도구는 철현이를 죽일 때 찌른 침으로, 이 손님이 명신손님이니 그 침으로 찌르는 즉시 그 자리에 천연두가 생기며 극심한 고통이 뒤따르는 것으로 추측된다. 이 이야기에서는 은침과 철침이 등장하는데, 손님신이 처음에는 은침만 사용하다가 나중에 죽일 작정을 한 뒤에 철침을 사용하는 것을 보면 은침보다 철침이 고통이나 천연두의 강도가 강한 것으로 생각되며, 강도가 약한 금침도 있지 않을까 추측해본다.

* 겹장삼(겹長衫): 조선 시대 궁중 예복의 하나로, 길고 넓은 소매에 솜을 두지 않고 겹으로 지은 옷.
* 돌손 날손에 영정, 부정: 길가에 돌아다니는 좋지 못한 질병의 귀신들로 이런 귀신들이 없는 날을 손없는 날이라고 한다.
* 중풍(中風): 뇌혈관의 장애로 갑자기 정신을 잃고 넘어져서 반신불수 등의 후유증을 남기는 병.

문창성의 붓

쇠로 만든 것처럼 단단하고 피어나는 연꽃 봉오리같이 오묘하게 생긴 붓이다. 문장의 대가가 가지면 천하의 문장력을 가진 자가 될 수 있으나, 그렇지 않은 자들에게는 돌기둥보다 무거우며 쓸모없는 막대기와 같아진다

용도	기타

관련문헌	보은기우록

하루는 양거인이 아들 양천양과 외조카 위연청을 데리고 아미산에 유람하러 갔다. 유람을 다니며 시를 짓고, 위연청은 돌에 글귀를 하나 쓰며 주변 경치를 감상하고 있었는데, 한 도사가 다가와 혹시 술과 안주를 가져왔다면 자신의 배고픔과 갈증을 면하게 해달라고 했다.
양거인과 양천양은 도사의 남루한 차림을 보고 자신들은 산을 보러온 사람들이지 음식을 가져와 거지를 도우려고 온 것이 아니라며 그를 꾸짖었다. 하지만 위연청은 그 도사의 옷차림은 누추하나 속됨이 없고, 얼굴은 말랐지만 질병의 괴로움이 없어 보여, 그가 신선임을 간파하고 양거인에게 저 도사에게 예를 다하는 것이 좋겠다고 했다. 양거인은 위연청의 부탁에 큰 잔에 술을 가득 부어 도사에게 주었으나, 도사는 받지 않고 위연청을 바라보고는 크게 웃으며, 자신이 술을 달라고 한 것은 어떻게 말하는지 보기 위해서였다며 자신은 구걸한 것을 먹지 않는다고 했다. 그리고 연청이 바위 위에 시를 써 놓은 것을 보고는 위연청의 전생은 하늘에서 문장을 관장하는 문창성이었다며, 옛 재주가 남아있는 것이 기특하니 자신이 붓을 한 자루 주겠다며 소매에서 붓 한 자루를 내어 앞에 놓았다. 족제비의 털도 아니고, 중산에 사는 옥토끼의 털로 만든 것도 아니었으며, 붓대 역시 산호나 무늬 있는 대나무로 만든 것도 아니었는데, 쇠로 만든 것처럼 단단하고, 기름을 바른 것처럼 윤기가 흐르며,

피어나는 연꽃 봉오리같이 오묘하게 생겼었다. 간사한 것을 베어낼 때는 창검같이 날카로우며, 종이 위에 글을 쓸 때면 소견과 생각을 앞질러 쓰고, 휘두를 때는 불빛이 어른거리니 그 위엄이 놀라웠다. 글 쓰는 곳에 여러 빛이 어려, 귀신이 글을 느끼는 듯하니 크게는 천지의 조화를 부리고 작게는 만고의 번창함을 담을 수 있을 듯하였다.

만약 문장의 대가가 이 붓을 가진다면 천년을 벼루어온 큰 업적을 이룰 수 있을 것이지만, 별것 아닌 속물이 가진다면 쓸데없는 막대기일 뿐이었다. 양거인은 그 붓이 대단한 물건임을 알아보고 받았다. 하지만 그 작은 붓이 큰 창보다 더 무거워 힘을 다해 들어 올렸으나 들 수 없었다. 양천양이 이를 이상하게 여기고 이번에는 자신이 들어보려고 했으나, 역시 돌기둥을 세우는 것과 같이 무거워 들수 없었다. 하지만 어린 위연청은 버드나무 가지처럼 가볍게 들었다. 양거인이 이를 신기해하자 도사는 문창성이 이 붓을 쓰는 것은 천지의 당연한 일이며, 옥황상제께서 문창성의 재주를 아끼셨기에 천상의 모든 신선이 문창성을 붓을 빌려 쓰지 못하게 했으니 다른 사람은 들 수 없다고 했다.

이 붓을 얻은 위연청의 학문을 하루가 다르게 일취월장하여, 겨우 10세가 되었을 때 뛰어난 수준의 학문을 갖추게 되었다. 그러던 어느 날 위연청의 집에 강도가 들어와 위연청에게 창을 휘두르며 달려드는데 위연청이 붓을 던지자 강도는 그 작은 붓에 깔려 옴짝달싹도 할 수 없었다. 연청은 강도를 설득하고 재물을 주며 그냥 풀어주었고, 강도는 그의 아량에 감복하여 마음을 고쳐먹게 된다.

일상사물

일상에서 우리는 많은 도구들을 사용합니다. 밥을 먹을 때, 무언가를 만들 때, 어딘가에 가야할 때에도 말이죠. 이러한 일상 속 도구들이 신비한 능력을 가지고 있다면 어떨까요? 놀라운 일상사물들을 소개합니다.

거울

업경

저승 입구에 있는 염라대왕의 거울로, 망자의 생전 모습을
남김 없이 비추어 그 사람의 업을 보여준다

용도	분석탐지용
관련문헌	시왕경

사람의 업을 나타내는 거울이다. 저승 입구에 있는
거울로, 사람이 죽으면 그 업경에 전생의 업이 모
두 나타나 그 업에 따라 심판을 받는다. 이 거울은
염라대왕에게 있으며,   서기들이 기록한 망자
의 악행과   선행으로도

도저히 판가름이 나지 않을 때 이 업경을 사용한
다. 업경은 그 사람의 생전 모습을 남김없이 비추
기 때문에 서기들이 실수로 놓친 것을 찾아낼 수
있으며, 망자가 하는 거짓말도 바로 들통난다.

열녀의 거울

용왕이 인간 세상의 열녀에게 전해주라고 한 신비한 거울
로, 여자에게 비추면 그 여자가 밤을 같이 보낸 남자의 수를
보여준다. 용왕의 딸에게는 용궁과 인간 세상을 드나들 수
있는 여권 같은 역할을 한다

용도	분석탐지용, 이동용
관련문헌	임석재 전집 한국구전설화

옛날에 어떤 사람이 바닷속에 있는 용궁을 구경하
겠다고 배를 타고 길을 떠났다. 가다 보니 고래등
같은 큰 기와집이 나왔다. 그곳에 들어가 보니, 그
곳이 바로 용궁이었다. 용왕은 그 사람을 보고 인
간이 어떻게 여기에 왔냐고 물었다. 이 사람은 용
궁이 좋다는 말을 듣고, 용궁을 구경하러 왔다고
했다. 용왕은 하인을 불러 그에게 용궁 구경을 시
켜주라고 했다. 하인은 그를 등
에 업고서 휙 하더니, 어
떤 곳에 데려다주었다.
도착한 그곳을 보니 인간
세상에서는 보지 못한
것이 많이 있었고, 그곳
을 돌아가며 구경하였다.
그런데 어떤 파란 두루마
기를 입은 사람 한 명이
오더니, 인간이 선계에 무엇
을 하러 왔냐며 죽이겠다고 했
다. 이 사람은 잘못했으니 용서해

달라고 빌었다. 그때 용왕의 신하가 달려와 그 사람을 업고는 다시 용궁으로 데려다 놓았다.

그렇게 용궁으로 돌아온 그에게 용왕은 거울 하나를 주면서 이걸 인간 세상에 가지고 가 열녀에게 주라고 하였다. 그는 그 거울을 받고 다시 하인에게 업혀 인간 세상으로 돌아왔다. 인간 세상에서 그 거울로 지나가는 여인을 비춰보니, 그 여인에게는 남자의 성기 서너 개가 붙어있었다. 이 사람은 '이 여자가 서방질을 서너 번이나 한 거구나' 하고, 그 이후로는 지나가는 사람마다 거울을 비춰보았다. 그랬더니 다른 여자들에게도 성기가 여럿 붙어있는 것을 확인할 수 있었다.

집으로 돌아와 자신의 색시를 비춰보니, 색시에게도 성기가 두 개나 붙어있었고, 어머니에게도 성기가 서너 개 붙어있었다. 그러던 어느 날 우물에서 빨래하는 여인이 있어서 거울을 비추어보았더니, 그 여인에게는 성기가 하나도 붙어있지 않았다. 이 여인이야말로 열녀인 것 같다고 생각한 그는 그 여인에게 거울을 주었다. 그러자 여인이 "이거 용궁에 있는 우리 아버지가 보낸 거 아냐? 내가 이 거울이 없어서 인간 세상에 나왔다가 다시 용궁에 가질 못하고 남아있었는데 이젠 용궁에 갈 수 있겠다."라고 하더니 어디론가 가버렸다.

옛날거울

뒷면에 8괘가 새겨져 있고, 8괘 밖에 12지가 고전 글자로 새겨져 있다. 그리고 그 밖으로는 해당 12지 동물 모양이 조각되어있고, 그 둘레에 64괘가 또 새겨져 있다. 특별한 능력은 없으나 밤이 깊으면 거울 속에 자주색 옷을 입은 여인이 나타난다

용도	기타
관련문헌	속제해지

이 이야기는 이덕수가 기술한 것이다. 근래 한 변방 장수가 땅속에서 옛날 거울 하나를 발견하고

맹만택 감사에게 바쳤다. 이 거울을 닦으니, 뒷면에 8괘가 새겨져 있었고, 8괘 밖에 십이지가 고전 글자로 새겨져 있었다. 그리고 그 밖으로는 해당 십이지의 동물 모양이 조각되어있었고, 그 둘레에 64괘가 또 새겨져 있었다.

그리고 중간에 구멍이 있어서 줄을 꿰어 벽에 걸어 둘 수 있었다. 날이 오래되니 거울 속으로 자주색 옷을 입은 여인이 머리를 손질하고 있는 모습이

보였는데, 자세히 보고 있으면 곧 사라졌다. 아마 북방에 있던 숙신시대에 만들어졌거나, 그렇지 않으면 송나라 말기 휘종과 흠종이 북쪽으로 잡혀 올 때 가지고 온 것이 아닌가하고 추측했다.

또한 만들어진 그 모양으로 보아, 중국 설화 총집인 <태평광기>에 실린 '왕도(王度)'의 '고경기(古鏡記)'속에 나오는 거울의 정령 '자진(紫珍)'과 흡사한 면이 있다. 그러나 아무도 이를 밝힐만한 박아지사(博雅之社)가 없었다.

요지경

놀부가 탄 박속에서 등짐장수가 들고나온 거울. 자신이 보고 싶은 것을 볼 수 있는 것은 물론이며, 소설 속의 인물이나 가상의 인물 또한 볼 수 있다

용도	기타
관련문헌	흥부전

유기물-그 외-보은표의 관련 문헌 <흥부전>에서 해당 내용 확인 가능

조마경

악한 요괴인 대망을 막아낸 거울로, 둔갑한 요괴나 마귀에게 비추면 그 본성을 비추어서 원래의 모습을 보여준다

용도	분석탐지용
관련문헌	장한절효기

무기류-검-검각산 신령의 보검의 관련 문헌 중 <장한절효기>에서 해당 내용 확인 가능

교통수단

백조기계

조선시대에 만들어진 탈 것이다. 최대 4명까지 탈 수 있으며, 바람을 타고 하늘을 날 수 있다

용도	이동용
관련문헌	오주연문장전산고

이규경이 쓴 <오주연문장전산고(五洲衍文長箋散稿)>에는 윤달규라는 사람이 백조와 비슷한 모양의 탈 것을 만들었는데, 최대 4명이 탈 수 있으며 바람을 타고 하늘을 날면 무려 100장(300M)의 거리까지 갈 수 있지만, 바람이 너무 거세지면 땅에 떨어질 우려가 있었다고 한다.

비선(飛船)

전설의 도인 황석공의 부적을 수중에 대면 나타난다. 하늘을 나는 배로, 신들의 영역에도 갈 수 있다

용도	이동용
관련문헌	위현전

무기류-검-용천검의 관련문헌 <위현전>에서 해당 내용 확인 가능

비차(飛車)

임진왜란 당시 정평구라는 무관이 만든 기계. 불을 때면서 하늘을 날아다닌다

용도	이동용
관련문헌	여암전서

조선 후기의 학자인 신경준이 쓴 <여암전서(旅庵全書)>에 따르면, 임진왜란 때 정평구(鄭平九)라는 무관이 2차 진주성 전투에서 일본군의 수가 많고 조선군의 수가 적어 불리한 상황에 처하게 되자 이를 벗어나기 위해 비차를 만들었다고 한다. 불을 때면서 하늘을 날아다녔고, 바람이 심하게 불면 제대로 날지 못했다는 묘사가 있는데, 이를 보면 열기구에 가까운 모습이 아닐까 생각된다. 정평구는 이 비차로 일본군이 포위한 성에서 사람들을 구출하거나 외부에   서 식량을 조달하기도 했   으며, 때로

는 돌이나 화약을 싣고 다니며 일본군을 공격하는 등 다양한 용도로 사용했다고 한다. 하지만 결국 일본군이 쏜 조총에 맞아 비차가 추락하고 말았고, 정평구도 전사하고 말았다. 결국 진주성은 함락당하고 말았고, 일본군은 성안에 있는 조선의 병사들과 백성들을 모조리 죽여버렸다고 한다.

신인(神人)의 배

지리산 신인(神人)이 사람을 맞이할 때 나타나는 배. 운전하는 이가 없어도 저절로 움직인다

용도	이동용
관련문헌	동패낙송

토정 선생이 조헌과 함께 바닷가에 앉아 있으니, 어디선가 배 한 척이 저절로 떠서 왔다. 조헌은 그 배가 어디서 왔는지 모르고, 토정은 "지리산 신인(神人)이 우리를 맞이하기 위해 보낸 것이다."라고 말했다. 두 사람이 배를 타   니, 배는 저절로

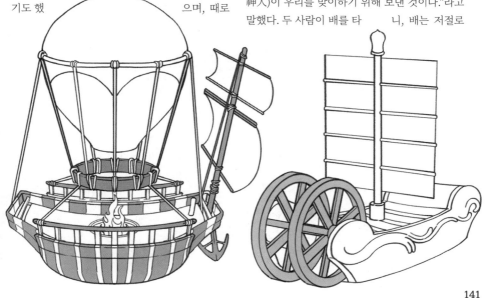

물 위를 달려 반일(半日)*만에 한 산 아래에 닿았다. 두 사람이 배에서 내려 산에 올라 석굴 속으로 들어가니, 넓은 천지가 열리고 붉은 수염 난 노인이 돌의자에 앉아 있었다.

토정과 노인은 무엇인가 한참 동안 이야기를 했는데, 조헌은 전혀 알아들을 수가 없었다. 그리고 작별하면서 노인이 "자네들 산을 조심하게."라고 말했다. 이에 토정은 "모두 운수이니 어떻게 합니까."라며 응수했다. 돌아오면서 조헌이 토정에게 산을 조심하라는 것이 무슨 뜻인지 물어보았다. 이에 토정은 "나는 아산(牙山)*에서 죽고 자네들 금산(錦山)*에서 죽을 것이니 잘 피하라는 뜻이었는데, 내가 모두 운수이니 할 수 없다고 대답한 것이다."라고 설명했다. 그 뒤 그 말이 모두 맞았다.

* 반일(半日): 하루의 반
* 아산(牙山): 충청남도의 서북부에 있는 시
* 금산(錦山): 충청남도 금산군에 있는 읍

오룡거(五龍車)

해모수가 하늘로부터 내려올 때 타고 온 다섯 마리의 용이 이끄는 수레. 인간 세상과 천계를 자유롭게 오고 갈 수 있다

용도	이동용
관련문헌	조선왕조실록

무기류-검-용광검의 관련 문헌 <조선왕조실록>에서 해당 내용 확인 가능

응천의 배

응천의 소굴에 있던 신기한 배. 배를 만든 나무가 특이하여 도끼로 찍어도 흠집이 나지 않는다

용도	이동용
관련문헌	태원지

용도	이동용
관련문헌	남훙량전

<남훙량전>에서는 기계가 전반적으로 큰 힘을 발휘하는데, 그중 남훙량이 만든 기계는 염요국의 침입을 막기 위해 만들어졌다. 염요국은 땅이 팔천여 리나 되며, 그 나라의 사람들은 기골이 장대하여 키가 20장(약 60m)에 곰이나 호랑이는 간단히 때려죽였다. 또한 한쪽 눈의 눈동자가 겹쳐있으며, 전신에 털이 있으니 그 모습은 대식국의 화산모녀와 같았다. 염요국의 병사들은 모두 정예로, 이들은 연장을 능숙하게 다루고 양식 또한 풍족하여 한 사람이 백 명을 당해내지 못 하는 일이 없었다. 그런 무서운 존재들이 남접역의 땅이 비옥하고 보물이 많다는 말을 듣고는 사나운 병사 팔십만을 이끌고 쳐들어왔다.

하지만 남훙량은 염요국의 침공을 미리 예지하였고, 팔풍비행거(八風飛行車)와 오릉응심기(五稜應心機)라는 기계를 만드는 법을 친구인 서치우에게 알려주었다. 이 기계들은 용천장군의 기계와 달리 묘사가 상세하게 나온다.

팔풍비행거는 하늘을 나는 수레로, 혼천의(渾天儀)*의 모습과 비슷하다. 중앙에는 여섯 모서리로 되어있는 검은색 쇠기둥을 세우고, 기둥의 위에는 '일육수(一六水)'라고 세 글자가 새겨져 있다. 이 쇠기둥의 동쪽에는 청색 철표를 세워 동해를 담당하는 신의 이름인 '영위앙(靈威仰)'을, 서쪽에는 흰색의 은표를 세워 서해를 담당하는 신인 '백초거(白招拒)'를, 남쪽에는 붉은 빛이 나는 금으로 기둥을 세워 남해를 담당하는 신의 이름인 '적표노(赤

여행을 하던 임성 일행이 해적 두목인 응천을 쓰러뜨린 뒤 응천의 소굴에 남은 잔당을 소탕하고, 응천의 재물과 온갖 물건들을 가지고 왔는데 그중 하나가 바로 응천의 배였다. 배를 만든 나무가 아주 이상하여 도끼로 찍어도 날이 들어가지 않을 뿐만이 아니라, 파였던 자국도 도로 살아나 도드라지면서 사라졌다. 또 비단으로 꾸민 돛은 광채가 찬란하였고, 등칡으로 만든 닻줄은 만년이 지나도 끊어지지 않을 듯하였다. 그리고 배 안에는 보물과 그릇, 온갖 집기들이 헤아릴 수 없을 정도로 가득 실려 있었다. 임성 일행은 그 배에 무기와 보물들을 싣고 계속해서 모험을 떠났다.

팔풍비행거(八風飛行車)

하늘을 나는 수레. 최고 300M 이상의 높은 고도까지 비행할 수 있을 뿐만이 아니라, 700여 리가 되는 거리를 하루도 안 되는 시간에 왕복 가능하다

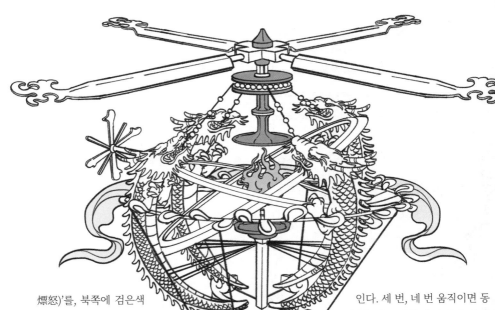

煙怒)'를, 북쪽에 검은색
철표를 세워 북해를 담당하
는 신의 이름인 '즙선기(汁先紀)'
를 새겨 놓았다.

육각형의 쇠기둥의 위로는 열십자 모
양으로 쇠기둥을 세워놓고, 운화부인의
상을 그려서 액자같은 궤에 넣어 끈으로
묶은 후 남쪽을 향해 달아놓았다. 마찬
가지로 북쪽에는 창수사자를 그려놓고
북쪽을 향해 세워 놓았다.

이 위로는 동서남북의 방위에 각각 한 마리씩의 용
을 설치했다. 그리고 단련한 구리로 만들어진 구슬
이 여섯 개씩 용의 입에 각각 하나씩 들어가도록
만들어놓고, 스물 네 개의 방위에 고리를 설치하
여 정북향에는 조종할 수 있는 기계를 설치했다.
이 기계는 한 번 조종하면, 즉시 네 방위의 구슬이
모두 움직이고, 두 번 조종하면 네 마리 용이 움직

인다. 세 번, 네 번 움직이면 동
쪽에 있는 여섯 개의 구슬이 서
쪽에 있는 백룡의 입에 들어가고,
남쪽에 있는 여섯 개의 구슬이 북쪽
에 있는 흑룡의 입에 들어가고, 다섯
번, 여섯 번 움직이면 서쪽에 있는 여
섯 개의 구슬이 동쪽에 있는 청룡이 입에
들어가고, 북쪽에 있는 여섯 개의 구슬이
남쪽에 있는 적룡의 입에 들어갔다.

팔풍비행거는 금과 은 그리고 구리와 철을
정련하여 만들었는데, 전체적인 모습이 위쪽은 원
이고 아래쪽은 모가 나있는 것과 같다. 사람이 타
는 부분에는 가장 좋은 품질의 유리로 벽을 장식했
으며, 금강석으로 바닥을 만들었다.

서치우는 팔풍비행거에 오릉응심기를 싣고 홀로
출전하기로 했다. 흰 비단보로 팔풍기를 싸고 공기
를 타고 날아올랐다. 염요국이 배를 타고 상륙하려

고 한다는 곳으로 날아가 굽어보니, 염요국의 병사들이 이미 상륙하였는데 군수물자와 쌀을 운반하는 수레가 심히 성대하였다. 병사들의 모습을 살펴보니 병사들 하나하나가 항우와 같아서 맹분(孟賁)*과 하육(夏育)*같은 용사들이라도 감히 당해낼 수 없을것 같았다. 다시 수백 장을 올라가서 오릉응심기로 적진 뒤편에 모아둔 보급물자에 햇빛을 쏘는 것을 시험해보니 순식간에 보급물자와 말먹이에 불이 붙었다. 보급물자가 불에 타자 염요국의 병사들은 순간 당황했으나, 적장이 그 불이 공중에서부터 오는 것을 보고 하늘을 향해 황금화살을 쏘았다. 화살은 팔풍비행거의 몇 보 앞까지 날아왔으나 닿지 못하고 땅에 떨어져버렸다.

서치우는 팔풍비행거의 은색 줄을 흔들어 더 높은 곳으로 치솟은 후, 오릉응심기에 햇빛을 받아 아래를 비추니 적진이 불과 연기로 뒤덮이고, 폭죽과 포를 쏘는 소리와 매운 공기, 누린내와 피비린내, 고약한 냄새가 나서 곧바로 높은 하늘 위로 올라갔다. 더 높은 고도로 올라간 서치우는 이번에는 오릉응심기로 구름을 만들어냈다. 비구름이 빽빽하게 끼어서 짧은 거리조차 구분할 수 없었으며, 비 내리는 것이 마치 쏟아붓는 듯해서 팔십만 대군이 모조리 물속에 수장되고 말았다.

적을 전멸시킨 서치우는 구름을 거두어 비를 멈추게 한 뒤 수도로 돌아갔다. 염요국 병사들이 상륙한 곳과 수도까지는 칠백여 리가 떨어져 있었는데, 서치우는 그날 잠깐 사이에 팔십만 대군을 몰살시키고 즉시 귀환하니 피로가 없었으며, 순식간에 승리를 거두었다.

<남홍량전>은 한문으로 쓰여져 있는 소설이기에 해석된 내용 중에서 매끄럽지 못하고 이해하기 힘든 부분이 있었다. 도구를 스케치하는 과정에서 상상력과 창의성이 조금씩 더해지면서 현재 스케치 속 팔풍비행거와 오릉응심기가 되었고, 이에 따라 도구를 묘사하는 글의 내용도 창작성이 가미되어 기존 원문과는 다르게 작성되었다.

팔풍비행거는 높은 위치에서 염요국 병사들의 동태를 살핀 뒤 공격을 하기 위해 고도를 수백 장 높인다는 묘사가 나온다. 1장이 약 3M니, 300M 이상의 높은 고도까지 비행할 수 있을 뿐만이 아니라, 칠백여 리가 되는 거리를 하루도 안 되는 시간에 왕복했다. 칠백 리가 약 274km인데 왕복이었으니, 약 548km의 거리를 하루도 안 되는 시간에 비행한 것으로, 그 속도 역시 빨랐음을 알 수 있다. 그리고 오릉응심기는 300M 이상의 높이에서 불덩이를 날려 염요국 병사들에게 폭격을 가했고, 마지막에는 구름을 깔아 한치 앞도 보지 못하게 하는가 싶더니 폭우를 쏟아내어 신장이 20장(약 60m)이나 되는 거인과도 같은 염요국 병사들이 모두 물에 쓸려나가 죽게 만들었다.

* 혼천의(渾天儀): 천체의 운행과 그 위치를 측정하던 천문관측기. 삼국시대 후기에서 통일신라와 고려 시대에 사용했을 것으로 추측된다
* 맹분(孟賁): 전국 시대 위(衛)나라 사람. 제(齊)나라 사람이라고도 한다. 대단한 완력과 용기를 지닌 인물로, 소의 생뿔을 잡아 뽑아낼 수 있었다
* 하육(夏育): 주(周)나라 때 위(衛)나라 사람. 용사로, 힘이 대단해서 천균(千鈞)의 무게를 들고 살아있는 소의 꼬리를 뽑았다고 한다

그릇, 용기

고추장 종지 귀신

종지에 담겨있는 고추장을 찍어먹으면 종지가 뺨에 붙어 떨어지지 않으며, 음식을 계속 뺏어먹어 굶어죽고 만다

용도	저주용
관련문헌	한국의 민담

옛날에 쌍둥이라는 별명이 붙을 정도로 친한 친

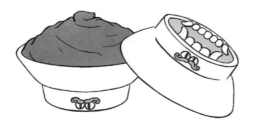

큰 바위에서 나온, 구리로 된 4개의 술잔. 이 술잔을 잃어버리면 안좋은 일이 찾아오는 것으로 추측된다

용도	기타
관련문헌	해동야언

구 두 사람이 있었다. 두 사람은 생사를 함께 하자고 약속을 한 적이 있었는데, 두 사람 모두 이름 모를 병에 걸려 한 사람은 죽고, 다른 한 사람은 병을 앓다가 나았다. 남은 친구는 아파서 친구의 장례식도 가보지 못한 것이 매우 슬펐다. 그렇게 친구를 찾아가는 도중에 죽은 친구를 만났다. 그는 너무 반갑고 좋아서 죽은 친구를 따라 죽은 친구의 집으로 갔다.

죽은 친구는 깊은 산속으로 그를 데리고 갔는데, 그곳에는 훌륭한 집이 있었다. 죽은 친구는 그에게 진수성찬을 대접했고, 두 사람은 맛있게 밥을 먹었다. 밥을 먹던 중 죽은 친구는 변소에 가겠다며 자리를 비웠는데, 아무리 기다려도 도무지 돌아오지 않았다. 혼자서 기다리다 무료해진 친구는 고추장이 맛있어 보여 그것을 찍어 맛을 보았다. 그런데 갑자기 고추장 종지가 자기 뺨에 붙어 떨어지지 않았다.

그렇게 뺨에 붙은 고추장 종지를 잡아떼려다가 지쳐 잠이 들고 말았는데, 깨어보니 죽은 친구의 묘 앞이었다. 뺨을 만져보니 종지가 그대로 붙어 있어 할 수 없이 그는 그대로 집으로 돌아왔다. 그런데 밥을 먹기위해 밥숟가락을 떠서 입에 넣으려고 하면 뺨에 붙은 종지가 계속 뺏어 먹었다. 그렇게 결국 그 친구도 굶어 죽고 말았다.

안동부사 박노는 참판 박이서의 아들이다. 그는 산의 바위를 쪼개서 산성을 수축하는데, 큰 바위를 쪼개니 그 속에 4개의 구리로 된 술잔이 나왔다. 바위 속 구리 잔이 닿았던 곳은 반질반질해 갈아놓은 것 같았다. 이 구리 잔 모양이 조선 중기에 사용하는 것과 차이가 없으니, 태초에 바위가 이루어질 때 들어갔다고 한다면 어떻게 해석이 되겠냐? 또 혹시 무덤에 넣었던 것이 주위가 바위로 변하면서 바위 속으로 들어갔단 말인가? 그렇지 않으면 석회에 들어간 것이 석회가 돌로 변해 이렇게 된 것인지? 명천 칠보산에서는 돌 속에서 조개를 얻는다고 하니 알 수 없는 일이다.

박노가 이 구리 잔을 두 개 가져갔고, 한 개는 분실했다고 한다. 이것이 나온 때가 마녁 천계간(1620년 전후)이었는데, 이듬해에 박노는 물에 빠졌다가 구제되어 살았고, 그 다음 해에 부친 박이서는 중국에 사신으로 갔다가 바다에서 폭풍을 만나 사망했다.

두 개의 뒷박

첫 번째 뒷박을 열면 수십만의 병사들을 불러낼 수 있고,
두 번째 뒷박을 열면 노란 새 두 마리가 나와서 적의 시야
를 가려준다

용도	공격용
관련문헌	한국구비문학대계

신립장군이 석구골로 들어가는 길에 날이 저물어 어느 기와집으로 들어가 묵었다. 기와집 주인인 부인은 신립장군에게 저녁 식사를 다 대접한 후, 백스물여섯 개의 숟가락을 내놓으면서 백스물다섯 식구는 이제 다 잡아가고 오늘은 자신이 잡혀갈 날이라고 했다. 장군도 여기 있으면 피해를 본다고 하자, 신립장군이 자기보다 힘센 사람이 어디 있냐며 호언장담을 했다.

자정이 지나자 쿵쿵거리는 소리가 났고, 부인은 그분이 오 리(理)정도 왔다고 했다. 또 쿵쿵하자 부인은 그분이 대문 앞에 왔다고 했다. 신립장군은 벽장으로 들어가 활을 재고 기다리는데, 어떤 중이 웃음을 지으면서 들어와 부인에게 입을 맞추며 횡포를 부렸다.

신립장군이 활을 두 번 쏘자, 중이 빈대가 왜 이리 많냐며 툭툭 꺾었다. 신립장군이 벽장 속에 있으면 중에게 잡혀 죽을 것 같아 벽장 벽을 차고 뛰어나왔고,

중은 신립장군을 쫓아왔다.

신립장군이 가다가 큰 고목나무를 하나 넘을 때, 마침 하늘에서 용이 달구경을 나왔다 그 광경을 보고는 '바로 너구나'하며 중을 삼켜 버렸다. 중이 죽자 신립장군은 떠나려고 하는데, 뒤에서 부인이 헐레벌떡 쫓아왔다. 부인은 신립장군이 자신의 생명의 은인이니 같이 살자고 했다. 신립장군이 이를 거절하자, 부인은 같이 안 살면 죽겠다며 가져왔던 칼로 자살을 했다. 자결한 여인을 뒤로한 채, 신립장군은 처갓집에 들리게 되었다. 신립의 장인은 신립장군에게 오다가 좋지 않은 꼴을 보지 않았냐며 다 알고 있다고 이야기 하라고 했다. 신립은 거짓말을 할 수 없다고 생각하고, 자신이 겪은 일을 전부 사실대로 이야기했다.

장인은 좋지 못한 일을 했다며, 이번 전쟁에 자기 말을 듣지 않으면 큰 변을 당할 테니 뒷박 두 개를 주면서 집으로 가는 도중에는 절대 열어보지 말라고 했다. 하지만 뒷박을 들고 가다가 너무 궁금했던 신립은 뒷박 하나를 열어보았다. 그 안에는 수십만 명의 조그만 군졸들이 우글우글했다. 두 번째 뒷박도 열어보니 그곳에서는 노란 새 두 마리가 튀어나와 날아가 버렸다.

신립은 별 일 없을 거라 생각했고, 그 이후 전쟁에 나가게 되었다. 적진에서 활을 연속으로 쏘자, 신립장군이 뒷박 하나를 열었다. 그러자 뒷박 안에서 수십만 명의 군졸들이 나와 싸웠고, 적들은 후퇴했다. 적들이 다시 쳐들어오기에 신립장군이 나머지 뒷박 하나를 열자 그 안에서 노란 새 두 마리가 나와 신립장군 양쪽으로 날아다녔다. 그 때문에 신립장군은 날아오는 화살을 제대로 보지 못해 화살에 맞아 죽었다.

두 번째 뒷박에서 나온 새가 시야를 어지럽혀 신립이 화살을 보지 못해 죽는데, 이는 신립이 집에 가기 전에 열어보지 말라는 장인의 금기를 어겼기 때문에 생긴 일이라고 생각한다. 만약 금기를 지켰다면 적의 시야를 어지럽히는 방식으로 도움을 주는 도구였을 것으로 추측된다.

뚝배기 아기

아이처럼 다루고 정성을 다하였기 때문에 뚝배기에 혼이 깃들어 깨지면 피를 흘린다

용도	기타
관련문헌	임석재 전집 한국구전설화

어떤 집에 처녀가 한 명 살았는데, 이 처녀는 항상 뚝배기를 가지고 소꿉놀이를 했다. 그녀는 시집을 갈 때도 그 뚝배기를 두고 갈 수 없어서 보자기에 싸서 가지고 갔다. 시집을 가서는 소꿉놀이를 할 수 없으니까 "아가 울지 마라. 오오 잘 자거라"하면서 토닥거리기도 하고, 포대기 위에다 눕히기도 하는 등 뚝배기를 마치 아기처럼 다루었다.

이 집에는 머슴이 있었는데, 머슴이 새각시 방 앞을 지나가다가 새각시 방에서 그런 소리가 나니까 '막 시집 온 새각시가 아기도 없을 건데 무엇을 가지고 저러는거지?' 라고 생각하며 궁금해 했다. 하지만 물어볼 수도 없고 들어가서 볼 수도 없어 이상한 노릇이다 라고 생각하고 지냈다. 하루는 새각시가 빨래를 하러 집을 나갔다. 그 틈에 머슴이 방안을 들여다 봤더니 아랫목에 무엇인가를 포대기로 덮어놓은 것

이 있어서 보니까 조그마한 뚝배기가 들어있었다. "이건 뚝배기가 아닌가?"하고 그 뚝배기를 들어보려고 하다가 그만 방바닥에 떨어트려서 깨버리고 말았다. 그런데 뚝배기가 깨지면서 피를 흘렸다. 머슴은 깜짝 놀라 깨진 뚝배기를 포대로 덮어두고 나왔다.

새각시는 빨래를 하고 돌아왔더니 뚝배기가 피를 흘리고 깨져있어서 뚝배기 아기가 죽었다며 남편과 서로 붙잡고 슬피 울었다. 한참을 울고 나서 뚝배기 아기의 원이나 풀어주자고 하여 무당을 불러 해원굿을 해주었다.

용의 표주박

어떠한 능력이 있는지 알 수가 없으나, 아마도 용의 물건으로 특별한 힘을 가지고 있을 것이라 추측된다

용도	기타
관련문헌	지봉유설

흥양 바닷가 바위 위에 한 노인이 앉아서 졸고 있었다. 다른 사람이 가까이 다가가서 자세히 보니 옆에 지팡이 하나가 놓여 있었으며, 지팡이 위에는 표주박이 하나 걸려 있었다. 가까이 간 사람이 그것을 떼어서 구경하고 있었는데 노인이 깨어나 깜짝 놀라더니 표주박을 빼앗아서 물 속으로 들어갔다. 아마도 그 노인은 신용이 변화해서 인간 세상에 나온 것이 아닌가 싶다. 그 표주박은 무엇인지 알 수가 없다.

저절로 끓는 솥가마

옥황상제의 것으로, 불이 없어도 저절로 끓는다

용도	기타
관련문헌	한국구비문학대계

옛날에 한 선비가 글을 읽고 있었는데 하늘에서 다리가 내려오더니 이어서 허리, 머리가 내려왔고, 끝에는 보기에도 사나운 이상한 괴물이 내려왔다. 그 괴물은 선비에게 하늘에서 글 읽는 소리를 잘 들었다며 보답으로 주먹만 한 금덩이를 주고 갔다. 그런데 그 다음 날 또 와서 금을 주었다. 선비가 어제 가져오지 않았냐고 말했음에도 내가 언제 가져 왔냐면서 선비에게 금덩이를 주었다. 그렇게 매일매일 천도깨비가 찾아오니, 이 선비는 천도깨비에게 홀려 점점 창백해지고 이상한 사람이 되어갔다.

그래서 선비는 점쟁이를 찾아가 천도깨비를 떼어내고 싶다고 하니, 점쟁이가 천도깨비를 떼어내는 방법은 한 가지밖에 없다고 말했다. "그 천도깨비가 찾아와 금을 주려고 하면 금도 싫고, 돈도 싫고 다 싫다고 해라. 그러면 무엇을 좋아하냐고 물어볼 거거든? 그때 저절로 끓는 솥하고 가마를 가져다 달라고 해라, 그   럼 제까짓 게 어디 가서 그런 것을 구해? 그러니 더는 안 올 것이다."라고 말했다. 천도깨비가 찾아오자 선비는 점쟁이가 시킨대로 말했다. 그러니

천도깨비는 "아! 그거, 구하기 힘든데......." 이러고 하늘로 올라가더니 한 사나흘을 오지 않았다. 그런데 어느 날 밤 천도깨비가 저절로 끓는 솥하고 가마를 가져왔다. 물을 부어보니 정말로 저절로 물이 콸콸 끓었다. 이런 것까지 가져올 거라 생각지도 못한 선비는 이제 저놈을 떼어낼 수 없다고 생각했으나, 그 이후로 천도깨비는 오지 않았다.

그러던 어느 날 저녁 누군가 "계십니까?"하고 선비를 부르는 소리가 들려 밖에 나가보니, 그 천도깨비가 있었는데 더 무섭게 생긴 놈이 천도깨비를 포박해서 끌고 가고 있었다. 알고보니 천도깨비가 가져다 준 저절로 끓는 솥과 가마는 옥황상제의 것인데, 그것을 훔치는 바람에 지옥에 가게 되었다고 했다. 그 이후로 천도깨비는 이 선비의 집에 더이상 찾아오지 않았다.

바늘

금강수화침(金剛繡花針)

구부진인(九部眞人)이 만든 금빛 바늘 한 쌍이다. 이것을 공중에 뿌리면 순식간에 천억 개의 쇠못과 쇠몽둥이로 변하며 공격을 가한다

용도	공격용
관련문헌	삼한습유

귀마왕이 저승 삼위의 군대를 불러들여 천군들을 위기에 몰아넣자, 천군은 태상노군(太上老君)에게 도움을 요청하는 편지를 보냈다. 이에 태상노군은 제자들과 함께 구름을 타고 내려가 옥추보경(玉樞寶經)을 외웠다. 그러자 괴상한 귀신들은

모두 황급히 자취를 감추거나 고꾸라져 두려움에 숨을 죽였다. 하늘과 땅이 환해졌지만, 독충과 맹수들은 물러가지 않았다.

이에 땅의 여신인 후토부인(后土夫人)*이 크게 화를 내며 구부진인(九部眞人)이 만든 금강수화침(金剛繡花針) 한 쌍을 뿌리니, 순식간에 천억 개의 쇠못과 쇠몽둥이로 변하여 마구 치고 때리며 피부와 살을 뚫고 들어갔다. 이에 모든 짐승이 고통에 울부짖으며 죽어버렸다.

* 후토부인(后土夫人): 대지를 주관하는 신

명신손님의 침(은침&철침)

명신손님의 침으로 은침과 철침, 두 가지가 있다. 찌르는 즉시 그 자리에 천연두가 생기고 극심한 고통이 뒤따르며, 은침보다 철침이 그 강도가 더하다

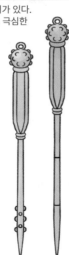

용도	공격용
관련문헌	손님굿

문방구-그 외-문신손님의 붓의 관련 문헌 <손님굿>에서 해당 내용 확인 가능

유부인의 바늘 한 쌍

동정호라는 호수를 건널 때 이것을 물에 던지면, 호수가 좌우로 갈라지면서 용궁에 초대 받을 수 있다

용도	이동용
관련문헌	장국진전

무기류-검-팔광검의 관련 문헌 <장국진전>에서 해당 내용 확인 가능

호침(虎針)

목구멍에 비녀가 걸려있던 호랑이를 구해주고 받은 침 세 개로, 어떤 병이든 고칠 수 있는 영험한 힘이 있다

용도	치유용
관련문헌	임석재 전집 한국구전설화

옛날에 침술이 좋은 의원이 있었다. 그 당시 대국의 천자가 부종 병에 걸렸지만, 중국의 의원들 중 아무도 그 병을 고칠 수 있는 사람이 없었다. 그래서 조선으로 사람을 보내 실력이 좋은 의원을 보내라고 하였고, 이에 조정에서는 이 의원을 중국으로 보냈다. 그런데 의원이 중국 사신들과 중국

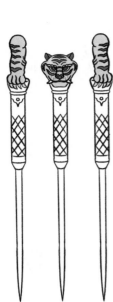

으로 들어가는 길에, 갑자기 호랑이 한 마리가 나타나 의원을 물어가 버렸다.

호랑이는 의원을 어딘가에 내려놓더니 입을 벌리고 가만히 있었다. 의원은 호랑이가 자기를 잡아먹으려고 한다고 생각하였는데 입을 벌린 채로 가만히 있는 것을 보고 호랑이의 입 안을 들여다보았다. 호랑이의 목구멍에는 여자의 비녀가 걸려 있었다. 의원이 호랑이의 목구멍에서 비녀를 빼 주니, 호랑이는 의원에게 침 세 개를 주고 의원을 등에 태우고 중국까지 데려다 주었다.

의원은 그렇게 중국에 도착해 호랑이에게 받은 침으로 천자에게 침을 놔주니, 천자의 병이 씻은 듯이 나아 큰 상을 받았다. 의원이 조선에 돌아가려고 하는 날 중국의 의원이 찾아와 천자의 병을 고친 침을 보여달라고 했다. 의원이 침을 보여주니 중국의 의원은 당신이 가지고 있는 침은 어떤 병이든 고칠 수 있는 호침(虎針)이니 좋은 일에 쓰라고 하였고, 의원은 조선에 돌아와 그 호침으로 많은 사람을 고쳤다.

다친 원숭이를 도와주고 신침이라는 구부러진 침을 받는 유형도 있는데, 전체적인 이야기와 성능은 호침과 동일하다.

병

비를 내리게 하는 병

하늘 위에서 인간 세상을 향해 뿌리려 하며, 조금만 기울여도 인간 세상에는 큰 비가 내린다

용도	기타
관련문헌	조선의 전설

옛날 평양 북쪽 은산이라는 곳에 장선이라는 사람이 살고 있었다. 장선은 어려서부터 총명하여 한양에서 보는 과거에 급제했고, 진사가 되어 고향으로 돌아오게 되었다. 고향으로 돌아가던 중 장선은 비단옷을 곱게 차려입은 미인을 만났다.

그녀는 자신이 숭아라고 하는 선녀로 옥황상제의 딸이라고 했다. 그리고 자신과 장선은 부부의 연이 있어 데리러 온 것이니, 자신과 함께 천계로 가자고 했다. 장선은 자신이 과거에 급제한 사실을 고향에 알려야 한다고 처음에는 거절했지만, 결국 그녀와 오색 구름을 타고 하늘로 올라갔다.

이때 지상은 큰 가뭄으로 사람들이 큰 고생을 하고 있었다. 이에 장선은 옥황상제에게 비를 내려달라고 부탁하였고, 옥황상제는 그 임무를 장선과 숭아에게 맡겼다. 숭아 선녀는 본디 천계에 속한 사람이라 비를 내리게 하는 방법을 잘 알았으나, 장선은 그렇지 않았다. 숭아 선녀가 먼저 병을 꺼내어 아래로 조금씩 기울이자, 가뭄이 그치고 빗줄기

가 인간 세상으로 쏟아졌다. 하지만 이런 일이 익숙하지 않았던 장선은 실수로 병을 인간 세상에 떨어뜨리고 말았다. 병을 조금만 기울여도 인간 세상에 큰 비가 내리는데 병째 떨어뜨렸으니, 인간 세상에는 물난리가 나고 말았다. 큰 물난리로 산이라는 산은 다 무너져 물속에 잠겨버리고, 강은 이리저리 넘쳐 흘러 온 세상이 물로 가득 덮여버렸다. 옥황상제는 장선과 선녀의 부주의에 크게 노하였고, 그들을 인간 세상으로 추방하였다. 그리하여 인간 세상으로 쫓겨난 숭아 선녀는 산이 되고, 장선은 강이 되었으니, 사람들은 그 산을 숭아산이라 부르고, 강은 장선강이라 부르게 되었다고 한다. 그리고 그 강에 다리를 놓았는데 원통하는 뜻에서 원통교라 이름이 붙었고, 또 병이 떨어진 마을은 수언리라고 불렸다고 한다.

빨간 병

둔갑한 여우 요괴를 잡을 수 있는 병 중 하나. 병을 던지면 깨진 자리에서 불길이 솟아난다

용도	공격용
관련문헌	민간전승

옛날 아들만 있고 딸은 없던 부부가 여우 같은 딸이라도 좋으니 하나 점지해 달라며 매일 열심히 불공을 드렸다. 얼마 후에 부부는 정말로 딸을 얻게 되었다. 딸이 어느 정도 자라나자, 어느 날부턴가 그 집에서 키우는 가축들이 매일 한 마리씩 죽어갔다. 그래서 아버지는 아들들을 시켜 망을 보게 하였다. 아들들이 지켜보니 밤마다 여동생이 여우로 변해 가축의 간을 빼먹는 것이었다. 아들들이 아버지에게 본 것을 말해주었지만, 아버지는 믿지 않고 화를 내며 아들들을 내쫓았다. 아들들이 집에서 쫓겨나자, 딸은 여우로 변해 부모의 간까지 다 빼먹었다. 쫓겨난 큰아들은 다른 곳에서 결혼하여 살았다. 세월이 흐른 후 큰아들이 고향 생각이 나서 집에 돌아가 보려고 하니, 그의 아내는 위험하다며 그를 가지 못하게 말렸다. 그가 한사코 가려고 하자 아내는 하얀 병, 파란 병, 빨간 병을 주면서 위급할 때 사용하라고 했다. 그렇게 집에 가보니 여동생 혼자서 집을 지키고 있었는데, 여동생이 오라버니 이제 오시냐면서 반갑게 맞아주었다. 큰아들이 누이에게 가족들은 어디 있냐고 물어보자, 누이는 가족들이 모두 병으로 죽었다고 거짓말을 했다. 여동생이 가족을 모두 잡아먹었다는 것을 눈치챈 오빠는 여동생에게 밥을 해달라고 했고, 여동생이 밥을 하러 나간 사이에 집에서 도망쳤다. 뒤늦게 그 사실을 알아챈 여동생이 뒤를 쫓아갔다. 여동생이 뒤쫓아오는 모습에 다급해진 오빠는 부인에게 받은 하얀 병을 던졌다. 병이 깨진 자리에서 가시덤불이 생겼고, 여동생의 모습을 벗어던진 여우는 가시에 찔려 피투성이가 되면서도 쫓아왔다. 두 번째로 파란 병을 던지자 깨진 자리에서 물바다가 생겨났다. 여우누이는 헤엄을 치며 나왔고 계속해서 쫓아왔다. 마지막으로 빨간 병을 던지자 병이 깨진 자리에는 불길이 솟아올랐고, 그렇게 여우는 불에 타 죽었다.

다른 이야기에서는 호리병 세 개를 던져도 여우누이가 죽지 않고 계속 뒤쫓아 오는 경우도

있다. 그래서 오빠는 커다란 나무 위로 올라가는데 부인이 보내준 새나 강아지가 나타나 여우를 물어 죽이거나, 포수가 나타나 도와주기도 하고, 혹은 여우누이가 어떻게 나무 위로 올라갔느냐고 물어보자 오빠가 앞집에서 참기름을 얻고 뒷집에서는 썩은 새끼를 얻어 나무 위로 올라왔다고 말해주어 그대로 따라 하다 썩은 새끼줄이 끊어져 연못에 빠져 죽기도 한다. 오빠가 병을 던지는 일 없이 그냥 여우누이로부터 도망치는 경우도 있고, 여우누이가 오빠를 쫓아가다가 오빠가 자기 집으로 들어가 버리니 포기하고 돌아가는 경우도 있으며, 오빠가 여동생에게 붙잡히자 꽁지 닷 발 주둥이 닷 발인 새가 나타나 여우의 머리와 꼬랑지를 쪼아대어 여우로부터 목숨을 구하는 유형도 있다.

호리병 말고도 봉투를 추가로 받은 유형에서는 봉투 속에 여우누이를 집어넣어 모기로 만들어 버리는데, 모기가 여우의 넋이라 여우도 피를 빨아 먹고 모기도 피를 빨아 먹는다고 한다. 삼 형제가 부인이 아니라 보살이나 도사, 점쟁이 밑에서 공부를 하다가 스승에게 받은 호리병으로 여우누이를 퇴치하는 유형도 있다. 그리고 호리병이 세 개 이상인 경우도 있으며, 이 경우에는 불에도, 물에도 죽지 않고 여우누이가 쫓아오지만 마지막에 던진 호리병에서 큰 산이 나타나 여우를 따돌렸다는 유형도 있다. 세 번째 호리병에서 큰 강이 나타나 여우가 허우적거리고 있을 때, 마지막 호리병을 던지자 바람이 불어 강물이 얼고, 여우는 머리만 밖으로 내놓고 얼어붙어 버린다. 오빠가 얼어붙어있는 여우의 머리를 '탁' 치자 여우의 머리는 떨어져 얼음 위를 뱅그르르 돌았는데 그때부터 팽이가 생겼다고 하는 이야기도 있다.

오금도사의 물병

오금도사의 물병으로 아주 강력한 보배이다. 살짝 기울이기만 해도 바다를 불러내어 모든 것을 물로 밀어버린다

용도	공격용
관련문헌	장국진전

무기류-검-팔광검의 관련 문헌 <장국진전>에서 해당 내용 확인 가능

용의 비 내리는 병

용이 가지고 있는 조그마한 병으로, 병 속에 들어있는 물을 버드나무 가지에 묻혀 공중으로 뿌리면 인간 세상에 비를 내리게 할 수 있다

용도	기타
관련문헌	청구야담

철산의 향리 이의남이 원님의 휴가 행차를 따라 상경하였다. 때는 마침 화창한 봄날이었으므로 강변의 경치를 감상하며 울적하고 답답한 마음이나 후련하게 풀어보고자 하여, 이의남은 원님에게 알린 뒤 용산에 나가 놀았다.

높은 언덕마루에 올라 경치를 감상하다 문득 잠이 들고 말았는데, 꿈에 어떤 노인이 나타나 편지를 가져와 건네주며 "내가 집을 떠난 지 이미 오래되어 집안사람들이 내 소식을 듣지 못했으니, 나를 위해 이 편지를 내 집에 전해주시오."라고 말했다. 이의남이 노인의 집이 어디냐 물어보니, 노인은 산 아래 있는 큰 연못이니 그 연못가에 가서 '유철'을 세 번 부르면 어떤 사람이 물 가운데서 나올 것이며 그 사람에게 편지를 전해주면 된다고 했다.

의남이 그렇게 하겠다 하고 잠에서 깨어나니, 정말로 편지 하나가 그의 곁에 놓여 있었다. 의남은 그 노인이 말한 장소로 갔고, 연못가에서 '유철'을 세 번 불렀다. 문득 못의 물이 들끓는 듯 하더니 어떤 사람이 물에서 나오며 누구인데 자신을 부르냐고 했다. 의남이 노인의 이야기를 해주며 편지를 주었다. 그 남자는 잠깐 기다리라고 하며 편지를 가지고 물속으로 들어가더니 잠시 후에 다시 나와 수궁에서 만나기를 원하니 따라오라고 했다.

의남이 자신은 어떻게 물에 들어가냐고 물으니 유철은 "눈을 감고 내 등에 타기만 하면 저절로 근심이 없어질 것입니다."라고 말했다. 의남이 그의 말대로 하니 물결이 저절로 열려 몸을 적시지도 않았고, 다만 양 귓가에 바람과 물결이 매우 세차게 일어나는 소리만이 들릴 뿐이었다. 언덕에 다다르자 유철은 의남을 내려놓고 눈을 떠도 좋다고 했다. 눈을 떠보니 흰 모래사장 언덕에 붉은 문이 우뚝 서 있었다.

그렇게 붉은 문으로 들어가 몇 개의 중문을 지나는데 채색된 집채가 매우 웅장하였다. 계단을 올라가니 붉은 비녀를 한 나이 젊은 여자가 흔연(欣然)*하게 그를 맞이하며 "저의 부친께서 오랫동안 가향(家鄕)*을 떠나계셔 소식을 듣지 못하였는데 편지를 전하여 주시다니 대단히 감사합니다. 부친

께서는 저보고 그대와 결혼하라고 하시는데, 그대의 뜻은 어떠하신지요?"라고 말했다.

의남이 기뻐하며 그러겠다고 하자, 여인은 자신은 용녀인데 그래도 괜찮겠냐고 물어보았고, 의남은 그녀의 아름다운 모습을 보고 아무 문제가 없다고 했다. 용녀와 결혼한 의남은 수궁에서 사흘간 머물렀는데, 그곳에서 내오는 음식들이 모두 진기하지 않은 것이 없었다. 그리고 목욕을 시킨 뒤 의복을 만들어주는데 무슨 비단인지 알 수 없었으나 몹시 휘황찬란했다. 수궁에서 행복한 생활을 하던 의남은 자리를 너무 오래 비웠다며 돌아가기를 원했고, 용녀는 자주 들러달라는 부탁을 하고 유철을 불러 그를 태워다 주도록 했다.

수궁에서 돌아온 의남이 관청으로 갔다. 원님이 의남을 보니 그가 입고 있는 의복이 지극히 화려하고 기이하여 결코 인간이 만든 것이 아니었다. 마음으로 몹시 괴이하고 의아하게 여기느라 그가 오랜 기간 자리를 비운 것에 대해 화를 내어 그를 질책할 겨를도 없었다. 원님은 의남을 마루에 오르도록 명한 뒤 "너는 휴가를 받은 후 어디로 곧장 갔었느냐? 그리고 입고 있는 의복은 어느 곳에서 나온 것이냐?"하고 물어보았다. 의남이 모든 것을 사실대로 말하니 원님은 신기해하며 자신도 용녀의 모습이 보고 싶다고 했다.

의남은 용녀와 의논해 보아야 한다며 수궁으로 가 원님의 말을 용녀에게 전했다. 용녀는 처음에는 난처해하다가 모일 연못가에 와 있으면 모습을 보이겠다고 했다. 의남이 관가로 돌아가 용녀의 말을 그대로 전하니 원님은 크게 기뻐하였다.

그 날 연못가에 원님이 용녀를 보러 가니, 그 소문을 듣고 읍에 사는 고을 사람들과 교리(校理)*, 관

노, 사령(使令)*들도 남녀노소를 막론하고 모두 용녀를 구경하러 몰려왔다. 원님이 용녀를 불러오라고 하자, 의남이 물속으로 들어갔고, 용녀에게 나가자고 청하니 용녀가 "평상복으로 입을까요, 융복(戎服)*으로 입을까요?"라고 물어보았다. 의남이 밖으로 나와 원님의 의견을 묻자, 원님은 미녀가 융복을 갖추어 입으면 아름다운 태도가 더욱 각별할 것이라고 생각하고, 융복을 입고 나오도록 분부하였다. 의남이 다시 들어가 원님의 뜻을 전하니. 용녀는 대단히 난처해하며 한참을 속으로 깊이 생각하더니 "성주님의 분부가 그 같으면 어찌할 수 없지요."라고 말했다.

원님부터 그 이하 읍촌의 백성들에 이르기까지 절대 미색을 보게 될 것이라 생각하고 연못에 주목하지 않는 사람이 없었다. 이윽고 파도가 끓는 듯 하더니 한 마리의 황룡이 솟아올랐다. 황룡은 수면 위로 몇 자가량 떠올랐으니, 그 눈은 섬광불 같았고 인갑(鱗甲)*이 비동하였다.

원님은 생각지도 못한 광경을 목격하게 된 지라 놀란 나머지 양손으로 눈을 가리고 엎드렸고, 구경 나온 모든 사람도 놀라지 않은 자가 없었다. 용녀는 그 광경을 보고 근심하여 곧바로 물속으로 들어갔다. 이후로 의남이 종종 자리를 비우는 일이 있어도 원님은 아무 말도 하지 않았다.

몇 개월이 지나 때가 6월에 이르렀는데, 가뭄이 날로 심하여 원님이 여러 차례 기우제를 행하였지만, 비는 한 차례도 내리지 않았다. 원님은 용이라면 능히 비를 내릴 수 있으니 만약 용녀에게 청한다면 비를 얻을 수 있을 것이라고 생각하고, 의남을 시켜 용녀에게 가서 비를 청하도록 시켰다. 의남이 용녀에게 그 말을 전하자 용녀는 "비를 내리는 것은 비록 용이 하는 바이지만, 상제의 명이 있은 후에야 비를 내릴 수 있습니다. 지금은 상제의 명이 없으므로 어렵습니다."라고 말했다. 의남은 여러 차례 백성들이 비를 원한다며 애써 간청하였다. 그러자 용녀는 "그렇다면 가서 시법(施法)하지 않을 수 없겠군요."라고 대답했다.

용녀는 융장을 갖추고 손에는 조그마한 병과 버드나무 한 가지를 들고 나갔다. 의남이 "그 시법을 보고 싶소, 같이 가도록 해주시오."라고 말했다. 용녀는 "용은 하늘을 날 수 있지만, 당신은 평범한 인간인데 무슨 수로 구름을 타시겠습니까?"라며 거절하였다. 하지만 의남이 계속해서 간청하자, 용녀는 할 수 없이 자신의 겨드랑이 아래 비늘을 단단히 붙잡고 절대 손을 놓지 말라고 했다. 결국 용녀는 의남을 겨드랑이에 끼고 공중에 뛰어올라, 구름을 일으키고 번개를 일으킨 뒤 버드나무 가지로 병 안에 있는 물을 적셔 세 방울을 뿌렸다. 의남이 구름 아래를 내려다보니 그 곳은 곧 철산 땅이었다. 그 땅의 벼가 타들어 가고 논과 밭이 말라 갈라지는 것을 걱정스럽게 생각한 의남은 세 방울의 물로는 터무니없이 부족하다 여겼다. 그래서 겨드랑이 아래서 몰래 손을 꺼내, 병을 쥐고 있는 용녀의 손을 잡아 병을 거꾸로 뒤집어 병 속의 물 전부를 쏟아부었다.

용녀는 크게 놀라며 "이게 무슨 짓입니까? 장차 큰 화가 있을 것입니다!"라고 말했다. 의남이 왜 그러냐고 묻자 용녀는 "내가 처음에 이런 상황을 걱정했기 때문에 당신이 따라오겠다는 것을 말렸던 것입니다. 수부(水府)*의 한 방울 물은 인간 세계에서는 한 촌(寸)의 비입니다. 세 방울이었으면 이미 족한데 병 전체의 물을 다 엎질러버렸으니, 그 해를 어찌 다 말로 할 수 있겠습니까? 저는 하늘에 죄를 지었으니 하늘의 벌을 받을 것입니다. 서둘러 떠나십시오. 만약 저와의 정을 잊지 않으셨다면 내일 백각산 아래에 가서 내 머리를 거두어 묻어주십시오."라고 말했다.

의남이 수궁을 떠나 산에서 내려와 보니, 논과 밭의 형상이 하나도 남아있지 않았다. 마을 사람의 말을 들으니, 어젯밤 큰비가 폭주하여 삽시간에 평지는 일 장(약 3m)쯤 물에 잠겨 산의 능선은 무너지고, 언덕과 골짜기가 분별할 수 없을 정도로 되었으며, 논과 밭도 모두 쓸려나가 버렸다고 했다. 의남은 그제야 비로소 자신이 했던 행동에 대해 크게 후회하였다.

다음날 백각산 아래를 찾아가 보니 과연 용의 머리가 떨어져 있었다. 의남은 그것을 안고 집으로 돌아와, 모래와 흙을 정결하게 씻어내고, 비단으로 싸서 나무상자에 담아 백각산 아래에 묻어주고, 통곡한 뒤 돌아왔다.

* 흔연(欣然): 기쁘거나 반가워 기분이 좋다
* 가향(家鄕): 자기 집이 있는 고향
* 교리(校理): 조선 시대에, 집현전, 홍문관, 교서관, 승문원 따위에 속하여 문한(文翰)의 일을 맡아보던 문관 벼슬

* 사령(使令): 조선 시대에, 각 관아에서 심부름하던 사람
* 융복(戎服): 예전 군복의 한 가지
* 인갑(鱗甲): 악어, 거북 따위와 같은 동물의 비늘 모양의 딱딱한 껍데기
* 수부(水府): 물을 맡아 다스린다는 전설(傳說) 속의 신의 궁전

운수병(雲水瓶)

용왕의 보물로, 병 안에 천지조화를 마음대로 부릴 수 있는 '운수낭자'가 살고 있다. 운수낭자에게 원하는 바를 이야기하면 그것을 이루어준다

용도	화수분
관련문헌	운수전

옛날 초왕에게는 월지라는 아름다운 애첩이 있었다. 그러던 어느 날 안개와 흑운(黑雲)이 일어나더니, 머리는 사람이고 몸은 용인 치룡이 나타나 월지를 납치해갔다. 이에 초왕의 손자인 맹렬이 할아버지의 애첩을 찾기 위해 길을 나섰다. 도사로부터 치룡이 지하동굴 속에 살고 있다는 사실을 알아낸 맹렬은 밧줄과 광주리를 만들어 혼자서 석굴로 내려갔고, 독을 바른 화살을 쏘아 치룡을 죽였다. 치룡의 궁궐을 조사해보니 두 명의 여인이 더 있었는데, 서양국(西洋國)의 왕희(王姬)와 안남국(安南國)의 공주로, 그녀들 역시 치룡에게 잡혀 온 것이었다. 맹렬은 그녀들을 광주리에 태워 먼저 밖으로 내보냈는데, 부하들이 공을 독차지하기 위해 맹렬을 내버려 두고 광주리와 밧줄을 굴속에 던져버렸다. 하지만 궁에 돌아가자 월지가 초왕에게 모든 사실을 고하여 부하들은 목이 잘렸다.

홀로 동굴 속에 남은 맹렬에게 홀연 한 아이가 작은 배를 타고 찾아와 그를 용궁으로 데려갔다. 용왕은 맹렬을 반갑게 맞이했다. 용왕은 맹렬이 죽인 치룡이 남해용왕의 관할지를 계속 침탈하던 골칫

거리였다며, 치룡을 죽여 준 답례로 맹렬을 사위로 삼겠다고 했다. 그렇게 용왕의 딸과 결혼을 하고 3년이 지나 고향이 생각난 맹렬은 육지로 돌아가고자 했다. 그러자 공주는 떠난다고 하면 아버지께서 원하는 것 하나를 선물로 줄 것이니, 그때 운수병(雲水瓶)을 달라고 하라했다.

운수병은 그 속에 '운수낭자'라는 천지조화를 마음대로 부릴 수 있는 미녀가 살고 있어, 운수병을 가진 자가 그녀를 불러내 원하는 바를 이야기 하면, 운수낭자가 그 소원을 이루어준다고 했다.

그렇게 공주의 도움으로 운수병을 얻은 맹렬은 인간 세상으로 나가게 되었다. 이때 서양국의 왕희는 맹렬의 은혜를 깊이 생각하고 있었는데, 맹렬의 생환(生還) 소식에 왕에게 청하여 맹렬을 초대해 의남매를 맺고 연회를 베풀었다. 연회를 즐긴 맹렬은 배를 타고 동정호(洞庭湖)를 지나가다가 호수의 아름다운 경치를 보고 운수병에서 운수낭자를 불러내 음식과 술을 내어달라고 하였다. 그러자 운수 낭자는 도술을 부려 한 상 가득 차려주었고, 산해진미와 술을 배불리 먹고 마신 맹렬은 잠들어버렸다. 그 모습을 본 배의 주인은 운수병이 탐나 맹렬을 죽인 뒤 그 시체를 강 속에 던져버리고, 운수병을 훔쳐 안남국으로 달아났다.

배의 주인은 운수병의 힘으로 많은 재물을 얻어 큰 부자가 되었다. 어떤 배 주인이 순식간에 천하 거부가 되었다는 소문을 들을 안남국 왕은 그를 불러들여 비결이 뭐냐고 물어보았다. 배 주인은 안남국왕에게 모든 것을 사실대로 말하였고, 안남국왕은 보물이 탐나 배 주인이 가지고 있던 운수병을 빼앗았다.

배 주인과 안남국왕의 말을 엿듣게 된 안남국 공주는 배 주인이 자신을 구해준 맹렬을 죽이고 운수병을 빼앗았다는 것을 눈치채고, 아버지가 빼앗은 운수병을 몰래 가져가 운수낭자를 불러내어 죽은 맹렬을 이곳으로 데려와 소생시켰다.

안남국 공주는 살아난 맹렬과 의남매를 맺었고, 아버지에게는 치룡으로부터 자신을 구해준 사람이라고 말했다. 안남국 왕은 기뻐하며 맹렬을 극진히 대접하고, 원하는 소원이 있다면 무엇이든 들어주겠다고 했다. 이에 맹렬은 운수병을 달라고 했고, 안남국왕이 주저하자 "그까짓 보배가 제 목숨보다 귀중합니까?"라는 공주의 말에 운수병을 넘겨주었다.

이후 맹렬은 초나라로 돌아가 초왕에게 많은 상을 받았고, 운수낭자를 통해 용궁에 있는 아내의 소식을 전해 들었으며, 매년 3월 15일과 9월 15일이면 서로 상봉하여 정을 나누었다고 한다.

<청구야담> 속 여원(如願) : 능력은 거의 만능이라고 할 수 있는 운수낭자보다는 조금 못하지만 용왕이 아끼는 미인을 보물로 두고 있는데, 그녀 이름은 여원(如願)이라고 하며 그 내용은 다음과 같다.

강남에 가난하지만, 효성이 지극한 심씨 성을 가진 남자가 있었다. 그러던 어느 날 폭우가 쏟아진 후

뜰에 작은 물고기가 한 마리 떨어져 있는 것을 발견했다. 심효자는 그 고기로 부친의 반찬을 해드렸다. 이후로 심효자의 부친은 병이나 아무것도 먹지 못하고, 오직 청포탕(淸泡湯)*만 달라고 했다. 부친은 반년 동안이나 앓았는데, 어떤 약도 소용이 없고 무당굿도 효험이 없었다. 그러던 어느 날 중국 서촉(西蜀) 지방의 상인이 와서 인사하더니, 부친의 병을 사겠다고 제의(提議)했다. 심효자는 부친 병만 나으면 사례할 텐데, 무슨 병을 파느냐고 펄쩍 뛰었다. 그러나 상인은 계속해서 우겼고, 병을 산다는 계약서를 작성했다. 상인은 가루약을 백비탕(白沸湯)*에 타서 부친에게 마시게 하니, 부친은 이것을 마시고 작은 벌레 한 마리를 토하고 병이 나았다. 상인은 그 벌레를 은수저로 집어 은그릇에 넣은 다음 뚜껑을 닫고 비단보에 쌌다.

상인은 심효자를 데리고 남해의 바닷가에 가서 자리를 잡고 앉아 기다렸다. 얼마 후 청의동자가 봉엽주(蓬葉舟)*를 타고 바다에서 나와 산호 보석이 가득 든 상자를 바쳤다. 상인은 야단을 치며 정도에 알맞은 보물을 가져오라고 했다. 그렇게 하니 청의동자가 들어가고, 다시 한 노인이 나와 다른 보물과 바꾸어 주겠다며 용서를 빌었다.

상인이 역시 화를 내니까 노인이 들어가더니 한 미인을 데리고 나와 바쳤다. 그리고 상인은 은그릇 속에 든 벌레를 꺼내 바다에 던졌다. 벌레는 곧 작은 용으로 변해 바다를 헤엄쳐 갔다. 상인은 미인과 심효자를 데리고 돌아와 다음과 같이 설명했다.

남해 용자(龍子)가 구름을 일으켜 비를 내리는 훈련을 하다가 서툴러 실수로 심효자 집 뜰에 떨어졌는데, 날이 개니까 용의 조화를 부릴 수가 없었

고, 이것을 물고기로 알고 심효자가 부친의 반찬으로 해드린 것이었다. 그래서 부친은 병이 났고, 약을 먹고 토해낸 벌레가 바로 용의 아들이었다. 그리고 이 미인은 용왕이 가장 아끼는 보물인데, 이름이 '여원'이고 무엇이든지 가져오라고 하면 다 갖고 온다고 했다.

상인은 이후 돌아갔고, 심효자는 여원을 시켜 큰 부자가 되었다. 사람들은 심효자가 워낙 효성이 지극하여 신명이 도운 것이라 했다.

여원은 미녀의 모습이지만, 용왕의 보물이라고 하며 무엇이든지 가져온다는 것을 보면 인간의 모습을 한 무언가로 추측된다. 상인 역시 여원을 자신이 가지는 것이 아니라 심효자에게 주고 가는 것을 보면 신령이 심효자를 돕기 위해 상인의 모습으로 나타난 것으로 생각된다.

* 청포탕(淸泡湯): 반듯반듯하게 썬 녹말묵을, 짓이겨서 달걀을 씌운 쇠고기나 닭고기와 함께 끓인 장국 무국
* 백비탕(白沸湯): 아무것도 넣지 않고 맹탕으로 끓인 물
* 봉엽주(蓬葉舟): 쑥과 나뭇잎 같은 풀로 만든 배

철통골의 흰 병

만고의 영웅이었던 철통골이 용궁에서 나올 때 가지고 나온 보배 중 하나로, 하얀색 병이다. 한 번 기울이면 육지가 바다로 변한다

용도	공격용
관련문헌	양풍운전

유기물-꽃-낙화의 관련 문헌 <양풍운전>에서 해당 내용 확인 가능

파란 병

둔갑한 여우 요괴를 잡을 수 있는 병 중 하나. 병을 던지면 깨진 자리에서 물바다가 생겨난다

용도	공격용
관련문헌	민간전승

일상사물-병-빨간 병의 관련 문헌에서 해당 내용 확인 가능

하얀 병

둔갑한 여우 요괴를 잡을 수 있는 병 중 하나. 던지면 병이 깨진 자리에서 가시덤불이 생긴다

용도	공격용
관련문헌	민간전승

일상사물-병-빨간 병의 관련 문헌에서 해당 내용 확인 가능

호로병

불교에 귀의한 여우 요괴가 들고 나타난 호리병으로, 요괴들을 빨아들인 후 그 속에 가둘 수 있다

용도	공격용
관련문헌	옥루몽

어느 여우가 아름다운 여인으로 둔갑한 후 남쪽 오랑캐 왕의 처가 되어 전쟁을 일으켰다. 하지만 병부상서 겸 정남 도원수인 양창곡이 이 여우를 제압한 뒤 설득했고, 이에 여우는 감화되어 앞으로는 부처님 앞에 귀의하여 악업을 짓지 않겠다고 하고 순순히 물러났다.

이후 그 여우는 서천극락으로 승천하게 되며 서천으로 떠날 때, 동료들에게 자신이 살던 골짜기를 맡기면서 절대 난을 일으키지 말라고 하였다. 하지만 여우의 동료들은 여인으로 둔갑한 후 북쪽 흉노족 왕의 아내가 되어 침략을 부추겼다.

이에 양창곡이 흉노족의 침략을 잘 막아냈지만, 그 요괴들에게 습격을 받아 곤란한 상황에 빠지게 되었다. 그때 승천했던 여우가 창곡 앞에 나타나, 덕분에 불교에 귀의한 후 서천에 귀의하여 극락을 누리고 있다고 말하였고, 사부의 명이라며 옛 동료들을 호로병으로 전부 빨아들여버리고 떠나버렸다.

상자

쇠로 만든 궤짝

박쥐괴물의 집에 있던 궤짝. 주인을 알아보기 때문에 주인이 아닌 자가 열려고 할 때는 웅웅 소리 내 울며 아우성을 친다. 궤짝의 왼편을 왼손으로 한 번 때리면 울음을 멈추고 안에 들어 있는 물건을 꺼낼 수 있다

용도	방어용
관련문헌	조선전래동화집

무기류-검-또아리검의 관련 문헌 <조선전래동화집>에서 해당 내용 확인 가능

신기한 궤짝

조그마한 궤짝으로, 두드리며 필요한 것을 말하면 그것이 나온다. 단, 궤짝 문을 열어봐서는 안 된다

용도	화수분
관련문헌	한국구비문학대계

어느 시골에 큰 부자가 있었는데, 그 부자의 아들은 마음씨가 착하여 남을 돕는 것을 좋아하였다. 그래서 자기 아내와 부모님이 말리는데도 말에 많은 옷과 옷감을 싣고 산간벽지(山間僻地)*를 찾아다니면서 가난한 사람에게 옷도 주고, 돈도 주었다. 그리고 그것이 떨어지면 또 집에 와서 옷과 옷감을 싣고 나가서 가난한 사람에게 나누어주며 전국 팔도를 다 돌았다. 그러다 보니 부자의 집은 그 많던 재산도 다 없어지고, 결국에는 집까지 팔아버리게 되었다. 그래서 남자는 이걸 마지막으로 하겠다 하고 함경북도로 가서 가난한 사람들을 도와줬다. 그렇게 남은 옷 몇 벌만 가지고 집으로 돌아가다가 의복이 남루한 처녀가 개울가에서 빨래하는 것을 보게 되었다. 날도 저물고 해서 처녀보고 집이 어디냐 물으니, 처녀는 골짜기 안에 있다고 했다. 남자는 처녀에게 하룻밤 묵어갈 수 있겠냐 물으니 처녀는 좋다고 했다. 남자는 처녀에게 남은 의복을 주고 처녀와 함께 집으로 갔다. 처녀는 부모님에게 남자가 자신에게 의복을 준 이야기를 해주었고, 처녀의 부모님은 고마워하며 남자에게 진수성찬을 차려주었다. 다음날 남자가 떠나려고 하자, 처녀의 아버지가 "우리 애기 옷도 주고 했는데, 우리도 뭔가 선물을 하나 줘야지 그냥 보낼 수 있나? 당신이 원하는 건 뭐든 줄 테니까, 우리 집을 돌아다니며 집의 보물들을 좀 보시게."라고 말하고 집 뒤에 있는 마당으로 데리고 가니, 그곳에는 뿔난 사슴이 수십마리가 있으며, 한 군데 있는 돌담은 전부 황금이었으며, 또 다른곳에는 얼마나 오래되었는지 무처럼 굵은 산삼이 한밭에 아주 꽉 차게 있었다.

처녀의 아버지는 산삼이든, 금이든, 사슴이든 원하는 것을 얼마든지 가져가도 좋다고 했다. 무엇을 가져가도 큰돈을 벌 수 있어 남자가 고민하고 있는데, 처녀가 와서 남자의 옆구리를 쿡 찌르더니, "우리 집에 진귀한 보물이 또 하나 있어요. 우리 아버님이 쓰는 조그마한 궤짝인데 그걸 달라고 하세요. 그럼 평생 아무 노력을 안 해도 잘 먹고 잘 살 수 있어요."라고 말했다.

그래서 남자가 그 궤짝을 달라고 하니, 처녀의 아버지는 "딴 건 다 줘도 그건 좀 힘든데...."라고 고민하다가, 이왕 이렇게 된 거 주겠다고 했다. 그것은 오래되고 보잘것없는 궤짝이었는데, 원하는 것이 있을 때 궤짝을 두드리면서 나오라고 하면 무엇이든지 나오는 궤짝이라고 했다. 하지만 궤짝문은 절대로 열어보면 안된다고 했다.

그렇게 남자는 궤짝을 짊어지고 말을 몰아 고향으로 가게 되었다. 가던 중 배가 고파져 궤짝을 내려놓고 두드리면서 "술과 고기, 그리고 내가 먹을 만큼 음식이 나와라."라고 말하니, 궤짝 속에서 요리를 장만하는 소리가 났고, 곧 임금님이 드시는 수라상 같은 진수성찬이 나왔다. 그리고 선녀처럼 고운 처녀가 곁에 앉아서 시중을 들어주었다. 음식을 다 먹고 나니 밥상과 처녀도 어디론가 사라졌다. 남자는 궤짝이 세상 어디에도 없는 진귀한 보물이라며 감탄했다.

계속해서 궤짝을 짊어지고 오던 남자는 아무래도 궤짝 안이 궁금해졌다. 그래서 잔디밭에 앉아 안

에 무엇이 들었나 보려고 궤짝 문을 살짝 열어보았다. 그 안에는 고추씨 같은 게 바글바글했는데 궤짝문을 열자마자 하나씩 밖으로 튀어나왔다. 그 튀어나온 것들은 금세 사람의 모습으로 커졌다. 큰일이라 생각한 남자는 그 사람 같은 것을 얼른 궤짝 안에 집어넣고는 궤짝문을 닫아버렸다. 그렇게 집으로 돌아왔으나 집과 재산을 다 날려버렸다며 아내도 부모님도 남자를 반기지 않았다. 남자는 부모님께 죄송하다고 사과하고는 앞으로 편하게 모시겠다며 궤짝을 가져와 두드리며 진수성찬을 가지고 나오라고 했다. 그러니 선녀 같은 처녀들이 진수성찬을 가지고 나왔으며, 식구 한 사람 한 사람마다 옆에 앉아서 시중을 들어주었다. 식구들은 신기하게 생각하며 옛날에 잃었던 재산을 조금도 후회 하지 않았다.

궤짝만 있으면 무엇이든 마음대로 되었다. 돈이 필요하면 돈을 꺼내 달라고 하면 되고, 궤짝을 두드리며 큰 집이 필요하다고 하면 궤짝

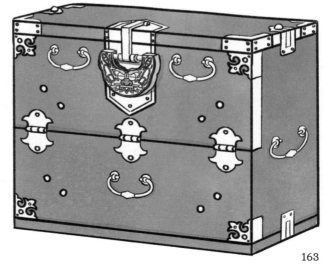

에서 목수들과 좋은 재목이 나와 한 달 만에 예전에 살던 집보다 크고 으리으리한 집을 지어주었다. 그렇게 근심없이 잘 살고 있었는데, 이 이야기를 들은 원님이 찾아와서 신기한 궤짝이 있냐고 물어보았다. 남자가 그렇다고 하니, 원님은 이천 석의 땅문서를 주면서 땅 이천 석과 궤짝을 바꾸자고 했다. 그 궤짝은 땅 만 석을 준다고 해도 아까운 보물이었지만, 원님의 부탁을 거절할 수 없었던 남자는 할 수 없이 그 궤짝을 땅 이천석하고 바꾸었다. 어려운 일이 생길 때마다 그 궤짝을 두드리며 이렇게 해라 하면 모든 일이 척척 해결되었고, 그날부터 원님은 그 궤짝에 의존하며 살았다.

그렇게 몇 달이 지나 원님의 생일이 되었다. 원님의 생일이라 각고의 수령들이 몰려왔고, 사람이 너무 많아 두드리기만 해서는 음식을 장만할 시간이 없겠다고 생각한 원님은 궤짝 문을 활짝 열고 잔칫상을 차리라고 했다. 남자가 원님에게 궤짝을 줄 때 궤짝 문을 단속하라는 이야기를 깜빡하고 하지 않았던 것이었다.

궤짝 문을 열었더니 그 안에 있던 고추씨 같은 놈들이 막 튀어나왔고, 이들이 나중에는 칼과 몽둥이를 든 칠, 팔 척의 장정이 되어 그곳에 모인 사람을 전부 때려죽이고, 그곳을 쑥대밭으로 만들어버리고 말았다. 이 소문을 들은 남자는 그곳을 지나갈 일이 있어 지나가다 보니, 그곳이 정말로 쑥대밭이 되어있었다. 그래서 궤짝은 어떻게 되었나 보기 위해 그 안에 들어가 보니, 궤짝은 멀쩡히 남아있었고 궤짝의 문도 닫혀 있었다. 그래서 이게 아직 효력이 있나 없나 보려고 두드리며 "내가 시장하니 한 상 차려 오너라."라고 하니, 여전히 진수성찬이 나왔다. 그렇게 이 사람은 그 궤짝을 다시 집

으로 짊어지고 와서 아주 큰 부자가 되어서 잘 살았다고 한다.

* 산간벽지(山間僻地): 산간지대의 구석지고 후미진 산골

용궁의 보물상자

용녀가 어부에게 주었던 용궁의 보물상자로, 상자를 향해 주문을 외우면 용궁으로 갈 수 있는 길이 열린다

용도	이동용
관련문헌	조선민담집

옛날에 한 어부가 살고 있었다. 그는 아침 일찍 낚시를 해서 생선을 팔아 노모를 돌보고 있었다. 어느 날, 고기가 한 마리도 잡히지 않다가 마지막에 큰 잉어 한 마리를 낚았다. 하지만 잉어가 입을 뻐끔뻐끔 열면서 울고 있는 것 같아 불쌍하게 생각한 어부는 잉어를 바다에 놓아주었다.

다음 날 바닷가에 가니 청의동자가 나타나 인사를 하며, 자신이 용왕의 사자라고 했다. 그리고 어부가 용왕의 외동딸을 살려주었기에 그를 용궁으로 모셔가기 위해 온 것이라고 했다. 어부가 자

신은 사람인데 어떻게 바닷속으로 갈 수 있겠냐고 말하자, 청의동자가 걱정하지 말라며 바다를 향해 무어라 주문을 외우자 바다가 둘로 갈라지며 훌륭한 길이 나타났다. 동자를 따라 용궁에 이르자, 용왕은 기뻐하며 어부를 위해 사흘 밤낮으로 연회를 베풀어 주었다. 그리고 딸의 생명의 은인이니 딸과 결혼하는 것이 어떻겠냐고 제안을 하였고, 남자는 그렇게 하겠다고 했다.

용녀와 결혼하고 몇 개월이 지나자, 어부는 집에 홀로 계신 어머니 생각이 나서 집에 가고 싶다고 아내에게 부탁했다. 용녀는 말렸지만, 남자가 계속 부탁하니 결국에는 할 수 없이 이를 허락했다. 그리고 작별할 때 보물상자 하나를 어부에게 주면서 "용궁으로 돌아올 때까지 절대로 이것을 열어봐서는 안 됩니다. 이 상자는 이것을 향해 주문을 외우면 바다가 갈라지고 길이 나타납니다만, 만일 열어보면 다시는 이곳으로 돌아오지 못할 뿐만 아니라 아무 쓸모없는 것이 되고 맙니다." 라고 몇 번이나 주의를 주었고, 상자를 향해 외우는 주문도 가르쳐 주었다.

어부는 용궁을 나서 해안에 다다랐다. 어부는 육지에 다다르자 그 상자 속에 무엇이 들었는지 궁금해졌고, 결국 참지 못하고 뚜껑을 열고 말았다. 그러자 상자로부터 하얀 연기가 나왔는데, 그 안에는 아무것도 없었다. 하지만 어부는 이후에 용궁으로 돌아갈 수 없었다.

체부동 집의 옥함

함 안에는 갑주와 보검이 들어있으며, 주인 이외의 자가 열면 그의 가족까지 병에 걸려 앓다가 죽고 만다

용도	저주용

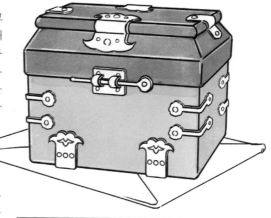

관련문헌	조선민담집

<옥난빙>이나 <유충렬전>에서는 주인공인 진숙문과 유충렬이 옥함에서 신비한 무기를 얻는 장면이 나온다. 그런데 아직 열리지 않은 옥함이 남아있다는 전설이 있는데, <조선민담집> 속 이야기로 다음과 같다.

서울의 체부동에 가서 옥함 집을 물으면 아무도 모르는 사람이 없었다. 그 집의 마루 밑에는 이상한 옥함이 하나 감추어져 있기 때문이다.

이는 아주 오래된 옛 이야기다. 어느 날 여행을 하던 한 도사가 이 집에 들어와 하룻밤 묵어가기를 부탁했으나, 그 집은 너무 가난하여 손님을 대접할 처지가 못 된다며 거절하였다. 도사가 계속해서 간청하자, 그 사람은 도사를 사랑채가 아닌 안방으로 안내했다. 도사는 주인의 가난함을 동정해서 적지 않은 은괴(銀塊)*를 자루에서 꺼내주었다. 그리고 이튿날 아침, 도사는 무언가를 싼 보자기를 이 집의 마루 밑에 넣어두면서 "내가 가고 난 후에 이것을 열어보거나 딴 곳으로 옮기거나 하면 안됩니

다. 만일 옮기면 당신 집안의 뿌리 마저 망할 것이오. 그러니까 조심하시길 바랍니다."라고 말했다. 주인은 이상하다 생각하고, 도사가 간 다음에 몰래 그 보자기를 끌러 보았다. 그 속에는 옥함이 들어있었고, 함 안에는 갑주와 보검이 들어있었다. 그 옥함의 안쪽에는 '아무개가 열어보아라!' 라고 그것을 열어볼 사람의 이름이 적혀 있었다.

옥함을 건드린 주인은 그날부터 앓기 시작하더니 얼마가지 않아 사망하고, 그의 가족들도 계속해서 죽어나갔다. 친척들이 옥함을 불길한 물건이라고 하여 버리려고 손을 대니, 그 순간 검은 구름이 일어나 청천벽력과 함께 억수같이 비가 내렸다. 그래서 아무도 손도 못대고 말았다. 그로부터 그 집은 주인이 몇 번 바뀌었지만, 새 주인이 올 때마다 전에 살던 사람으로부터 옥함에 대한 이야기를 자세히 들었기 때문에 조심했다고 한다. 옥함은 보물처럼 잘 보존되었으며 지금도 그 집에 있다고 전해진다. 이 이야기를 듣는 사람은 누구나 '그것은 언제 어떤 경우에 쓰일 것인가?'하고 생각할 것이다.

* 은괴(銀塊): 은 덩어리

악기

군병들이 나오는 나팔

불기만 하면 군병들이 계속 나오는 나팔이다

용도	공격용
관련문헌	조선전래동화집

유기물-열매-빨간 아가위의 관련문헌 <조선전래동화집>에서 해당 내용 확인 가능

만파식적(萬波息笛)

귀수산의 등에 있던 신비한 대나무로 만든 피리. 피리를 불면 적병이 물러가고, 병이 나으며, 날씨와 파도까지 좋아지는 등 다양한 힘을 가지고 있다

용도	기타
관련문헌	삼국유사

신라의 신문대왕은 즉위 후 아버지 문무대왕을 위하여 동해쪽에 감은사(感恩寺)라는 절을 세웠다.

이듬해 5월 초하루에 박숙청이라는 신하가 왕에게 와, 동해 쪽에 작은 산 하나가 물에 떠서 감은사를 향해 오는데 물결에 따라 이리저리 왔다갔다 한다고 했다.

이를 이상하게 여긴 왕이 김춘질이라는 사람에게 점을 쳐보라고 하니 문무대왕이 바다의 용이 되었고 김유신 장군도 천신이 되었으니, 이 두 성인이 덕을 함께 하여 이 성을 지킬 보물을 주려고 하시니 왕이 직접 바닷가로 나가면 반드시 값으로 칠 수 없는 큰 보물을 얻을거라고 했다.

왕은 기뻐하며 동해 쪽으로 나가 그 산을 바라보고 사자를 보내어 살펴보도록 했다. 사자의 말에 따르면 산은 마치 거북의 머리처럼 생겼는데, 위에 한 개의 대나무가 있어 낮에는 둘이었다가, 밤에는 합해서 하나가 된다고 했다. 왕은 감은사에서 묵었는데 이튿날 점심때 보니 대나무가 합쳐져서 하나가 되는데, 천지가 진동하고 비바람이 몰아치며, 7일 동안이나 날이 어두웠다. 그달 16일에 이르러서야 바람이 잦아들고 물결도 안정되었다. 왕이 배를 타고 그 산에 들어가니 용 한 마리가 검은 옥대를 받들어 바쳤다. 왕은 용을 맞이하고 함께 앉아서, 이 산에 대나무가 갈라지거나 합쳐지는 모습을 봤는데 그건 무엇 때문인지 묻자 용이 말하길, 한 손으로 치면 소리가 나지 않고 두 손으로 치면 소리가 나는 것과 같이 그 대나무 역시 합쳐야 소리가 나는 것이라고 했다. 그리고 이는 신문왕께서 소리로 천하를 다스릴 징조니 이 대나무를 가지고 피리를 만들어 불면 온 천하가 화평해질 것이라고 했다. 그리고 김춘질이 점

을 치고 말한 것처럼 문무왕은 바닷속의 큰 용이 되었고, 김유신은 천신이 되어 이와 같은 큰 보물을 자신으로 하여금 바치게 한 것이라고 했다. 왕은 놀라고 기뻐하며 오색비단과 금과 옥을 주고는 사자를 시켜 대나무를 베어 가지고 바다에서 나왔는데 그러자 산과 용이 갑자기 모습을 감추고 보이지 않았다.

태자 이공은 대궐을 지키고 있다가 이 소식을 듣고는 말을 타고 달려와 용으로부터 받은 옥대를 천천히 살펴보더니 이 옥대의 여러 쪽은 모두 진짜 용이라고 했다. 신문왕이 그것을 어찌아냐고 묻자 태자가 옥대의 왼편 둘째 쪽을 떼어서 시냇물에 넣으니 바로 용이 되어 하늘로 올라가고, 그 땅은 이내 못이 되었으니 그 못을 용연(龍淵)이라고 불렀다. 왕은 대궐로 돌아와 그 대나무로 피리를 만들어 월성의 천존고에 간직해 두었는데, 이 피리를 불면 적병이 물러가고, 병이 나으며, 가뭄에는 비가 오고 장마가 지면 날이 개며, 바람이 멎고 파도가 잠잠해졌다. 그래서 이 피리를 만가지의 파도를 잠재운다는 의미로 만파식적(萬波息笛)이라 부르고 국보로 삼았다. 이후 효소왕 때에 이름을 만만파파식적(萬萬波波息笛)으로 고쳤다고 한다.

신적

천존고(天尊庫) 안에 있던 보물 피리로, 부처님의 은덕을 입은 자만이 이것을 타고 원하는 곳으로 갈 수 있다

용도	이동용
관련문헌	삼국유사

일상사물-악기-현금의 관련문헌 <삼국유사>에서 해당 내용 확인 가능

옥룡전의 북

옥룡전이라는 궁전의 한켠에 있는 커다란 북으로, 한 번 치면 천지가 진동하며 만물을 호령할 수 있다

용도	기타
관련문헌	양풍운전

유기물-꽃-낙화의 관련 문헌 <양풍운전>에서 해당 내용 확인 가능

옥퉁소

커다란 고목나무 속에 들어있던 옥으로 만든 퉁소. 한 사람만 들으라고 하면 한 사람에게만 들리고, 여럿에게 들으라 하면 여럿에게 들리는, 말하는 대로 소리가 나온다

용도	기타
관련문헌	한국구비문학대계

옛날에 어려서 부모를 잃고 고모의 집에 의탁하고 사는 아이가 있었다. 그런데 이놈이 부지런히 나무도 해오거나 그러지 않고, 하루종일 잠만 자다가 집 근처에 있는 커다란 고목나무를 도끼로 한 번 찍어서 나오는 나무 부스러기를 서너 개 주워오는 것이 전부였다. 그 아이가 매일 가서 도끼로 한 번씩 찍었더니, 결국 그 고목나무는 쓰러져버렸다. 쓰러진 고목나무를 가만히 보니까 나무 가운데가 텅 비어 있었다. 그래서 손을 넣어보니 그곳에서 퉁소가 나왔다. 그런데 그 아이는 그게 퉁소인지 모르고 집으로 가지고 와 잠을 잤다.

꿈에서 하얀 영감이 나타나 "야, 이놈아! 그게 옥퉁소다! 그 옥퉁소를 얻었으면 빨리 가서 어디다 사용할 줄 알아야지 잠만 자고 있느냐? 그 퉁소는 한 사람만 들으라고 하면 한 사람한테만 들리고, 여럿이 들으라 하면 여럿에게 들리며, 한 고을이 들으라면 고을에 있는 사람들에게 모두 들리는, 말하는 대로 소리가 나오는 옥퉁소다. 그런 퉁소를 옆에다 놓고 네가 잠만 자느냐?!"라고 호령했다.

그 아이는 일어나서 나혼자만 들려라 하고 퉁소를 불어보니 정말로 다른 사람은 옆에 있어도 들리지 않았으며, 소리는 기가 막히게 잘 나왔다.

한편 고모는 이 아이가 나무 부스러기 몇 개만 주워오고 하루종일 잠만 잔다고 타박과 눈치를 주었다. 그 아이는 옥퉁소의 힘을 믿고 집을 나가 한양

으로 가버렸다. 그런데 막상 한양에 와서도 할 것이 없어 한양사람들 다 들으라 하고 남산꼭대기에 올라가 옥통소를 불었다. 통소의 소리는 꿈에 나올 정도로 기가 막히게 잘 나왔다. 그러자 그 소리를 들은 한양 사람들은 하늘에서 신선이 내려와 통소를 분다며 모두가 탄복하였다. 남자는 잘 곳을 찾다가 팥죽장수 집에서 한동안 머무르게 되었다. 아들은 없고 딸만 하나 있었던 팥죽장수는 딸보고 그 아이를 오빠라고 부르며 친남매처럼 지내라고 했고, 딸은 그렇게 하겠다고 했다. 그렇게 둘은 친남매처럼 지내게 되었다. 팥죽장수의 딸은 삼정승의 딸들이 공부하는 글방에서 몸종으로 일하고 있었다. 그래서 그 아이가 동생에게 저번에 하늘에서 신선이 내려와 옥통소를 분 것을 아냐고 묻자, 동생은 그것을 들었으며, 삼정승의 딸들도 모두 듣고 통소를 그렇게 잘 부르는 남자가 있으면 같이 살거라는 이야기를 했다고 말했다. 그 아이는 동생에게 자신이 누구한테 들었는데 오늘도 신선이 내려와 통소를 분다는 소리를 들었다고 했다. 여동생은 정말이냐며 그러면 아가씨들을 데리고 나와서 구경해야겠다고 했다. 여동생이 초당으로 가자, 그 아이는 이번에도 한양 사람들에게만 들리라 하고 통소를 불었다. 그리고 나중에는 삼정승의 딸과 여동생만 들리게 하고 계속해서 통소를 불었다. 그러니 삼정승의 딸은 아름다운 통소 소리를 듣는다고 공부는 안하고 밤낮으로 앉아서 '어떻게 생긴 사람일 불까?', '그런 남자가 우리 초당에 왔으면 좋겠다.' 같은 쓸데없는 소리만 하고 있었다. 동생이 오빠에게 가서 삼정승의 딸이 그런 남자가 우리 초당에 왔으면 좋

겠다는 말을 했다고 했다. 오빠는 동생에게 어떻게 하면 초당에 들어갈 수 있냐고 물어보니, 여동생은 통소를 잘 불면 들어갈 수 있다고 했다. 이에 오빠는 통소는 잘 못 불지만 구경이나 한번 가보자고 했고, 여동생은 초당으로 가려면 삼정승의 문을 지나야 하는데 지키는 사람들이 있어서 오빠는 가고 싶어도 못 간다고 했다. 그러자 오빠는 "내가 너의 치마 속에 들어가서 네 걸음걸이에 맞춰 가면 되지 않겠냐?"고 사정을 했다. 그래서 여동생은 할 수 없이 오빠를 자신의 치마 속에 넣고 초당으로 향했다.

무사히 초당 앞까지 들어온 여동생은 자기는 이제 모르니까 마음대로 하라 하고 일을 하러 갔다. 그 남자가 몸을 숨기고 초당 안에서 삼정승의 딸들이 이야기하는것을 들어보니 그 통소 부는 사람 이야기만 하고 있었다. 그 말을 들은 남자가 초당의 문을 살며시 열자 삼정승의 딸들은 깜짝 놀라며 귀신이면 물러나라고 소리를 질렀다. 남자는 자신은 사람이며 그 통소를 부는 그 사람이라고 했다. 삼정승의 딸은 그 통소는 신선이 하늘에서 내려와서 분 것이라며 믿지 않았다.

그래서 남자는 통소를 꺼내 불었고, 삼정승의 딸들은 남자의 말을 믿게 되었다. 삼정승의 딸들은 모두 그 남자가 탐났지만, 그중 가장 나이 많은 여인이 그에게 시집을 가기로 하고 그날 이후로 그 남자는 초당에 머무르며 삼정승의 딸들과 놀았다. 그런데 남자 하나가 늘어나니 평소에 가져다주던 밥으로는 모자라서 삼정승의 딸들은 식모에게 밥을 더 가져오라고 했다. 식모는 지금까지 항상 남기던 삼정승의 딸들이 더 가져달라고 하는 것이

수상하여 초당 안을 훔쳐보았는데, 어떤 남자 하나가 삼정승의 딸과 놀고 있는 것이었다.

식모가 이 사실을 정승에게 알렸고, 화가 난 정승은 사람을 보내 그 남자를 잡아 소가죽 자루 안에 가두고 배에 실어 강에다 띄워 보내 굶어 죽게 하라고 했다. 정승이 보낸 사람이 남자를 잡으러 오자, 남자는 자신과 결혼을 약속한 정승의 딸에게 그 퉁소를 주며 "이 퉁소는 나 말고 다른 사람이 불면 소리가 안 나니, 이 퉁소를 소리 나게 부는 사람이 있으면 그게 나인지 아세요."하고는 사람들에게 잡혀 가 소가죽 자루에 담겨 한강에 띄워 보내졌다. 남자는 어떻게 해야 할지 몰랐는데 주머니를 더듬어보니 주머니칼이 하나 있었다. 그걸로 자루를 찢고 나와 어떤 섬에 들어가 산 열매만 따 먹고 살았다.

한편 옥퉁소를 받은 정승의 딸은 자신이 가진 옥퉁소를 불어 소리를 낼 수 있는 사람에게 시집을 가겠다며 혼인 자리가 나도 시집을 가지 않았다. 정승도 딸의 고집을 꺾지 못하여 누구라도 그 옥퉁소를 부는 사람을 자신의 사위로 삼겠다고 방을 붙였다.

한편 섬에 들어가 산열매만 따 먹던 남자는 온몸에 털이나 원숭이처럼 되었고, 인간의 말도 할 수 없게 되었다. 그런데 그 섬에 사는 까마귀들이 보니 그놈이 들어와 섬의 열매를 따 먹어서 자기들이 먹을 식량이 부족해지는 것이었다. 그래서 까마귀들이 모여 회의해서 이놈을 그냥 놔두면 안 되겠다며 힘을 합쳐 이놈을 다른 곳에 물어다 놓고 오자고 했다.

그렇게 모든 까마귀들이 힘을 합쳐 이 남자를 한강 다리 근처에 버리고 왔다. 이 남자는 기억을 더듬어 팥죽장사의 집에 찾아갔다. 팥죽장사는 처음에는 온몸에 털이 나고 말도 못하는 것이 집으로 찾아와 놀라며 쫓아내었다. 그런데 그것이 자꾸 집으로 들어와서 이상하다 생각했다. 이놈이 하는 말을 들어보려고 하니 그놈이 세 살 먹은 아이처럼 한마디씩 말을 하며 자신이 양아들이라고 했다. 팥죽장수의 아내는 기뻐하며 그에게 사람 옷도 입히고, 짠 음식을 먹이니 털도 벗겨지고 말도 다시 잘하게 되었다.

인간의 모습으로 돌아와 정승 딸의 이야기를 들은 남자는 자신이 그 퉁소를 불겠다며 정승의 집에 찾아갔고, 너무 오랜만이라 자신을 알아보지 못하는 정승의 딸에게 오랜만이라고 한 뒤 퉁소를 불어 정승의 딸과 결혼하게 되었다.

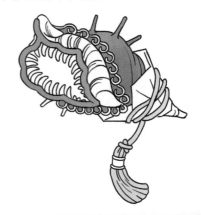

자명각(自鳴角)

옛날부터 낙랑국에 있던 나팔. 적이 쳐들어오면 저절로 소리를 내어 이를 알린다

용도	방어용
관련문헌	삼국사기

자명고(自鳴鼓)

낙랑국에 있던 북. 적이 쳐들어오면 저절로 소리를 내어 이를 알린다

용도	방어용
관련문헌	삼국사기

고구려 대무신왕의 맏아들 호동이 옥저를 유람(遊覽)*하고 있을 때였다. 그때 낙랑왕 최리가 그곳을 다니다가 그를 보고 "그대의 얼굴을 보니 보통 사람이 아니로구나. 그대는 고구려의 대무신왕의 아들이 아니오?"라고 말하며, 그를 자신의 나라로 데리고 돌아가 자신의 딸을 아내로 삼게 하였다.

그 후, 호동은 본국으로 돌아와 남몰래 아내에게 사자를 보내어, 무기고에 있는 자명고(自鳴鼓)와 자명각(自鳴角)을 부숴버린다면 아내로 맞이하겠

지만 그렇게 하지 못한다면 맞아들이지 않겠다고 했다. 자명고와 자명각은 옛날부터 낙랑국에 있던 북과 나팔로 적병이 쳐들어오면 저절로 소리를 내는 신기한 힘을 가지고 있었다.

이에 최씨의 딸은 남몰래 무기고에 들어가서 북을 찢고 나팔의 입을 베어버린 후, 이를 호동에게 알려주었다. 호동이 이 사실을 왕에게 알려주어 낙랑을 습격하였다. 최리는 자명고와 자명각만 믿고 있었기 때문에 전혀 방비를 하지 않았고, 고구려의 병사들이 성밑까지 이르게 된 이후에야 자명고와 자명각이 모두 부서진 것을 알았다.

최리는 자신의 손으로 나라를 배신한 딸을 죽이고 나와서 항복하였다.

* 유람(遊覽): 돌아다니며 구경함

현금(玄琴)

천존고(天尊庫) 안에 있던 보물로, 거문고라고도 불리는 현악기. 부처님의 은덕을 입은 자만이 이것을 타고 원하는 곳으로 갈 수 있다

용도	이동용
관련문헌	삼국유사

효소왕 시절 국선이 된 부례랑이 화랑의 무리를 거느리고 강릉지방에 갔다가 말갈족에게 잡혀갔다. 다른 일행들은 당황하여 신라로 돌아갔으나, 안상만 홀로 남아 부례랑을 찾다 행방불명이 되고 말았다. 효소왕은 이 소식을 듣고 놀라움을 금치 못하였는데, 그때 상서로운 구름이 천존고(天尊庫)*를 덮었다. 급하게 창고를 조사하게 했더니 현금과 신적이라는 두 보물이 없어져 있었다.

5월 15일 부례랑의 부모님이 백율사의 대비상 앞

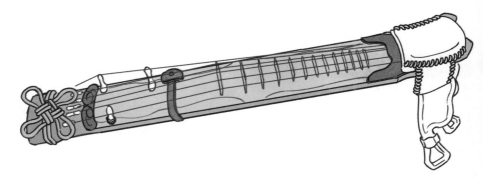

에서 기도를 드리고 있었는데, 갑자기 향나무 탁자 위에 현금과 신적 두 보물이 놓여있고, 부례랑과 안상 두 사람도 불상 뒤에 도착해 있었다. 부례랑의 부모님이 기뻐하며 어떻게 돌아왔는지 물어보니, 부례랑은 말갈족에게 잡혀가 목동이 되었는데, 어디선가 용모가 단정한 스님이 현금과 신적을 들고 나타나 "고향생각을 하느냐?"라고 묻기에 부례랑이 그렇다고 하자, 스님이 자신을 따라오라고 하였다. 그렇게 스님을 따라 해변가에 도착하게 되었는데, 그곳에는 안상도 있었다.

스님은 신적을 둘로 쪼개어 부례랑과 안상에게 하나씩 타게 하고, 자신은 현금을 타고 둥둥 떠서 돌아왔는데 잠깐 사이에 이곳까지 왔다고 했다. 부례랑이 현금과 신적을 왕에게 바치고 이 사실을 알리니, 왕은 백률사에 많은 상를 보내어 부처님의 은덕에 보답하였다.

* 천존고(天尊庫): 신라 때 국보를 간직한 창고

줄

노각성자부줄

명진국 따님애기와 동해용왕의 딸이 천계에 가기 위해 사용했던 줄. 이것을 타고 천계와 인간 세상을 오갈 수 있다

용도	이동용
관련문헌	삼승할망본풀이

유기물-꽃-번성꽃의 관련 문헌 <삼승할망본풀이>에서 해당 내용 확인 가능

보요삭

모든 요괴를 한 번에 결박할 수 있으며, 결박당한 요괴는 이를 함부로 풀 수가 없다

용도	공격용
관련문헌	임씨삼대록

안문산 구도동에 백여우가 수천 년간 묵으며 득도하여 80세의 노파로 둔갑한 뒤, 사람들의 관상을 봐주며

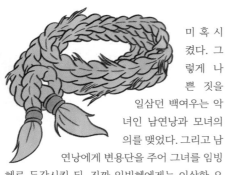

미혹시켰다. 그렇게 나쁜 짓을 일삼던 백여우는 악녀인 남연낭과 모녀의 의를 맺었다. 그리고 남연낭에게 변용단을 주어 그녀를 임빙혜로 둔갑시킨 뒤, 진짜 임빙혜에게는 이상한 요리를 먹여 정신을 잃게 만들고 그녀를 납치했다. 백여우는 납치한 임빙혜를 자운산 소굴에 가두어 두려고 했는데, 갑자기 나타난 선관에게 질책을 당하고 보요삭에 결박당하였다. 보요삭에 결박당한 백여우는 모든 죄상이 드러난 뒤 황건역사에 의해 지옥으로 끌려갔다.

부용삭

전우치가 요괴들을 잡을 때 사용하던 노끈. 요괴를 한 번에 결박할 수 있으며, 제아무리 힘이 강한 요괴여도 함부로 끊거나 풀어내지 못하는 힘이 있다

용도	공격용
관련문헌	전우치전

어린 시절 구미호의 여우구슬을 삼키고 비범한 능력을 얻은 전우치는 15세에 장원에 급제하였다. 다음 해 봄 세금사에 요괴가 나타난다는 소문을 들은 전우치는 그 절을 찾아 갔다. 전우치는 가는 길에 한 노인으로부터 부용삭이라는 노끈과 부적을 얻게 되었다.

그날 밤 전우치에게 절세의 과부가 찾아와 백년가약을 맺고싶다고 했다. 전우치는 과부의 청을 수락하고 통정을 한 뒤, 술을 주어 취하게 만들었다. 과부의 옷을 벗겨 구미호임을 확인한 전우치는 여우의 가슴에 진언을 쓰고, 부용삭으로 결박한 뒤 여우의 정수리를 송곳으로 찌르며 여우구슬을 내놓으라고 협박했다. 여우는 구슬 대신 자신이 가지고 있는 천서 세 권을 주겠다고 했고, 전우치는 여우에게 천서를 받아 상권을 다 통달한 뒤 부적을 상권에 붙이고 구미호를 놓아주었다. 구미호가 나가자 홀연 청운이 하늘로 오르며 부용삭이 사라졌다. 이후 여우가 전우치의 지인으로 변해 두 권의 천서를 다시 훔쳐가지만 상권에는 부적이 붙어있어 가져가지 못했다. 그래서 전우치는 여우의 천서 상권에 있는 도술밖에 쓰지 못한다고 한다.

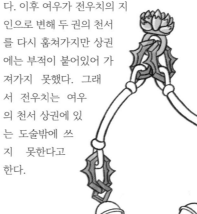

철삭(鐵索)

쇠로 만든 밧줄. 여우 요괴를 결박하는 힘을 가지고 있다

용도	공격용
관련문헌	쌍성봉효록

술/약-약-미혼변심단(迷魂變心丹)의 관련 문헌 <쌍성봉효록>에서 해당 내용 확인 가능

혼천승(渾天繩)

남성도사의 세 가지 보배 중 하나. 원래는 나타태자의 것이었던 강력한 밧줄이다.

용도	공격용
관련문헌	남정팔난기

서천 보라국에 보향산이라는 산이 있는데 그 산에 천년 묵은 범이 있으니, 변화가 불측(不測)*하여 사람도 되고 선관(仙官)도 되어, 자신을 스스로 적호선(赤虎仙)이라 하며 사람들을 속였다. 보향산 아래에는 한 여자가 있으니, 이 또한 독수리의 새끼가 득도하여 인간으로 변한 것이다. 열여섯 나이에 자색(姿色)*이 뛰어났는데 적호선과 부부가 되어 자식을 낳으니, 그것이 바로 남성도사다. 이후 적호선이 신승을 만나 죽고, 그의 아내이자 남성도사의 어미인 여인마저 죽자, 남성은 보향산에 들어가 도를 닦아 자신을 스스로 도사라고 일컬었다. 그 산중에 또 암곰이 있으니, 500년을 묵어 변화가 대단하여 때때로 한낱 미인이 되어 인간 세상에 출몰했고, 그러다 사냥하던 사냥꾼에게 잡혀 육체적 관계를 가져 자식을 낳으니, 이는 흑선곤이다. 청사 백록은 삼백 년 묵은 청 사자와 흰 사슴이니, 이 또한 삼백 년을 묵어 변화하여 남성의 제자가 되었다. 이들이 남산에 모여 도를 닦으니 청 사자가 백두백산이며, 흰 사슴은 녹생손이었다. 그리고 남성도사에게는 무시무시한 세 가지 보배가 있는데 취화포(吹

火砲), 혼천승(渾天繩), 살만부(殺萬符)이다. 취화포(吹火砲)는 입으로 기운을 불면 불이 일어나 사람과 초목을 모조리 태워버리며, 혼천승(渾天繩)이라는 줄은 사람을 향해 휘두르면 역발산기개세(力拔山氣蓋世)*의 용맹한 자도 굴복하게 만들어버리며, 살만부(殺萬符)는 부적으로 불에 태우고 진언을 외우면 독기가 입에서 나와 천만인(千萬人)이라도 즉각 죽는다고 했다.

이 세 가지 보배 중 취화포는 원래 화덕진군이 가지고 있던 것을 속여 가지고 온 것이고, 혼천승은 나타태자에게 있던 보배요, 살만부는 하늘에서 내려온 72가지 살기를 모아 생긴 것이니 가장 독한 보배였다.

반란군에 가담한 남성도사는 이 세 가지 보배 중, 혼천승과 취화포를 자신의 제자들에게 주어 전황을 유리하게 이끌며 천자가 도망간 성까지 전부 불태워버리는 등 주인공 일행들을 위기로 몰아넣는다. 이에 남화도사가 주인공 일행을 돕기 위해 나서는데, 먼저 백록강에 파도가 크게 일어나게 하여 녹행손과 함께 취화포를 백록강에 묻어버렸으며, 남화도사의 제자가 날아드는 혼천승을 한 손으로 잡고 다른 한 손으로 칼을 휘둘러 흑선곤의 팔을 자르는 것으로 혼천승을 빼앗았다.

마지막으로 살만부는 산에서 태워야 하는데, 남성도사가 살만부를 태우러 소양산으로 올라가는 길목에 매복을 심어 남성도사를 습격하였다. 남성도사는 둔갑술로 달아나 버렸지만 살만부를 사용하는 것은 막을 수 있었다.

결국, 모든 보배를 사용할 수 없게 된 남성도사는 천년 묵은 호랑이의 모습을 드러낸 채 퇴치당하였다.

* 불측(不測): 미루어 헤아릴 수 없음
* 자색(姿色): 여자의 고운 얼굴이나 모습
* 역발산기개세(力拔山氣蓋世): 힘은 산을 뽑을 만하고 기운은 세상을 덮을 만하다는 뜻

천

오색명주(五色明紬)

붉은 옷을 입은 신선에게 받은 파랑, 노랑, 빨강, 하양, 검정 다섯 가지 빛깔의 천. 사계절을 조절할 수 있다

용도	기타
관련문헌	금령전

기타-그 외-금령의 관련 문헌 <금령전>에서 해당 내용 확인 가능

짐승의 말이 들리는 보자기

용왕에게 받은 낡은 보자기. 귀에 대고 동물의 소리를 들으면 그 동물이 무슨 말을 하는지 알 수 있다

용도	분석탐지용
관련문헌	한국구비문학대계

어떤 사람이 낚시를 하러 갔다가 잉어 한 마리를 잡았다. 잉어를 잡은 건 좋았지만 잡아먹긴 뭣해서 도로 물에 놔주었다. 얼마 후 그 사람이 다시 낚시를 하러 갔는데, 웬 어린아이가 다가오더니 "지금까지 여기서 아저씨를 기다리고 있었습니다."라고 말했다. 그 사람이 왜 나를 기다렸냐고 묻자 그 아이는 자신이 얼마 전에 잡혔던 잉어이며 자신의 아버지에게 아저씨 이야기를 했더니 모시고 오라고 해서 여기에서 기다렸다고 했다.

그 사람이 자신은 사람인데 어떻게 물속으로 들어가냐고 하니까 그 소년은 자신의 등에 업히면 된다고 했다. 그래서 소년의 등에 업히니 물이 그냥 갈라지는 것 같으면서 물속으로 들어갔다. 용궁으로 가면서 소년은 그 남자에게 "아버지가 원하는 것이 무엇인지 물으면 선반 구석에 있는 보자기를 달라고 하십시오. 다른 좋은 보물이 많아도 무조건 그 낡은 보자기를 달라고 하셔야 합니다."라고 말했다.

용왕은 그 사람에게 아들을 구해주어 고맙다며 여기서 마음에 드는 건 뭐든지 주겠다고 했다. 남자는 이것저것 살피는 척하다가 다른 건 필요없고 선반 구석에 있는 낡은 보자기를 달라고 했다. 용왕은 잠깐 머뭇거렸으나 "아, 그래도 우리 아들을 구해 줬으니 가지고 가거라."라고 해서 남자는 그 낡은 보자기를 가지고 나왔다.

소년의 등에 업혀 인간 세상으로 돌아가면서 이 보

자기가 뭐하는 거냐고 물어보니, 소년은 어디 가다가 무슨 소리가 들리면 그 보자기를 귀에 대면 된다고 했다.

그렇게 인간 세상으로 돌아온 남자가 길을 가는데 새들이 짹짹짹 하는 소리가 들렸다. 그래서 남자가 그 보자기를 귀에 대보니 새들의 말소리가 들렸다. 새들은 어느 부잣집의 외동아들이 병에 걸려 고통스러워한다는 이야기를 하고 있었다. 새들의 말에 의하면 그 아이가 먹은 닭고기에 지네가 알을 낳았는데, 아이가 그걸 모르고 닭고기를 먹는 바람에 그 아이 몸속에서 지네가 부화하여 아이가 아픈 거라고 했다. 그러고는 담뱃진을 탄 물을 마시면 몸속에 있는 지네가 죽어 아이가 나을 수 있는데 사람들은 그걸 모른다고 했다.

그 말을 들은 사람은 당장 그 부잣집으로 찾아가서 사람을 불러 아들이 아프지 않느냐고 물어보았다. 부자가 그렇다고 하니 그 사람은 자신이 아이를 고쳐주겠다고 했고, 부자는 지금까지 어떤 의원도 고치지 못했다며 아들을 고쳐만 준다면 자신이 가진 재산의 절반을 주겠다고 했다. 남자는 새들이 말한 방법으로 부자의 외동아들을 간단히 고칠 수 있었고, 그덕에 부자의 재산 절반을 받아 집으로 돌아왔다. 이 이후로 동물들이 말하는 이런저런 말을 듣고 문제를 해결해주러 다녔기에 남자는 천하거부가 되어 집에 돌아왔다.

남자가 집을 비운 사이 남자의 아내는 간부(姦夫)*를 두고 있었는데, 남자가 쥐들이 조잘조잘하는 소리를 듣고 보자기를 귀에 대보니까 "어제는 간부랑 자더니 오늘은 본서방하고 자는구만."이라고 말하는 소리가 들렸다. 그래서 남자는 부인에게 보자기를 건네며 이걸 귀에다가 대보라고 했다. 아내는 보자기를 귀에 대보더니 얼굴이 빨개지며 어디서 이따위걸 주워가지고 왔냐며 문을 열고 보자기를 내다 버렸다. 남자가 보자기를 찾으려고 밖으로 나왔으나 이미 용궁에서 회수해가는 바람에 남자는 보자기를 잃고 말았다.

*간부(姦夫): 간통한 남자

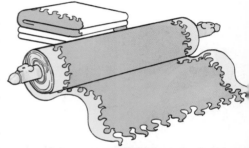

화한단(火漢緞)

흥부가 탄 박속에서 나온 비단, 불쥐의 털로 만든 옷감이다. 불에 타지 않으며, 불속에 있으면 그 빛깔이 더 고와진다

용도	방어용
관련문헌	흥부전

유기물-그 외-보은표의 관련 문헌 <흥부전>에서 해당 내용 확인 가능

환영 장막

병자호란 당시 정체를 알 수 없는 선비와 하인이 오랑캐를 피하기 위해 사용한 하얀색 천으로 된 장막. 이 장막은 있는 그대로의 모습이 아닌 환상을 보이게 하며, 이를 통해 적으로부터 모습을 숨길 수 있다

용도	방어용
관련문헌	천예록

청나라의 침공으로 인해 나라가 어지럽던 병자호

란 시절, 수많은 사람이 한양을 빠져나와 피난을 갔다. 갑작스럽게 청나라 군대의 습격을 받은 행인들은 산과 들판이 온통 청나라 군대로 가득 차서 이제 끝장이라 생각하고 절망에 빠졌다.

그 와중에 어느 선비와 하인이 소나무 아래에 말을 묶어두고, 길이가 몇 폭이나 되는 넓고 큰 하얀 천으로 장막을 쳐놓고는 그 안에서 유유자적 지내면서 청나라 군대를 편안하게 지켜보는 모습이 어떤 행인의 눈에 들어왔다. 피난 가는 와중에도 궁금함을 찾을 수 없었던 행인은 선비에게 다가가서

"당신은 저기 가득 찬 오랑캐 군대가 안 보이오? 살고 싶다면 빨리 도망쳐야지, 왜 여기서 가만히 있는 거요?"

하고 물었다. 이에 선비가 웃으면서 태연하게

"어차피 두 발로 달려 도망을 가봐야 말을 타고 잽싸게 달리는 오랑캐 군대에 죽거나 붙잡히는 건 다 같지 않소? 당신도 살고 싶다면 여기 장막 안으로 들어오시오."

라고 말했다. 행인은 선비가 미쳤다고 여겼으나, 가만히 생각해보니 달아나도 잡혀 죽는 건 마찬가지라 희미하게 기대를 걸고 선비가 쳐놓은 장막 안으로 들어갔다. 청나라 군대는 보이는 대로 사람들을 죽이거나 붙잡아 갔다. 하지만 어찌 된 일인지 선비 일행이 앉아 있는 장막만은 전혀 건드리지 않았다.

행인은 왜 청나라 군사들이 자신과 선비 일행을 내버려 두는 것인지 영문을 알 수 없어 당황해하면서도, 안전하다는 생각에 안도의 한숨을 내쉬었다. 청나라 군대의 습격을 온종일 받으면서도 선비 일행과 행인은 전혀 공격받지 않았고, 해가 저물어 청나라 군대가 다른 곳으로 떠나자, 선비는 자

리를 털고 일어나 하인에게 장막을 거두고 말을 준비시키라고 했다. 행인은 그 선비에게 뭔가 신통한 능력이 있어 난리를 피한 것이라 생각하고 이름을 물어보았지만, 선비는 대답하지 않고 떠나버렸다. 위기를 모면한 행인은 이리저리 떠돌다가 전쟁이 끝나자 한양의 집으로 돌아갔다. 그리고 자신과 함께 피난길에 올랐다가 청나라 군대에 붙잡혀 포로가 되었지만 풀려나 돌아온 사람을 만나 청나라 군대와 맞닥뜨린 일에 관해서 이야기를 나누게 되었다.

행인은 자신이 선비가 쳐놓은 장막 안에 들어갔던 일을 떠올리고는 그에게 왜 청나라 군대가 자신을 건드리지 못했는지에 관해 물어보았다. 그러자 그는 놀라면서

"소나무 아래에 펴놓은 하얀 장막이라뇨? 나는 그런 것을 그때 못 보았고. 높고 튼튼한 성벽과 깊은 해자가 있기에 청나라 군대가 건드리지 못하고 지나가 버렸을 뿐이오."

라고 말했다. 그러니까 선비가 펼쳐놓은 하얀 천은 사람들로 하여금, 실제 사물이 아니라 성벽과 해자라는 환상을 보이게 하는 신비한 능력을 가진 보물이었던 것이다.

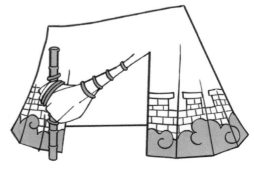

그 외

검은 작대기

꼬리 아홉 달린 노파가 가지고 있던 검은 색의 작대기. 이것을 문지르거나 갖다 대기만 해도 그 대상이 돌이 된다

용도	공격용
관련문헌	임석재 전집 한국구전설화

옛날 산에 버려지게 된 한 형제가 있었다. 그 산에는 자식 없이 포수로 일생을 지내는 노부부가 있었는데 사냥을 나갔다가 오는 길에 애들 우는 소리가 나서 가보니, 어린 아이들이 울고 있었다. 노부부는 아이들을 키우기로 하고 집으로 데려갔다. 이 포수는 글도 읽을 줄 아는 유식한 포수라 아이들에게 글도 가르치고 활쏘기도 가르치며 자식 삼아 키웠다. 아이들이 어찌나 영리한지 글도 잘 배우고 총 쏘기도 일등포수로 잘 쏘았다. 그리고 토끼와 곰, 산돼지도 한 쌍씩 잡아서 길렀다.

그렇게 쌍둥이 형제가 20살이 넘어갈 무렵, 포수 부부는 나이를 많이 먹어 다 돌아가셨다. 부모의 장을 지낸 후에 형제가 생각을 해보니, 자신들이 이 산속에만 있을 것이 아니라 세상 구경을 좀 해야 될 것 같았다. 그래서 형제는 키우던 짐승들을 한 마리씩 나누어 가지고, 바닥에 칼을 한 자루씩 꽂으면서 누구든지 먼저 여기에 찾아왔을 때 칼이 죽었으면 죽은 줄 알고, 칼이 죽지 않았으면 살아있는 줄 알라고 하며, 형제는 둘로 갈라져 길을 떠났다.

남쪽으로 온 동생은 흉악한 이무기에게 잡아먹힐뻔한 공주를 구해주고, 왕의 사위가 되어 행복하게 잘 지내고 있었다. 그러던 중 제주도 한라산에는 포수든 무엇이든 한 번 들어가면 다시 못 나온다는 소문이 들려왔다. 그래서 동생은 자신이 한 번 가보겠다면서 기르던 짐승 세 마리를 데리고 제주도 한라산으로 갔다.

산 입구에 들어가니 조그마한 노란 짐승이 앞에서 정신 사납게 돌아다녔다. 총을 한 방 쏘면 없어졌다가 잠시 후 다시 눈앞에 나타났는데, 동생은 이 짐승을 따라가기로 했다. 날이 저물도록 산 깊숙한 곳까지 들어간 동생은 날이 저물어서 할 수 없이 화덕에 불을 피우고, 불가에서 날을 새려고 하는 참이었다. 밤이 어스름해지니 나무 꼭대기에서 노파 하나가 앉아서 "아이구 추워 불 좀 쬐었으면 좋겠다."고 했다. 내려와서 불 좀 쬐라고 하니까 불을 쬐려고해도 그 짐승 세 마리가 무서워서 못 내려간다고 했다. 그리고는 새카만 작대기를 하나 내려주며, 이걸로 그 짐승 세 마리를 한 번 씩 문질러 주면, 내가 내려가서 불 좀 쬐겠다고 했다. 동생은 노파에게 속아 그 새카만 작대기로 짐승들을 문질렀고, 짐승들이 전부 돌이 되어버렸다. 그 틈에 노파는 빠르게 내려와 그 작대기로 동생까지 문질러 동생을 돌로 만들어 버렸다. 한라산에 들어간 이들은 모두 그렇게 되어서 살아 나오는 사람이 없었던 것이다.

한편 북쪽으로 갔던 형은 몇 년이 지나니 동생 생각이 간절히 났다. 그래서 동생이 어떤지 한 번 봐야 되겠다 하고, 칼 꽂힌 곳으로 갔다. 도착해서 칼을 보니 제 칼은 죽지 않았는데, 동생의 칼은 죽어 있었다. 동생은 남쪽으로 갔는데 필시 어디 가서 죽었구나 하고, 짐승 세 마리를 데

리고 남쪽으로 향했다. 가는 도중 어떤 마을에 들어가니 웬 하인들이 "아이고 서방님 지금 오십니까?"하고 떠받들고 갔다. 가만히 생각해보니 자신을 동생으로 착각하고 있는 것이라 생각하고, 동생 행세를 하며 따라가 보니 하인들이 자신을 궁전의 대궐에다 들여다 모셨다. 잠시 후 여성이 한 명 들어오는데, 이 여인은 자신의 제수가 틀림없었다. 형은 제수에게 자신의 정체를 사실대로 말하고, 동생이 어디로 갔는지 물어보았다. 공주는 제주 한라산에 포수가 들어가면 다시는 못 나온다는 소문을 들은 남편이 자신이 한 번 가보겠다며 나간 뒤로 돌아오지 않는다고 했다. 그 말을 들은 형은 곧장 한라산으로 향했다. 가보니까 이번에도 노란 짐승이 나타나서 형은 그것을 쫓아 깊은 산속으로 들어갔다. 날이 어두워져 형도 화덕에 불을 피우고 밤을 새우고 있으니, 노파 하나가 나무 위에 앉아서 "아이 추워 볼 좀 쬐었으면 좋겠다."고 말했다. 형이 내려와서 불 좀 쬐라고 하니, 노파는 그 짐승들이 무서워서 못 쬐겠으니 짐승들을 이걸로 좀 문질러달라며 새카만 작대기를 하나 내려주었다. 형은 사람이 짐승이 무서워서 불을 못 쬔단 말이 어디 있냐며 노파에게 총을 쐈다. 노파는 총에 맞아 꼬리 아홉을 털며 떨어졌다. 떨어지면서 노파의 피가 근처에 있던 돌들에 튀었는데, 그러자 그 돌이 자신의 동생이 데리고 다니던 짐승들이 되었다. 그래서 형은 노파의 피를 가지고 산을 돌며 돌에다 노파의 피를 뿌렸다. 그러자 동생 뿐만이 아니라 사라졌던 많은 포수들도 다시 사람으로 돌아왔다. 그렇게 살아난 사람들은 서로 일행이 되어서 궁으로 돌아왔다. 그후 동생은 왕이 되어 잘 지냈고, 다른 포수들은 정승판서 한 자리씩을 하며 잘 살았다.

도깨비 등불

제주도 남쪽 가파도라는 섬에 나타난 도깨비 등불. 처음에는 씨름을 요구하는 사람의 모습으로 나타나 상대방의 기력이 다할 때까지 괴롭힌다. 상대방이 기력을 모두 잃고 기절한 후에는 20여 개로 분산되어 폭발해버린다

용도	공격용
관련문헌	남제주군 대정읍 가파리 학술조사보고서

제주도 남쪽에 위치한 가파도란 섬의 상동에 사는 이태보라는 사람이 있었다. 그는 밤낚시를 매우 좋아했다. 평상시처럼 밤낚시를 나간 어느 날이었다.

문득 그의 앞에 어떤

179

자가 등불을 들고 가고 있는 것이 보였다. 그런데 그자가 갑자기 이태보에게 "당신이 가파도에서 기운이 가장 세다고 들었다. 그렇다면 나와 씨름을 해보자"고 시비를 거는 것이 아닌가. 이태보가 이 도발에 응해서 바닷가 모래밭에서 씨름을 하게 되었다. 하지만 이태보가 그를 넘어뜨려 이겨도, 그 괴인은 빙긋 한번 웃고는 끊임없이 일어나서 덤벼들기를 밤새도록 반복하였다.

아무리 힘이 센 이태보지만 사람인지라 차츰 기력을 잃었고, 결국은 쓰러져 기절해 버렸다. 기절했던 그는 새벽녘이 되어서야 정신을 차렸다. 문득 깨어 보니 씨름하던 괴인은 사라졌고 등불만 깜박거리고 있는 것이 아닌가. 그가 등불을 바라보고 있는데, 갑자기 등불이 20여 개로 분산되며 크게 폭발해 버렸다. 그 굉음에 이태보는 귀가 멀고 몸을 크게 다쳐서 반신불수가 되고 말았다.

도깨비 방망이

도깨비들의 황금색 방망이. 이것을 두드리면 원하는 것이 무엇이든지 나온다

용도	화수분
관련문헌	태평광기

신라 제일 귀족 중 김가가 있었는데, 그 먼 조상 중에 방이라는 사람이 있었다. 그는 굉장히 가난하게 살았다. 그러나 분가해서 살고 있는 그의 아우는 굉장히 부유했다. 방이가 걸식하면서 고생을 하니 이웃 사람들이 작은 땅의 농토를 그에게 주었다. 그래서 농사를 짓기 위해 아우의 집에 가서 누에의 씨와 곡식 종자를 좀 달라고 했지만, 심술쟁이 동생은 누에의 씨와 곡식 종자를 솥에 넣어 삶은 후에 주었다.

방이는 아우가 삶아서 준 것도 모른 채 집에 와서 곡식 종자는 땅에 심고, 누에씨에서는 누에가 나오기를 기다렸다. 놀랍게도 누에씨에서 누에가 딱 한 마리 나와서 자라기 시작했는데, 그 크기가 점점 커져 황소만 해졌다. 이를 시기한 동생은 형이 없는 틈을 타서 그 누에를 몰래 죽였다. 며칠이 지나니 방이 집 사방 100리 안의 누에들이 모두 모여 방이 집에서 고치를 지으니, 온 이웃 사람들이 다 모여 고치를 켰지만 일손이 부족할 정도였다. 알고보니 동생이 죽인 그 누에는 누에의 왕이었던 것이다.

누에씨뿐만 아니라 곡식 씨앗을 심은 것에서도 오직 한 줄기의 싹만이 나와 자랐다. 한줄기의 이삭이 한 자 정도로 커져서, 방이는 매일 그 이삭을 지켰는데, 하루는 새가 이 이삭을 잘라 물고 가는 것이었다. 방이가 그 새를 따라 산속으로 들어가니, 새는 바위 틈으로 들어가 사라졌고 곧 날이 어두워졌다.

방이는 할 수 없이 바위 옆에서 밤을 새우는데, 갑자기 붉은 옷을 입은 아이들이 많이 모여 놀더니 술과 떡이며 음식을 먹고 싶다고 하면서, 황금 방망이를 가지고 와 바위에 두드렸다. 그렇게하니 무엇이든지 원하는 대로 나왔다. 그렇게 아이들은 음식을 나누어 먹고 놀다가 떠났는데, 그 방망이를 바위틈에 끼워 두고 갔다. 방이는 이 방망이를 가져와 나라에서 제일가는 부자가 되었다.

아우가 형의 이야기를 듣고 자기도 부자가 되기 위해 똑같이 하려 했다. 방이가 말려도 아우는 듣

181

지 않고 곡식 씨앗을 삶아서 심고, 누에씨도 삶았다. 누에씨에서 누에가 한 마리 나왔지만, 그 크기가 크지 않고 보통 누에 정도였다. 그리고 곡식은 형의 것처럼 한 줄기가 나와 이삭이 생겼고, 이 역시 똑같이 새가 물고 갔다. 아우가 새를 따라 산속으로 가서 밤을 지새우니, 여러 도깨비가 나와 아우를 보고는 우리 방망이를 훔쳐 간 놈이라며 화를 내었다.

도깨비는 아우에게 "너는 우리를 위해 3판(版)*에 이르는 담장을 쌓겠느냐? 아니면 네 코를 1장(丈)*으로 길어지게 해주길 바라느냐?"라고 물었다. 아우는 처음에는 담장을 쌓겠다고 했다. 하지만 3일이 지나도 완성되지 않아 배가 고프니, 차라리 코를 길어지게 해달라고 했다. 그러자 도깨비들은 아우의 코를 길게 늘려버리고 집으로 가라고 했다. 이렇게 아우가 마을로 돌아오니 마을 사람들이 몰려와 아우의 코를 구경하였고, 아우는 부끄럽고 화가 치밀어 죽고 말았다.

방이의 집에서는 뒤에 후손들이 장난삼아 이 방망이를 두드리며 이리의 똥을 나오라고 하니, 뇌성벽력이 치고는 방망이가 없어졌다.

유명한 도깨비 방망이의 이야기다. 이야기의 출처는 <태평광기>로 중국의 책이긴 하지만, 이야기에서 신라의 설화라고 제시하고 있으니 한국의 이야기라고 봐도 무방할 것이다. 실제로 방이 설화와 비슷한 이야기들은 구전설화에서도 많이 찾을 수 있다. 다만 독특한 점이 하나 있다면 설화에서는 주로 형이 악하고 동생이 선한 경우가 많은데, 이 이야기는 동생이 악하며, 형이 선하다는 것이다.

* 판(版): 성장(城牆. 성의 담)의 높이와 길이를 재는 단위로, 1판은 2척 높이에, 8척 길이를 말함
* 장(丈): 척관법의 길이의 단위. 1장은 약 3.03m에 해당

도깨비 장대

이 장대가 꽂혀 있는 곳은 도깨비가 정한 사람 외에는 얼씬도 할 수 없다

용도	방어용
관련문헌	임석재 전집 한국구전설화

옛날 남의 집에 살고 있던 어떤 아이가 주인에게 자신도 좀 잘 살게 좋은 묏자리 하나 잡아달라고 했다. 이 아이가 하도 그러니 주인은 자신에게 그러지 말고 앞산 골짜기 도깨비한테 가서 묏자리 잡아 달라고 하라면서 도깨비는 메밀묵을 좋아하니 메밀묵을 쑤어 가서 묏자리를 잡아달라고 하면 잘 될 거라고 했다.

주인의 조언대로 그 아이는 메밀묵을 쑤어서 앞산 골짜기 도깨비들에게 주었다. 도깨비들이 메밀묵을 다 먹자, 그 아이는 아버지 묘자리를 잡아달라고 했고, 도깨비들은 아버지 시체를 파오라고 했다. 그 아이는 자기 아버지 묻은 곳에 도깨비들을 데리고 가서 파 주었다. 도깨비들은 어떤 동네로 들어가 어떤 집을 뜯고 거기다 묘를 짓기 시작했다.

동네 사람들이 몰려와 묘를 만들지 말라며 야단치면서 도깨비를 때리려고 했지만, 도깨비들은 도리어 마을 사람들을 때려서 쫓아내 버렸다. 그리고 거기다 묘를 쓰고, 묘 사방에 긴 장대를 하나씩 세워 놨다.

이 장대는 이 아이가 그 묘에 들어가면 가만히 있지만, 동네 사람이 묘 근처에

얼씬하면 쫓아다니면서 때려서 얼씬도 못 하게 했
다. 이렇게 해서 동네 사람들은 그 묘에다 손도 못
대고 그대로 두었으며, 아이는 그 후부터는 남의
집살이도 더는 하지 않고 부자가 되어 잘 살았다.

멍석 귀신

사람이 근처를 지나가면 달려들어 멍석으로 말아버린다

용도	공격용
관련문헌	한국구비문학대계

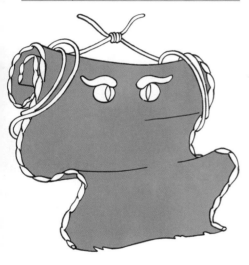

멍석 귀신은 이름처럼 멍석 모습의 귀신이다. 멍
석 귀신은 사람이 근처를 지나가면 달려들어 멍
석으로 말아버린다. 그렇게 사람을 움직이지 못하
게 하면 지게 귀신이 나타나 그 사람을 지고 어디
론가 사라진다.

묘사된 생김새와 행동을 보면 의식을 가지고 스스
로 행동하는 물건이라는 것을 알 수 있다. 열린 결

말로 지게 귀신이 지고 어디로 가는지 그리고 그
렇게 잡혀간 사람이 어떻게 되는지는 일절 나오
지 않는다.

박달나무 방아

중국의 곤륜산 꼭대기에 위치한 박달나무로 만든 방아. 방
아질 한 번에 중국 여자 한 명이 죽는다

용도	공격용
관련문헌	한국구비문학대계

도선대사가 젊었을 때 중국의 일양대사로부터 지
리학을 배웠다. 일 년을 가르친 일양대사는 더 가
르쳐 줄 것이 없으니 돌아가라고 하였다. 그리고
모국에 돌아가면 산을 다니며 혈을 찌르는 것으
로 자신에 대한 은혜를 갚으라고 했다. 도선은 스
승의 말이 무슨 의미인지 모른 채 고려로 돌아와
산을 두루 다니며 혈을 정확히 찌르고 다녔다. 하
지만 가만히 생각해 보니 스승이 우리나라를 망치
려는 속셈인 것 같았다. 도선은 복수하기 위해 중
국으로 돌아갔다. 중국의 곤륜산 꼭대기에는 박달
나무로 만든 방아가 있는데, 방아질 한 번에 중국
여자 한 사람이 죽어버리는 무시무시한 물건이었
다. 도선은 밥을 지어 옆에 두고 먹어가면서 온종
일 방아를 찧었다. 그러자 중국 각처(各處)*의 여
자들이 죽어 나갔다. 중국의 도사들이 모여 이변을
막아보려 했지만, 속수무책이었고, 전국의 의원들
도 그 병을 고쳐보려 했지만, 방도가 없었다. 이때
일양대사가 생각해 보니 남자는 죽지 않고 중국이
망하도록 아이를 낳는 여자만 죽는 것이 이상했다.
그때 곤륜산 박달나무 방아가 생각났다. 자신 외에
박달나무 방아의 존재와 위치를 아는 사람은 없었
다. 그러다 한참 후 도선이 떠올랐다. 도선은 지리

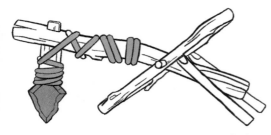

에 능해서 가르쳐 주지 않아도 알 수 있었기 때문이다. 일양대사는 도선을 찾아가 은혜를 이런 식으로 갚느냐고 따졌다. 그러자 도선이 제자를 가르치는 방법이 그것밖에 없냐고 되물었다. 결국, 일양대사는 제자인 도선에 빌고 나서야 그의 행동을 말릴 수 있었다.

*각처(各處): 각각의 곳. 또는 여러 곳

산신령의 안경

일반 사람의 눈에는 보이지 않는 안경. 조상신 혹은 산신령이 꿈에서 씌워줘야 하며, 이걸 쓰면 어두운 밤에도 온 천지를 밝게 볼 수 있다

용도	분석탐지용
관련문헌	한국구비문학대계

옛날 어떤 사람이 있었는데, 그는 조상님의 무덤을 여름마다 벌초를 하며 정성껏 모셨다. 그랬더니 어느 날 밤 꿈에 한 노인이 나타나 "네가 산의 풀을 깍아주니 내가 은혜를 갚으려왔다. 이거 한 번 써 봐

라."라고 하며 안경을 주었다. 그 안경을 꿈에서 받아 썼는데, 그날부터 그 사람은 밤이 되어 어두워져도 온 천지가 밝게 보였다. 그래서 이를 이용하여 이 사람은 밤마다 도둑질을 했고, 부자가 되었다. 그러던 어느 날 어떤 큰집의 소를 훔쳐 왔는데, 다음날 소를 보며 생각해보니 자기 형님 집 소임을 알게 되었다. 그래서 어떻게 해야 할지 걱정하고 있을 때 형님이 집으로 찾아왔다. 그 사람이 어쩐 일로 찾아왔는지 묻자 형님은 한숨을 쉬며 소를 잃어버렸다고 했다.

형님의 모습을 본 남자는 마음이 약해서 모든 것을 사실대로 이야기했다. 그러자 형님은 한숨을 쉬더니 이제라도 그만두라면서, 제삿상을 차려 산으로 가서 "저는 이제 필요 없으니 도로 가져가세요."라고 말하고 삼배를 하라고 했다. 그 사람이 형님이 시키는 대로 했더니, 그날 밤부터는 천지가 밝게 보이지 않았다고 한다.

이 이야기에서 안경의 실체는 없지만, 안경을 받는 꿈을 꾼 뒤부터 밤에도 앞을 잘 볼 수 있게 되었으며, 이 능력을 사라지게 할 때도 산에 제사를 지내며 "저는 이제 필요 없으니 도로 가져가세요."라고 말하니 사라진 것을 봐서는, 사람의 눈에는 보이지 않는 산신령의 신기한 물건으로 보는 것이 맞다고 생각된다.

선녀가 봉인된 병풍

옛날 어떤 뒷산 고개에서 어떤 영감이 팔던 병풍으로, 하얀 종이 위에 기와집만이 한 채 그려져있다. "옥란"이라고 세 번 부르면, 병풍에서 선녀가 나와서 원하는 것을 준다

용도	화수분
관련문헌	한국구비문학대계

옛날 중국에 가서 삼을 사와 이를 조선에서 대감

들에게 팔러 다니는 사람이 있었다. 하루는 어느 재상이 천 냥을 주며 중국에 가서 천 냥짜리 병풍을 하나 사오라고 했다. 하지만 그 사람은 재상의 심부름을 깜빡하였고, 조선으로 돌아오는 중간에 기억이 났다. 남자는 주막에 들러 걱정을 하다가 주막 주인에게 이 이야기를 하였다. 주인은 이야기를 듣고 남자에게 뒷산 고개에 어떤 영감이 병

풍을 팔려고 몇 달째 앉아 있으니 그곳으로 가보라고 했다.

남자가 뒷산 고개에 가보니 주막 주인의 말대로 영감이 기와집 한 채가 가운데 그려져 있을 뿐, 다른 것은 아무 것도 없는 병풍을 펼쳐 놓고 있었다. 남자가 가격을 물으니 영감은 병풍이 천 냥이라고 하였다. 병풍에 대해서 잘 모르는 남자가 봐도 기와집 하나 달랑 그려진 것이 무슨 천 냥이나 하냐고 따졌다. 영감은 이 병풍을 향해 '옥란'이라고 세 번 부르면 선녀가 나와서 원하는 것을 준다며, 옥란이를 세 번 부르며 술을 가져오라고 하자, 병풍 속에

서 옥란이가 송화주(松花酒)를 가져 나왔는데 그 맛이 기가 막히게 좋았다.

남자는 영감에게 천 냥을 주고 병풍을 사서 재상의 집으로 가져갔다. 재상이 병풍을 펼쳐보니 기와집 하나만 있는 백종이라 남자의 말은 듣지도 않고 도둑놈이라고 화를 내면서, 하인들에게 그를 두들겨 패서 쫓아내라 하였다. 말 한마디 못해보고 쫓겨난 남자는 평양 부벽루로 가서 병풍을 펼쳐놓고 구경꾼들에게 술 한 잔에 열 냥씩 받는데, 술 맛이 기가 막히게 좋다는 소문이 퍼져서 남자는 금방 부자가 되었다. 남자는 많은 돈을 들여서 학이 날아가는 모양으로 집을 짓고 세상 부러울 것 없이 살았다.

한편 남자를 쫓아낸 재상은 평양 감사가 되었는데, 남자가 부자가 되었다는 소문을 듣고 그를 찾아가 잘살게 된 이유를 물었다. 이에 남자는 병풍에서 옥란을 불러 감사에게 술 한 잔 대접했고, 술맛을 본 감사는 욕심이 생겨 자기에게 병풍을 팔라고 했다. 병풍은 천하의 보물이라 남자는 당연히 팔지 않으려고 했고, 감사는 만 냥을 주겠다고 하면서 팔지 않으면 빼앗으려고 했다.

남자는 어쩔 수 없이 감사에게 병풍을 팔았고, 보물 병풍을 얻게 된 감사는 벼슬도 그만두고 집에서 놀고 먹기만 하였다. 하루는 대감이 집을 나간 사이, 대감의 아들이 아름다운 옥란을 보고 마음이 동하여 옥란을 범하려고 옥란의 손목을 잡았다. 그러자 옥란은 대감의 아들을 떠밀고는 그림 속으로 들어가 버렸고, 대감이 집으로 돌아와 옥란을 불렀

지만, 그 후로 옥란은 나타나지 않았다.

사실 옥란은 천상의 선녀였고, 죄를 지어 인간 세상에 하강했다가 태일교라는 노인의 도술로 병풍 속의 기와집에 봉인되어 몇 십 년 동안 고생을 하고 있었던 것이다. 만약 어떤 사람이 옥란의 손목을 잡으려고 하면 떨쳐내고 하늘로 올라와도 된다고 했었기 때문에 옥란의 봉인이 풀린 것이었다.

다른 유형에서는 병풍 혹은 그림 속에서 나오는 여인이 기생인 경우도 있고, 손만 나와서 술을 따라주기만 하는 유형도 있다. 그리고 손자가 손목을 잡자 자신의 손목을 잘라버리거나, 여자가 병풍 속으로 도망가자 병풍 속 여자그림이 목 매달고 죽은 모습으로 바뀌었다는 유형도 있다.

선녀의 다듬이 방망이

이 방망이로 때린 부위에는 붉은 점이 생기며, 향기가 난다

용도	기타
관련문헌	동야휘집

고옥성은 금성에 사는 의원으로 침자(鍼刺)*에 능했다. 그는 빈부를 가리지 않고 환자를 치료했는데, 한 걸인이 온몸에 종기가 나서 농이 흐르고 악취를 풍겼지만, 집으로 데리고 와 사랑에 두고 치료해줬다. 그런데 집안사람들과 종들은 이를 매우 싫어했다.

걸인의 병이 조금 나아지니, 걸인은 떡국이 먹고 싶다고 했다. 종들이 미워하면서 주지 않으려 하는 것을, 고옥성이 떡국을 갖다주라고 했다. 또 뒤에 술과 고기를 달라고 하는 것을 고옥성이 갖다주라고 시켰는데도, 종들이 말을 듣지 않고 주지 않았다. 하루는 종들이 걸인을 미워한 나머지, 걸인이 자고 있는 사랑채에 불을 질러버렸다. 그런데 사랑채 건물이 다 탔는데도, 걸인은 조금도 다치지 않

고 코를 골며 자고 있었다. 그래서 걸인을 깨우니, 일어나서는 오히려 사랑채가 어디 갔냐고 물었다. 그래서 고옥성은 걸인을 이인(異人)*으로 생각하고, 자신과 같은 방에서 거처하게 했다. 그렇게 반년이 지나고 하루는 걸인이 고옥성을 초빙(招聘)*하겠다고 했다. 고옥성은 가난한 사람이 어찌 초빙하느냐고 하면서 사양하니, 걸인이 억지로 고옥성을 데리고 정원의 나무 속으로 들어갔는데, 눈앞에 으리으리한 집이 있고 별세계가 열렸다.

여러 종류의 많은 새가 술을 날라 와 잔에 붓고, 선녀들이 나와 춤을 추며 노래했다. 고옥성은 음식들이 모두 공중에서 내려오는 것을 보고는 걸인에게 공중에 당신 사는 곳으로 가보자고 했다. 걸인이 곧 고옥성을 데리고 공중으로 가니, 아름다운 선녀가 다듬이질을 하고 있었다. 고옥성이 선녀를 유심히 보고 있으니, 선녀가 남의 여자를 엿본다고 꾸짖으면서 방망이로 고옥성의 등을 쳤다. 그랬더니 등에 붉은 점이 생겼다.

그러는 동안 고옥성은 술이 깨면서 허공에서 떨어졌고, 걸인이 작별 인사를 했다. 이때 걸인은 "당신의 명이 길지 않으니 내일 서산으로 피하면 액을 면할 수 있다."라고 알려주고 사라졌다. 곧 고옥성의 몸은 정원에 와 있었고, 아

내가 고옥성을 보니 등의 붉은 점에서 향기가 나고 있었다.

고옥성은 걸인이 일러준 대로 이튿날 서산에 올랐다. 서산을 헤매고 다니다가 어떤 구덩이에 빠졌는데, 보니까 세 노인이 바둑을 두고 있었다. 바둑을 끝낸 노인들이 어디서 왔냐고 물었다. 고옥성이 구덩이에 빠졌다고 대답하니까, 노인들은 "여기는 인간 세상이 아니다. 돌려보내 주마."라고 말하고 인도해 주어서 집으로 돌아왔다.

집에 와 보니 이미 고옥성이 나온 지 3년이 지난 뒤였다. 아내의 말에 의하면, 고옥성이 산으로 간 후 꿈을 꾸니 검은 옷을 입은 두 사람이 와서 집안을 뒤지며 고옥성을 찾기에, 아내가 왜 남의 집을 뒤지냐고 꾸짖으니 이상하다는 말을 연발하면서 돌아갔다고 했다. 생각해보니 이들은 명부사자였고, 고옥성은 명이 다한 순간 걸인이 지시한대로 선부(仙府)*에 가서 죽음을 피할 수 있었던 것이었다.

* 침자(鍼刺): 침을 찌르는 것
* 이인(異人): 재주가 신통하고 비범한 사람
* 초빙(招聘): 예를 갖추어 불러들임
* 선부(仙府): 신선들이 사는 마을

선녀의 방아공이

달나라 선녀 항아가 약을 만들 때 사용하던 약방아. 가지고 있으면 복을 불러오는 것으로 추측된다

용도	기타
관련문헌	소한세설

승모리의 한 부자가 2남 1녀를 두어 모두 결혼해 살고 있었다. 그런데 시집간 마음씨 착한 딸은 가난하게 사는데, 잘사는 오빠들이 마음이 좁아 조금도 도와주려 하지 않았고, 모친은 그것을 항상 마음 아파했다. 세월이 흘러 모친은, 자식들에게 유언으로 부처님께 기도할 것과 형제간 우애를 당부하고 사망했다.

이에 형제들은 장례를 극진히 마치고, 모친을 위해 절에 가서 재를 올렸다. 절에서 떠나는 날 밤, 딸 꿈에 모친의 혼령이 나타나서는 "너의 오빠들의 재식(齋食)*은 정성이 부족해 잘 먹지 못했고, 너의 정성스러운 음식은 잘 먹었다. 절에서 내려가다가 골짜기에 보면 헌 방아공이가 하나 버려져 있는데, 이것은 몇천 년 전에 달나라 선녀 항아(姮娥)가 약방아를 찧다가 실수로 떨어뜨린 것이다. 이것이야말로 값진 보물이니 가지고 가서 팔아 재산에 보태라."라고 말하고 사라졌다.

딸이 절에서 내려오다가 보니 과연 낡은 방아공이가 버려져 있기에, 가지고 와서 집에 두었다. 얼마 후 오빠들이 중국으로 배를 타고 장사하러 간다기에, 이 방아공이를 주면서 팔아 오라고 했다. 오빠들은 누가 불이나 땔 썩은 나무를 사겠느냐고 하면서도 가지고 갔다. 중국에서 물건을 다 산 다음, 여동생의 부탁이 생각나 방아공이를 가지고 시장으로 갔다.

이 방아공이를 한 사람이 보더니 사겠다고 하였고, 자신의 집으로 데리고 가 10개의 보물 상자와 바꾸었다. 그리고 상자와 함께 열쇠 10개도 주었다. 이것을 싣고 오다가 형제 중 한 명이 바다 가운데에서 상자를 열어 보자고 하였다. 그래서 열

쇠를 꺼내니, 갑자기 배가 흔들리면서 열쇠뭉치가
바닷물에 빠졌다,

집에서는 여동생이 오빠들을 기다리다가 바닷가
에 나갔다. 그런데 갑자기 큰 잉어가 해변으로 뛰
어올랐다. 여동생은 그 잉어로 회를 해 먹기 위해
배를 가르니, 뱃속에서 어떤 열쇠뭉치가 나왔다.
이를 이상하게 여긴 여동생은 열쇠뭉치를 보관했
는데, 오빠들이 와서 방아공이를 판 이야기와 열
쇠를 빠뜨린 이야기를 해주었다. 여동생은 가지고
있던, 잉어 배 속에서 나온 열쇠로 상자를 열어 보
았다. 열쇠로 상자는 모두 열렸으며, 상자마다 값
진 보석이 가득가득 들어 있었다. 그렇게 여동생
은 큰 부자가 되었고, 이후로 모친 얘기를 하며 우
애있게 잘 살았다.

*재식(齋食): 불가에서의 식사

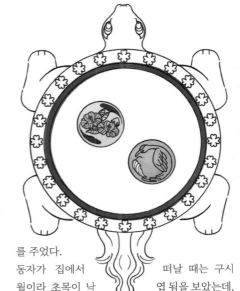

신선의 바둑돌

청옥으로 만들어진 바둑돌 두 알. 이 바둑돌이 있는 곳은 아
무리 추운 날이라도 따뜻한 기운으로 가득차며, 아무리 더
운 날이라도 시원한 기운이 가득찬다

용도	기타
관련문헌	조선조말 구전설화집, 파한집, 기문총화 등

남주는 곡성 사람으로, 하루는 동자에게 편지를 한
장 주면서 "이것을 가지고 지리산 청학동에 가면
반드시 한 사람의 도사가 중과 더불어 바둑을
둘 것이니, 이 편지를 주고 바둑돌을 얻어
오너라."라고 말했다. 동자가 반신반의하
며 가서 보니, 선풍도골(仙風道骨)*의 노
인이 노승과 바둑을 두고 있었다. 그는 동
자를 보더니 웃으면서 "내 이미 그대 올 줄 알았노
라."하며 답서와 함께 청옥으로 만든 바둑알 두 개

를 주었다.

동자가 집에서 떠날 때는 구시
월이라 초목이 낙 엽 됨을 보았는데,
돌아올 때는 산 밑에 풀싹이 새로 나고 있
었다. 괴이하게 여기며 집에 와보니 뜰 앞에 꽃이
만발하여 벌써 늦은 봄이 되어있는데, 왕복하는 데
걸린 시간은 겨우 수 시간이었다. 남주가 동자로
부터 그 바둑알을 받아 책상 위에 놓으니, 그 후에
는 아무리 날이 추워도 그 방은 훈기가 있어 불을
땔 것과 같고, 아무리 더운 날이라도 서늘한 기운
이 있으니

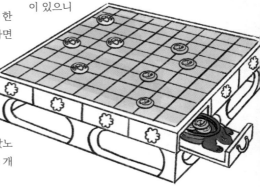

188

과연 보물이었다.

이후 남주가 죽자 그 바둑돌도 어디론가 사라졌다. 세간에서 그 선풍도골의 노인은 신선이 된 최고운이며, 같이 바둑을 두던 노승은 금단선사라고 한다.

*선풍도골(仙風道骨): 신선의 풍채와 도인의 골격이라는 뜻으로, 남달리 뛰어난 풍채를 이르는 말

열봉채

갈원도사가 준 도술 막대기. 한 번 내려치면 큰 산도 둘로 쪼갤 수 있고, 바다도 육지로 만들 수 있다

용도	공격용
관련문헌	황백호전

임추 땅에 황운이라는 부자가 있었는데 그는 욕심이 많고 나쁜 짓만 하여, 옥황상제가 그놈을 잡아 지옥에 가두라는 명을 염라대왕에게 내렸다. 염라대왕은 3명의 차사를 보내 3일 안으로 황운을 잡아오라고 했지만, 차사들은 임추 땅으로 가던 중 순천고을에서 열린 굿판에 끼어 공짜 술을 얻어먹고 굿을 구경하는데 정신이 팔린 나머지 시간을 너무 많이 지체하고 말았다.

이대로는 염라대왕이 명한 시간에 맞추지 못할 것 같아서, 차사는 동명의 무고한 황백호의 부모님을 잡아다 지옥에 가두어버리고, 돈 십만 금으로 염라 판관을 매수하여 그의 입을 막아버렸다. 이렇게 죄 없는 황운 부부는 지옥에 떨어지고, 황백호는 일곱 살의 어린 나이에 부모를 잃은 고아가 되었다. 고아가 된 후, 밥을 빌어먹으며 떠돌던 황백호는 옥호산의 갈원도사에게 거두어지게 된다.

갈원도사로부터 부모님의 억울한 죽음을 듣게

된 백호는 격분하여 자신의 힘으로 염라대왕을 잡아, 옥황상제에게 상소하여 부모님의 원수를 갚겠다고 결심하고 도사로부터 무예와 도술을 배운다. 7년 동안 열심히 공부한 백호는 비범한 재주를 가지게 되었고, 세상에 모르는 일이 없게 되었다.

도사는 그런 황백호에게 '열봉채'라는 도술 막대기와 '팔광주'라는 구슬을 주었다. 이 두 가지 물건은 보배 중의 보배로, 열봉채는 한 번 내려치면 큰 산도 둘로 쪼갤 수 있고 바다도 육지로 만들 수 있는 물건이며, 팔광주는 한 번 휘두르면 그 속에 있는 천병만마와 억만의 귀신 장수들이 나와서 도와주고 지켜주는 보물이었다.

황백호는 염라대왕에게 복수하기 위해 염라국으로 향했다. 가던 중 어떤 집에서 묵어가게 되었는데, 그 집에는 양씨 성을 가진 처녀가 병들어 거의 죽게 된 남동생과 둘이서 살고 있는 흉가였다. 병들어있는 동생을 본 황백호는 그에게 귀신이 붙어있음을 간파하고, 팔광주에서 신장을 불러내 그 귀신들을 서해 용 못에 넣게 하고, 소년의 생명을 구해주었다.

계속 전진하던 황백호는 염라대왕이 보낸 저승의 군대와 맞닥뜨리게 되었으나 팔광주로 신장들을 소환하고 열봉채를 휘둘러 힘들지 않게 연전연승을 이어갔으며, 그대로 염라대왕이 있는 궁전까지 쳐들어갔다. 그러나 염라대왕은 벌써 도망쳐버리고 그곳에 없었다. 백호는 저승이 비어있는 틈에 옥에 갇혀있는 부모님을 구출하여 신선 세계로 보낼 수 있었다. 염라대왕이 달아나 복수를 하지 못한 황백호는 옥황상제에게 상소를 올리기 위해 이번에는 천계로 향했다.

한편 옥황상제는 간신히 도망친 염라대왕으로부터 사태가 위급하다는 것을 알리는 글을 받고, 신속히 하늘 궁전의 여러 신하와 하늘나라의 모든 장수, 별나라의 장수들, 여덟 바다의 용왕들, 천하제국의 명장들을 다 불러들여 모의한 다음 황백호를 잡아들일 군대를 급히 내보냈다. 옥황상제에게 청원하러 가던 황백호는 하늘나라 군사들이 자신을 잡으러 왔다는 것에 당황하였으나 두려워하지 않고 일대의 격전을 벌이게 되었다. 뇌성벽력이 천지를 진동시키는 가운데, 천궁 장졸들이 일시에 덮쳐오자, 황백호는 팔광주로 신장들을 소환하고, 열봉채를 휘두르면서 굴하지 않고 싸웠다. 천계의 정예부대는 황백호를 당해내지 못하고 싸움에서 쫓기자 진언을 외워서 무쇠성을 쌓고 방어진을 쳤고, 황백호는 계속 공격하여 수세에 몰아넣었다.

싸움이 불리하다는 보고를 받은 옥황상제는 땅의 여신인 후토부인(后土夫人)에게 조언을 구했고, 그녀는 옥호산의 갈원도사만이 황백호를 막을 수 있다고 했다.

옥황상제는 갈원도사를 불러들여 황백호를 막으라고 명하였다. 갈원도사는 황백호에게 편지를 보내어 옥호산을 떠날 때 외람된 뜻을 두지 말라고 한 자기의 말을 따르지 않은 것을 책망하고, 만약 반역할 생각이라면 나와 싸우고, 뉘우치는 바가 있으면 싸움을 그만두라고 권고하였다. 처음부터 황백호는 옥황상제에게 상소를 할 생각이었지 반역을 일으킬 생각은 없었기 때문에, 스승의 권고에 순순히 응하였다.

황백호는 옥황상제에게 모든 사실을 이야기 하였고, 옥황상제는 염라대왕과 뇌물을 받은 판관, 마지막으로 황백호의 부모를 잡아간 저승사자에게 벌을 내렸다. 황백호는 자신이 구해준 양씨 처녀와 결혼을 하게 되었다. 결혼 잔치를 치른 그날 밤 갈원도사는 황백호를 찾아와 열봉채와 팔광주를 도로 받아 옥호산으로 돌아갔다.

요술맷돌

오른쪽으로 돌리면서 원하는 것을 말하면 그것이 계속해서 나오고, 왼쪽으로 돌리면서 그만 나오라고 하면 더이상 나오지 않는다

용도	화수분
관련문헌	구전설화

옛날 어떤 형제가 있었는데, 형은 부자고 동생은 가난했다. 동생은 늘 형의 집에 찾아가 재산을 얻어 왔다. 한 번은 형의 집에 갔다 오는 길에 언제까지 이러고 살아야 하나 한탄을 하며 고개를 넘어오는데, 어떤 노인이 맷돌을 갈고 있었다. 노인은 동생에게 맷돌을 주면서 "이것은 보배 맷돌이니 갖고 가라."고 하였다.

그 맷돌은 오른쪽으로 돌리며 뭐 나오라고 하면 물건이 나오고, 왼쪽으로 돌리며 그만 나오라고 하면 물건이 그만 나온다는 것이었다. 그 후 동생은 더는 형을 찾아가지 않았다.

한편 늘 오던 동생이 찾아오지 않자 궁금해진 형이 동생네 집에 가보니 동생

은 큰 부자가 되어있었다. 형이 어떻게 된 일이냐고 묻자 동생은 형에게 맷돌을 보여주면서 이제는 식량 걱정이 없다고 했다. 형은 맷돌을 보자 탐이 나서 동생에게 맷돌을 달라고 했다. 동생은 형에게 맷돌을 주었다.

형은 맷돌을 집에 가지고 가서 들고 해장국이 나오라고 하자, 해장국이 나오기 시작했다. 그런데 멈추는 법을 배우지 못해서 해장국이 넘쳐 동네가 떠나가게 되었다. 형은 동생에게 당장 맷돌을 가지고 가라고 하였고, 동생은 해장국이 더이상 나오지 않게 한 뒤 맷돌을 집으로 가져갔다.

이 소문을 들은 욕심 많은 소금장수가 동생에게 가서 그 맷돌을 샀다. 소금장수는 배를 타고 가다가 바다 한가운데에서 시험 삼아 맷돌을 돌리며 소금을 나오게 했다. 그런데 소금이 멈추지 않고 계속 나오니까 결국 배가 가라앉게 되었다. 그 후 바닷속에서 맷돌이 계속 돌아가며 소금을 흘려보내기 때문에 바닷물이 짠 것이라고 한다.

원하는 것이 나오는 화로

화로 속에 어떠한 것을 넣으면 그게 무엇이든지 무한정으로 나오며, 원하는 것을 만들어주기도 한다

용도	화수분
관련문헌	임석재 전집 한국구전설화

한 소금 장수가 소금을 팔러 다니다 어떤 집에서 하룻밤 묵게 되었다. 화로에서 담배를 피우던 소금 장수는 화로 속에 담뱃재를 털어 넣었는데, 담뱃재가 화로 안에 가득 차버렸다. 이상하다고 생각한 소금 장수는 화로를 비우고 쌀알 하나를 넣어보니, 화로 안이 쌀로 가득 찼다. '이건 보물이다!'라고 생각한 소금 장수는 많은 돈을 주고 그 화로를 사서 집으로 가져갔고, 돈을 잔뜩 만들어 잘 살았다. 하루는 소금 장수가 집을 비웠을 때, 같은 동네의 과부가 찾아와 소금 장수의 아내에게 화로를 빌려달라고 했다. 적당히 빌려주고 돌려줄 거라 생각한 아내는 과부에게 화로를 빌려주었고, 과부는 화로

원숭이의 호미

원숭이 세 마리가 서로 가지기 위해 싸우던 도구들 중 하나로, 이 호미로 죽은 사람을 한 번 긁어주면 다시 되살아난다

용도	치유용
관련문헌	장수의 설화 하권

의류/장신구-갓-원숭이의 갓의 관련 문헌 <장수의 설화> 하권에서 해당 내용 확인 가능

를 집으로 가져와 쌀을 넣었다. 하지만 그 화로는 자신이 원하는 것도 만들어주는 화로였기에, 오랜 세월 남자가 없어 외로웠던 과부의 마음을 읽고 화로에서는 남성의 성기가 무수하게 뿜어져 나왔다. 그 양이 너무 많아서 과부의 집은 남자의 성기로 가득 차버렸고, 과부는 성기에 파묻혀버렸다.

과부는 성기에 파묻혀버려서 소금 장수에게 화로를 돌려주지 못했고, 결국 소금 장수가 과부의 집에 화로를 받으러 왔다. 과부의 방문을 열자 방안을 가득 채운 성기가 쏟아져 나왔다. 소금 장수는 땅을 파서 그 안에 성기를 전부 넣고 묻어버렸다. 그러자 그곳에 나무가 한 그루 자랐고, 그 나무에서는 남자의 성기가 열렸다. 소금 장수는 그 성기를 과부들에게 팔아 더 큰 부자가 되었다.

단순히 물건을 복제하기만 하는 것이 아니라 자신이 원하는 것을 만들어주기 때문에 화수분 계열 도구들의 완벽한 상위호환이라고 할 수 있다. 다만 위 이야기의 과부처럼 원치 않은 돌발상황이 일어날 수 있다.

은가위

삼승할망이 사용하는 은가위. 양수가 터져나오게 하며, 이것으로 탯줄을 자른다

용도	기타
관련문헌	삼승할망본풀이

유기물-꽃-번성꽃의 관련 문헌 <삼승할망본풀이>에서 해당 내용 확인 가능

자물쇠 귀신

병자호란 때 죽은 중국의 장수가 전사한 뒤 자물쇠에 영혼을 맡겼다. 어떤 어려운 일이라도 해결할 수 있는 지혜를 가지고 있다

용도	분석탐지용
관련문헌	이학전, 장인걸전, 반필석전, 구전설화 등

지금으로부터 몇백 년 전에 있었던 이야기인데, 여산(驪山)골이라는 곳에 이일용이라는 사람이 있었다. 이 사람은 일찍 부모를 여의고 어려서부터 고생이 막심했다.

매년 곶감을 만들어 서울에 가져다 팔면서 살아갔다. 어느 날 곶감을 팔고 있는데, 웬 술 취한 사람이 비틀거리면서 오더니, 이일용이 곶감 파는 앞에 와서 넘어졌다. 그 사람은 넘어지면서 곶감을 담아놓은 궤짝을 부수고 곶감을 하나도 못쓰게 만들었다. 이일용은 이걸 보고 너무 화가 난 나머지 주정꾼의 뺨을 한 대 때렸는데, 그 힘이 너무 셌던지 주정꾼의 목이 떨어져 죽고 말았다. 나라에서는 이 소문을 듣고 이렇게 힘센 사람은 그냥 두어서는 안되겠다 하고서 살인을 빌미로 이일용을 잡아 죽이려고 했다.

이 무렵 여산골에는 부사(府使)가 새로 내려오면 내려온 지 사흘 만에 죽거나, 그렇지 않으면 석 달

만에 죽어버렸다. 그래서 아무도 여산골에 부사로 내려가려 하지 않았다. 이일용은 이왕 죽을 목숨이니 죽을 바에는 부사 노릇이나 한번하고 죽겠다고 생각하여, 서울에 올라가 여산 부사로 내려 보내달라고 상감(上監)*님에게 상소했다. 상감님은 이 상소를 받고 이왕 죽을 사람이니 부사노릇이나 하다 죽게 하려고, 이일용을 여산 부사로 내려 보냈다. 이일용은 이렇게 해서 여산 부사가 되었는데, 어째서 여산에 부사로 내려가면 삼 일 만에 죽는지 알고 싶었다. 그래서 도임(到任)*하는 첫날부터 밤이 되면 사방에다 촛불을 환하게 밝혀놓고 자지 않고 지켜봤다. 이렇게 매일 지켜보고 있는데, 삼 일이 지난 날 밤에 앞에 있는 연못이 갑자기 광풍이 일어나듯이 요동치더니 태산같이 큰 괴물이 기어 나왔다. 저게 뭐냐 하고

자세히 살펴보니, 그것은 엄청나게 큰 두꺼비였다. 이 두꺼비는 슬슬 기어 갔다. 이일용은 저게 어디로 가나? 하고 그 뒤를 따라가 봤다. 두꺼비는 어떤 집으로 가더니 대문 앞에서 "이여백아 문 열어라."하고 외쳤다. 그러니까 안에서 "예에" 하고 대답하는 소리가 나고 잠겼던 대문이 열렸다. 두꺼비는 대문 안으로 들어갔다. 들어간 지 얼마 안 되어서 그 집 안에는 웬 풍파가 일어났는지 요란한 소리가 났다. 부사는 괴이한 일도 다 있다 여기며, 그날 밤은 그대로 동헌(東軒)*으로 돌아왔다.

다음날 부사는 두꺼비가 나오기 전에 그 집에 찾아가 대문 앞에서 "이여백아 문 열어라."하고 외쳐봤다. 그러니까 "예에" 하고 대답하는 소리가 나더니 대문이 열렸다. 부사는 안에 들어가서 "이여백아" 하고 다시 한 번 불러봤다. 그러니 대문에 걸려있는 자물쇠가 "예에"하고 대답했다. 부사는 이상한 자물쇠로구나 하고 그 자물쇠를 떼어가지고 동헌으로 돌아왔다. 그러고서 "너는 대체 무엇이길래 네가 말을 하느냐?" 하고 물었다. 자물쇠는 말했다. "나는 본래 중국 대장(大將)이요. 동생 이여송과 함께 병자호란 때 조선에 왔다가 그만 전사했는데 혼신만은 본국으로 돌아가고, 육신은 여기 남게 되었는데 배가 고파서 그 집 자물쇠에 붙어서 먹을 것을 얻어먹고 있소. 두꺼비가 밤이면 와서 문 열라 해서 문을 열어주면, 두꺼비는 그 집에 풍파를 일으키고, 풍파가 일어나면 그 집에서는 밥도 하고 떡도 해서 굿을 하고, 굿이 끝나면 밥과 떡을 뿌리는데 나는 그것을 받아먹고 지내요. 그러니 두꺼비가 와서 문을 열라면 안 열어 줄 수가 없지 않소."라고 말했다.

자물쇠가 이렇게 말하는 것을 듣고 이 자물쇠는 예사 자물쇠가 아닌 것 같고, 그 두꺼비는 무슨 요사한 두꺼비 같다고 생각했다. 그래서 "이 고을에는 부사가 오면 삼 일 만에 죽으니 그것은 무슨 까닭이냐?" 하

고 물었다. 자물쇠는 그 엄청나게 큰 두꺼비가 천지를 진동시키면서 나오는 것을 보고 그만 질겁해서 제풀에 까무러쳐 죽기 때문이라고 했다. "그럼 어떻게 하면 그 두꺼비를 없앨 수가 있느냐?" 하고 물었다. 자물쇠는 "그 두꺼비는 너무 엄청나게 커서 여간해서 잡아 죽일 수는 없소, 큰 쇠스랑을 만들어 그것으로 찍어서 기름이 끓고 있는 큰 가마솥에 넣어 기름에 튀겨 죽여야 그 두꺼비를 없앨 수가 있소. 그러니 이 고을 안의 쇠라는 쇠는 모두 모아 큰 쇠스랑을 만들고, 기름이란 기름을 다 모아 끓여야 하겠소."라고 말했다.

부사는 이 말을 듣고 다음 날 고을 안의 백성들보고 쇠라는 쇠와 기름이란 기름은 모두 가져오라고 명하였다. 백성들은 무슨 까닭인지 모르지만, 부사의 명이라 아무 말 않고 쇠와 기름을 바쳤다. 부사는 이 쇠로 커다란 쇠스랑을 만들고, 기름을 끓이며 밤이 되기를 기다렸다. 그리고 밤에 두꺼비가 나오는 것을 쇠스랑으로 찍어 끓는 기름 가마솥에 넣었다. 그렇게 두꺼비는 죽고 말았다.

이렇게 해서 괴물인 두꺼비를 없앤 후, 부사는 이 여백의 넋이 붙은 자물쇠의 도움을 크게 치사(致謝)하였고, 이 뒤에도 어려운 일이 있으면 도와달라고 하며 음식을 많이 장만해 주었다. 그리고 부사는 이 고을에 온 부사가 삼 개월 만에 죽는 이유는 또 무엇이냐고 자물쇠에게 물어보았다. 자물쇠는 그것은 동헌 후원(後園)에 있는 고목나무 속에 사는 구미호 부부가 해를 끼치기 때문이라고 말했다. 부사는 이 말을 듣고 놀라며 어떻게 하면 되느냐고 물었다. 자물쇠는 그 구미호 자웅(雌雄)*을 잡아 죽여야 하는데, 그렇게 하려면 고을 안의 창검이란 창검을 죄다 모아서 백성들에게 낱낱이 둘

려서 고목나무를 아흔아홉 겹으로 에워싸고, 고목나무를 쓰러트려 거기 숨어있는 구미호를 잡아 죽여야 한다고 했다.

부사는 이 말을 듣고 곧 고을안의 창검을 모조리 거둬들이고 백성들에게 낱낱이 둘려서 그 고목나무를 겹겹이 둘러싸게 했다. 그리고 고목나무를 베었다. 그랬더니 고목나무 속에 숨어 있던 구미호가 튀어나왔다. 이걸 본 백성들은 제각기 창검을 들고 구미호를 찌르고 두드리고 했는데, 한 놈은 죽였지만, 한 놈은 도망치고 말았다.

부사는 동헌으로 돌아와서 구미호 한 마리를 죽이지 못하고 놓친 것을 걱정하고 있었다. 부사가 걱정하고 있는 것을 보고 자물쇠는 "큰일 났소. 죽을 때만 기다릴 수밖에 없소."라고 말했다. 그게 무슨 말이냐 하니까 달아난 구미호는 대국으로 건너가서 대국천자의 딸을 죽이고, 천자 딸의 형상을 뒤집어쓰고 중병을 앓고 있는데, 천자는 이런 줄도 모르고 약이란 약을 다 써 봐도 낫지 않아 근심이 이만저만이 아니라, 딸이 자기 병은 아무 약도 소용없고 조선 여산 부사의 간을 먹어야 낫는다고 해서 대국천자는 조선 국왕에게 부사를 보내달라고 할 것이오. 그러면 부사는 할 수 없이 대국으로 가서 목숨을 잃게 될 거라고 말했다. 부사는 이 말을 듣고 이를 어찌하면 되겠느냐고 자물쇠한테 물었다. 자물쇠는 이렇게 되면 대국으로 갈 수밖에 없다고 하며 갈 적에 자기를 데리고 가면 혹시 무슨 도리가 있지 않겠는가 라고 말했다. 그러고 있는데 조선 국왕으로부터 대국으로 가라는 명령이 내려왔다.

부사는 대국으로 떠나면서 자물쇠를 궤 안에 넣어 가지고 떠났다. 가는 도중에 자물쇠는 압록강 가까

194

이 가면 한곳에 노송나무가 있고, 그 노송나무 밑에는 노인이 하나 앉아 있고, 노송나무 위에는 하얀 매가 있을 터이니, 그 노인한테 무수히 절을 하고 흰 매를 달라고 해서 매를 얻어 가지고 가면 무슨 도리가 있을 것이라고 말했다.

부사는 압록강 가까이 오자 자물쇠가 말해준 대로 노송나무가 있는 데로 찾아가서 노인에게 무수히 절을 하고 흰 매를 달라고 했다. 노인은 두말 않고 흰 매를 주었다. 대국에 도착한 부사는 대궐로 들어가 대국천자를 만났다. 대국천자는 이일용 부사를 데리고 공주가 앓아 누워있는 방으로 갔다. 공주는 이일용을 보자 무슨 연유인지 이일용한테 달려들어 사납게 행패를 부렸다. 이일용은 소매 속에 넣어두었던 흰 매를 얼른 공주한테로 날려 보냈다. 매는 공주에게 달려들어 공주의 눈을 쪼아서 죽였다. 공주가 죽고 시체를 보니까 그것은 사람의 시체가 아니고 꼬리 아홉 달린 구미호였다.

대국천자는 구미호의 시체를 보고 놀라면서 이것이 어찌 된 노릇이냐고 물었다. 부사는 여태까지의 일을 다 말했다. 천자는 이 말을 듣고 그런 요물 때문에 딸 하나 잃은 것은 고사하고 하마터면 나라가 망할 뻔했다며 이런 몹쓸 요물을 죽여 나라 망할 것을 구해주어 고맙다고 무수치사하고 천금상을 내렸다.

부사는 얼마 후에 대국을 떠나 본국으로 오는데, 오는 도중에 압록강 가까이 오니 난데없이 곡성이 들려왔다. 어떤 울음소리인지 살펴보니 자물쇠가 궤 안에서 우는 소리였다. 어째서 우느냐 하고 물으니 본국에 왔던 몸이 다시 타국으로 가게 되어 슬퍼서 운다고 했다. 그리고 자기를 본국에 놔두고 가기를 간청했다. 부사는 "그렇게 하겠다." 하고 자물쇠를 대국에 두고 본국으로 돌아왔다.

본국에 돌아온 부사는 대궐로 들어가 대국에서 겪은 일을 말했다. 임금은 부사의 말을 듣고 기뻐하며 무수치사하고 많은 상을 내렸다. 여산으로 돌아가니 고을 사람은 물론 이웃 고을 사람들까지도 부사를 기쁘게 맞았다.

부사가 아니라 소금장수가 주인공인 경우도 있으며, 도움을 주는 것 역시 자물쇠가 아니라 쇠갈고리인 유형도 있다. 향나무의 재인 경우도 있으나, 그 경우에는 물건에 귀신이 붙은 것이 아니라 향나무의 정령 같은 모습이다.

이 소재는 고전소설에서도 사용되는데, 이는 <이화전>과 <장인걸전>, <반필석전>이다. 그 중 <장인걸전>은 <이화전>의 모방작으로 두 작품 모두 동일하게 자물쇠 귀신의 도움으로 거북 요괴와 여우 요괴를 퇴치하며, <반필석전>에는 자물쇠 귀신의 도움으로 여우와 지렁이 요괴를 퇴치한 뒤 지하국 대적 퇴치설화까지 추가되어있다.

*상감(上監): 임금의 높임말
*도임(到任): 지방의 관리가 근무지에 도착하다.
*동헌(東軒): 지방 관아에서 고을의 관리들이 업무를 처리하던 중심 건물
*자웅(雌雄): 암컷과 수컷을 아울러 이르는 말

196

지게귀신

멍석 귀신이 말아놓은 인간을 지고 어디론가 데려가 버린다

용도	공격용
관련문헌	한국구비문학대계

일상사물-그 외-멍석귀신의 관련 문헌 <한국구비문학대계>에서 해당 내용 확인 가능

진시황의 화로

오금(烏金)이라는 검은색 금으로 된 화로. 화로에 약을 넣고 달여서 먹으면 모든 병이 낫는다

용도	치유용
관련문헌	청구야담

<청구야담>에는 박지원의 단편소설인 <허생전>의 내용을 변형시킨 이야기가 실려있는데, 그 이야기에는 신기한 화로가 나온다. 도입부는 허생전과 동일하여 집에서 책만 읽던 허생이 아내의 타박을 이기지 못하고 개성 최고의 부자인 백생에게 9천금을 빌리게 된다. 하지만 여기서부터는 허생전과 다르게 흘러가는데, 매점매석(買占賣惜)을 하여 돈을 불리는 원작과는 달리, 큰 돈을 가지고 평양의 기생 운낭(雲娘)을 찾아가 즐겁게 놀면서 그녀에게 큰 누각이 달린 집을 지어주며 환심을 샀다. 운낭은 허생이 배풀어준 환대에 대한 보답으로 자신이 갖고 있는 물건 중 하나를 뭐든지 마음대로 가져가라고 했다. 이때 허생은 운낭의 방에 있던 오동(烏銅)* 화로를 받았다. 허생은 그 화로를 망치로 잘게 부숴서 보따리에 넣고는 말에 싣고 멀리 회령땅의 시장에 가서 여진족 상인에게 10만금을 받고 팔았다.

허생은 돈을 빌려준 백생을 찾아가 자초지종을 말

했다. 백생은 그 화로가 대체 뭐길래 여진족이 그 큰돈을 주고 사갔냐고 묻자 허생은 "그 오통 화로는 사실 오금(烏金)* 화로였습니다. 옛날 중국의 진시황이 불로초를 넣고 달여먹으려고 만든 물건인데 거기에 약을 넣고 달여서 먹으면 모든 병이 낫는다고 합니다. 그것을 도사 서복이 배에 싣고 불로초를 찾아 멀리 동쪽 바다로 가던 도중에 잃어버린것을 일본인들이 가져가 국보로 삼았는데, 임진왜란 시절 왜장인 고니시 유키나가가 조선에 가져왔다가 명나라 군대의 공격에 놀라 버리고 달아났는데, 그것이 평양의 기생 운낭의 집에 있었던 것이지요."라고 말했다.

그렇게 좋은 것을 왜 팔아버렸냐며 백생이 아까워하자 허생은 지금 당장 돈이 없어 어쩔 수 없었다며 덕분에 큰 장사를 해서 고맙다는 말을 하고 집으로 돌아갔다. 그 이후 내용은 <허생전>의 원전 내용처럼 허생이 자신을 찾아온 이완 장군과

설전을 벌인 뒤 그에게 호통을 치고 쫓아낸 후 자신도 자취를 감추게 된다.

*오동(烏銅): 검은색의 구리
*오금(烏金): 검은색의 금

패향옥녀(佩香玉女)의 향

선녀 향랑이 달에 있는 월궁에서 계수나무 꽃을 주워 만든 향. 천년 묵은 여우가 탐낼 정도로 좋은 향기가 난다

용도	기타
관련문헌	삼한습유

향랑이 천상계에서 패향옥녀(佩香玉女)라 불리는 선녀였던 시절, 그녀는 향을 만들기 위해 월궁(月宮)에 가서 계수나무 꽃을 줍고 있었다. 그때 천 년 묵은 여우 정령이 달을 보며 기(氣)를 빨아들이다가 그 향기를 조금 맡게 되었다. 향랑의 향기로운 향이 탐났던 여우는 그녀가 지나가는 곳에 몸을 웅크리고 있다가 달려들어 향을 빼앗으려고 했다. 옥녀는 워낙 갑작스러워서 달려든 것이 사람인지 귀신인지도 모른 채 맨손으로 때리며 싸웠지만, 결국 향을 빼앗길 위기에 빠졌다. 그때 마침 꽃에 물을 주던 관화동자(灌花童子)가 보고 달려와 옥녀를 도와주었고, 결국 여우 정령이 패하여 달아나버렸다. 옥녀는 이를 고맙게 생각해 관화동자에게 향하나를 선물로 주었다. 그리고 돌아가는 길에 또 변고가 있을까 두려운 마음에 동자에게 바래다 달라고 부탁했다. 동자가 이를 승낙하며 두 사람 사이에는 자연스럽게 정이 생겼다.
그런데 천계에서는 남녀가 서로 정을 주고받으면 그들을 부부로 만들어 선적(仙籍)에서 영원히 지워버렸다. 그리고 인간 세상에서 두 사람의 삶을

후하게 해주어 서로의 즐거움을 다하게 만들어주었다. 옥황상제가 옥녀와 동자를 불러 인간 세상에 태어나 영원히 잘살게 해주겠다고 하자, 두 사람은 기쁘게 명을 받았다. 그래서 옥녀는 향랑으로, 동자는 효렴으로 인간 세상에 태어나게 되었다.
한편 여우 정령은 옥녀의 향을 훔쳐오지 못한 것을 억울해하며 밤낮으로 다시 기회를 살폈다. 그러다 두 사람이 인간 세상에 태어난다는 것을 알고는 향랑의 친모에게 빙의하여, 향랑이 효렴 대신 돈만 많고 무능한 남편과 결혼하게 했다. 그리고 이후에는 시어머니와 남편에게 빙의하여 향랑을 구박했다. 마지막으로 조씨의 아들에게 빙의하여 향랑을 욕보이게 만든 뒤, 결국 그녀가 자살하게 만들었다.
향랑이 죽자 옥황상제는 후토부인에게 그 이유를 알아보게 하였고, 여우 정령이 빌미가 되었음을 알고는 크게 노했다. 그리고 뇌공(雷公)에게 시와 날을 가리지 말고 여우 정

령에게 번개를 쳐 죽이라고 명했다. 그러나 여우 정령은 신이한 변화를 일으켜 불벼락을 피해 달아나서 마군의 무리에 숨어버렸다.

옥황상제는 여우 정령때문에 억울하게 죽은 향랑을 천계에서 부활시키려고 했고, 이를 못마땅하게 여긴 귀마왕이 천계에 선전포고를 하여 전쟁을 하게 되었다. 이때 자부대선이 마군 속에 숨어 있는 여우 정령을 알아보았고, 천구(天狗)를 시켜 붙잡아서 천태신고(天台神姑)의 푸른 삽살개 털로 꽁꽁 묶어놓았다.

자부대선은 천계와 마군의 전쟁이 끝난 뒤 붙잡은 여우 정령을 김유신 앞에 끌고 가서 사건의 진상을 말해주며 "이런 것이 살아 있으면 나라가 어지러워질 것"이라고 했다. 그 말을 들은 김유신이 사냥개를 놓았고 여우 정령을 잡아 죽였다.

이 이야기에서는 그 밖에도 독특한 도구들이 많이 등장한다. 천계에 살고 있는 선녀와 선관들의 호적이라고 할 수 있는 선적(仙籍)이라는 것이 있으며, 천계에서는 남녀가 서로 사랑을 하게 되면 그 호적에서 영구적으로 제명이 되어 두 사람은 이승에서 인간으로 태어나 그 사랑을 이루게 된다고 한다. 그리고 천태신고(天台神姑)의 푸른 삽살개 털로 여우요괴를 포박하는데, 이는 부용삭과 보요삭이 연상되기도 한다.

피를 흘리는 가죽자루

억지로 찢으면 자루에서 붉은 피가 흘러나오며, 이 자루를 찢은 사람과 그의 가족들은 저주를 받아 죽게 된다

용도	저주용
관련문헌	한거만록

강월달이 죽은 후, 그 집안에서는 사당을 짓기 위하여 집 뒤 낙봉(駱峰)의 기슭에 터를 닦았다. 사람들이 사당을 짓다가 물을 담을 만한 가죽자루를 발견하게 되는데, 칼로 찔러도 칼이 들어가지 않았다. 이에 사람들은 종을 시켜 양쪽에서 잡아당겨 찢게 하니, 가죽자루에서 붉은 피가 흘러나왔다. 사람들은 이를 불길한 징조라 여겼는데, 과연 그 집안 사람들과 형제들이 얼마가지 않아 모두 죽어버렸다.

해인(海印)

용궁 최고의 보물. 원하는 것을 종이에 적은 뒤 도장을 찍으면 실제로 이루어진다

용도	화수분
관련문헌	구전설화

자식이 없는 늙은 노부부가 가야산 깊은 곳에 살고 있었다. 어느 날 노부부는 산에서 돌아다니는 강아지 한 마리를 발견하게 되었다. 자식이 없어서 외로웠던 노부부는 강아지를 자식처럼 정성껏 키웠고, 강아지는 무럭무럭 자라 큰 개가 되었다. 그러던 어느 날 그 개가 갑자기 사람처럼 말을 하며, 자신은 사실 용왕의 딸인데 죄를 범해서 개의 모습으로 인간 세상에 왔으나, 잘 보살펴 준 덕분에 무사

히 용궁에 돌아가게 되었으니 노부부를 수양부모님으로 모시겠다고 했다. 이어서 자신이 곧 용궁에 돌아가 용왕에게 말하여 용궁으로 노부부를 초대할 것이며, 자신을 키워 준 보답으로 용왕이 무엇이든 마음에 드는 물건을 가져가라고 할 때, 용왕의 의자에 놓여있는 해인(海印)이란 도장을 가져가라고 하고는 홀연히 사라졌다.

그리고 얼마 지나지 않아 어느 날 밤 용궁에서 사자(使者)들이 찾아와 노인을 용궁으로 모셔갔다. 용궁에 도착하니 예쁜 공주가 뛰어나와 자신이 그 강아지라며 노인을 반겼고, 노인은 용궁에서 극진한 대접을 받았다.

하지만 이내 집에 두고 온 아내가 생각이 났고, 돌아가야겠다고 했다. 이에 용왕이 무엇이든 원하는 것을 주겠다고 했다. 노인은 공주가 이전에 말해준 해인의 이야기가 생각나 창고에 있는 다른 보물들은 그냥 구경만 하다 까만 쇳조각처럼 볼품없게 생긴 해인을 가리키며, 미천한 자신에게는 보물이 어울리지 않으니 저거나 기념품으로 가져가겠다고 했다. 적당히 반짝거리는 보물을 가져갈 거라 생각한 노인이 용궁 최고의 보물을 선택하자 용왕은 당황했지만, 이미 한 번 한 말을 무를 수도 없으니 해인의 사용법을 알려주었다. 해인은 자신이 원하는 것을 종이에 적은 뒤 도장을 찍으면 실제로 이루어지는 보물이니 잘 보관하라면서 노인에게 주었다.

노인은 집으로 돌아와 해인으로 아내에게도 용궁에서 먹었던 진미를 만들어주었고, 그 후에도 해인을 통해 욕심 없이 필요한 것만 얻어서 잘 살았다.

노부부가 죽을 때가 되어 절을 만들었는데, 그 절은 도장의 이름을 따서 해인사(海印寺)라고 지었다. 노부부가 죽은 후에 해인은 해인사에 보관되었으며, 지금까지 보관되고 있다고 한다.

海印
해인

유기물

유기물은 생체를 이루며, 생체 안에서 생명력에 의하여 만들어지는 물질입니다. 일반적으로 동물, 식물 그리고 이것들을 구성하는 무언가가 될 수 있겠지요. 상상을 뛰어넘는 특별한 유기물들을 소개합니다.

고기

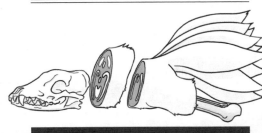

옛날 한 마을에 세력이 좋은 집안의 사람이 용으로 곰국을 만들어먹겠다고 설쳤다. 그리하여 신씨가 불에 벌겋게 달군 돌을 연못에 수백 개 넣고, 쇠꼬챙이나 가마솥을 불에 달구어 집어넣었다. 그러자 연못 속에 있던 용이 견디다 못하여 죽어 그 사람은 용 곰국을 먹었다. 그 후 뇌성벽력이 치고 폭우가 쏟아 내려 신씨네 동네를 쓸어버리고 말았다.

구미호의 고기

구미호로 만든 고기. 고독의 독을 치료할 수 있다

용도	치유용
관련문헌	민간전승

유기물-독-고독의 관련문헌에서 해당 내용 확인 가능

* 양하: 생강과의 식물로 고독의 독을 치료할 수 있다

용 곰국

불에 달군 돌이나 가마솥 수백 개를 용이 사는 연못에 넣으면 용이 연못물의 온도를 견디지 못하고 죽는데, 이를 용 곰국이라 한다. 수신(水神)인 용을 살해하여 만드는 것이기 때문에, 이를 만든 사람이 사는 곳에는 자연재해가 일어난다

용도	저주용
관련문헌	한국구비문학대계

용의 고기

용을 통째로 구워서 만들어낸 고기. 인간이 먹으면 배가 부풀어 오르고 숨을 헐떡거리며 말을 할 수가 없다. 이를 해결할 수 있는 유일한 방법은 지렁이의 즙을 마시고, 그 찌꺼기를 바르는 것이다

용도	저주용
관련문헌	삼한습유

백제의 계백장군이 황산벌에서 나당연합군에 의해 패배하여 전사하였고, 기세를 탄 나당연합군에게 백제는 속수무책으로 밀리기 시작했다. 나당연합군과 백제의 왕성은 강 하나를 사이에 두게 되었다. 계백의 전사 소식에 의자왕은 나라의 무당을 불러 어떻게 하면 좋을지 물어보았고, 무당은 마땅히 신의 도움이 있을 것이니 강에 제사를 지내는 것이 좋겠다고 했다. 이 말에 왕은 강의 신에게 제사를 지낸 뒤 "강의 신은 매우 영험하니 당나라 군대가 건너올 수 없을 것이다."라고 말하고는 방어할 대책에 대해 의논하지 않았다.

당나라 군대가 배를 정리해서 강을 건너려고 하자 갑자기 강물 가운데서 화산 하나가 솟아올라 배를 가로로 부러뜨리고는 강물 따라 아래위로 움직이는데 그 끝을 볼 수 없었다. 벽력같은 큰 소리가 나

고 바람이 크게 불고 흰 파도는 하늘까지 닿아 곧 배가 뒤집히려 했다. 소정방 장군이 크게 놀라며 군사들을 명하여 배를 물가로 옮기게 했는데, 물이 떠내려가고 빠진 것이 너덧 척 되었다. 파도가 강독 위에까지 올라와 진영이 겹겹에 물에 빠져버렸고, 나당연합군은 30리 후퇴하여 산 위에 병영을 두었다. 이 소식을 들은 의자왕은 기뻐하며 날마다 궁녀들과 더불어 잔치를 열고 술을 마셨다.

다음날 소정방 장군이 김유신 장군과 함께 멀리서 강을 바라보니 강 가운데 구불구불한 것이 있는데 길이는 만 장쯤 되고, 자유롭게 헤엄치며 반쯤 잠겼다가 반쯤 떠오르곤 했다. 그러다가 강독에 있는 병사들의 소리를 듣자 공중에 솟구쳐 당나라 군사들을 내려다보았다. 사람들이 모두 두려워서 물러나며 그것을 보니 바로 적룡이었다.

장군이 크게 노하여 병사들에게 활을 쏘게 하였는데, 적룡이 사나운 바람으로 그것을 맞받아치니 화살이 모두 거꾸로 떨어졌다. 이어서 천둥이 치고 번개가 번쩍이더니 순식간에 온 세상이 깜깜해지고, 성난 파도는 땅을 말듯이 몰려드니 군사들이 급히 물러났다.

그날 밤 소정방 장군이 문사와 무사들을 모아 놓고 용을 없앨 계책을 물었으나 어느 누구도 대답을 하지 못했다. 그때 김유신이 한신이 임진을 건널 때처럼 해보자고 하였고, 이에 소정방 장군이 크게 기뻐하였다. 밤에 소리가 나지 않게 말과 군사들 입에 나무를 물리고 물 위로 달려가는데, 적룡이 바로 나타나 바람을 몰아 파도를 일으키며 물에서 올라와 위아래로 달려가니, 물 또한 그렇게 위아래로 출렁댔다.

다음날 장군이 깃발과 북을 많이 내세우고는 곧바로 위로 90리를 가다가 멈추고 거짓으로 물을 건너는 척하면서 몰래 부대를 나누어서 하류로 건너게 했다. 그런데 상하 수백 리에 풍파가 한결같이 일렁이는 것만이 보일 뿐이었고, 곧바로 해협에 이르니 소리와 위세가 더더욱 커졌다. 실로 바다를 뒤흔들고, 강물을 뒤집으며, 하늘을 번쩍 들어 올리고, 땅을 움직이는 것 같았다. 한번 시작하면 열흘씩 연달아 그러하니 펴볼만한 계책이 없었다. 성안에 있는 백제의 백성들은 기뻐서 감사하지 않는 사람이 없었고, 밤낮으로 모두 강가에서 신에게 제사를 올렸다. 용의 압도적인 힘에 소정방 장군은 "하늘이 나로 하여금 백제를 평정케 할 마음이 없는가 보다." 하고 말하며 진지하게 후퇴를 고려하고 있었다.

그런 소정방에게 김유신은 용 한 마리에 후퇴하면 천자에게 무엇으로 보답하겠냐는 식으로 그를 진정을 시킨 뒤 길흉을 점쳐보았다. 그 괘에는 '실수를 바로잡아라. 용이 들에서 싸우도다. 이익은 부인을 만나는 것이고, 그러면 말을 잃으리라.'라고 되어 있었다. 어느 누구도 그 내용을 풀 수 없었고 소정방 장군도 "군중에 어찌 부인이 있겠는가?"라고 하면서 내용을 이해하지 못했다. 김유신은 한참 동안 생각하다가 "신라의 의열부인(義烈夫人)은 바로 당나라의 여선부인(女仙夫人)인데, 신에 가깝습니다. 점괘에서 말한 것이 이 부인이 아닐까요?"라고 하자 소정방 장군은 크게 깨닫고 아찬에게 하루에 천 리를 가는 자신이 아끼는 명마를 내어주며 부인을 만나보고 오라고 했다.

아찬이 말을 타고 달리니 아침에 출발하여 저녁에 도착하였다. 그러자 향랑이 어찌 이리 급히 오느냐고 물어보았다. 아찬이 지금의 상황을 그녀에게 말하자 향랑은 그 수호룡의 정체를 알려주는데 이는 백제의 선대왕(죽어서 청룡이 되어 백제를 수호했다는 전설이 있는 무왕일 것이다.)이 용으로 변해 백제를 지키고 있는 것이라고 했다. 하지만 이미 백제는 천명이 다했기 때문에 용 한 마리로 멸망을 막을 수 없다고 했다. 그리고 이어서 "용의 모습은 다섯 가지인데, 누런 것은 순수하여 욕심이 없는 것입니다. 욕심이 많은 것으로는 적룡보다 더한 것이 없으니, 식욕과 색욕이 더욱 심한 것은 그 성품이 그렇기 때문입니다. 용이 즐겨 먹는 것은 제비인데, 적룡이 좋아하는 것은 백마(白馬)입니다. 이 사정을 이용하여 유리한 데로 이끌어 보면 좋을 것입니다."라고 말했다. 아찬이 그녀의 말을 전하니 소정방 장군은 용을 낚는다는 것을 매우 기이하게 여겼지만, 곧 말을 잃게 되리라는 점괘의 뜻을 깨달았다. 소정방 장군은 큰 갈고리와 검은 비단에 백마를 미끼로 달아서 큰 바위 위에 쭈그리고 앉게 하였다가 강물로 던져 넣었다. 적룡이 그것을 삼키고는 큰 갈고리를 이끌고 점점 물속으로 들어가다가 놀라 날뛰며 수염을 부르르 떨치니 흰 파도가 산과 같이 솟아 강물이 뒤흔들리고, 소리는 귀신이 부르짖는 것 같으며, 눈 부신 빛을 수백 리까지 번쩍거렸다. 병사들은 밧줄을 잡고 따라가는데 상하로 수십 번 오르내려서야 용을 강 언덕까지 끌어올릴 수 있었다.

눈은 일월과 같이 빛나고, 발은 뱀과 무지개가 얽혀 있는 것 같고, 철 같은 수염은 위로 뻗쳐 있고, 신이한 비늘은 거꾸로 서고, 노기는 허공으로 치솟으니 맹렬하기가 휘몰아치는 불길과도 같았다. 이에 당나라 병사들은 용을 뽕나무 뿌리에 묶어서 때려죽이고, 통째로 구워서 먹었는데, 사람마다 실컷 먹지 않은 사람이 없었다. 후에 사람들이 그 바위를 조룡대(釣龍臺)라 하고 강을 백마강(白馬江)이라 하였다.

적룡이 잡혀 죽자 백제의 성안 사람들은 마지막 희망을 잃은 것이나 마찬가지였기 때문에 모두 곡을 하였다. 성문 교위가 적룡을 낚아 올린 일을 급히 보고하니, 군신들이 모두 모여 어떻게 할지 고민하고 있었는데 의자왕은 용을 낚을 수 있을 리 없으며 단순히 보고가 잘못된 것이라며 총애하는 환관들을 보내 상황을 알아 오게 하였다. 환관들은 바람과 파도가 예전과 같으니 걱정할 필요가 없다고 했고 이에 의자왕은 용이 낚였다는 불길한 소리를 하는 사람을 죽여 버리겠다고 하니 백제의 군신들은 모두 탄식할 뿐이었다.

용이 죽자 바람은 지고 파도는 잔잔해졌다. 배를 타고 강을 건너 백제의 본진을 치자는 의논을 하는데 갑자기 병사들이 차례로 정신을 잃고 엎어지더니 배가 부풀어 오르고 숨을 헐떡거리며 입이 있어도 말하지 못하고 다만 손으로 가슴을 가리킬 뿐이었다. 병에 걸린 사람들은 모두 당나라 사람들로, 이는 용을 먹어서 생긴 것이었다.

어떤 약을 써도 병이 낫지 않자 김유신은 아찬에게 향랑이 용을 잡는 법을 알고 있었으니 분명 해독하는 방법도 알고 있을 것이라며, 소정방 장군의 전투마를 타고 다시 향랑에게 가서 물어보라고 했다. 아찬은 향랑의 집에 다시 가서 채 문밖에 이르기도 전에 큰소리로 향랑을 찾았다. 향랑은 깜짝 놀라 또 무슨 일로 온 것인지 물어보았고 아찬이 현

상황을 말하자 향랑은 "옛날에 용을 부리는 사람들이 말하기를 '천지의 진룡(眞龍)에 대해서는 뭐라고 의논할 근거가 없고, 강의 물고기가 변하여 된 용은 맛은 기름지고 독이 없으며, 산의 못이나 시내에 있는 용은 뱀이 변한 것이기 때문에 맛이 차고 독이 있어서 그것을 먹으면 죽는다.'고 했습니다. 왜냐하면 천지에 있는 용은 사람들이 다스릴 수 없기 때문입니다. 그래서 공자가 말씀하시기를 '용에 대해서는 그것이 바람과 구름을 타고 하늘을 오르내리는지 나는 알 수 없다.'고 하였는데, 이는 진룡을 이른 것입니다. 그 고기인들 또한 먹을 수 있겠습니까? 물고기가 변해서 된 용은 물이 없으면 죽기 때문에 개미 밥이 되기도 하고 사람들이 얻어서 먹을 수도 있습니다. 하지만 뱀이 변해서 된 용은 구름과 바람을 변화시키니 진룡과 다르지 않으나, 때로 죽기도 하는 것은 못되게 군것이 많아서 하늘에 죄를 지었기 때문입니다. 이것을 사람들이 구별하지 못하고 먹으면 죽게 됩니다. 지금의 적룡은 옛날의 주사입니다. 뱀의 성질이 아직 있어, 그 독이 없어지지 않은데다가 분노하여 독이 올라 쓰러져 죽었으니 분명히 그 독이 매우 강할 것입니다. 그런데 그것을 먹는다면 병이 나지 않을 수 있겠습니까?

무릇 뱀의 독은 물과 흙이 변한 것입니다. 흙을 먹고 그 독을 채우고, 물을 먹어 그 독을 만드는 까닭에 사람을 물고는 반드시 흙을 먹는 것은 그 없어진 독을 더하기 위한 것입니다. 여름철에 독이 가장 많은 것은 마시는 물이 많기 때문입니다. 그러므로 물과 흙이 온전한 것이 뱀을 다스릴 수 있는데, 물과 흙을 많이 먹은 것으로는 지렁이 만한 것이 없습니다. 무릇 지렁이는 위로는 마른 흙을 먹고, 아래로는 땅 밑의 흙물을 마시며, 형체를 현화시키고 정기가 왕성하니 그 즙을 마시고 그 찌꺼기를 바르는 것이 좋습니다. 이것이 강한 것이 약한 것을 이기고 많은 것이 적은 것을 이기는 방법이며, 또한 오직 열로써 열을 다스리고 찬 것으로 찬 것을 다스리는 방법입니다."라고 말했다. 그 말을 들은 아찬은 돌아와 그 내용을 유신에게 보고했고 병사들에게 향랑이 말한 대로 했더니 푸른색의 침을 몇 되씩 토하고, 몸에는 푸른 물이 흐르더니 점점 먹고 마시고, 행동하는 것이 평소와 같아졌다. 소정방 장군은 향랑의 말이 하늘이라며 동쪽을 향해 두 번 절하고 신라의 치료방법에 대해 편찬하게 하였는데 뱀의 독을 치료하는데 지렁이 즙을 쓰는 것은 이때부터 시작되었다. 정신을 차린 당나라 병사들은 신라 병사들과 함께 강을 건너 백제를 공격했고 적룡만 믿고 아무준비도 하고 있지 않던 백제는 너무나도 간단히 망해버렸다.

백두산 조룡대 전설을 모티브로 하였는데 그 뒤에 용을 먹는 것을 추가하였고, 뱀의 독을 치료하는데 지렁이 즙을 쓰는 민간요법을 조합한 이야기다. 물고기가 용이 된 것이 아니라, 뱀이 용이 된 고기에는 독이 있어 사람이 먹으면 병이 낫는다는 내용이다. 독이 없는 용의 고기라 해도 <금오신화>나 <한국구비문학대계> 등 다른 문헌들을 보았을 때 인간은 먹을 수 없는 것으로 보인다.

이무기육포

나병에 걸린 이가 먹으면 병이 낫는다

용도	치유용
관련문헌	한국구비문학대계

어떤 남자가 섣달그믐*이 되어 노름이나 해서 밥이나 해 먹어야겠다며 집을 나섰는데, 어떤 여자가 자신을 거두어달라며 따라왔다. 남자가 자기 부인

*섣달그믐: 그 해의 마지막 날
*풍병(風病): 나병을 한방에서 이르는 말

에게 말하니 부인이 여자를 집안 골방에 두고 밥을 주자고 했다. 남자가 작은 부인과 동침을 하려고 해도 여자가 풍병(風病)*이 있어 제대로 할 수 없었다. 하루는 남자가 고기를 잡으러 갔는데 고기는 하나도 안 잡히고 이무기 한 마리가 나와 집으로 잡아갔다. 큰 부인은 이무기를 말려 육포를 만들어 작은 부인에게 나눠주었다. 작은 부인이 맛있다며 먹더니 나중에 허물을 벗고 아들을 낳았다. 하루는 그 아들이 어머니에게 자신의 뿌리를 알려달라고 물어보았고 어머니는 자신은 사실 서울 대종가집 딸이었는데 병이 들어서 집을 나왔다가 남자를 따라간 것이라 했다. 아들이 그 내용을 편지로 써서 서울 할아버지 할머니 댁에 갔는데, 할아버지 할머니가 손자가 왔다며 붙잡고 울고는 다 같이 부자로 잘살게 해주었다.

여자가 문둥병에 걸린 유형일 경우 위 음식을 먹고 허물을 벗어 아름다워졌다는 말도 있는데 음식 자체에 미용효과가 있는 것은 아니고 문둥병으로 썩어 문드러지던 몸이 다시 원래대로 돌아왔기 때문에 아름답다는 묘사가 있는 것이라 생각한다.

이야기의 유형에 따라 이무기 육포가 아니라 구렁이로 담근 술인 경우도 있고, 장어도 아니고 구렁이도 아닌 이상한 짐승을 넣고 끓인 탕인 경우도 있으며, 소금에 절인 가물치나, 구렁이 포인 경우도 있다. 종류는 다양하나 어떤 경우든 극심한 병도 단숨에 고쳐주는 신비로운 음식임은 틀림이 없다.

인어의 고기

먹으면 불로장생할 뿐만 아니라 점점 용모가 아름다워진다

용도	치유용
관련문헌	녹파잡기

옛날 평양 남문 밖에 이진수라는 가난한 어부가 살고 있었다. 그는 대동강에서 낚시를 하며 아내와 어린 딸 낭간과 함께 입에 풀칠하며 살고 있었다. 어느 날 바다와 강이 만나는 곳에서 배를 띄우고 낚시를 하고 있는데, 바다가 갈라지며 웬 미인이 나와 그를 데리고 바닷속 용궁으로 들어갔다. 그는 용

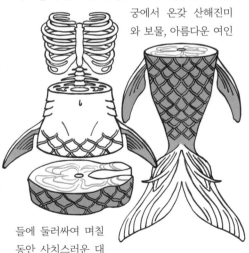

궁에서 온갖 산해진미와 보물, 아름다운 여인

들에 둘러싸여 며칠 동안 사치스러운 대접을 받았고, 그를 데려온 여인은 먹으면 불로장생하는 인어고기를 선물로 주고 육지로 보내주었다. 집에 돌아온 이진수는 인어고기를 감춰둔 뒤, 아내와 딸에게 용궁에서 보고 듣고 먹은 것들에 대해

들려줬다. 이후 평소와 같이 어부 일을 하며 살아가고 있는데, 이진수의 딸인 낭간이 우연히 숨겨놓은 인어고기를 발견하고 전부 다 먹어 치웠다. 세월이 흐르면서 이진수 부부는 점차 늙어갔지만, 낭간은 점점 아름다움을 더해가며 이윽고 평양 제일가는 미인으로 자라났다.

낭간의 미모는 널리 알려져 뭇 사내들의 흠모를 받았으나, 낭간의 혼사에 관한 이야기가 나오기 시작할 때쯤 '낭간이 인어고기를 먹은 요부이며, 그녀와 함께 살면 제 명을 못 채우고 죽을 것이다'라는 묘한 소문이 돌기 시작해, 아무도 청혼하려는 이가 없었다.

부부는 노환으로 세상을 뜨고, 낭간은 지아비를 평생 구하지 못하느니 뭇 남자들을 상대하겠다 결심하고 평양에서 수많은 남자를 만나기 시작했다. 그러나 그녀와 만난 남성들은 허약해져 앓다가 죽어갔고 그 수가 삼천에 이르렀다.

120살이 되던 해, 낭간은 자신의 잘못을 깨닫고 죄를 사하고자 불교에 귀의하여 비구니가 되었다. 모란대 앞에 작은 암자를 세우고 30년 동안 기도를 드린 뒤, 자신 때문에 죽은 남자들을 성불시키기 위해 전국 방방곡곡의 영지와 영산을 참배하며 방랑했다.

그녀가 200살이 되던 해 모란대 암자에 돌아왔으나, 젊고 아름다운 비구니가 암자에 살고 있다는 소문이 퍼져 모든 남자가 그녀를 보기 위해 애를 썼고, 낭간은 더는 세상 남자들을 괴롭히면 안 되겠다고 생각하여 산에 들어갔다. 이때가 그녀의 나이 300살을 넘기는 해였는데, 그 이후 행방이 묘연하다고 한다.

홍규포

용의 고기로 만든 육포. 딱딱해서 인간은 먹을 수 없다

용도	기타
관련문헌	금오신화

<금오신화>에 실려 있는 이야기 중 하나인 취유부벽정기(醉遊浮碧亭記)에서는 홍생이 술을 마시고 부벽루에 올라갔다가 천녀와 만나게 되는데, 이때 천녀가 홍생에게 용의 고기로 만든 육포인 홍규포와 신선이 마시는 술인 백옥례를 대접하였다. 홍생이 보기에는 차려 놓은 음식이 인간 세상의 것과 같지 않았으며, 먹으려 해도 굳고 딱딱하여 먹을 수가 없었고, 술맛 또한 써서 마실 수가 없었다고 한다.

꽃

낙화

천왕보살의 꽃. 길을 막는 장애물에 대고 흔들면 그 대상이 가기 쉬워지도록 변하고, 공중으로 던지면 연화대로 변하여 타고 하늘을 날 수 있다

용도	이동용
관련문헌	양풍운전

양풍운은 양태백과 최씨 부인의 아들이다. 양풍운이 어릴 때, 아버지인 양태백이 송계영을 첩으로 삼았는데, 그녀의 간계에 빠져 양풍운과 그의 어머니 최씨 부인, 누나 양채옥, 양채봉을 집에서 쫓아냈다. 집에서 쫓겨난 이들은 고생하였다. 어머니인 최씨 부인이 죽은 후, 어머니의 혈서를 노파를 통해 양태백에게 전달해 주었지만, 이번에도 첩 송계영의 이간질에 아버지는 혈서를 구겨 던지며 화를 내었다. 결국 집에 돌아가지 못하고 어머니의 먼 친척인 최상서를 찾아가 모친의 일을 알려주자 최상서는 눈물을 흘리며 양풍운 남매에게 돈 200냥을 주었고, 양채옥, 양채봉은 그 돈을 가지고 모친의 무덤 아래에서 8, 9세의 여자의 몸으로 젖먹이인 양풍운을 기르며 삼년상을 지내었다.

삼년상을 마친 두 자매가 동생인 양풍운을 업고 집으로 돌아가니 아버지는 처음에는 화를 내고 쫓아내려고 했으나, 집에 두고 찌꺼기나 먹이며 심부름이나 시키자는 송계영의 말에 아이들을 집에 두고 종처럼 부렸다. 송계영은 양채옥을 자신의 사촌 오빠와 결혼시키려고 하였다. 그 사실을 알게 된 채옥은 송계영의 간계로 어머니가 죽었으니 그녀는 자신의 원수인데 어찌 원수의 친척과 결혼을 할 수 있겠냐 생각하여 동생들을 데리고 도망쳤다. 채옥과 동생들은 어머니의 묘에 가서 울다 잠이 들었는데, 채옥의 꿈속에서 최씨 부인이 나타나 자신을 찾아 옥룡전으로 오라고 하였다. 이윽고 꿈에서 깬 채옥은 일어나 동생들과 어머니를 찾기 위해 여행을 떠났다. 길을 떠난 삼남매는 어느 산에서 길을 잃어 굶주리고 방황하다가 우연히 땅의 여신인 후토부인(后土夫人)을 만나게 되었다. 후토부인은 삼남매에게 음식을 주며 하룻밤 묵어가라

고 했다. 후토부인 덕에 배를 채운 삼남매는 바위 아래에서 하룻밤을 잤다. 다음날 떠나려고 하는데 큰 범이 나타나 발톱을 허우적거리며, 입을 벌리고 달려들어 물려고 하였다. 삼남매가 서로 부둥켜 안고 대성통곡을 하자, 범은 갑자기 중으로 변하더니 자신은 이산의 산신령으로 정성을 시험하고자 한 것인데 너무 놀라게 한 것 같아 미안하다고 사과하며, 바랑을 열어 열매를 내어주며 이것을 먹으면 목마르고 배고픈 것을 면할 것이라고 했다. 그리고 이 고개를 넘어가면 천왕보살이 있을 것이니 그곳에 가서 지성으로 빌면 길을 가르쳐 줄 것이라고 하였다.

남매가 큰 고개를 넘어가니 초목이 무성한 곳에 돌부처 하나가 있어서 이것을 천왕보살이라 생각하고 정성을 다해 빌고 잠을 자게 되는데, 꿈속에 돌부처가 나타나 "내가 이곳에 있은 지 수만 년 동안 한 번도 사람을 본 적이 없는데, 어찌 이곳에 왔냐고 물어보았다." 이에 채옥이 자신들의 사연을 이야기하자, 돌부처는 삼남매에게 모친을 만난 후 돌아와 자신의 제자가 되는 것이 어떻겠냐고 제안하였다. 삼남매가 그러겠다고 하자 돌부처는 "그러면 내가 낙화(洛花)를 줄 테니, 이것을 가지고 이곳에서 동쪽으로 30리 가면 돌문이 있는데, 왼쪽은 성방 극락으로 가는 문이고, 오른쪽은 용궁으로 가는 문인데, 낙화를 흔들면 오른쪽 문이 열릴 것이니 그 문에 들어가 10리씩 가면 길을 막는 선관과 짐승이 있을 것이니 그때마다 낙화를 흔들고 이리이리하여 나아가면 반드시 구해줄 선관이 있을 것이다. 이렇듯 하면 자연히 옥룡전에 이르러 너희 모친을 볼 것이니 부디 조심하여 가라."라고 말했다. 채옥이 절을 하려고 하는 순간 눈을 뜨니, 꿈이

었다. 하지만 꿈에서 주고 받은 말이 또렷하고 또 곁에 낙화가 놓여있었기에 채옥은 이를 기이하게 여겼고, 천왕보살의 영험함에 감격하여 절을 하고 길을 떠났다.

동쪽으로 30리 가니 정말로 돌문이 있었고, 낙화를 흔드니 그 문이 저절로 열렸다. 그 문으로 들어가니 황금 다리가 있고 붉은 옷을 입은 선관이 길을 막았다. 채옥은 "우리는 천왕보살의 제자로 동해의 선경을 구경하러 가노라."라고 말하였으나, 선관은 듣지 않았다. 하지만 채옥이 낙화를 꺼내어 흔드니 그제야 길을 열고 보내주었다.

황금 다리를 건너 10리를 가니 바위 위에 선관이 앉았다가 길을 막으며 "인간의 더러운 몸이 선경을 범하니 산신(山神)은 저 속인을 잡아 가두고 보내지 말라."라고 말했다. 그러자 산신이 달려 나와 삼남매를 잡아 옥에 가두었다. 하지만 채옥이 낙화를 꺼내어 흔들자 놓아주었다.

또 10리를 가니 수많은 원숭이가 뛰어놀며 길을 막았으나 낙화를 흔드니 길을 내어주었고, 또 20리를 가니 해변에서 큰 고래가 나와 입을 벌리고 집어삼키려고 달려들었으나 채옥이 낙화를 꺼내어 흔드니 고래가 머리를 숙이고 등을 내밀어 업히라는 시늉을 하였다. 삼남매가 고래의 등에 오르니 고래는 순식간에 큰 바다를 건너 삼남매를 어딘가에 내려놓았다.

그곳에서 또 10리를 가니 깊은 물이 앞을 막고 있었다. 어떻게 해야 할지 망설이고 있을 때 선관과 선녀가 오더니 삼남매를 업고 물을 건너 주었다. 선관과 선녀가 삼남매를 인도하여 한 곳에 이르니 호화찬란하게 꾸며진 궁궐이 하늘과 땅 사이에 솟아 있었다. 문을 열고 들어가니 동해용왕이 거처하는 궁궐이었다. 용왕은 삼남매를 불러 무슨 일로 이곳에 들어왔는지 묻자 채옥이 자신들의 전후 사정을 이야기하였다. 이에 용왕은 "너희 말을 들으니 참으로 딱하도다. 너희가 천왕보살과 후토부인의 지시가 아니면 어찌 이곳에 이르렀겠느냐? 너희가 10리씩 간 길은 실제로는 천 리였다. 후토부인이 축지법을 사용하여 빨리 오게 한 것이며, 너희가 얻어먹는 열매는 불로단(不老丹)으로 조금만 먹어도 10년간 굶주림을 면하는 것이다. 너희 정성이 하늘에 사무쳐 부처와 신령이 도와준 것이다."라고 말했다.

그리고 시중을 불러 음식을 가져다주었는데, 전부 인간 세상에는 없는 진귀한 것들이었다. 삼남매가 이를 먹으니 정신이 맑아지며 힘이 솟아나서 수만 리 여행의 피곤함을 잊게 하였다. 용왕이 삼남매에게 배를 주니, 삼남매는 용왕에게 감사 인사를 하고 배에 올랐다. 동자가 뱃머리에 앉아 옥피리를 부니 그 배는 활같이 빠르게 나아갔다. 동자는 삼남매를 언덕에 내려주며 여기서부터 동쪽으로 300리를 가면 옥룡전이니 부디 조심히 가라고 했다.

삼남매가 300리를 걸어 도착한 곳에는 궁전이 둘 있었는데 왼쪽은 옥룡전, 오른쪽에는 금봉각이라는 현판이 걸려있었다. 삼남매는 기뻐하며 옥룡전으로 향하니 문밖에 시녀 두어 명이 풍경을 구경하고 있었다. 채봉이 시녀들에게 금봉각에는 누가 살고, 옥룡전에는 누가 사는지 물어보자, 시녀들은 금봉각은 아미타불이 계신 집이고, 옥룡전은 정렬부인이 계신 곳이라고 했다.

채옥은 옥룡전에 어머니가 있을 것을 확신하였으나 쉽게 들어가지 못할 것 같아 시녀에게 옥룡전을 구경하게 해달라고 간청하니, 시녀는 전각 안에는 부인이 계시어 잡인이 출입하지 못하니 전각이나 구경하라며 삼남매를 데리고 옥룡전 안으로 들어갔다.

옥룡전의 경치를 구경하는데 한 곳에 큰 북이 달려 있어 채옥이 저건 무슨 북이냐 묻자 시녀는 한 번 치면 천지가 진동하며 만물을 호령하는 북이라고 하였다. 양풍운이 북을 만지다 주먹으로 치니 큰 소리가 울려 퍼졌다. 시녀는 어쩔 줄 몰라하며 삼남매를 마구 꾸짖었으나, 북소리를 들은 부인이 무슨 일인지 나왔다가 자신의 자식인 삼남매를 보고는 끌어안고 통곡하였다.

최씨 부인은 자신의 아버지가 옥황상제 곁에서 벼슬을 하고 있어서 자신이 이곳에 올 수 있었다고 했다. 최씨 부인의 아버지는 자신의 외손자들을 만나 그간의 사정을 듣고는 옥황상제에게 가서 양태백과 송계영에게 천벌을 내려달라고 했다. 옥황상제는 양태백의 죄는 추후 다스리고 양풍운의 효성과 재약이 기특하니 인간 세상에 다시 나가 아버지를 모시다 다시 돌아오라고 하며 갑옷 한 벌을 선물로 주었다. 양풍운 역시 부친을 만나뵙고 싶었다며 갑옷을 가지고 인간 세상에 내려가 천왕보살의 제자가 되어 뛰어난 능력을 얻게된다.

한편 송나라에 철통골이라는 태자가 태어나게 되는데, 이 아이는 본래 서해용왕 광덕왕의 제자가 죄를 지어 인간 세상에 태어난 것이었다. 광덕왕 제자의 환생이기에 만고의 영웅으로 자라났으며, 용궁에서 나올 때 3가지 보배를 가져 나왔으니, 하나는 흰 병으로 한 번 기울이면 육지가 바다로 변하고, 하나는 꽃가지로 한 번 휘두르면 불길이 하늘을 찌를 듯하고, 하나는 채찍으로 한 번 휘두르면 천하가 가시밭이 되었다.

당할 사람이 없는 용맹을 품고 여러 가지 보배를 가졌으니, 그 강하고 포악함을 대적할 사람이 없었다. 결국 송나라는 철통골을 앞세워 한나라를 침공하니 지나가는 곳마다 항복하지 않는 자가 없었다. 적의 기세에 천자가 근심하자 신하들이 말하길 군산땅에는 조자룡의 고손자인 조흥문이, 경인 땅에는 맹기의 고손자인 마성팔이 살고 있는데, 이 두 장수는 용맹과 지략이 당세에 영웅이라고 하니 이들을 불러 막으면 될 것이라고 했다.

천자는 크게 기뻐하며 즉시 두 장수를 불러 조흥문을 선봉장으로, 마성팔은 후군장으로 삼아 출격하였으나 두 장수 역시 당해내지 못하고 목이 잘리고 말았다. 천자는 어쩔 수 없이 항복 문서를 보내려고 하였으나, 신하 한 사람이 자신이 어젯밤 천기를 보니 내일 아침이면 좋은 일이 있을 것이라고 하였다. 천자는 반신반의하였으나 항복을 잠시 보류하였다.

천왕보살은 양풍운에게 지금 송나라가 침범하여 천자가 위급하니 네가 나가 공을 세우라고 했다. 이에 풍운은 자신이 재주는 미진함이 없으나 전쟁에서 쓸 무기는 외할아버지에게 받은 갑옷뿐이라고 했다. 이에 보살이 그 갑옷은 옥황상제가 선물한 보신갑이라는 것으로 인간 세상에 없는 보배라고 했다. 그리고 벽에는 삼태성의 기운을 받은 삼광검이 걸려 있으며, 후원에는 미륵산의 정기를 타고 태어난 송산마라는 말이 있으며, 이 세 가지는 천하에 없는 보배이니 가져가라고 했다. 그리고 적장은 인간이 아니라 서해 광덕왕의 제자니 너무 만만히 여기지 말고, 죽이지 말라고 당부 했다. 그리고 낙화를 주며 어려운 일이 있을 때 낙화를 흔들면 조화가 무궁할 것이라 했다.

양풍운은 천왕보살에게 하직 인사를 한 후 보신갑을 입고 오른손에는 삼광검, 왼손에는 낙화를 쥐고 송산말에 올라 고국으로 향했다. 양풍운이 도성에 다다르니 이미 위태로운 상황이었다. 양풍운이 뛰어들어 칼을 휘두르자 송나라 장졸들의 머리가 추풍낙엽처럼 땅에 떨어졌다.

천자는 적군에게 포위당해 어쩔 줄 몰라 하고 있었는데 한 젊은 장수가 많은 적을 해치우고 들어와 자신앞에 엎드리니 천자는 양풍운에게 누구의 아들인지 물어보았다. 이에 양풍운은 자신이 전임 승상 양태백의 아들 양풍운이라고 했다. 천자는 기뻐하며 그를 대원수로 임명하고 출격시켰다.

양풍운은 철통골과 싸우게 되는데 30여 합을 싸우더니 철통골이 한 손으로 창을 휘두르며 다른 한 손으로 채찍을 휘두르자 한나라 진영이 가시밭길이 되어 사람과 말이 발을 디디지 못하게 되었다. 이에 풍운이 낙화를 흔드니 가시들은 재가 되었다. 철통골이 이번에는 꽃가지를 흔드니 한나라 진영에 하늘을 찌를 듯한 불길이 일어났다. 이에 풍운이 낙화를 흔드니 불길이 사라졌다. 마지막으로 철통골이 흰 병을 기울이니 한나라 진영이 바다가 되었지만, 이번에도 풍운이 낙화를 흔드니 그 물이

한 점도 없이 사라졌다.

이에 철통골은 속으로 '선생님이 이르기를 천왕보살의 낙화를 만나면 피하라고 하더니 풍운이 분명히 낙화를 가지고 있구나.'라 생각하여 군사를 이끌고 잠시 물러났다. 철통골은 계교를 쓰기로 하고 병사들을 한나라 진영 사방에 매복시켰다가 밤이 되면 화약과 마른 나무를 이용하여 사방에서 동시에 화공을 펼치라고 했다. 하지만 양풍운은 점괘로 이 모든 것을 간파하고 오히려 역공하여 적군을 격파하였다.

형세가 불리하게 흘러가자 철통골은 채찍을 공중에 던졌다. 그러자 채찍은 청룡으로 변하였고, 철통골은 청룡을 타고 하늘로 날아올랐다. 이에 풍운이 낙화를 공중에 던지니 낙화는 연화대로 변했고, 풍운은 연화대를 타고 하늘로 날아올라 철통골을 상대하였다. 철통골이 비수를 던졌으나 비수는 날아오다 연화대 앞에 이르러 재가 되었다. 철통골은 패배하여 평지로 내려와 달아났으나, 풍운이 연화대를 타고 날아가 철통골이 가는 길을 막아 그를 사로잡았다.

양풍운은 철통골을 사로잡았으나 이미 항복하고 개과천선하였으니 자비를 베풀어 놓아주자고 했고, 천자는 풍운의 의견에 따라 그를 풀어주니 철통골은 백번 감사하고는 본국으로 돌아갔다. 전쟁에서 공을 세운 풍운이 집에 돌아가 보니 아버지인 양태백은 옥황상제의 천벌로 눈이 멀어있었고, 송계영은 가산을 탕진한 뒤, 태백을 심하게 구박하고 이웃 소년과 간통을 수 없이 하고 있었다. 태백이 과거를 후회하고 있을 때, 양풍운이 집에 찾아왔다. 양태백이 양풍운에게 잘못을 한탄하며 빌자 다시 눈을 뜰 수 있었다. 송계영은 수레에 매달

려 사지가 찢겨지는 형벌을 받았고, 양풍운은 천자의 딸과 결혼하여 5남 3녀를 낳고 해로하다가, 69세에 다시 옥룡전으로 올라가 어머니와 월궁 선녀가 된 누나들을 만나 신선이 되어 행복을 누렸다.

멸망꽃

서천꽃밭에 피어나 있는 신비한 꽃 중 하나. 상대의 목숨을 앗아가는 무시무시한 꽃이다

용도	공격용
관련문헌	삼승할망본풀이, 이공본풀이, 이세경본풀이

<삼승할망본풀이>에서 저승할망의 꽃으로 등장한다. 저승할망이 삼승할망과의 대결에서 피운 시드는 꽃이 바로 이 멸망꽃이며, 사람의 목숨도 시들어버리게 만드는 무시무시한 꽃이다.

<이공본풀이>에서는 서천꽃밭에 피어나 있는 신비한 꽃 중 하나로 천년장자를 죽일 때 등장하며, 멸망꽃은 전승되는 설화의 유형에 따라 나오지 않는 경우도 있다.

<이세경본풀이>에서는 천계에 반란이 일어났을 때 농경신 자청비가 이 꽃으로 반란군을 전멸시키기도 했다.

바리의 낭화(浪花)

저승을 향해가던 바리데기가 석가여래와 지장보살로부터 받은 꽃. 장애물을 향해 흔들면 그 대상이 지나가기 쉬운 형태로 변하거나, 무력한 상태로 만든다

용도	이동용
관련문헌	바리데기

부모님의 병을 고칠 약수를 찾기 위해 바리데기 공주는 저승을 향한 여정을 떠나게 된다. 저승을 향해 가던 바리데기는 바둑을 두고 있는 석가여래와 지장보살로부터 물건을 받게 되는데, 여러 가지 유형에서 '낭화(浪花)'라는 꽃의 일종을 받는 것이 일반적이다. 이 낭화는 이후 저승을 지나가는 바리의 여정에서 큰 역할을 하는데 그 내용은 다음과 같다.

바리가 다시 길을 나아갈 적에 칼산지옥, 독사지옥, 한빙지옥, 구렁지옥, 혼암지옥 등 팔만 사천 지옥을 넘어가니 쇠성이 하늘에 닿아 있었다. 바리가 성안에서 나는 소리에 귀를 기울이고 들으니, 죄인들이 고통에 신음하는 소리가 육칠월 개구리 우는 소리 같았다. 이에 바리가 쇠성을 향해 낭화를 흔들자 쇠성이 무너지며 평지가 되었다. 성으로부

터 눈 없는 죄인, 팔 없는 죄인, 다리 없는 죄인 등 온갖 죄인이 나와서 넋을 구제해달라고 빌었다. 이에 바리데기는 "서방정토 극락세계 삼십육만인, 대자비 아미타불 극락세계, 시왕 갈 이 시왕 가고, 극락 갈 이 극락 가소서."라며 죄인들의 넋을 구제해주었다.

낭화 말고도 금주령이나 육환장, 서책, 진언 등을 받는 경우도 있다.

금주령 : 금주령을 가지고 가면 험한 길이 평지가 되고, 큰 바다가 육지가 된다고 했다. 바리데기가 길이 없는 곳에 다다랐을 때 금주령을 던지자 한 줄기 무지개가 생기며 다리를 놓아주어, 바리는 무지개를 타고 길을 건너게 된다.

육환장(六環杖) : 지장보살로부터 받은 지팡이로, 지장보살이 지옥에서 인간을 구원할 때 사용하는 지옥문을 깨뜨리는 지팡으로 바리 역시 지옥의 죄인들을 구원할 때 낭화 대신 사용한다.

서책 : 바리가 약수를 가지고 돌아오자 언니인 맏딸이 부하들을 시켜 바리를 죽이라 명령을 내리는데, 바리가 서책을 읽자 활을 쏘려던 부하는 활을 든 장승이 되어 버리고, 창으로 찌르려던 부하는 창을 든 장승이 되었으며, 상두꾼들은 발이 붙어 대왕의 시신을 옮기지 못하게 했다.

진언 : 바리가 약수를 가지고 돌아왔을 때, 그녀의 앞길을 병사들이 막아선다. 하지만 바리가 진언을 외자 병사들은 모두 그 자리에서 움직이지 못하게 되어 바리를 막을 수 없었다.

염불책 : 바리가 약수를 가지고 돌아올 때 백정이 칼을 들고 바리공주를 죽이려고 하는데, 바리가 염불을 외우니 백정을 나무로 만들어 버리고 칼도 박살나 버린다.

번성꽃

동해용왕과의 대결에서 명진국 따님애기(훗날 삼승할망)가 피워낸 꽃. 아이가 아프지 않고 탈없이 자라게 해주며, 삼승할망만이 사용할 수 있다

용도	치유용
관련문헌	삼승할망본풀이

동해용왕이 딸을 낳았는데 한두 살에 아버지 수염을 뜯고 어머니 가슴을 잡아 뜯더니 열다섯 살이 되도록 제 버릇을 고치지 못했다. 동해 용왕이 딸의 막나가는 성격에 분노하여 죽이려 하자 아내가 뜯어말리면서 죽이지 말고 무쇠 상자에 넣어 인간계로 추방하자고 제안하였다.

용왕의 딸은 울면서 홀로 인간 세상에 가서 자신이 무엇을 하고 사냐고 했다. 이에 어머니는 인간 세상에는 아기를 마련하는 생불왕이 없으니 아이를 잉태하는 일을 하라고 일러주었다. 그리고 어머니는 아이를 만드는 법은 알려주었지만, 출산시키는 방법을 말하기도 전에 용왕이 불호령을 내려 상자 문을 닫아버리는 바람에 출산시키는 방법은 차마 듣지 못했다.

그렇게 인간계로 추방된 그녀는 임박사라는 사람을 만나게 되었고, 그녀는 자신을 생불왕이라고 이야기했다. 임박사는 자신의 부부가 쉰 살이 넘도록 아이가 없으니 생불을 달라고 했고, 이에 동해 용왕의 딸은 임박사 부인에게 아기를 만들어 주었으나, 어디로 출산시키는지는 듣지 못했기 때문에 열두 달이 지나도록 아기를 낳지 못하였다. 아기를 낳지 못한 임박사 부인은 죽을 지경이 되어갔다. 당황한 동해용왕의 딸은 은가위로 부인의 겨드랑이를 뚫어서 아기를 꺼내려 하니 아기와 산모가 죽어갔다. 깜짝 놀란 용왕의 딸은 물가로 뛰어가 수양버드나무 아래에서 구슬프게 울기 시작했다. 아이 얻으려다 아이는커녕 아내까지 죽어가는 판국이 된 임박사는 원통하기가 이를 데 없었다. 그는 동해산, 서해산, 남해산, 북해산, 아양안동 금백산에 올라가 제단을 차려놓고 옥황상제에게 호소했다. 그의 원통한 목소리를 들은 옥황상제는 땅의 대왕인 지부사천대왕과 저승의 대왕인 염라대왕을 불러 저승이나 인간 세상에 생불왕을 할 만한 사람이 누구 없겠냐고 물어보았다. 이에 지부사천대왕이 인간 세상의 명진국 따님애기가 부모에게 효도하고 일가친척 화목하고 공덕이 높으며 앉아서 천 리를 보고 서서 만 리를 본다고 하니 생불왕이 될 만한 자질이 충분하다고 했다.

이에 옥황상제가 금부도사를 보내어 명진국 따님 애기를 데리고 오라고 했다. 명진국 따님애기의 아버지는 우리 딸은 죄가 없으니 자신이 대신 가겠다고 했으나, 명진국 따님 애기가 자신은 죄를 짓지 않았으니 죽이지 않을 것이라며 부모님을 달래고, 금부도사를 따라 신들이 하늘과 땅을 오르내릴 때 타는 노각성자부줄을 타고 옥황궁에 당도하였다. 옥황상제는 그녀의 됨됨이를 보기 위해 일부러 "머리를 땋은 처녀가 어찌 대청 한가운데로 들어오느냐!"라며 호통을 쳤다. 이에 명진국 따님애기는 "시집도 안 간 처녀를 어찌하여 부모와 갈라놓느냐?"라며 받아치는 것이었다. 옥황상제는 지혜로우면서도 당돌한 명진국 따님애기가 생불왕으로 부족함이 없다고 생각하고는 인간 세상에서 아이를 태어나게 하는 생불왕이 되라고 했다. 명진국 따님 애기는 철도 때도 모르는 어린 소녀인 자신이 어떻게 생불을 주고 환생을 주겠냐고 하자 옥황상제는 그녀에게 아이를 만드는 것과 태어나는 것을 완벽하게 가르쳐주었다.

그렇게 명진국 따님애기는 옥황상제의 분부대로 생불왕이 되어 만산족두리에 남방사주 저고리, 북방사주 붕에바지, 대홍대단 홑치마 물명주 단속곳으로 치장하고, 은가위 하나에 참실 세 묶음, 꽃씨 은씨를 들었다. 아기를 낳아주고, 닦아주고, 업어줄 시녀들까지 거느리고 사월 초파일에 노각성자부줄을 타고 인간계에 내려와 임박사 부인의 자궁문을 열어 은가위로 아기의 코를 툭 건드리니 양수가 쏟아져 나오며 아기가 나왔다. 명진국 따님애기는 태반을 꺼내어 아기랑 어미를 가르고, 참실로 배꼽 줄을 묶어 은가위로 싹둑 잘라 아이를 번쩍 들어 올렸다.

아기가 우는 소리에 울고 있던 동해용왕의 딸이 임박사의 집으로 가보니 듣도 보도 못한 처녀가 아기를 출산시킨 것이 눈에 보였다. 동해용왕의 딸은 화를 내면서 자신이 잉태한 아이를 누구 마음대로 출산을 하냐며 명진국 따님애기에게 달려들어 머리채를 잡고 좌우로 마구 흔들면서 마구 때렸다. 명진국 따님애기는 이럴 것이 아니라 옥황상제의 분부대로 하자고 했다. 동해용왕의 딸은 그렇게 하자며 노각성자부줄을 타고 천계로 올라갔다. 옥황상제의 눈인 신안(神眼)*으로도 누가 더 뛰어나다고 하기 어려웠기에 두 여인에게 씨앗을 주며 꽃이 번성하는대로 생불왕을 구별하겠다고 했다. 두 여인이 씨앗을 심어 꽃을 키우니 동해용왕의 딸이 심은 씨앗에서는 시드는 꽃이 피어났으며, 명진국 따님애기가 심은 씨앗에서는 번성꽃이 피어났다. 이에 옥황상제는 동해용왕의 딸은 저승할망이 되고, 명진국 따님애기는 이승할망이 되라고 명했다.

화가 난 동해용왕의 딸은 명진국 따님애기가 키운 꽃을 꺾으면서 인간 세상에 아이가 태어날 때마다 경기(驚氣)*와 청풍(靑風)*을 불어 넣어 다 죽일 거라고 했다. 이에 명진국 따님애기가 자신이 아이를 태어나게 하고 받는 인정을 모자람 없이 나누어 주겠다며 달래주었고, 그녀의 말에 동해용왕의 딸은 화를 누그러뜨렸다. 그렇게 저승할망과 삼승할망은 서로 잔을 주고받은 뒤 저승할망은 저승으로, 삼승할망은 이승으로 내려갔다. 이렇게 삼승할망과 저승할망이 결정되었고, 삼승할망은 동해산, 서해산, 남해산, 아양안동 금백산에 울타리 성 안팎 성을 둘러 8층집을 지어놓고 문 안에 60명, 문 밖에 60명 시녀를 거느린 채, 한 손에는 생불꽃, 다른 한 손에는 번성꽃을 들고 좌정하였다. 생불왕으로 좌정한 명진국 딸은 앉아서 천 리를 보고, 서서 만 리를 보며, 하루 만 명씩 잉태시켜주고 또 해산 시켜 주었다.

삼승할망은 여러 가지 도구들을 가지고 있다. 은가위는 아기가 태어날 때 양수가 터져 나오게 하며 탯줄을 자를 때도 사용한다. 아기를 태어나게 하는데 반드시 필요한 도구로 이는 동해용왕의 딸도 가지고 있었으나, 아기를 어디로 꺼내야 할지 몰라 겨드랑이를 찔렀다가 아이와 산모 모두 죽을 뻔하게 만들었다. 생불꽃은 아이를 잉태하게 만들어주는 꽃이며, 번성꽃은 아이가 탈 없이 자라게 해주는 꽃이다. 그리고 노각성자부줄이라는 줄이 있는데 이는 하늘과 땅을 오르내릴 때 타는 것으로 해와 달이 된 오누이 이야기에서 하늘이 내려준 동아줄과 비슷한 것으로 추측된다. 여담으로 저승할망이 피운 시드는 꽃은 사람도 시들어버리게 만드는 꽃으로, 사람을 죽게 만드는 멸망꽃이다.

* 신안(神眼): 지술(地術)이나 관상술에 정통한 눈
* 경기(驚氣): 어린아이에게 나타나는 증상의 하나. 풍(風)으로 인해 갑자기 의식을 잃고 경련하는 병증으로 급경풍과 만경풍의 두 가지로 나뉜다
* 청풍(靑風): 눈병의 하나. 눈동자가 푸른색을 띠면서 눈이 아프고 어두워진다

복숭아꽃

선과라 불리는 복숭아의 꽃으로, 즙을 내어 마시면 신선이 되는 법을 배울 수 있다

용도	기타
관련문헌	국선생전

(중략) 국성의 아우는 현(賢)이다. 현은 즉 탁주다. 그는 벼슬이 이천 석(石)에 올랐다. 아들이 넷인

데, 각각 이름이 익, 두, 앙, 남이다. 익은 색주(色酒), 두는 중양주(重釀酒), 앙은 막걸리, 남은 과주(果酒)다. 이들은 도화 즙(복숭아꽃즙)을 마셔 신선이 되는 법을 배웠다.

불 붙을 꽃

서천꽃밭의 여러 꽃 중 하나. 상대를 불태울 수 있다

용도	공격용
관련문헌	이공본풀이

<이공본풀이>에서 서천꽃밭의 여러 꽃 중 하나로 천년장자를 죽일 때 등장하며, 이 꽃을 이용하여 상대를 불태울 수 있다. 불 붙을 꽃은 전승되는 설화의 유형에 따라 나오지 않는 경우도 있다.

뼈살이꽃

서천꽃밭의 여러 꽃 중 하나. 죽은 자의 몸 위에 이 꽃을 뿌리면 뼈가 다시 붙는다

용도	치유용
관련문헌	바리데기, 이공본풀이, 이세경본풀이

병에 걸린 오구대왕을 구하기 위해 바리공주가 저승의 약수삼천리까지 가서 약수를 구해 돌아왔지만 이미 너무 오랜 시간이 흘러버려 오구대왕은 이미 죽고, 그 장례를 치르고 있었다.

바리공주가 아버지의 모습을 보여달라고 부탁하였다. 상여를 멈추고 관을 열자 뼈만 앙상하게 남은 오구대왕의 모습이 보였다. 이에 바리공주가 저승의 서천꽃밭에서 가져온 꽃을 사용하였다. 먼저 뼈살이꽃을 뿌리니 뼈들이 절그럭거리며 서로 맞붙었

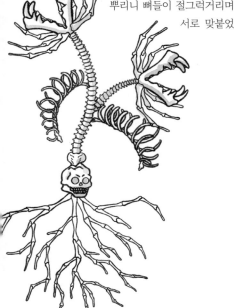

다. 살살이꽃을 뿌리자 살이 뽀얗게 피어올랐다. 피살이꽃을 뿌리니 몸에 발그레 피가 돌았고, 숨살이꽃을 뿌리자 맥박이 둥둥 뛰기 시작했다. 마지막으로 입안에 약수삼천리에서 가져온 약수를 부어주자 오구대왕은 눈을 뜨고 다시 살아나게 되었다.

위에서 이야기한 꽃들 말고도 혼살이꽃이라 하여 죽은 사람의 혼을 살리는 꽃이 추가로 나오는 유형도 존재한다. <이공본풀이>에서는 한락궁이가 어머니를 살리는데 위에서 등장하는 생명꽃 전부를 사용하며, <이세경본풀이>에서도 자청비가 자신이 죽인 하인 정수남을 살릴 때도 생명꽃 전부를 사용한다.

살살이꽃

서천꽃밭의 여러 꽃 중 하나. 죽은 자의 몸 위에 이 꽃을 뿌리면 썩어있거나 없던 살이 다시 차오른다

용도	치유용
관련문헌	바리데기, 이공본풀이, 이세경본풀이

유기물-꽃-뼈살이꽃의 관련문헌 <바리데기>에서 해당 내용 확인 가능

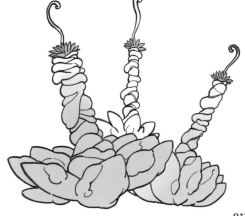

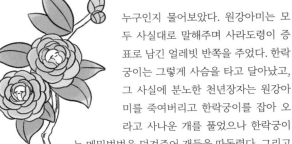

생불꽃

삼승할망만이 사용할 수 있는 도구 중
하나. 아이를 잉태하게 해주는 꽃

용도	기타
관련문헌	삼승할망본풀이

유기물-꽃-번성꽃의 관련문헌 <삼승할
망본풀이>에서 해당 내용 확인 가능

수레멸망악심꽃

서천꽃밭의 여러 꽃 중 하나. 보는 순간 사람의 악한 마음을
극대화해 파멸에 이르게 하는 무시무시한 꽃이다

용도	공격용
관련문헌	이공본풀이

사라도령이 서천꽃밭의 꽃감관이 되어 저승으로
가야 할 때, 아내인 원강아미도 사라도령을 따라
가게 되었다. 하지만 그때 배 속에 아이가 있었던
지라 끝까지 따라가지 못하고 원강아미는 서경녀
른들의 천년장자의 집에 종으로 남기로 했다. 사라
도령이 떠나자 천년장자는 원강아미의 몸을 탐하
려고 했으나, 원강아미가 계속 거부하자 천년장자
는 그 분풀이로 원강아미와 태어난 아들인 한락궁
이에게 엄청나게 많은 일을 시켰다.
어느새 한락궁이가 10살이 되어 나무를 하러 산
을 오르는데 웬 낯선 노인들이 바둑을 두고 있다
가 한락궁이에게 "얘야, 왜 아버지를 찾지 않느냐?
오늘 흰 사슴을 만날 터이니 그걸 타고 아버지를
찾아가거라."라고 말했다. 한락궁이는 반신반의했
지만, 나무를 하고 내려오는 골짜기에 흰 사슴이
물을 먹고 있는 것을 발견했다. 한락궁이는 흰 사
슴을 잡아서 숨겨두고 어머니께 자신의 아버지가

누구인지 물어보았다. 원강아미는 모
두 사실대로 말해주며 사라도령이 증
표로 남긴 얼레빗 반쪽을 주었다. 한락
궁이는 그렇게 사슴을 타고 달아났고,
그 사실에 분노한 천년장자는 원강아
미를 죽여버리고 한락궁이를 잡아 오
라고 사나운 개를 풀었으나 한락궁이
는 메밀범벅을 던져주어 개들을 따돌렸다. 그리고
오금까지 오는 뽀얀 물을 지나 등까지 차는 노란
물을 건너, 목까지 차오르는 붉은 물의 큰 강을 건
너자 처음 보는 땅이 나왔다. 그곳은 하늘도 땅도
나무도 풀도 예사롭지 않았다. 그때 어디선가 어린
아이들의 말소리가 들려왔고, 한락궁이는 얼른 청
버드나무 위로 기어 올라갔다. 머지않아 동자들이

218

꽃밭에 물을 주려고 연못에 물을 뜨러 왔고, 한락궁이는 가운뎃 손가락을 입으로 깨물어 붉은 피 세 방울을 연못에 떨어뜨렸다. 동자들은 그 물을 떠다가 꽃에 물을 주었는데 꽃이 시들기 시작했다. 꽃들이 시들자 서천꽃밭은 왈칵 뒤집혔고, 사라도령이 동자들로부터 연유를 알아보니 웬 총각이 버드나무에 앉아서 요술을 부린다고 했다. 사라도령이 버드나무로 가서 한락궁이와 이야기를 했는데, 증표를 보고 자신의 아들이라는 것을 알았다.

그리고 원강아미가 죽었으니 어머니를 구하러 가라며 서천꽃밭의 여러 꽃을 한락궁이에게 주었다. 한락궁이는 그 꽃들을 가지고 천년장자의 집에 돌아오자 천년장자는 화를 내며 한락궁이를 죽이려 했다. 하지만 한락궁이는 자신이 서천꽃밭에서 한 번 보면 천년을 살고, 두 번 보면 만년을 산다는 꽃을 얻어왔으니 한 번 보라고 권했다. 천년장자는 반신반의하면서 가족들을 모아 꽃을 꺼내 보라고 하자 한락궁이는 꽃을 꺼내 보였다.

한락궁이가 웃음꽃을 보이자 천년장자의 가족들은 마치 미친 듯이 웃으며 데굴데굴 구르기 시작했다. 그 다음으로 꺼낸 꽃은 울음꽃으로, 그 꽃을 본 천년장자의 가족들은 땅을 치며 통곡하기 시작했다. 마지막으로 한락궁이가 수레멸망악심꽃을 꺼내자 천년장자의 가족들은 눈에 살기가 돌면서 싸우기 시작했고 서로를 죽였다. 그 이후 한락궁이는 죽은 원강아미를 사람을 살리는 꽃으로 되살려 서천꽃밭으로 갔다. 이후 한락궁이는 아버지의 뒤를 이어 꽃감관이 되어 서천꽃밭을 다스렸고, 사람들이 이공(二公)으로 섬기는 신이 되었다.

유형에 따라 추가적으로 서로 싸우게 하는 싸움꽃, 상대를 죽이는 멸망꽃, 상대를 불태우는 불 붙을 꽃도 있으며, 이 꽃들로 복수를 하는 경우도 있다. 이중 멸망꽃의 경우는 어린아이의 혼을 거두어간다는 저승할망이 가지고 있는 꽃이기도 하며, 천계에 반란이 일어났을 때 농경신 자청비가 이 멸망꽃으로 반란군을 전멸 시켜 반란을 막기도 했다.

서천꽃밭의 여러 꽃 중 하나. 죽은 자의 몸 위에 뿌려주기만 해도 호흡과 맥박이 돌아온다

용도	치유용
관련문헌	바리데기, 이공본풀이, 이세경본풀이

유기물-꽃-뼈살이꽃의 관련문헌<바리데기>에서 해당 내용 확인 가능

서천꽃밭의 여러 꽃 중 하나. 이 꽃을 본 이들은 원치 않아도 계속해서 싸우게 된다

용도	공격용
관련문헌	이공본풀이

<이공본풀이>에서 서천꽃밭의 여러 꽃 중 하나로, 천년장자의 가족들에게 복수할 때 등장하며, 꽃을 본 이들은 서로 눈에 살기를 띠며 원치 않아도 계속 싸우게 된다고 한다. 싸움꽃은 전승되는 설화의 유형에 따라 나오지 않는 경우도 있다.

울음꽃

서천꽃밭의 여러 꽃 중 하나. 이 꽃을 본 이들은 원치 않아도 멈출 수 없이 눈물을 흘리며 통곡하게 된다

용도	공격용
관련문헌	이공본풀이

유기물-꽃-수레멸망악심꽃의 관련문헌 <이공본풀이>에서 해당 내용 확인 가능

웃음꽃

서천꽃밭의 여러 꽃 중 하나. 상대방에게 꽃을 꺼내 보이기만 해도 그 상대는 미친듯이 웃게 된다

용도	공격용
관련문헌	이공본풀이

유기물-꽃-수레멸망악심꽃의 관련문헌 <이공본풀이>에서 해당 내용 확인 가능

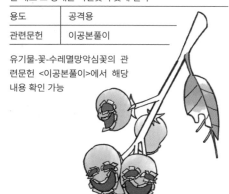

피살이꽃

서천꽃밭의 여러 꽃 중 하나. 죽은 자의 몸 위에 뿌려주기만 해도 피가 다시 흐르며 혈색이 돌아온다

용도	치유용
관련문헌	바리데기, 이공본풀이, 이세경본풀이

유기물-꽃-뼈살이꽃의 관련문헌 <바리데기>에서 해당 내용 확인 가능

혼살이꽃

서천꽃밭의 여러 꽃 중 하나. 죽은 자의 몸 위에 뿌려주기만 해도 몸에서 떠났던 혼이 돌아온다

용도	치유용
관련문헌	바리데기, 이공본풀이, 이세경본풀이

<이공본풀이>에서 한락궁이가 어머니를 살리는데 사용하며, <이세경본풀이>에서도 자청비가 자신이 죽인 하인 정수남을 살릴 때 사용한다. 혼살이꽃은 전승되는 설화의 유형에 따라 나오지 않는 경우도 있다.

독

고독(蠱毒)

주로 동물을 이용하여 만들어지고, 저주, 병기의 목적으로 사용된다. 배앓이, 가슴앓이부터 시작해서 토혈, 하혈 따위의 증상이 나타나며, 강한 힘을 가진 고독은 사람을 죽이기도 한다

용도	저주용
관련문헌	민간전승

고독의 기원은 고대 중국에서 시작되었으며, 조선시대의 법률에 고독을 금한다는 것이 남아있거나 일본 문헌에서도 나오는 등 긴 역사와 전통을 자랑하며 파급력도 높았던 것으로 보인다.

만드는 방법은 의외로 간단하다. 항아리에 독사나 독충, 두꺼비 등 맹독을 가진 동물들을 가득 집어넣어 서로 싸우게 한다. 그렇게 싸우며 서로 잡아먹다가 마지막 남은 한 마리가 고독이 되며, 이 고독은 상대방을 저주할 때 사용한다.

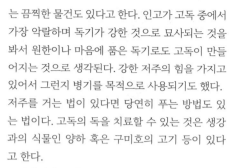

일반적으로 독을 가진 동물을 사용한다고 하는데, 중국의 문헌을 보면 견고(犬蠱)*, 호고(狐蠱)*, 석척고(蜥蜴蠱)*, 황고(蝗蠱)* 등 독이 없는 동물로도 만들어내며 인간을 이용하여 만든 인고(人蠱)*라

는 끔찍한 물건도 있다고 한다. 인고가 고독 중에서 가장 악랄하며 독기가 강한 것으로 묘사되는 것을 봐서 원한이나 마음에 품은 독기로도 고독이 만들어지는 것으로 생각된다. 강한 저주의 힘을 가지고 있어서 그런지 병기를 목적으로 사용되기도 했다. 저주를 거는 법이 있다면 당연히 푸는 방법도 있는 법이다. 고독의 독을 치료할 수 있는 것은 생강과의 식물인 양하 혹은 구미호의 고기 등이 있다고 한다.

조선시대에는 법률로 고독을 금했으며, 전한의 무제 시대는 고독을 이용한 저주나 살인이 유행하여 고독을 만들거나 만들도록 하였다. 또한 이를 지시한 자는 가족이나 동거인들까지 연좌(連坐)*하여 전부 교수형에 처할 정도로 엄하게 다루었으며, 수만 명이 처형당하는 일도 있었다.

* 견고(犬蠱): 개로 만든 고독
* 호고(狐蠱): 여우로 만든 고독
* 석척고(蜥蜴蠱): 도마뱀으로 만든 고독
* 황고(蝗蠱): 누리(메뚜기)로 만든 고독
* 인고(人蠱): 인간으로 만든 고독
* 연좌(連坐): 남이 저지른 범죄에 연관됨

금잠고(金蚕蠱)

고독 중 가장 유명한 것. 매우 강한 독이라 금잠고의 배설물만 먹여도 그 대상은 죽어버린다. 금잠고를 이용해 일 년에 한 명 이상 죽이지 않으면, 금잠고의 주인 혹은 주인의 가족이 되려 죽을 수도 있다

용도	저주용
관련문헌	민간전승, 세계총화, 동의보감 등

고독 중에서 유명한 것은 금잠고인데, 금빛의 누에(애벌레) 같은 외관을 하고 있으며 비단을 먹어 식금충(食錦蟲)이라고도 불린다. 가장 유명한 고독이지

만 만드
베일에 쌓
독처럼 많은 벌
히 금잠고가 되었다는 말도 있지만 주로 길에서 줍
는 것으로 얻을 수 있다.

는 방법은
여있다. 일반 고
레 중 살아남은 것이 우연

금잠고는 주력(呪力)*이 강하고 사용하기 쉬우며
재물까지 가져다주는데, 하나하나 설명하자면 금
잠고의 배설물이 강한 독이기 때문에 대상에게 먹
이면 그 대상은 죽어버리고, 어째서인지 죽은 사람
의 재산이 금잠고의 주인의 것이 되기 때문에 순식
간에 재산을 불릴 수 있다.

하지만 금잠고의 독도 치유가 아주 불가능한 것
은 아닌지 <서계총화>에서는 천주(泉州)의 한 승
려가 금잠고를 치료할 수 있다고 했으며, 그 유명
한 <동의보감>에도 금잠고독을 치료하는 방법이
나와 있다. 금잠고독에 걸렸을 때는 백반 맛이 달
고 떫지 않으며, 생 검정콩을 씹어도 비린내가 나
지 않는다고 하는데, 이때 석류 뿌리껍질을 진하
게 달여 그 물을 마시면 산 벌레를 토해내고 낫
는다고 한다.

금잠고는 주력이 너무 강하여 일 년에 한 명은
금잔고를 사용해 반드시 죽여야 하며, 그렇지
않을 경우 금잠고의 주인이나 주인의 가족이 살해
당한다. 거기다 금잠고는 수화병인(水火兵刃)*을
두려워하지 않아 물이나 불, 병기(무기류)로 죽일
수 없어 퇴치하기가 까다롭다.

하지만 대처법이 없는 것은 아닌데, 그것은 바로
가금잠(嫁金蚕)이다. 가금잠이라는 것은 큰 상자
에 금잠고로 얻은 금은보화와 금잠고를 넣고 길에
다 버리는 것으로, 지나가던 누군가 상자를 보고
재물욕심에 눈이 멀어 집으로 가지고 간다면 금잠
고 또한 그 사람에게 옮겨가게 된다.

*식금충(食錦蟲): 비단을 먹는 벌레
*주력(呪力): 불행이나 재해를 막아 준다고 믿는 신비한 힘
*수화병인(水火兵刃): 물과 불, 그리고 병기류를 의미. 쉽게 말하
자면 물이나 불, 병기로 죽일 수 없다는 뜻

염매(魘魅)

인간으로 만든 독 중에 가장 유명한 것으로, 근처에만 가도
병마를 퍼뜨릴 정도로 강력함. 염매를 실제로 본 사람들은
정신병을 일으키거나 미치는 경우가 대다수이다

용도	저주용
관련문헌	성호사설

인간으로 만든 인고 중에서 가장 유명한 것이 염
매(魘魅)인데, 염매는 1700년대 조선에서 떠돌았
던 괴담 속의 고독으로 염매를 만드는 법은 다음과
같다. 남의 집에서 어린아이를 납치해온 뒤 사람이
찾을 수 없는 곳에 가두고 매우 맛있고 중독될만한
음식을 극소량만 먹여 점점 마르게 한
다. 그럼 아이는 배고픔에 괴로워하
면서 음식을 원하게 된다. 그러다
아이가 죽기 직전까지 버틸 수 없을
만큼 흉측하게 마르게 되면 조금
씩 먹이던 음식 한 덩이를 대나
무 통 중앙에 넣어 아이에게
준다. 아이는 그 음식을 먹
기 위해 온 힘을 쥐어 짜내

어 통속으로 기어들어 간다. 아이는 몸이 매우 마르고 작아진 상태라 작은 대나무 통에 억지로 온몸을 구겨 넣으면서 들어가는데 들어간 모습이 매우 끔찍한 몰골로, 구겨진 온몸이 대나무 통에 들어차서 무시무시한 모습으로 박혀 있게 된다고 한다. 그때 아이를 칼로 찔러 죽여 그 모습 그대로 대나무 통에서 죽게 만든다. 이렇게 염매가 완성되며 대나무 통 뚜껑을 닫아 들고 다니면 된다.

인고(人蠱)는 가장 독기가 강해서 그런지 딱히 통 안에서 본체를 드러내지 않고, 염매의 죽통을 들고 부유한 집 주변을 찾아가기만 해도 아이의 귀신이 음식 냄새에 이끌려 집안에 침입해 병마를 퍼뜨릴 정도라고 한다. 물론 그 모습을 보여주는 경우도 있는데 죽통 속에 박혀 죽은 아이의 모습이 너무 끔찍하여 그것을 본 사람은 사람들은 온갖 정신병을 일으켜 발작하는가 하면, 귀신이나 마귀에 관한 이야기만 들어도 미쳐 돌아버린다고 한다.

지옥신의 독

지옥신이 뿜어내는 독. 초목이 마르고 짐승들이 쓰러질 정도의 독성을 가지고 있다

용도	공격용
관련문헌	내두산과 칠성봉

아름답고 너그러운 백두산의 여산신은 사람들과 함께 평화롭고 행복한 날들을 보내고 있었다. 그때 지옥신이 태평한 세월을 짓밟기 위해 깊은 땅속에 있는 용암을 백두산으로 내뿜어 만물을 태워버렸다. 그러고도 성에 차지 않아서 얼음신과 내통하여 백두산을 얼음산으로 만들어놓았다.

백두여신은 지옥신에 맞서서 아름다운 백두산을 되찾기 위해 자신을 도울 자식이 필요하다고 생각

하고 천신에게 아기를 점지해달라고 기원했다. 천신의 힘으로 잉태한 아이는 일곱 쌍둥이로 여신의 신령한 젖을 먹고 잘 자라났다. 백두여신은 잘 자라난 아이들에게 여행을 떠나 지옥신을 물리치기 위한 재주를 한 가지씩 배워 오라고 했다.

길을 떠난 칠 형제는 각기 스승을 모시고 재주를 배우기 시작했다. 긴 세월이 흘러 신묘한 재주를 익힌 칠 형제들은 한날한시에 집으로 돌아와 백두산 봉우리로 향했다. 칠형제가 상상봉 어귀에 도착했을 때 고요하던 산야에 갑자기 광풍이 몰아치며 커다란 돌덩어리가 날아왔다.

맏이가 방패로 돌을 막으며 살펴보니 용문봉과 천문봉 사이에 한 못된 괴물이 장난을 치고 있었다. 맏이는 갑옷에 감추었던 날개를 펼치고 날아올라 괴물을 향해 칼을 휘둘러 괴물을 죽였다. 괴물은 백두산 얼음 위로 떨어졌고, 그러자 커다란 얼음들이 사태를 이루며 쏟아졌다. 이때 둘째가 두 눈으로 시퍼런 불빛을 내뿜자 얼음은 삽시간에 녹아 폭포수가 되어 쏟아져 내렸다. 셋째가 채찍으로 후려치자 물이 기세가 꺾이며 골짜기를 따라 흘러내렸다. 그러자 하늘이 새까매지더니 수많은 괴물이 덮쳐왔다.

칠 형제가 일제히 칼을 들어 휘두르자 괴물들의 머리가 떨어져 우박처럼 쏟아졌지만, 괴물들은 머리 하나가 떨어지면, 둘이 새로 생겨나 흉포하게 날뛰어 칼로는 괴물들을 쓰러뜨릴 도리가 없었다. 그러자 넷째가 장천으로

솟아올라 하늘을 가린 구름 뭉치를 가르자 태양이 나타나며 강렬한 빛이 내리쬐자 괴물들은 힘을 쓰지 못하고 땅바닥에 쓰러졌다. 칠 형제는 집으로 돌아와서 사람들과 승리를 축하하는 잔치를 벌였다. 다섯째와 여섯째는 밖으로 나가 다섯째는 집 앞에 기름진 밭을 일구어 오곡으로 가득 채우고, 여섯째는 울창한 밀림을 만들어 꽃을 한 아름 꺾어서 걸어오고 있었다.

백두여신의 칠 형제가 백두산을 바꾸어 놓았다는 사실을 알게 된 지옥신은 성을 내면서 부하들을 이끌고 직접 출전하였다. 그가 사방으로 움직이며 독을 뿌리자 초목이 마르고 짐승들이 쓰러지며 일대 재난이 일어났다. 그러자 이번에는 막내가 나서 하늘로 솟아올라 입으로 신선한 약물을 뿌리자 초목과 곡식이 싱싱하게 되살아나고 짐승들이 일어나 움직였다. 막내의 약물을 맞은 지옥신과 괴물들은 힘을 잃고 쓰러졌다.

그 뒤 백두산의 한편에는 한 쌍의 봉우리가 젖무덤처럼 생겨나고, 그 주변에 일곱 개의 산봉우리가 옹기종기 자리 잡았다. 사람들은 한 쌍의 봉우리를 백두여신의 젖가슴이라 하여 내두산이라고 부르고, 그 기슭을 흐르는 물은 내두라고 불렀다. 내두산 주위의 일곱 봉우리는 백두여신의 일곱 아들이 깃든 곳이라 하여 칠성봉이라는 이름을 갖게 되었다.

호랑이의 독

호랑이가 뿜어내는 독기로, 호랑이가 근처에만 앉아있어도 주위에 있는 생물들은 기를 빼앗기고 정신을 잃게 된다

용도	공격용
관련문헌	어우야담, 청구야담

<어우야담>의 내용은 이러하다.

유몽인이 살펴보니, 고양이가 나뭇가지 위에 있는 닭을 지키고 있으면 닭이 저절로 떨어졌고, 쥐구멍에서 쥐를 지키고 있으면 쥐가 스스로 나왔다. 이는 대개 독기에 현혹된 것인데, 유몽인은 늘 이러한 현상을 이상하게 여겼다.

얼마 전에 김영남(金穎男)이 전라도사(全羅都事)로 내려와 있을 때 이야기다. 김영남은 잠시 절에 묵고 있었는데 밤에 밖에 있는 뒷간에 가다가 갑자기 정신이 혼미하고 어지러워 땅에 쓰러져 기절하였다. 이를 종자(從者)*가 업고 들어왔는데, 한참 뒤에야 깨어났다고 한다. 이튿날 밖을 살펴보니 뒷간 밖에 호랑이가 웅크리고 앉았던 흔적이 있었으며, 또 꼬리를 흔들었던 흔적도 남아있었으니 그곳은 땅이 꼬리에 쓸려 먼지가 없었다. 이에 호랑이의 독기가 엄습했던 것임을 깨달았다고 한다. 유몽인의 친구인 권희(權憘)도 상중에 시묘살이를 하고 있는데, 밤에 밖에 나가 뒷간에 갔다가 갑자기 정신이 혼미해져 땅에 쓰러진 채 깨어나지 못했다. 종이 부축해 들어오니, 잠시 후에 깨어났는데 그 이유를 알지 못했다. 아침에 살펴보았더니 눈 속에 호랑이가 무언가를 낚아채 웅크리고 앉아 꼬리를 흔들었던 자취가 있었다. 호랑이의 독기가 부지불식간에 기를 빼앗고 정신을 잃게 하는 것이 이와 같다.

혹자는 호랑이 독이 아니라 창귀(倀鬼)* 때문이니, 산에 살면서 이보다 근심스러운 것이 없다고 했으며, '시골에 살면서 세 가지 두려운 것이 있으니, 뱀과 호랑이, 그리고 고을 원이다.'라는 속담도 있다. 그런데 호랑이에게 독기가 있다는 생각은 그 당시 선비들의 보편적인 인식이었는지 <청구야담(青邱野談)>에도 호랑이에게 독이 있다는 내용이 있는데 그 내용은 다음과 같다.

성주에 몇 사람이 밤에 강가에서 낚시를 하고 있었다. 어두운 밤에 무엇인가가 강 언덕에서 엿보아 노리고 있는 것 같은 느낌이 들었다. 그래서 두려워 아무 소리도 못 내고 엎드려 있으니, 얼마 후에 물속으로 무엇이 떨어져 빠지는 소리가 났다. 이에 고기잡이하는 사람은 더 머물지 못하고 도구를 버려두고 집으로 돌아왔다. 이튿날 아침에 그곳에 가보니, 강가 언덕 위에 호랑이 발자국이 있고, 물 위에는 큰 고기 한 마리가 떠올라 있었다. 그래서 그 물고기를 건져 배를 가르니, 작은 호랑이가 뱃속에 들어 있었다. 즉, 호랑이가 사람을 잡아먹으려고 엿보고 있다가 실수로 미끄러져 물속에 빠졌고, 이를 본 물고기가 그 호랑이를 삼켰는데, 호랑이는 독물(毒物)이라 물고기 역시 죽고 말았던 것이다. 이 사람은 호랑이의 피해에서 벗어났을 뿐만 아니라, 물고기도 얻고 호랑이도 얻을 수 있었다. 비록 작은 호랑이였다고 하지만 호랑이를 한 입에 삼킨 물고기도 굉장히 괴이한 존재다. 그런데 그런 물고기조차 호랑이의 독에 죽을 정도로

호랑이가 강한 독기를 가지고 있다는 것을 알 수 있는 이야기다.

* 종자(從者): 따라다니며 시중드는 사람, 혹은 데리고 다니는 사람
* 창귀(倀鬼): 사람을 잡아먹은 호랑이에게 붙어있는 귀신으로, 그 한이 매우 깊어 이 호랑이를 만난 사람에게는 안좋은 영향을 미친다
* 독물(毒物): 독이 들어있는 물질. 혹은 성미가 악독한 사람이나 짐승

열매

노란 아가위

먹으면 빨간 아가위로 인해 길어졌던 코를 다시 원래대로 돌아오게 할 수 있다

용도	변신용
관련문헌	조선전래동화집

유기물-열매-빨간 아가위의 관련문헌 <조선전래동화집>에서 해당 내용 확인 가능

불로단(不老丹)

먹으면 목마름과 배고픔을 잊을 수 있으며, 조금만 먹어도 10년간 굶주림을 면할 수 있다

용도	치유용
관련문헌	양풍운전

유기물·꽃·낙화의 관련 문헌 <양풍운전>에서 해당 내용 확인 가능

빨간 아가위

먹으면 코가 발에 닿을 정도로 길어진다

용도	변신용
관련문헌	조선전래동화집

옛날에 한 어머니가 죽기 전에 자신의 세 아들에게 보물을 나누어주었다. 첫째는 돈이 얼마든지 나오는 주머니를, 둘째는 불기만 하면 얼마든지 군병들이 나오는 나팔을, 그리고 막내는 입으면 모습이 보이지 않는 두루마기를 주었다. 삼 형제가 진귀한 보물을 받았다는 소문은 이 나라의 욕심쟁이 공주의 귀에도 들어가게 되었다. 공주는 그 보물들을 모두 독차지하기 위해 먼저 첫째를 성으로 불러들인 뒤 친절하고 정답게 대했다. 이에 첫째가 공주에게 돈이 얼마든지 나오는 주머니를 보여주었다. 그러자 공주는 그 주머니를 훔친 뒤 첫째를 지하 감옥에 가두었다.

이번에는 공주는 둘째를 성으로 불러들인 뒤 친절하고 정답게 대했다. 이에 둘째 역시 불기만 하면 얼마든지 군병들이 나오는 나팔을 공주에게 보여주었다. 공주는 이 물건 역시 훔친 뒤 둘째 역시 지하감옥에 가두었다.

막내는 성에 초대받은 두 형이 돌아오지 않자 욕심이 많은 공주에게 보물을 빼앗기고 붙잡혀 있을 거라 생각했다. 그래서 입으면 모습이 보이지 않는 두루마기를 입고 성안에 몰래 숨어들어 공주의 방으로 갔다. 마침 공주는 무한하게 돈이 나오는 주머니와 무한하게 군병이 나오는 나팔을 만지작거리며 즐거워하고 있었다. 막내가 공주로부터 그 물건들을 훔치려는 순간, 시녀가 공주의 방으로 들어왔고, 문이 열리면서 바람이 들어와 두루마기가 나부꼈다. 그 바람에 막내는 공주에게 모습을 들키고 말았다. 침입자가 있다며 공주는 고래고래 소리를 질렀고, 막내는 형들의 보물을 미처 챙기지 못하고 밖으로 달아나버렸다.

그렇게 성 밖으로 나온 막내는 너무 배가 고팠다. 그래서 우물 옆에 열려있는 빨간 아가위를 따먹었다. 그런데 이상하게 이 아가위를 따먹으니 코가 점점 길어져 코가 발에 닿을 정도가 되어버렸다. 놀란 막내는 빨간 아가위 옆에 있는 노란 아가위를 따먹었다. 그랬더니 코가 다시 점점 짧아져 원래대로 돌아왔다. 막내는 그 욕심쟁이 공주를 혼내주기 위해 빨간 아가위를 잔뜩 따가지고 왕궁 앞에서 "아가위 사려! 아가위 사려!" 하고 큰소리로 외쳤다. 공주는 아가위를 사 먹고 코가 길어져 버렸다. 공주는 큰일 났다며 전국의 명의란 명의는 다 불러들여 자신의 코를 치료하라고 야단법석을 떨었다. 막내는 이 소란을 틈타 두루마기를 입고 몸을 숨겨 공주의 방에서 형들의 보물을 다시 가져왔다.

막내는 왕에게 가서 지하감옥에 잡혀있는 형들을 풀어달라고 했으나 왕은 풀어주지 않았다. 그래서 막내는 무한하게 군병이 나오는 나팔을 불어 수천만의 군병을 불러들이니, 왕은 벌벌 떨며 형들을 풀어주었다. 그렇게 삼 형제는 어머니가 주신 보물들을 가지고 행복한 생활을 하였고, 욕심 많은 공주는 죽을 때까지 기다란 코를 만지작거리며 울음으로 일생을 보냈다고 한다.

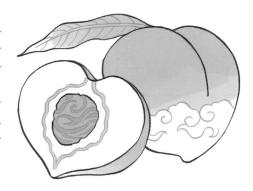

선과

신선이 먹는 과일로, 복숭아를 달리 이르는 말이다. 먹으면 다친 사람의 몸이 회복되고, 지쳐있는 사람의 기력을 되찾게 해주며, 크게는 죽은 사람을 다시 살려주기도 한다

용도	치유용
관련문헌	왕현전, 전우치전, 최익성전 외 다수

선과란 신선이 먹는 과일이라는 뜻으로 복숭아를 달리 이르는 말이다. 하지만 옛날에는 신선이 먹는 과일로 믿었기 때문에 복숭아에 신비한 효능이 있다고 생각되었는데, 그 내용은 고전소설과 설화 등에서 찾아볼 수 있다.

능력은 다양한데 다친 사람의 몸이 회복되거나, 지쳐있는 사람이 기력을 되찾게 해준다거나, 죽은 사람을 다시 살아나게 하기도 한다.

고전소설인 <왕현전>에는 선계 화원에 천상 복숭아라는 것이 있다고 하는데, 이걸 먹으면 어떤 병이라도 깨끗이 낫는다고 한다.

<전우치전>에서는 전우치가 자신을 무시하고 업신여긴 좌객의 성기를 도술로 납작하게 만들어 버린다. 이에 좌객이 잘못했다며 빌면서 용서를 구하자, 전우치는 선과를 주며 이것을 먹으면 나을 것이라고 했다.

<천도화>에서는 배에서 도적을 만난 소위가 물에 내던져져 사경을 헤매게 되는데, 신선이 된 아버지 오면이 선과를 먹여 이를 살려낸다.

<최익성전>에서는 익성이 음식을 먹지 못하고 4, 5일 길을 헤매자 일광도사가 나타나 선과를 주어 허기를 달래주기도 한다.

227

털

매의 깃털

이 털을 눈에 대고 보면 그 대상의 실체를 확인할 수 있다

용도	분석탐지용
관련문헌	임석재 전집 한국구전설화

옛날 어느 동네에는 해마다 정월 십 일쯤 되면 동네 사람들이 하나 씩 없어져서 사람들은 뒷동산에 제를 지냈다. 많은 고기와 술을 제물로 마련하고 뒷동산 큰 바위에 제를 지내는데 산신령이 나타나 '이런 것들은 필요 없으니 십칠, 팔 세의 처녀를 데려와라!'라고 했다.

마을 사람들은 산에서 내려와 주막에 모여서 대책을 의논하다 그곳에서 자게 되었다. 그 주막에는 포수 총각도 있었는데, 모든 사람이 잠든 시간에도 자지 않고 깨어 있었다. 잠시 후 고운 처녀가 방에 들어와 어떤 사람에게 기를 꼽고 나갔고, 이를 이상하게 여긴 포수총각은 기를 뽑아 감춰두었다. 처녀가 다시 들어와 기를 꼽고 나가자, 포수총각은 다시 기를 뽑았다. 총각은 사람들을 깨워 처녀가 들어와 기를 꼽고 나갔고, 자기가 기를 뽑아 깔고 있다고 말했다.

사람들은 그 처녀가 호랑이며, 처녀가 기를 꼽은 사람은 밖으로 나가 호랑이에게 잡아먹힌다고 했다. 마을 사람들의 말을 들은 포수 총각은 총을 준비하고 기다리고 있다가 처녀가 다시 들어올 때 쏘

았고, 처녀는 호랑이로 변신하며 죽었다. 동네 사람들은 좋아하면서도 다른 호랑이가 복수할 것 같다며 마음을 졸였다.

포수 총각은 자신이 호랑이 씨를 말려버리겠다며 총을 메고 밖으로 나갔다. 길을 가다 보니 산길에 딸기 넝쿨이 많이 우거진 큰 바위 위에 매 한 마리가 날개를 늘어뜨리고 날지 못하고 있었다. 매는 포수 총각을 보더니 '당신 피를 좀 먹으면 낫겠다.'고 했고, 포수 총각은 손가락을 베어 피를 내 매의 입에 주었다. 매는 보답이라며 자기 깃털을 하나 뽑아주더니 '이쪽으로 가다가 무엇을 만났을 때 이 털을 눈에 대고 보면 그 실체를 볼 수 있다.'고 말하고는 날아갔다.

그러고 포수 총각이 산속에 들어가니 한 노인이 망을 짜고 있었는데, 매가 준 깃털을 눈에 대고 보니 그 노인은 늙은 백호였다. 포수가 백호를 쏴 죽이자 근처에 있던 호랑이들이 몰려와 포수 총각을 잡아먹겠다고 달려들었다. 하지만 포수 총각은 나무에 올라가 그 위에서 총을 쏴 호랑이들을 다 죽여 버렸다. 호랑이를 모두 잡은 총각은 호랑이굴로 들어갔는데 그 속에는 사람의 뼈와 짐승의 뼈가 산처럼 쌓여있었고, 포수 총각이 매의 깃털을 눈에 대고 보니 뼈 무더기 속에서 자기 아버지의 뼈를 찾을 수 있었고 그것을 가지고 집에 돌아와 잘 묻었다. 그 후로 그 마을은 아무 일 없이 무사히 지내게 되었다.

푸른 삽살개의 털

천태신고(天台神姑)의 푸른 삽살개 털로, 이를 이용해 여우 요괴를 한 번에 포박할 수 있다

용도	공격용
관련문헌	삼한습유

일상사물-그 외-패향옥녀의 향의 관련 문헌
<삼한습유>에서 해당 내용 확인 가능

학의 깃털

신효거사가 사냥을 나가 쏜 다섯 마리의 학 중
한 마리가 떨어뜨리고 간 깃털. 이것으로 눈을
가린 채 대상을 보면, 그 대상의 실체가 보인다

용도	분석탐지용
관련문헌	삼국유사

신효거사가 어렸을 때 집이 공주(公州)에 있었으
며, 어머니 봉양을 극히 효성스럽게 하였다. 하루
는 어머니에게 고기반찬을 대접하기 위해 활
을 메고 사냥을 나갔다. 계룡산 서쪽 기슭
에 자리한 갑사에서 점심 공양을 하고 산
에 올랐다. 하지만 그날따라 아무것도 잡
지를 못 했다. 돌아오는 길에 빈손으로 가
기가 죄송스러워 둑가를 거닐고 있는데,
학 다섯 마리가 낮게 떠서 하늘을 날아가
고 있었다. 신효거사는 화살통에서 화살
한 개를 뽑아 시위에 메겼다. 화살은 다섯
마리의 학 가운데 한 마리를 맞추었다. 그
런데 학은 그냥 날아가고 깃 하나가 하늘거
리며 떨어졌다. 거사가 그 깃을 들고 눈을 가
린 채 사람을 보니 사람들이 모두 짐승으로 보
였다. 그는 지금까지 자신이 잡아 온 온갖 짐승
들이 사람일 수도 있다고 생각되자 활과 화살
을 던져 버렸다. 동물을 사냥하지 못한 신효거
사는 자기 넓적다리 살을 베어 어머니께 드렸다.

후에 신효거사는 곧 승려가 되었고, 신효거사
가 경주(慶州) 경내로부터 하솔(河率)에 이르
러 깃으로 눈을 가리고 사람들을 보니 모두 사
람의 형상으로 보여, 이곳에 머물러 살기로 하
고 근처에 있는 늙은 부인에게 이곳에 살만
한 곳이 없냐고 물어보았다. 부인
은 "서쪽 재를 넘으면 북쪽을 향
한 골짜기가 있어 살만합니다."
라고 말을 하고는 사라졌다. 거사
는 그 여인이 관음보살이었다고 생각하
고, 그 여인이 알려준 장소로 갔다. 잠시
후 그곳에 다섯 분의 스님이 찾아와서는 "네가
가지고 온 가사 한 폭이 지금 어디에 있는가?"라
고 물었다.

"가사라니요? 저는 재가 불자이므로 가사가 필요
없는데요." 그러고는 스님이 가사를 펼쳐 보였
는데, 가사 자락 한 귀퉁이가 떨어져 나간 것
이었다. 그가 말했다. "바로 여기서 떨어져
나간 조각이다." 신효거사는 점점 무슨 말
인지 알 수가 없었다. 그가 머뭇거리자 스
님이 말했다.

"네가 쥐고 있던 사람 보는 깃이 그것이다."
신효거사는 비로소 알아듣고 깃털을 내어
주었다. 스님은 그 깃털을 가사 끝 떨어진
곳에 갖다 대었다. 깃털은 금세 가사조각
이 되어 떨어진 자리에 꼭 들어맞았다. 그
러고 다섯 스님은 순식간에 자취를 감춰 버
렸다. 거사는 스님들과 작별한 뒤에야 그들
이 오대산 각대의 진신임을 알았다.

*가사(袈裟): 승려가 장삼 위에, 왼쪽 어깨에서 오른쪽
겨드랑이 밑으로 걸쳐 입는 법의(法衣)

호랑이 눈썹

노인으로 둔갑한 호랑이가 자신의 눈썹을 뽑아서 준 것으로, 눈에 대고 대상을 보면 그 대상의 실체가 보인다

용도	분석탐지용
관련문헌	한국구비문학대계

한 남자가 혼인하여 아이들을 낳고 살고 있었다. 그런데 아무리 열심히 해도 가난이 면해지지 않는 것이었다. 남자는 이렇게 빈곤하게 사느니 차라리 죽는 것이 낫겠다는 생각이 들었다. 남자는 마침 백인재라는 고개를 죽지 않고 넘으면 팔자를 고칠 수 있다는 소문을 듣고 백인재로 갔다. 백인재 아래에는 사람들이 모여 앉아 백 명이 되기 전까지는 재를 넘을 수 없다며 기다리고 있었다. 남자는 못 넘으면 차라리 죽는 것도 나쁘지 않겠다 싶어 혼자 재를 올라갔다. 한참 올라가던 남자는 어떤 바위 위에 있는 노인을 보고 호랑이가 둔갑해 있다는 것을 알아차렸다. 남자는 가까이 가서 얼른 자기를 잡아먹으라고 하였다. 그러자 노인이 자기는 사람은 먹지 못한다고 하였다. 남자는 그 말이 이해되지 않아 자기가 사람인 것은 어떻게 아느냐고 물어보았다. 노인은 눈썹을 하나 뽑아 주면서 그것을 대고 재로 올라오고 있는 사람들을 보라고 하였다. 남자가 노인이 시키는 대로 하고 사람들을 보았더니 사람들이 모두 짐승으로 보이는 것이었다. 노인은 남자에게 다 보았으면 이제 눈썹을 돌려 달라고 하였으나 남자는 돌려줄 수 없다 하고 고개를 내려와 버렸다. 남자가 집으로 돌아오는 길에 짐을 잔뜩 지고 가는

등짐장수 부부를 발견하고 호랑이 눈썹을 대고 보았더니 남편은 수탉이고 그 아내는 사람이었다. 남자는 두 사람이 서로 배필이 아니라 힘들게 고생을 한다는 생각이 들어 일단 자기 집에서 자고 가라고 하며 부부를 집으로 데리고 갔다. 집으로 돌아온 남자가 호랑이 눈썹을 대고 아내를 보았더니 자기 아내는 암탉이었다. 남자는 자기도, 아내도 제대로 된 배필을 만나지 못하여 힘들게 사는 것이라는 생각이 들었다. 남자는 등짐장수 부부에게 한방에서 자고 하여 다른 사람들 몰래 등짐장수 옆에 자기 아내를 붙여 놓았다. 그리고 소란스럽게 등짐장수를 깨워 남의 아내를 탐했느냐며 따귀를 때리고, 정 탐이 나면 데리고 가라면서 등짐장수와 자기 아내를 함께 내쫓았다. 등짐장수와 남자의 아내는 어이가 없었지만, 기왕 쫓겨났으니 농사나 짓고 살자며 길을 떠났다. 남자는 등짐장수의 아내에게 등짐장수는 수탉이고, 당신은 사람이라서 그 사람과 살면 평생 고생을 하게 될 것이라고 하였다. 그러면서 자기는 당신과 같은 사람이니 사람끼리 짝을 짓고 살아 보자고 하였다. 남자와 등짐장수의 아내는 먼저 장에 나가서 등짐장수의 아내가 지고 다니던 사기그릇을 팔기로 하였다. 그런데 예전에는 하루에 한 개도 팔기 어려웠던 그릇을 손님들이 순식간에 몰려들어 다 사는 것이었다. 남자와 등짐장수의 아내는 그때부터 그렇게 장사가 잘되어 어느 정도 세월이 흐른 다음부터는 부자로 살게 되었다. 그렇게 부부로 살던 남자와 등짐장수의 아내는 예전의 남편과 아내가 어떻게 되었는지 궁금해졌다. 남자가

만약 두 사람이 죽었다면 치산이라도 잘해 주어야지 않겠느냐고 하자 아내는 얼른 찾아보라고 하였다. 남자는 아무것도 없는 두 사람이 도시로는 가지 않았을 것 같아 산골로 찾아다녔다. 쫓겨났던 등짐장수와 아내는 농사를 지으려고 땅을 파다가 황금을 발견하여 산골에서 부자로 살고 있었다. 산골을 돌아다니던 남자는 어느 산골에서 몇 년 전에 농사를 짓다가 금을 발견해서 부자가 된 사람이 있다는 이야기를 듣고 그 집으로 찾아가 보았다. 마침 부자로 살던 등짐장수도 자기를 내쫓았던 남자와 아내가 어떻게 살고 있는지 궁금하여 찾아봐야겠다고 생각하고 있었다. 일단 그 집으로 들어간 남자는 저녁을 좀 얻어먹자고 하였다. 남자의 전 아내는 손님에게 줄 저녁상을 들고 들어가다가 예전 남편이라는 것을 알고 밖으로 나와 눈물을 흘렸다. 등짐장수는 남자가 왔다는 것을 알고 남자를 방으로 들여 서로 어떻게 살았는지 털어놓았다. 네 사람은 한마음이 되어 살림을 전부 합치고 행복하게 잘 살았다.

호랑이 눈썹인 대신 안경인 경우도 있으며, 남자가 사람인 대신 닭, 개, 너구리인 경우도 있고, 아내는 닭인 대신 돼지, 개, 황소인 경우도 있다. 호랑이가 눈썹을 뽑아 주며 팥죽 장사를 하는 여자를 찾아가라고 하는 경우도 있고, 남자가 옹기장수에게 서로 아내를 바꾸자고 하는 경우도 있다. 그리고 호랑이 눈썹으로 새 아내를 맞아들이는 대신 벌어 먹고 살 일이 보이는 경우도 있다. 중요한 것은 위의 도구들 모두 다 사물의 본질을 꿰뚫어 볼 수 있는 도구라는 것이다.

홀련만년 풍덕새의 꼬리 깃털

소변을 본 사람의 자리에 이 깃털을 꽂아놓으면 그 사람이 걸어갈 때마다 사타구니에서 "홀련만년 풍덕궁" 소리가 난다

용도	기타

관련문헌	임석재 전집 한국구전설화

진사 집과 나란히 있는 집에 홀어머니를 모시고 사는 노총각이 있었다. 하루는 총각이 어머니에게 진사 딸에게 장가가고 싶다고 했다. 총각의 집은 진사 집에서 일이나 해주고 겨우 밥이나 얻어먹는 종만도 못한 처지였기 때문에 총각의 어머니는 그런 소리를 하지도 말라고 했다. 그래도 총각이 계속 고집을 피우자 진사 집에 장가가려면 돈이 많아야 한다고 했다.

아들은 돈을 벌어보겠다며 짚을 구해 굵은 새끼를 서 발이나 꼬았다. 총각은 그 굵은 새끼를 밤중에 이리저리 쳐놓았다. 다음 날 아침 일찍 가보니 새가 한 마리 걸려 있었는데, 그 새는 홀련만년 풍덕새라는 새였다. 그 새는 곱고 좋게 생겼는데 총각은 그 새의 꽁지의 깃털 하나를 뽑아서 놓아주었더니 새는 "홀련만년 풍덕궁" 하는 소리를 내며 날아갔다.

총각이 어느 날 보니 진사네 딸이 담 모퉁이에서 오줌을 누고 들어갔고, 총각은 그 자리에 홀련만년 풍덕새의 깃털을 꽂아놓았다. 그랬더니 그 처녀가 걸어가면 처녀의 사타구니에서 "홀련만년 풍덕궁" 하고 소리가 났다. 걸을 때마다 사타구니에서 소리가 나자 처녀는 마음고생으로 병이 나고 말았다. 진사는 의원이

란 의원은 다 데려오고 온갖 약을 다 써봤지만, 처녀는 낫지 않았다.

이 소식을 들은 총각은 진사에게 딸의 병을 고쳐줄 테니 자신과 결혼시켜달라고 했다. 진사는 딸의 병을 고치고 싶은 생각으로 그러겠다고 했다. 진사의 허락을 받은 총각은 집에서 콩을 볶아서 가루를 만들어 환약처럼 만들어 딸에게 먹이고, 오줌 싼 자리에 꽂아둔 새털을 뽑았다. 그러니 처녀가 걸어도 아무런 소리가 나지 않았다.

총각이 딸의 병을 고쳤으니 결혼시켜달라고 했으나 진사는 가난하고 자기 집에서 종처럼 부리는 집에 딸을 주기 싫어서 총각을 혼낸 뒤 내쫓았다. 총각은 진사 딸이 오줌을 눈 자리에 다시 새털을 꽂아두었다. 그랬더니 딸의 사타구니에서 또 "홀련만년 풍덕궁"하는 소리가 났다. 진사는 총각을 불러다가 딸이 병이 또 났다며, 고쳐준 경험이 있는 총각에게 고쳐달라고 사정을 했다. 이에 총각은 자신이랑 결혼시켰으면 병을 뿌리 뽑았을 건데 결혼시키지 않아서 다시 병이 난 거라며 결혼을 시키지 않으면 자신도 고칠 수가 없다며 거절했다.

이에 진사는 딸을 살려야겠다고 생각하고 이번에 병을 고쳐주면 이번에는 꼭 결혼시켜주겠다고 했다. 그렇게 총각은 진사의 딸 병을 고치고 함께 살았다고 한다.

홀련만년 풍덕새라는 새의 꼬리털이 아니라 호랑이가 부랄 털 3개를 뽑아주는 경우도 있는데 사용법은 동일하다. 다만 호랑이의 부랄 털은 처녀의 사타구니에서 풍물 소리가 나며, 총각이 고쳐주겠다며 3일분의 약을 주면서 하루에 털을 하나씩 뽑아 사타구니에서 나는 풍물 소리가 점점 짧아진다는 차이점이 있다.

그 외

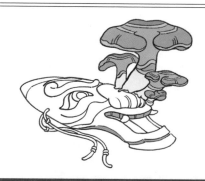

가면에서 자라난 버섯

귀신 붙은 가면에서 자라나는 버섯. 먹으면 미친 사람처럼 웃고 행동하게 된다

용도	저주용
관련문헌	청파극담

기타-그 외-귀신붙은 가면의 관련 문헌 <청파극담>에서 해당 내용 확인 가능

개언초(開言草)

흥부가 탄 첫 번째 박에서 청의동자가 들고나온 도구 중 하나. 금전지(金箋紙)로 싸여져 있으며, 말을 못하는 사람이 먹으면 말을 할 수 있게 되는 풀이다

용도	치유용
관련문헌	흥부전

유기물-그 외-보은표의 관련문헌 <흥부전>에서 해당 내용 확인 가능

노파의 피

꼬리 아홉 달린 노파의 피. 검은 작대기로 인해 돌이 되어버린 대상에 이 피를 바르면 다시 원래의 모습으로 돌아온다

용도	치유용
관련문헌	임석재 전집 한국구전설화

일상사물-그 외-검은 작대기의 관련 문헌 <임석재 전집 한국구전설화>에서 해당 내용 확인 가능

물속나라 요괴의 피

이 피가 조금이라도 묻으면 몸에 비늘이 생기고 구렁이처럼 변한다

용도	변신용
관련문헌	북한 설화

옛날 한 농사꾼에게 배다른 딸 세 명이 있었다. 후실이 데리고 온 두 딸은 심보가 고약했으나, 전실의 딸 아랑은 마음이 고왔다. 하루는 농사꾼이 딸들을 불러놓고, 시집을 보내야겠으니 혼처가 나타나면 누구든 마다하지 말라고 말했다.

며칠 후, 웬 노파가 나타나 주인을 찾았고 농사꾼이 나가 문을 여니 노파는 주인어른께 여쭐 말씀이 있어 왔다고 했다. 농사꾼이 노파를 맞이하고 무슨 일로 왔냐고 묻자, 노파는 한동안 머뭇거리다가 한숨을 짓더니 찾아온 이유를 말했다.

"나는 세 고개 너머 벽촌에 사는 할미인데 아들이 하나 있소이다. 그 녀석이 요새 갑자기 장가를 들겠다고 조르며, 동남 방향으로 세 고새 넘어가 맞아드는 동네에 들러 된장이 아홉 독 있는 집을 찾아 딸이 있으면 청혼해보라고 하지 않겠소이까. 그래서 세 고개를 넘으니 이 마을이 나오고 된장 아홉 독 있는 집을 물어 이 댁에 이르렀소이다."

노파의 말을 들은 농사꾼은 어찌 중매꾼을 보내지 않고, 직접 걸음을 했는지 물었다. 노파는 몹시 난처한 기색을 지으며, 다음과 같은 이야기를 들려주었다.

남편을 일찍 잃은 노파는 홀로 수로달이라는 외아들을 키웠는데, 그는 힘이 장사고 마음도 무척 어질었다. 몇 달 전 물가에 나갔던 수로달은 어떤 괴물이 요동치며 물고기들을 닥치는 대로 죽이는 것을 보았다. 그대로 내버려 두었다가는 물고기들이 떼죽음을 당할 것만 같았다. 헤엄을 잘 치는 수로달은 마침 들고 있던 삼지창을 힘껏 틀어쥐고 괴물을 죽이러 물에 뛰어들었다. 괴물은 물고기를 죽이는데 정신이 팔려 수로달이 가까이 오는 것을 알지 못했다.

수로달은 고함을 치며 삼지창으로 그 놈의 숨통을 힘껏 찔렀다. 그 순간 괴물이 눈을 번쩍이며 몸을 확 돌리더니 억센 꼬리로 삼지창을 잡은 수로달의 팔을 후려쳤다. 그 바람에 수로달의 삼지창은 괴물의 숨통에 빗 찌르고 손에서 떨어져 나갔다. 상처 입은 괴물은 피를 확 뿜으며 으르렁거리다가 깊은 물속으로 사라져버렸다.

수로달은 괴물이 내뿜은 검은 핏속을 빠져나오려고 허우적거리는데 괴물의 검은 피가 몸에 묻는 순간 자기 몸이 달라진 듯하였다. 물가에 기어오른 수로달은 그제야 괴물의 작간(作奸)*으로 자신의 몸이 구렁이로 변한 것을 알게 되었다. 수로달은 분한 마음에 몸으로 바닥을 마구 내려쳤다. 그때 빨간 치

마를 입은 금붕어 한 마리가 바삐 헤엄쳐 나오더니 눈물을 똘랑똘랑 떨구며 수로달에게 말했다.

"우리가 다 죽을 뻔 한 것을 구원해준 이 은혜를 무엇으로 갚을지 모르겠사와요. 그놈은 깊은 물나라에 사는 악마인데, 그놈의 검은 피가 묻으면 구렁이로 몸이 변하옵니다. 이제 석 달 안으로 세 고개 너머에 가서 마음 어진 아내를 맞고, 그 집 된장 아홉 독 속을 빠져나오면 허물이 벗겨지는데 그런 다음 허물을 잘 건사하시와요. 그렇지 않으면 그 놈의 화를 또 입을 수 있사옵니다."

노파가 이야기를 마치자 농사꾼은 등골이 서늘해짐을 느꼈다. 아무리 그런 사정이 있다한들 구렁이한테 어떻게 딸을 주랴 싶었다. 그러나 체면상 노파를 박정하게 쫓아 보낼 수 없어 딸들의 의향을 물은 뒤, 모두 다 싫다고 하면 점잖게 노파를 돌려보내기로 하였다.

농사꾼은 첫째 딸, 둘째 딸을 차례로 불러 구렁이로 변한 수로달의 사정을 이야기하며 결혼할 의향이 있는지 물어보았다. 두 딸이 싫다며 거부하자 농사꾼은 막내딸 아랑을 불러 물어보았다. 아랑은 고개를 숙이고 잠잠히 듣더니 나직하게 "저야 뭘 아니이까? 아버님의 뜻을 따르겠나이다."라고 말했다. 그 순간 농사꾼도 노파도 혼사 자리라는 것마저 잊고 놀라서 마주 보았다.

이리하여 며칠 후에 노파는 선을 보이기 위해 수로달을 데리고 다시 왔다. 노파는 아랑을 몰래 만나 "우선 된장 아홉 독이 있는 곳을 알려준 뒤 수로달을 차차 보아라."라고 말했다. 저녁이 되자 노파는 농사꾼을 만나서 이제는 예를 갖춰 선을 보고 혼약을 맺자고 말하였다.

밤이 되어 수로달이 선을 보러 들어오자 아랑은 가슴이 떨리고 눈앞이 아찔하였다. 자기가 도깨비에게 홀린 것이 아닌가 하는 생각이 들었다. 기골이 장대하고 이마가 훤칠하며 눈에서 정기가 번쩍이는 호협한 남아가 웃으면서 자기를 바라보았기 때문이었다. 수로달이 먼저 입을 열었다.

"아랑낭자, 고맙소. 그런데 내 신상 이야기를 듣고도 어찌 그런 결심을 가졌소?"

이에 아랑은 꾸밈없이 대답하였다.

"이 세상에 옳음을 지켜 목숨도 아끼지 않는 마음보다 더 귀한 것이 무엇이고 그것을 받들어주는 보람 외에 제가 무엇을 취하겠나이까?"

아랑의 대답을 들은 수로달은 가슴이 뭉클하여 더 말하지 못하였다. 밤이 깊어지자 수로달은 아랑에게 구렁이 허물을 내어주며 누구도 모르게 몸에 지니라고 하였다. 아랑은 저고리 잔등혼솔*을 뜯고 허물을 감춘 뒤 실로 꿰매어 잘 건사하였다.

이튿날 아침 아랑이 수로달과 함께 농사꾼에게 가자 농사꾼은 놀라면서도 마음이 흐뭇하여 잔치를 차리자고 했다. 심술궂은 두 딸은 뒷방에서 서로 입을 삐죽거리다가 문틈으로 수로달을 보고는 아연하여 엉덩방아를 찧으며 주저앉아 바닥을 치고 가슴을 두드리며 굴러들어온 복을 놓친 것에 분해하였다. 그 둘은 눈물이 마르자 아랑에 대한 앙앙한* 심보가 살아나기 시작하였다. 두 심술쟁이 언니는 하루종일 꿍꿍이를 수작하다가 인사하러 온 아랑에게 시집가는 날에는 몸을 깨끗이 씻는 법이라며 어서 씻으라고 했다.

아랑은 언니들의 말이 고마워서 머리를 감으려고 저고리를 벗어놓고 물간으로 들어갔다. 그 순간 심술쟁이 언니들은 벼락 치듯 달려들어 아랑의 저고리를 서로 낚아채었다. 무엇인가 액운이 들게 하고 싶었던 것이다. 그들은 저고리를 샅샅이 만져보다가 손에 집히는 것이 있자 혹시 수로달이 준 보물이 아닌가 싶어 식칼로 잔등혼솔의 실밥을 뜯었다. 그러자 종잇장 같은 구렁이 허울이 나왔다. 이것을 본 두 언니는 놀라 비명을 지르며 구렁이 허울을 아궁이에 태워버렸다.

아랑이 머리를 감고 나오자 "아랑, 나를 찾지 마오!"라는 수로달의 애끓는 외침 소리가 멀리서 들려왔다. 아랑은 찢어진 저고리를 두 팔로 부둥켜안고 소리가 나는 곳으로 뛰어갔으나 수로달은 보이지 않았다. "여보, 아이고머니, 내가 무슨 일을 저질렀나?" 아랑은 두 주먹으로 가슴을 탕탕 치다가 그 자리에 정신을 잃고 쓰러지고 말았다.

정신을 차린 아랑은 수로달이 어디로 갔는지 모르지만, 하늘 끝을 뒤져서라도 찾아보리라 결심한 뒤 길을 떠났다. 길을 가다 어느 한 고갯마루에 올라서니 여러 갈래 산줄기가 끝없이 뻗어서 어디로 가야 할지 막막하였다. 아랑은 소나무를 끌어안고 수로달이 간 곳을 모르냐고 혼잣말을 하였다. 그러자 소나무가 가지를 흔들며 말하였다.

"그대가 아랑이 분명하구나."

"그래그래 내가 아랑이야. 수로달 낭군님을 찾아가는 아랑이야. 그런데 네가 어떻게 내 이름을 아느냐?" "며칠 전에 검은 구름에 싸여 웬 사람이 하늘을 떠나며, '아랑, 수로달은 떠나가오.'라고 소리를 쳤지."

아랑이 소나무를 쓸어안고 어디로 갔는지 가르쳐 달라고 하자, 소나무는 수로달이 간 곳은 여자가 못 가는 곳이라고 말하였다. 아랑이 계속 애절하게 요청하자 감동한 소나무는 쥐 등판, 까마귀 산, 여우 골을 지나가야지만 물나라 악마가 잡아간 수로

달을 만날 수 있다고 했다. 수로달이 간 곳을 알게 된 아랑은 소나무에게 고맙다며 머리칼을 한 줌 잘라 소나무 가지에 매어주고 길을 떠났다.

아랑은 며칠을 걸어서 드디어 쥐 등판에 이르렀다. 쥐 등판에는 땅이 보이지 않게 쥐들이 와글거리고 있었다. 아랑은 물컹거리는 쥐들을 밟으며 한 걸음씩 옮겼으나 오금이 저렸다. 정말 소나무의 말대로 여자는 가지 못하는 길인가 싶었다. 아랑은 기왕 죽음을 각오하고 떠난 길이니 죽을 판 살 판 걸으리라 다짐하고는 걸어갔다. 아랑은 금세 쥐 털 외투를 걸친 것처럼 되었고, 발밑에서는 뭉글뭉글한 것이 밟혀서 미끄러질 때마다 찍 하는 비명 소리가 들렸다. 그럼에도 아랑은 넘어지지 않고 간신히 걸어나갔다. 다행히도 이곳의 쥐들은 이빨이 없어 깨물지는 못했으나 끈적끈적한 잇몸으로 씹을 때면 몸서리가 쳐졌다.

아랑이 더는 걸을 힘이 없어 비틀거리는데 불시에 몸이 홀가분해짐을 느꼈다. 몸에 달라붙었던 쥐들이 와르르 땅에 떨어져 내린 것이었다. 갑자기 몸이 가벼워지는 바람에 도리어 맥이 탁 풀린 아랑은 그만 땅바닥에 쓰러지고 말았다. 아랑이 일어나보니 쥐 등판을 건너와 있었고, 앞을 보니 잎이 없는 시꺼먼 나무들이 스산하게 몰켜 선 우중충한 산들이 끝없이 뻗어 있었다.

쥐 등판을 지나 까마귀 산에 들어선 것이었다. 그때, 우중충한 산줄기 끝에서 까마귀가 하늘을 까맣게 덮으며 구름장 같이 몰려오고 있었다. 까마귀는 아랑에게 어서 돌아가라고 했지만, 아랑은 수로달을 만나러 가고 말겠다고 소리쳤다. 성이 난 까마귀는 수로달이 아랑을 만났을 때 몰라보게 하겠다며 저들끼리 외쳐대며 자지러지게 울었다. 그러자

하늘에서 뿌연 물이 빗발처럼 쏟아져 내렸고, 아랑의 얼굴과 손에 온통 더러운 물이 묻자 살이 불에 데는 듯한 아픔을 느꼈다.

까마귀들은 하늘을 까맣게 덮으며 어디론가 사라져버렸고, 아랑은 자기 손을 보고 그만 소리를 지르고 말았다. 온몸이 얼럭덜럭 보기 흉하게 변했기 때문이다. 아랑이 개울물을 찾아가 아무리 씻어도 소용이 없었다. 머리칼과 눈썹은 하얗게 되고, 코는 까맣고, 입술은 노랗고, 이마와 뺨은 하얀데 푸른 얼룩이 쭉쭉 나 있었다. 이런 몰골을 해서 수로달을 만난다고 해도 자신을 알아볼 리가 없었다. 그러나 '돌아갈 걸 그랬구나' 하는 생각이 없었고, 죽어도 쫓겨나도 수로달을 기어이 만나보고 싶었다.

아랑은 걸어 얼마 후에 여우 골에 들어갔다. 경계선을 지키는 여우가 캥캥거리며 아랑에게 돌아가라고 했지만, 아랑은 잔말 말고 길을 내라며 꿋꿋이 여우의 말을 맞받아치며 나갔다. 쥐 등판과 까마귀 산을 지나오며 아랑은 자신도 모르는 새에 억세졌던 것이다. 그러자 여우는 간사하게 몸을 꼬면서 아랑이 되돌아간다면 얼굴을 제대로 돌려주고, 좋은 혼처를 골라 호강할 수 있게 해주겠다고 말했다. 아랑은 그렇게 해달라고 한 마디만 하면 되었으나, 그 길을 택할 수가 없었다. 사람이 짐승이 아닌 것은 고운 마음이 가슴에 있기 때문이라고 생각한 아랑은 죽을지언정 돌아설 수는 없었다.

아랑이 여우 골로 깊이 들어가자 개만 한 불여우 한 마리가 나타나 몸을 휙 하고 솟구치며 팽그르르 돌더니 고약한 노린내를 풍기고 달아났다. 아랑은 불여우한테 놀림당한 것이 괘씸하여 소리쳤다. 그런데 이상하여 우뚝 멈추어 서서 "이 여우 놈아!" 하고 다시 소리쳐 보았다. 하지만 자신의 목소리가 아닌 걸걸하고 듣기 싫은 남자의 목소리가 나왔다. 아랑은 그제야 노린내를 맡으면 목소리가 추하게 변한다는 것을 알게 되었다. 하얗고 파란 얼굴에 흰 눈자위만 희뜩희뜩하고, 걸걸한 사내소리를 내는 것은 더이상 아랑이 아니었다. 오로지 심장만이 변하지 않은 아랑이었다. 아랑은 수로달에 대한 그리움을 안은 채, 걷고 또 걸어 수로달이 잡혀 왔다는 파란 물가에 이르렀다. 아랑은 물가에서 빨래하고 있는 노파를 보고는 수로달이 있는 곳을 물었다. 노파는 퉁명스럽게 대꾸했다. "이 우물 속에 빠져들어 갔소. 찾겠으면 우물에 빠져 죽으면 되오." 아랑은 깊이를 알 수 없는 우물 속을 보다가 치마를 뒤집어쓰고 우물 속에 거꾸로 떨어졌다. 노파는 죽음도 겁내지 않는 아랑의 용기 앞에 놀라 뒤로 자빠졌다.

한편, 아랑이 물나라까지 왔다는 것을 알게 된 악마는 성이 독같이 났다. 악마는 수로달의 삼지창에 찔린 가슴을 움켜쥐고, 기침을 쿨럭쿨럭했다. 그리고 아랑이 물나라까지 오는 것을 막지 못한 쥐, 까마귀, 여우를 벌하였다.

"여봐라 들어라. 이제부터 내 명을 어기는 놈은 다 저같이 될 줄 알아라. 이러고저러고 할 새 없다. 아랑이 수로달과 손잡는 날이면 수로달의 힘이 더 세질 테니 내 당하기 어려우니라. 그러니 그 전에 끝장을 내야겠다."

이렇게 말한 악마는 수로달을 자신의 생일잔치가 열리는 내일 죽이기로 했다.

한편, 아랑은 꿈인 듯 자기를 부르는 소리를 듣고 가까스로 정신을 가다듬었다. 그제야 자신이 죽은 것이 아니라 물나라에 와 있다는 것을 알게 되었고, 자신을 애타게 부르고 있는 금붕어를 보게 되었다. 그 금붕어는 수로달이 구해준 금붕어였다. 아랑은 흉측하게 변해버린 모습 때문에 수로달과 만나는 것을 걱정했고, 이를 눈치챈 금붕어는 수초덤불에 소중히 보관해 두었던 진주 세 알을 주면서, 그것을 먹으면 다시 본래 모습대로 돌아갈 수 있다고 했다. 아랑은 금붕어가 시키는 대로 진주 세 알을 차례차례로 먹고 이전의 제 모습을 되찾았다.

금붕어는 아랑에게 삼지창을 주며 수로달에게 전해달라고 한 뒤, 수로달이 갇혀 있는 감옥으로 데려다주었다. 밤이 깊어지자 몰래 숨어있던 아랑은 수로달을 만나러 갔다. 수로달을 만난 아랑은 얼른 삼지창을 넘겨주며 물나라 악마가 수로달을 죽이기 전에 손을 쓰라고 속삭였다.

다음날 악마의 궁전에서는 굉장한 생일잔치가 벌어졌다. 악마의 졸개들은 악마에게 갖은 아양을 떨고 있었다. 그때, 수로달이 삼지창을 들고 나타났다. 그러자 악마의 졸개들은 뿔뿔이 살 구멍을 찾아 이리 몰리고, 저리 몰리고 하였다. 졸개들을 단숨에 물리치고 악마의 앞에 나타난 수로달은 벽력과 같이 고함을 쳤다. 이에 악마는 너털웃음을 웃으며 몸을 번쩍 솟구쳤다. 다행히 수로달이 날쌔게 몸을 비켰다. 악마는 몸을 날려 꼬리로 수로달을 후려쳤으나 빗나가고 말았다. 수로달은 삼지창을 갖고 악마에게 돌진했고, 입을 딱 벌리고 맞받아 달려들던 악마는 수로달의 꾐에 빠져 삼지창을

맞았다. 수로달은 악마의 검은 피가 몸에 묻으면 다시 구렁이가 된다는 금붕어의 말이 생각나서 그놈의 옆구리를 발로 걷어차고 내달렸다. 악마의 목에서 검은 피가 콸콸 쏟아져 나왔지만 수로달의 몸에는 닿을 수 없었다.

문밖으로 나온 수로달은 기다리고 있던 아랑을 만나 뛰었다. 금붕어도 수로달과 아랑을 따라 달려 나왔다. 드디어 수로달이 흉악한 물나라의 악마를 죽였다. 물에서 나온 수로달과 아랑은 금붕어와 눈물겨운 작별을 하였다. 그 후 그들은 풍요한 동산을 찾아 자리를 잡아 밭을 갈고, 농사를 지으며 오래오래 행복하게 살았다.

* 작간(作奸): 간악한 꾀를 부림. 또는 그런 짓
* 잔등혼솔: 홈질로 꿰맨 옷의 솔기
* 앙앙하다: 매우 마음에 차지 아니하거나 야속하다

미인으로 둔갑하는 해골

어떤 여우가 사용하던 것으로, 머리에 쓸 수 있는 해골이다. 동물의 머리에 씌우면 미인으로 변한다

용도	변신용
관련문헌	한국구비문학대계

옛날 어떤 한 남자가 일을 하러 개를 데리고 산에 올라갔다. 그러다 남자는 우연히 한 여우가 해골을 머리에 쓰고 미인으로 둔갑하는 것을 보게 되었다. 신기하게 생각한 남자는

개에게 여우를 쫓으라고 시켰고, 개가 짖어대자 여우는 깜짝 놀라 해골을 버리고 달아나버렸다. 여우로부터 해골을 빼앗은 남자는 자신의 소에게 씌워 보았다. 그러자 소가 예쁜 여자로 변해 밭일을 했다. 남편에게 줄 새참을 가져오던 아내는 밭에서 일하는 미녀를 보고 오해하여 그냥 집으로 가버렸다. 남편은 점심시간이 지나도 아내가 오지 않자 배가 고파서 집으로 갔다. 하지만 남편이 밥을 달라고 해도 화가 난 아내는 대꾸조차 하지 않았다. 남편은 할 수 없이 개에게 해골을 씌워 부엌에서 밥을 하게 시켰다. 방에 누워있던 아내는 부엌에서 요리하는 미녀를 보고, 부지깽이를 들고 나와 여자를 때리며 쫓아다녔다. 남편은 개의 해골을 벗긴 후 외양간의 소에게 씌웠고, 그러자 아내는 여자로 변한 소를 때리기 시작했다.

더는 안 되겠다고 생각한 남편은 아내를 말리고 머리에 쓰면 미인으로 변하는 해골에 관해 설명해 주었다. 그러자 아내는 오해를 풀고 남편에게 밥을 해 주었다. 남편이 밥을 다 먹자 아내는 주막에서 예쁜 여자를 구해오면 큰돈을 준다고 했다며 이번 기회에 해골로 큰돈을 벌어보자고 했다. 주막에 간 남편은 개에게 해골을 씌워 미인으로 변하게 한 뒤 주막 주인에게 예쁜 여자를 데려왔다고 했다. 남편이 데려온 여자를 보고 만족한 주막 주인은 큰돈을 주고 여자를 맞아들였다. 밤이 되어 주막 주인이 미인의 손목을 잡으려고 하는 순간 여자가 개처럼 팔짝팔짝 뛰면서 원래 주인집으로 도망가 버렸다. 다음날 주막 주인이 손도 안 댔는데 여자가 도망쳤다고 항의하자 남자는 도망 못 가게 꽉 붙들지 못한 사람이 잘못한 거라며 시치미를 뗐다. 그 후 부부는 서울로 올라가 개를 여자로 둔갑시킨 뒤 여자를 팔아서 많은 돈을 벌었다.

백년해골

귀신이 들린 해골. 이 해골을 조상으로 모시게 되면 다양한 정보를 얻을 수 있으며, 부귀영화를 누릴 수 있을 뿐만 아니라 죽음까지도 피해갈 수 있다

용도	분석탐지용
관련문헌	맹감본풀이

주년국의 소사만이의 선조들은 천하 거부였는데, 사만이의 아버지 때부터 가난해지기 시작했다. 사만이가 일곱 살이 되었을 때 가족이 전부 죽었고, 혼자 남은 사만이는 갈 곳이 없어서 바가지를 들고 밥을 얻어먹으러 다녔다.

밥을 얻어먹으러 다니던 사만이는 비슷한 처지이던 조정승의 딸과 만나 함께 밥을 얻어먹으러 다니다 열다섯이 되자 서로 부부의 연을 맺었다. 두 사람은 오두막을 지어 생활하다가 자식이 생기니 장사라도 해서 돈을 벌어보려고 장자 집을 찾아가 돈 백 냥을 빌렸다. 하지만 돈을 가지고 물건을 사러 가다가 불쌍한 아이들과 노인들을 본 사만이는 그 사람들을 도와준다고 다 써버렸다.

집으로 돌아와 부인에게 돈을 다 써버린 사연을 이야기하자 부인은 칼을 꺼내어 자신의 머리카락을 잘라주면서 그것을 팔아서 쌀도 사고, 간장도 사오라고 했다. 머리카락을 팔아서 받은 돈으로는 며칠을 못 버틸 것 같다고 생각한 사만이는 사냥을 해서 돈을 벌어야겠다 생각하고 그 돈으로 총을 샀다.

다음날 사만이는 총을 가지고 사냥을 나갔으나 동물을 찾을 수 없었다. 동물을 찾아 산을 헤매다 보니 밤이 되었는데 갑자기 어디선가 백년해골이 굴

러오면서, "주년국 소사만아! 넌 내일 내 손에 죽으리라."라고 말했다. 이에 사만이는 자신은 아무 잘못이 없으니 살려달라고 했다. 이에 백년해골은 자신은 서울 백정승 아들인데 산에 총을 들고 사냥을 왔다가 도둑에게 살해 당한지 여러 해가 지났는데 지금 사만이가 가진 총이 자신의 총이니 사만이가 도둑이 아니냐며 추궁을 했다. 이에 사만이는 이것은 훔친것이 아니라 사온 물건이니 어서 가라고 했다. 그러자 백년해골은 그러지말고 자신을 조상으로 모시면 자손 창성, 오곡 번성, 부귀 영화를 이루어주겠다고 했다. 그 말을 들은 사만이는 백년해골을 집으로 가져가 모시게 되었다. 다음날 사만이가 사냥을 나가니 이번에는 동물이 수없이 나와서 총을 한 번 쏘니 서른 마리가 쓰러지고, 두 번 쏘니 오천 마리가 쓰러졌다. 사만이는 그 짐승들을 팔아 순식간에 큰 부자가 되었다.

그러던 어느 날 백년해골은 사만이에게 내일 모레 널 잡으러 올 삼차사가 올 것이니 자신도 이만 떠나겠다고 했다. 이에 사만이와 사만이의 부인이 제발 살려달라고 부탁하자 백년해골은 영검한 산으로 가 푸짐하게 한 상 차리고, 향불을 피워놓고, 백 걸음 밖에서 엎드려 있다가 저승차사가 세 번 부르면 대답하라고 했다.

사만이가 백년해골이 하라고 한대로 하고 엎드려 있으니, 삼차사가 자신을 잡으러 오다가 향냄새에 이끌려 잘 차려진 한 상을 발견하게 된다. 먼 길 오느라 피곤하고 배가 고팠던 삼차사는 술과 음식을 허겁지겁 먹기 시작했다. 삼차사는 음식을 먹다 보니 임자도 모르는 음식을 먹어서 어쩌나 하는 생각이 들었다. 이에 마지막 차사가 사만이가 백년해골 귀신을 모신다고 하니 주년국 소사만을 세 번 불러 보고, 세 번 불러도 대답이 없으면 누가 차린 건지 모르는 걸로 하자고 했다. 이에 차사가 사만이를 불렀고, 사만이는 세 번째로 부를 때 대답했다. 그리고 차사들에게 자신의 집에 가서 하직하게 해달라고 부탁했고, 삼차사는 받은 정성이 있으니 어쩔 수 없이 그렇게 하기로 하고, 사만이를 자신들의 말에 태우고 사만이의 집으로 향했다.

한편 사만이 집에서는 백년해골이 사만이 부인에게 사만이가 차사의 말을 타고 함께 올 것이니 굿을 준비하라고 했다. 이에 사만이 부인이 무당을 불러 굿을 하고 있을 때 삼차사가 집 안에 들어오자 사만이 각시는 제육안주에 술을 바쳤다. 삼차사들이 술과 안주를 먹자 아내는 낭군 대신 자신을 데려가라고 했다. 이에 사만이는 안된다며 그냥 자신이 가겠다고 했다. 삼차사가 술김에 그 모습을 보니 불쌍해 보여서 주년국 소사만 대신 오만골 오사만을 대신 잡아가겠다 하고 대신 사만이로부터 많은 돈을 받았다.

오사만을 데리고 저승의 염라대왕에게 가니 재판관이 삼차사에게 명이 4만5천6백 해를 지닌 오사만을 잘못 잡아 왔다며 호통을 치고는, 삼차사에게 방아칼을 씌워 감옥에 가두고 이틀 뒤에 죽이겠다고 했다. 그날 저녁 재판관의 심부름꾼 두 명이 감옥에 있는 차사들에게 주먹밥을 가져다주었다. 차사들은 심부름꾼들에게 사만이에게 받은 돈의 절반을 줄 테니 우리를 살려달라고 했다. 차사들이 불쌍해 보인 심부름꾼들은 어떻게 하면 살려줄 수 있는지 물어보았다. 이에 차사는 재판관이 잠들었을 때 그의 인물도성책(人物都姓冊)을 빼돌려 주천국 소사만과 오만골 오사만의 명을 서로 바꾸어두라고 했다.

심부름꾼들은 차사들의 부탁대로 인물도성책을 빼내어 소사만과 오사만의 명을 슬쩍 바꿔놓았다. 이틀 뒤 삼차사를 잡아내어 죽이려고 할 때 심부름꾼이 재판관에게 죄 없는 차사를 죽일 수도 있으니 인물도성책을 한 번만 더 확인해보는 것이 어떻겠냐고 말했다. 이에 재판관은 그 말도 맞다고 생각하고 책을 확인해보았다. 그런데 소사만이 4만5천6백 해의 명을 가지고 있었고, 오사만이 서른셋의 명을 지니고 있었다. 이에 재판관은 하마터면 죄없는 차사를 죽일 뻔했다며 차사들을 풀어주었다. 이 덕분에 소사만은 4만5천6백 년을 살 수 있었다고 한다.

이 이야기는 제주도에서 전승된 신화 <맹감본>으로, 세상의 모든 일을 예측하는 백년해골이라는 두개골이 나온다. 엄밀히는 귀신이지만 두개골을 매개체로 하므로 귀신이 들린 도구로 볼 수 있다.
제주도에서 멀리 떨어진 함경도에 이 이야기와 비슷한 <황천혼시>라는 신화가 전승되고 있는데, 이 이야기에서는 가난하게 사는 삼형제인 송림동이와 우수동이, 사마동이가 밭을 갈다가 발견한 해골을 잘 모셔서 해골의 도움으로 복을 받아 부자가 되고, 저승사자에게 음식을 바쳐 장수하게 된다.

뱀의 뿔
한쌍을 구해서 항상 차고 다니면 아들을 낳을 수 있다

용도	기타
관련문헌	어우야담

서울에 사는 미천한 신분의 신석산이 사신을 따라 중국에 갔다. 하루는 밤에 한적한 들에 나가 용변을 보는데, 앞에 매우 밝게 빛나는 무엇이 있었다. 그래서 막대기로 모래를 파보니 2, 3척 되는 뿔같이 생긴 것이 있었다. 신석산은 이것을 가지고 와서 숙소의 들보에 매달아 놓았다.
여관의 인부 하나가 그것을 유심히 보고 나가서 저희끼리 수군거리더니, 얼마 후 상인이 와서 그것을 사겠다고 했다. 그래서 신석산이 100만 금을 내라고 하니, 상인은 깎아서 10만 금으로 샀다. 신석산이 여관 인부에게 그것이 무슨 보물이냐고 물으니, 다음과 같이 설명했다.
"그것은 뱀의 뿔인데, 지금 황후가 아들이 없어서 고민하니 의원이 뱀의 뿔 한쌍을 구해 차고 있으면 아들을 낳을 수 있다고 말했다. 그래서 황후는 뱀의 뿔 한 개를 구해놓고, 그 짝이 되는 또 하나를 구하기 위해 100만 금에 사겠다고 나라 안에 알려놓고 있는데, 당신이 가져온 것이 바로 그 짝이었다네."라고 말했다.
이 말을 들은 신석산은 너무 싸게 팔아 애석했지만, 그 돈으로 중국 비단을 샀다. 그 비단을 한꺼번에 다 가지고 오지 못하고, 증서를 만들어 보관하도록 했다가 사신 행차 때 부탁해서 여러 번에 걸쳐 실어 들어왔다. 그렇게 신석산은 비단을 팔아 부자가 되었고, 그 자손이 학문을 닦아 절도사가 되었다고 한다.

보수표(報讐瓢)

놀부가 제비의 다리를 일부러 부러뜨리고 받은 박씨. 땅 혹은 처마에 심으면 십여통 정도가 열리며, 박을 타면 좋지 않은 것들이 튀어나온다

용도	저주용
관련문헌	흥부전

유기물-그 외-보은표의 관련 문헌 <흥부전>에서 해당 내용 확인 가능

보은표(報恩瓢)

흥부가 다친 제비의 다리를 고쳐주고 받은 박씨. 땅 혹은 처마에 심으면 네 통 정도가 열리며, 박을 타면 안에서 온갖 진귀한 보물이 튀어나온다

용도	화수분
관련문헌	흥부전

제비를 구해준 흥부가 복을 받는다는 <흥부전>의 내용을 다들 알 것이다. 그 이야기에서 주목할 것

이 바로 제비가 물어다 주는 박씨로 그 박 안에서 온갖 보물이 튀어나온다는 점, 제비가 물어준 박씨는 씨앗의 모습일 때부터 일반 박씨와는 달리 씨앗의 한가운데 금자로 보은표(報恩瓢)라 새겨져 있다는 점이다.

제비가 물어다 준 박씨를 처마에 심자, 박 네 통이 열렸다. 흥부는 박을 따서 속은 파서 지져 먹고, 껍질로는 바가지를 만들어 팔기 위해 박을 톱으로 잘랐다.

첫 번째 박을 타니 오색구름이 일어나며 청의동자 한 쌍이 나오는데, 왼손에는 유리 쟁반, 오른손에는 대모 쟁반을 눈 위로 높이 들어 두 번 절하고는

"천은병에 넣은 것은 죽은 사람 살려내는 환혼주(還魂酒)요. 백옥병에 넣은 것은 소경 눈을 뜨게 하는 개안주(開眼酒)요. 금전지(金箋紙)로 싼 것은 벙어리가 말하게 하는 개언초(開言草)요. 대모 접시에는 불로초(不老草)요. 유리 접시에는 불사약(不死藥)이니, 값으로 치면 억만 냥이 넘사오니 팔아서 쓰옵소서."라고 말하고는 사라졌다.

두 번째 박에서는 온갖 세간이 들어있었으며, 세 번째 박에서는 온갖 곡식, 비단과 함께 목수와 종들이 나와 목수는 명당에 으리으리한 집을 지어주고, 종들은 흥부집의 심부름을 했다.

마지막 박에서는 절세 미녀가 나왔다. 흥부가 누구인지 물어보니 자신은 양귀비라고 하며 흥부의 첩이 되기 위해 왔다고 했다.

그렇게 흥부는 큰 부자가 된다. 이외에도 박에서 나온 것들은 범상치 않은 것이 많은데, 세 번째 박에서 나온 비단 중에는 불쥐의 털로 만든 옷감이 들어있었다. 흥부가 부자가 되었다는 말을 듣고 찾아온 놀부가 행패를 부리면서 비단 하나를 불에 집어 던졌는데, 불에 타지 않고 더 고와지자 흥부는 그것은 화한단(火漢緞)이며 불쥐 털로 짠 것이라, 불 속에 넣으면 타지 않고 더 고와진다고 설명해주었다. 이를 신기하다고 생각한 놀부는 자신에게 달라고 했고, 흥부집에서 궤짝을 하나 더 챙긴 뒤 그 궤짝을 화한단 보자기에 싸서 자기 집으로 가져가버렸다.

놀부는 흥부가 박을 받아 부자가 되었다는 말을 듣고 제비의 다리를 일부러 부러뜨린 뒤 고쳐주었다. 이에 제비가 박씨를 물어다 주니, 그 씨앗의 중앙에는 금자로 '보수표(報讐瓢)'라 새겨져 있었다. 이를 처마에 심자, 박이 십여 통이 열렸다. 그중 한 박속에서 기대하던 보물이 아닌 한 노인이 나오는데, 이 노인은 놀부에게 '너희 할아버지는 우리 집 종이었다가 도망쳤으니 널 다시 잡아가겠다.'라고 으름장을 놓았다. 놀부가 노예가 되기 싫다고 하자 할아버지는 능청낭이라는 조그마한 가죽 주머니를 꺼내며 '여기 돈과 쌀을 채워주면 풀어주겠다.'라고 말했다. 놀부는 자루의 크기가 작아서 그러겠다고 했다. 하지만 이 능청낭이라는 것은 아무리 물건을 넣어도 능청스럽게 계속 들어가는 주머니라 놀부가 쌀과 돈을 넣어도 넣어도 계속 들어갔다. 놀부는 아무리 넣어도 주머니가 채워지지

않는다고 울었다. 노인은 그렇다면 7천 냥을 바치라고 했고 그렇지 않으면 놀부까지 능청낭에 넣어버리겠다고 협박했다. 그렇게 놀부는 재산 대부분을 잃고 빈털터리가 되었다. 이외에도 굿을 해주고 5천 냥을 받아 가는 무당무리, 풍물놀이를 하고 500냥씩 받아 가는 무리, 요지경을 가진 등짐장수 등 온갖 돈 받을 사람이 나와 놀부는 돈은 물론이며 집문서나 땅문서도 모두 빼앗겨 거지가 되고 말았다. 마지막 박에서는 장팔사모(丈八蛇矛)*를 든 장비가 나와 놀부를 죽이려고 했으나, 놀부가 살려달라고 애걸하자 장비는 그를 꾸짖은 뒤 용서하고 돌아갔다.

놀부가 탄 박에서도 신기한 물건을 가진 사람들이 나오는데, 바로 요지경을 가진 등짐장수와 능청낭을 가진 노인이다. 요지경은 자신이 보고 싶은 것을 볼 수 있는 거울로, 이를 가진 등짐장수는 <숙향전>의 여주인공인 숙향, 당 명황의 양귀비, 항우의 우미인, 여포의 초선은 물론이며, <구운몽>의 팔선녀의 후신(後身)인 영양공주, 난양공주, 진채봉, 가춘운, 심요연, 백능파, 계섬월, 적경홍 등 역사 속이나 다른 소설의 미인들을 요지경으로 보여준 뒤 그 값으로 돈을 받아 간다.

*장팔사모(丈八蛇矛): 여덟 길이 되는 세 모가 난 창

복숭아 나뭇가지

귀신이나 요괴를 쫓아내는 힘을 가지고 있다

용도	방어용
관련문헌	설공찬전 외 다수

<설공찬전>에서는 복숭아나무 채와 부적으로 빙의한 영혼을 쫓아내는 장면이 나오기도 한다.

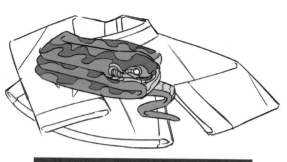

설화나 고전소설 뿐만이 아니라 민간전승에서도 귀신이나 요괴를 쫓아내는데, 복숭아나무로 만든 회초리를 많이 썼다고 한다. 복숭아는 다른 나무보다 빨리 꽃을 피우기 때문에 생기가 충만하며, 동남향으로 뻗은 가지는 많은 양기를 머금고 있어서 사기(邪氣)*를 압복(壓伏)*하고 백귀(百鬼)*를 쫓는 힘을 가지고 있다는 믿음이 있었기 때문에 동쪽으로 뻗은 복숭아나무 가지로 회초리를 만들었다고 한다.

*사기(邪氣): 몸을 해치는 나쁜 기운, 혹은 요망스럽고 간악한 기운
*압복(壓伏): 힘으로 눌러서 복종시킴
*백귀(百鬼): 온갖 귀신

수로달의 구렁이 허물

물속나라 괴물의 피를 맞아 구렁이처럼 몸이 변한 수로달의 허물. 결혼의 증표로 이 허물을 주며, 잃어버리면 수로달이 사라질 뿐 특별한 능력은 없는 것으로 추측된다

용도	기타
관련문헌	북한 설화

유기물-그 외-물속나라 요괴의 피의 관련문헌에서 해당 내용 확인 가능

여우의 꼬리

이것을 가지고 있는 자는 누구에게나 사랑받을 수 있다

용도	기타
관련문헌	호질

의류/장신구-감투, 갓-여우의 갓의 관련문헌 <호질>에서 해당 내용 확인 가능

불로초(不老草)

흥부가 탄 첫 번째 박에서 청의동자가 들고 나온 것 중 하나. 먹으면 늙지 않는다

용도	치유용
관련문헌	흥부전

유기물-그 외-보은표의 관련문헌 <흥부전>에서 해당 내용 확인 가능

옥황이 준 박씨

땅에 심으면 순식간에 엄청난 크기로 자라나서 이것을 타고 하늘로 갈 수 있다

용도	이동용
관련문헌	천지왕본풀이

하늘의 신 천지왕이 이승의 여인인 총명아기와 인연을 맺었고, 자식이 태어나면 이름을 대별과 소별이라 지으라 하였다. 그리고 아이들이 자신을 만나러 가겠다고 하면 주라고 박씨 두 알을 주고, 다시 하늘로 올라갔다.

대별과 소별은 무럭무럭 자라났으며 주변 아이들보다 힘도 세고 총명하여 하나를 가르치면 열을 알았다. 이를 시샘한 아이들은 대별과 소별을 아버지 없는 자식이라며 놀렸다. 이에 두 아들은 총명아기에게 왜 자신들은 아버지가 없냐며 하소연을 했다. 이에 총명아기는 너희들의 아버지는 하늘에 계신 천지왕이라며 천지왕이 준 박씨 두 알을 형제에게 주었다.

총명아기로부터 박씨를 받아 땅에 심으니, 박씨는 순식간에 자라나 하늘을 향해 덩굴을 뻗었고, 급기야 천지왕의 용상까지 감싸서 왼쪽 뿔을 부러뜨려 버렸다. 두 형제는 길게 자란 박씨를 타고 아버지를 만나러 천계에 올랐다.

용의 알

용은 하늘에서 내려 와 물에 알을 낳는데, 알을 낳은 물을 길어다 밥을 지으면 1년 내내 운수가 좋다

용도	기타
관련문헌	동국세시기

정월 풍속에 새해 첫날 농가 주부들은 남들보다 먼저 일어나 우물물을 길어온다. 이것은 그 전날 밤 용이 하늘에서 내려와 우물에 알을 낳는데, 용이 알을 낳은 우물 물을 가장 먼저 길어다 밥을 지으면 1년 내내 운수가 좋기 때문이다. 제일 먼저 우물을 길어간 여인은 그것을 표시하기 위해 지푸라기를 우물에 띄어 놓는다. 나중에 온 여인은 그것을 보고 다른 우물에 물을 뜨러 가게 된다. 이 풍속을 용알뜨기라고 한다.

인어의 기름

인어에게서 짜내는 기름으로, 오래 되어도 상하지 않는다

용도	기타
관련문헌	어우야담

김담령이 흡곡현의 고을 원이 되어 일찍이 봄놀이를 하다가 바닷가 어부의 집에서 묵은 적이 있었다. 어부에게 무슨 고기를 잡았느냐고 물었더니, 어부가 "제가 고기잡이를 나가 인어를 여섯 마리 잡았는데, 그중 둘은 창에 찔려 죽었고 나머지 넷은 아직 살아 있습니다."라고 말했다.

나가서 살펴보니 모두 네 살 난 아이만 했고, 얼굴이 아름답고 고왔으며 콧대가 우뚝 솟아 있었다. 귓바퀴가 뚜렷했으며, 수염은 누렇고, 검은 머리

털이 이마를 덮었다. 흑백의 눈은 빛났으나 눈동자가 노랬다. 몸뚱이의 어떤 부분은 옅은 적색이고, 어떤 부분은 온통 백색이었으며, 등에 희미하게 검은 무늬가 있었다. 남녀의 음경과 음호 또한 사람과 똑같았으며, 손가락과 발가락이 있고 그 가운데에는 주름무늬가 있었다.

이에 무릎에 껴안고 앉히자 모두 사람과 다름이 없었으며, 사람을 대하여서도 별다른 소리를 내지 않고 하얀 눈물만 비 오듯 흘렸다. 김담령이 가련하게 여겨 어부에게 놓아주라고 하자, 어부가 매우 애석해하며 "인어는 그 기름을 취하면 매우 좋아 오래되어도 상하지 않습니다. 오래되면 부패하여 냄새를 풍기는 고래기름과는 비할 바가 아니지요."라고 말했다.

김담령이 빼앗아 바다로 돌려보내니 마치 거북이처럼 헤엄쳐 갔다. 김담령이 무척 기이하게 여기자 어부는 "인어 중에 큰 것은 크기가 사람만 하며 이것들은 작은 새끼일 뿐이지요."라고 말했다.

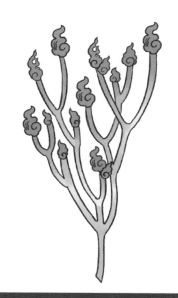

철통골의 꽃가지

만고의 영웅이었던 철통골의 보배 중 하나로, 한 번 휘두르면 불길이 하늘을 찌를듯이 솟아오른다

용도	공격용
관련문헌	양풍운전

유기물-꽃-낙화의 관련 문헌 <양풍운전>에서 해당 내용 확인 가능

황계(黃鷄) 수탉

날개 아래에는 가위가 달려있는데 이것으로 날개를 조금씩 베어도 금방 다시 차오른다

용도	화수분
관련문헌	임석재 전집 한국구전설화

옛날에 꼭두각시라는 처녀가 있었다. 이 처녀는 뚱뚱하고 얼굴도 흉하게 생긴 처녀였다. 늙은 아버지와 둘이 사는데 집이 가난해서 나이가 차도록

시집도 못 갔다. 그러다가 먼 곳에 사는 목서방과 혼인이 정해져, 그 총각이 장가오기만을 기다리고 있었다. 그런데 이 총각 역시 집이 가난한 데다가 홀아비가 된 아버지하고 입에 겨우 풀칠해가면서 지내는 처지라 혼인하는 것을 잊어버리고 지냈다. 꼭두각시는 아무리 기다려도 목서방으로부터 아무 소식이 없자 직접 목서방을 찾아갔다. 목서방의 집을 찾아가니, 울타리는 다 쓰러지고 집은 다 찌그러진 초라한 곳이었으며, 목서방 역시 한 팔과 한 다리를 저는 총각이었다. 꼭두각시는 총각의 꼴을 보고 가여운 생각이 들어, 그 집에 그대로 머무르며 이 집을 부자로 만들어주겠다고 결심하였다. 날마다 옆집 부잣집에 일을 해주고, 밤에는 동이에다 물을 길러 뒷동산에 올라가 지성을 다해 시집이 부자가 되게 해달라고 빌었다.

그랬더니 백일 만에 그 자리에 한 황계(黃鷄) 수탉이 놓여 있었다. 꼭두각시는 그 수탉을 집으로 가지고 왔다. 그 수탉은 황금으로 된 닭이었다. 그래서 귀한 닭이라 생각하고 잘 지키려고, 함을 짜서 그 안에다 넣어두었다.

꼭두각시는 어느 날 부잣집에 일하러 갔다가, 부잣집 장자 영감한테 자기 집에는 금으로 된 수탉이 있다고 말했다. 장자 영감은 꼭두각시의 말을 듣고 자기 집 재산 전부에, 집안 살림이며 밭과 논에다 돈까지 더 얹어서 줄 테니 그 수탉을 자기에게 달라고 했다. 꼭두각시는 그러자 하고 장자네 재산 돈까지 받고, 그 황금으로 된 닭과 바꾸었다. 그래서 꼭두각시네 집은 부자가 되어 잘살게 되었다. 그 황금으로 된 황계 수탉은 화수분이라 하는 것인데 이 닭의 날개 밑에는 가위가 달려있고, 이 가위로 날개를 조금 베어서 팔면 돈이 많이 생기고, 베어낸 자리는 날개가 도로 나서 아무리 베어내도 없어지지 않는 보물이었다. 그래서 이 부자는 더 큰 부자가 되었다고 한다.

술
·
약

소설과 신화 속에서 술과 약은 주인공을 위험에 빠트리기도, 혹은 도움
을 주기도 하는 도구입니다. 약과 같은 역할을 하는 술부터 악한 일을 가
능케하는 약까지. 상상을 뛰어넘는 술과 약들을 소개합니다.

술

의 세계를 경험하기 위해 일부러 죽었다. 그렇게 노파를 만나 술을 받았지만, 요행히 술 마시는 것을 피할 수 있었다. 그 후 눈을 떠보니 그 선비는 구렁이가 되어있었다. 선비는 화가 나서 수레가 지나갈 때 깔려 죽었다. 몇 번이나 죽은 후 염라대왕은 선비보고 다시 인간으로 되돌아가라고 했다.

개안주(開眼酒)

흥부가 탄 첫 번째 박에서 청의동자가 들고나온 것 중 하나. 백옥병에 들어있는 술이다. 앞이 보이지 않는 이들이 마시면 눈을 뜰 수 있다.

용도	치유용
관련문헌	흥부전

유기물-그 외-보은표의 관련 문헌 <흥부전>에서 해당 내용 확인 가능

과거를 잊게하는 술

저승 가는 길에 있는 주막에서 노파가 주는 술. 마시면 살아있을 때의 기억을 잊을 수 있다

용도	기타
관련문헌	한국전래소화

저승을 가는 도중에 주막이 있고 그곳에 한 노파가 과거를 잊게 하는 술을 준다. 한 선비가 죽은 후

백가지 병이 소멸하는 술

여학도사의 명을 받은 선관이 하늘에서 내려와 장국진에게 먹인 술로, 마시면 백가지 병이 소멸한다

용도	치유용
관련문헌	장국진전

무기류-검-절운도의 관련 문헌 <장국진전>에서 해당 내용 확인 가능

송화주(松花酒)

병풍 속에 있는 선녀가 가져오는 술로, 송화(松花)로 빚은
술이다. 향과 맛이 좋기로 유명하다

용도	기타
관련문헌	한국구비문학대계

일상사물-그 외-선녀가 봉인된 병풍의 관련 문헌 <한국구비문학
대계>에서 해당 내용 확인 가능

환혼주(還魂酒)

흥부가 탄 첫 번째 박에서 청의동자가 들고나온 것 중 하나.
천은병에 들어있는 술이다. 죽은 사람에게 이 술을 먹이면
다시 살려낼 수 있다

용도	치유용
관련문헌	흥부전

유기물-그 외-보은표의 관련 문헌 <흥
부전>에서 해당 내용 확인 가능

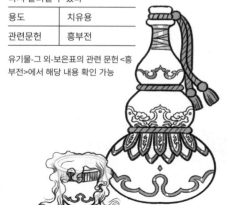

약

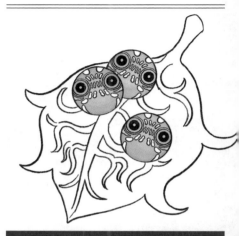

개용단(改容丹)

금호진인이 동네 어린이들을 잡아 와 심장과 간, 그리고 그
피를 약초와 섞어 만든 환약 중 하나. 이 약을 먹으면 자신이
되고자 하는 사람의 얼굴이 될 수 있다

용도	변신용
관련문헌	쌍성봉효록, 완월회맹연 등 고전소설

<쌍성봉효록>의 내용은 술/약-약-미혼변심단의 관련 문헌에서
확인 가능
<완월회맹연>에서는 악인 장손탈이 태감인 진탐을 살해하고 개
용단으로 자신이 진탐으로 변신해 진탐이 악인으로 오해받게 만
든다.
<임씨삼대록>의 변용단: 악녀 남연낭이 백여우로부터 변용단을
받아, 임빙혜로 둔갑하여 나쁜 짓을 벌인다.

금성진인(金城眞人)의 금약(金藥)

금성산(錦城山) 옥윤동(玉允洞)에 있는 금성진인(金城眞
人)이 들고 있는 구슬 같은 약으로, 죽은 사람 몸에 대기만
해도 그 사람이 살아난다

용도	치유용
관련문헌	정을선전

명나라 유상서의 부인 최씨는 추년(秋年)이라는 딸을 낳은 지 3일 만에 산후병으로 세상을 떠나버렸다. 이에 유모로 하여금 정성을 다해 양육하니, 유소저는 15세의 나이에 시서를 통달하고 용모는 천하일색이었다. 유상서는 노씨 여인을 다시 아내로 맞이하여 1남 1녀를 낳았으나, 노씨는 유소저가 전실 자식이라 미워하였다.

어느 날 그네를 타는 유소저의 모습을 우연히 보게 된 을선이란 남자는 그녀의 아름다운 모습에 상사병이 걸려 학업을 전폐하고 병에 걸려 자리에 누웠다. 을선의 모친은 그의 병중 헛소리를 듣고 유소저와 을선을 혼인시키기로 약속한다. 그 말에 병을 털고 일어난 을선은 장원에 급제하여 한림학사가 되어 돌아온다.

전실의 딸인 유소저가 한림학사에게 시집가는 것을 시기한 노씨는 유소저에게 독이 든 음식을 먹여 죽이려고 하지만 티끌이 들어가 실패하여, 결국 유소저는 정을선과 결혼을 하게 되었다. 하지만 노씨가 다시 흉계를 꾸며 첫날밤에 금은으로 유소저의 사촌 오라비인 노태를 매수한다. 그는 신랑과 신부의 창밖에 가서, "네 비록 벼슬을 하였으나 남의 여인을 품고 있으니 죽음을 면치 못할 것이다."라고 말하고 달아났다.

을선은 유소저가 간부를 둔 부정한 여자라 생각하여 그녀를 소박 주고 그날로 상경하였다. 유소저는 백옥처럼 한 점 더러움도 없는 몸이었는데, 누명을 쓰고 소박맞은 것에 분함을 참지 못하고 속

적삼을 벗어 혈서를 써놓고 목숨을 끊었다. 유소저의 유모가 적삼을 보고 집안사람들에게 유소저의 절명을 고하였다.

유상서는 혈서를 쓴 적삼을 보고 노씨의 계교임을 간파하여 그녀를 잡아 엄한 형벌을 내리라고 명하니, 홀연 허공에서 "애매한 누명을 자연 알리라." 하는 목소리가 들리더니 방 안에 있던 노씨가 갑자기 무수히 피를 토하며 죽었고, 그 자식들은 모두 말도 못 하는 바보로 만들었다. 그 모습을 본 노태는 두려움에 스스로 그 목숨을 끊었다. 하지만 유소저의 원한은 그것으로도 풀리지 않았는지 홀연 곡성이 들려와 그 곡성을 듣는 자는 모두 죽어 마을이 폐읍(廢邑)*으로 변했고, 유상서 역시 병을 얻어 죽고 말았다.

그로부터 3년이 지나 익주에서 사람이 죽어 나가는 변고가 끊이지 않아 을선은 순무도어사(巡撫都御使)*를 자원하여 익주로 갔다. 을선은 옛일이 생각나 유상서의 관아를 찾아가 보았지만 인적이 없고 빈터만 남아 있었다. 이상하게 생각했으나 이미 날이 저물었기에 연기가 나는 초가집을 찾아가 저녁을 먹었는데 그곳은 과거 유소저의 유모가 사는 집이었다. 밤중에 곡성이 들려오자 을선이 주인 노파에게 이것이 무슨 소리인지 물었다. 유모는 유소저의 원혼이 밤마다 찾아와 울다 간다며 유소저의 혈서가 쓰여 있는 적삼을 꺼내주었다. 혈서를 본 을선은 자신이 오해했음을 깨닫고 대성통곡을 하다가 진정하고 자신이 정을선임을 밝히고 유모와 함께 슬퍼하였다.

다음날 을선은 유모와 함께 유소저가 죽은 방으로 찾아갔다. 유모가 유소저에게 정을선이 왔음을

알렸으나 유소저는 믿지 않고 문을 열어주지 않았다. 이에 정을선이 황제로부터 받은 직첩(職牒)*을 읽으니, 유소저는 그제야 유모를 불러 방안에 들이라고 하였다. 을선이 방 안에 들어가 보니 유소저의 뼈만이 남아있었다. 을선이 재생의 길을 물으니, 유소저는 금성산(錦城山) 옥윤동(玉允洞)에 있는 금성진인(金城眞人)을 찾아가 선약을 구하여 먹이면 살아날 수 있다고 했다.

을선은 유소저가 시키는 대로 금성산에 가서 눈물로 호소하자 금성진인이 구슬 같은 것을 주며 이것은 사람을 살리는 금약(金藥)이라며, 이걸 가져가서 죽은 사람 몸에 대기만 하면 죽은 사람이 살아날 것이니 얼른 가서 유낭자를 살리라고 하고 사라졌다.

집에 돌아와 그것을 소저 옆에 놓고 하룻밤을 지냈더니, 소저의 살이 윤택해지고 붉은빛이 완연해졌으므로, 약물로 씻기고 약을 먹이니 자연 환생하였다. 유소저는 그간 자신이 죽었던 일을 전혀 몰랐으며, 을선의 정실부인이 되었다.

이후 을선은 서융이 침범한다는 소식을 듣고 대원수가 되어 전쟁을 나간다. 을선이 집을 비운 사이 임신한 추년을 시기한 조씨 부인은 여종인 금련을 불러 남자의 옷을 입고 추년의 침소에 들어가 있다 달아나게 하여 추년이 외간 남자와 사통하였다는 누명을 씌웠고, 추년은 큰 칼을 쓰고 감옥에 갇히게 되었다.

추년은 누명을 쓴 것이 억울하여 자결하려 했지만, 여종인 금섬이 설득하여 마음을 고쳐먹게 되었고, 양씨 부인의 여종인 월매가 열쇠를 가져와 옥문을 열어 추년을 꺼내주고, 옥에는 금섬이 들어가 목을 매어 자살하였으며, 월매가 은으로 금섬의 얼굴을 깎아, 형체를 알아볼 수 없도록 하여 추년이 죽은 것처럼 꾸미고 금섬 대신 임신한 추년을 굴속에 숨겨 놓고 음식을 주어 몸을 풀고 아들을 낳게 도와준다.

하지만 옥졸의 발설로 추년의 시체가 아닌 것이 밝혀졌고, 월매와 금섬의 부모가 형벌을 당하였으나 자백하지 않으므로 옥에 갇히게 되었다.

어느 날 꿈에 추년이 큰 칼을 쓰고 고통을 받는 모습을 본 을선이 심상치 않은 일을 직감한 순간, 금섬의 오빠인 호철에게 추년이 옥에 갇혀 고통을 받는다는 편지를 가져다준다. 을선은 급히 환궁하여 형벌 끝에 기절한 월매를 금약을 써서 소생시킨 뒤 월매로부터 이야기를 듣고 금련을 잡아 자백하게 하니, 조씨 부인의 흉계가 모두 드러나게 되었다. 조씨 부인에게는 사약을 내려 죽이고 금섬과 월매를 위하여 충렬문을 세워 후세에 이름을 남기게 하였으며, 월매를 첩으로 삼아 추년과 행복하게 살다가 한날한시에 세상을 떠났다.

* 폐읍(廢邑): 없어진 마을. 혹은 읍
* 순무도어사(巡撫都御使): 조선 시대 지방에서 변란이나 재해가 일어났을 때 두루 돌아다니며 사건을 진정하던 특사
* 직첩(職牒): 조정에서 내리는 벼슬아치의 임명장

느티나무 정령의 약

간절하게 기도를 한 자에게만 주어지는 약으로 보이며, 어떠한 병도 고칠 수 있는 것으로 추측된다

용도	치유용
관련문헌	영남의 전설

영남의 어느 효자가 나무를 하고 집에 돌아오니 아버지가 병으로 누워 있었다. 백방으로 약을 썼으나 효과가 없어, 효자는 칠성단에 가서 100일 기도를

드리기 시작했다. 99일째 되는 날 밤 백발 노인이 나타나 남쪽으로 가면 약을 구할 수 있을 거라고 말했다. 그는 남쪽으로 삼십 리쯤 걸어갔더니 큰 느티나무 아래에 어젯밤의 백발노인이 앉아있었다. 효자가 노인에게 약을 달라고 부탁하자 노인은 혁대에서 약 하나를 꺼내주었다. 효자는 약을 받고 돌아가다 뒤돌아보니, 노인은 간데없고 그 자리에는 큰 느티나무 한 그루가 서 있었다.

막내의 약물

이 약을 사용하면 지옥신의 독으로 쓰러진 초목과 곡식, 짐승들이 되살아나고, 지옥신과 악한 괴물들이 힘을 잃고 쓰러진다

용도	공격용, 치유용
관련문헌	내두산과 칠성봉

유기물-독-지옥신의 독의 관련 문헌 <내두산과 칠성봉>에서 해당 내용 확인 가능

망심단

먹으면 정신을 흐리게 하고, 판단력을 무디게 만든다

용도	공격용
관련문헌	옥난빙

무기류-검-참요검의 관련 문헌 <옥난빙>에서 해당 내용 확인 가능

미혼변심단(迷魂變心丹)

금호진인이 동네 어린이들을 잡아 와 심장과 간, 그리고 그 피를 약초와 섞어 만든 환약 중 하나. 사람에게 먹이면 정신을 혼미하게 하여 판단력을 흐리게 한다

용도	공격용
관련문헌	쌍성봉효록, 명주옥연기합록 등 고전소설

강주 심양현 도화산의 한 도관에 스스로 금호진인

이라고 하는 요망한 도사가 살았다. 일명 호선랑이라고도 하는데, 본래 사람이 아니라 도화산 바위 동굴 속에서 수천 년을 묵은 털 돋친 암여우였다. 수천 년에 걸쳐 도를 닦아 사람의 모습으로 변한 후 도관을 열어 요술로 사람을 홀렸다. 또 뒷동산에 온갖 약초를 심고는 백주 대낮에 마을을 다니면서 동네 어린이들을 잡아 와 심장과 간, 그리고 그 피를 약초와 섞어 환약(幻藥)을 만들어 팔아 많은 돈을 벌었다. 그 환약의 이름과 성능은 다음과 같다.

미혼변심단(迷魂變心丹) - 정신을 혼미하게 하여 판단력을 흐리게 하는 약이다. 부부 사이를 흐트러뜨려도 시부모의 중재로 인해 뜻대로 되지 않을 경우, 시부모에게 이 약을 먹여 판단력을 흐리게 하여 부부 사이를 갈라놓는다.

회심단(回心丹) - 도봉잠이라고도 불리는데 사람의 마음을 돌리는 힘을 가지고 있어서 부부 사이가 나쁠 때 남편에게 이 약을 먹이면 사랑하는 마음이 돌아와 삶과 죽음도 잊은 채 정을 맺게 된다.

개용단(改容丹) - 이 약을 먹으면 마음먹은 대로 자신이 되고자 하는 사람의 얼굴로 바꿀 수 있다. 주로 부부 사이를 이간질하기 위해 악녀가 개용단을 먹고 아내의 모습으로 변해 부정하거나 나쁜 짓을 하는 경우도 있고, 마음에 드는 여성을 범하기 위해 그녀가 사랑하는 사람의 모습으로 변하는 등 나쁜 일에 많이 쓰인다.

회면단(回面丹) - 개용단으로 바꾼 얼굴을 원래대로 돌려놓는 약이다.

혼신보명단 – 이 약을 먹으면 주변 사람들이 그 사람이 바로 옆에 있어도 알아차리지 못한다.

임규의 첩이자 임효영의 어머니인 양씨 부인은 자신이 가장 먼저 아들 효영을 낳았지만 혼인시키지 않고 서얼 취급을 하자, 불만을 품고 동생인 양생, 양생의 친구인 탈목생, 기생인 취운 등과 계교를 꾸며 효영을 결혼 시켜 임씨 집안을 차지하려고 하였다.

기생 취운이 개용단을 먹고 도인으로 변하여 임태사의 둘째 아들 임중영과 그의 부인 소씨를 이간질하고 집에 불을 지르거나 납치를 하기도 했지만, 그때마다 월관도사의 훼방으로 계교는 모두 실패로 돌아갔다. 그래서 양생과 탈목생은 금호진인을 양씨 부인에게 데려왔다.

금호진인은 양씨 부인에게 미혼변심단(迷魂變心丹)을 주며 임태사와 그 부인 위씨에게 먹이게 시켰다. 환약을 먹은 임태사 부부는 정신이 혼미해져 양씨 부인과 그의 아들 임효영만 총애하기 시작하였다. 그뿐만 아니라 둘째 아들인 임중영과 셋째 아들인 임성영이 임효영을 때렸다는 모함을 곧이곧대로 믿고, 두 사람을 누실에 가두기까지 하였다.

양씨 부인은 임규의 아들 형제 두 명을 순식간에 처리해버린 금호진인의 능력에 감탄하며 지금 출전 중인 장남 임백영도 해칠 계교가 없겠냐고 물어보았다. 금호진인은 자객을 보내라고 지시하였고, 이에 탈목생의 친척인 탈목교가 임백영을 암

살하러 가지만 월관도사의 방해로 암살은 실패로 돌아갔고, 임백영은 전쟁에서 승리하여 공까지 세우게 되었다.

그러자 금호진인은 개용단을 사용하여 자신은 임중영으로, 기생 취운은 임성영으로 변신한 뒤 궁에 들어가 옥새를 훔쳤다. 그리고 다시 개용단을 이용해 임씨 집의 종으로 변신하여 황제에게 옥새를 바치고, 임씨 삼 형제가 역모를 꾀하고 옥새를 훔쳐 간 것이라고 거짓을 고하였다. 황제는 임씨 삼 형제를 잡아들이고, 삼 형제는 심문을 받고 죽을 위기에 처하게 되었다.

월관도사가 억울한 형제를 구하기 위해 금호진인과 도술대결을 벌이는 한편, 황제에게 편지를 보내어 형제의 무고함을 알려 삼형제는 목숨을 구하였다. 월관도사는 금호진인과의 도술대결 끝에 금호진인의 뒤통수에 부적을 붙여 철삭(鐵索)으로 결박했다. 궁궐로 잡혀온 금호진인에게는 심문 후 황제의 처형 명령이 내려졌다. 그렇게 금호진인은 목이 잘리고, 가죽이 벗겨진 뒤 불에 타 죽었다. 미혼변심단을 먹고 정신이 혼미해졌던 임태사와 위씨 부인은 월관도사가 만든 선약을 먹고 다시 총명이 돌아왔다. 이후 양씨 부인을 모옥(茅屋)*에 가두었고, 임효영은 달아났다.

금호진인은 여기서 죽지만 그가 만든 단약은 <쌍성봉효록>과는 전혀 상관없는 다른 고전소설에서도 그 모습을 찾아볼 수 있다. 몇 가지 예를 들자면 고전소설에는 '단약모티프'라는 유형이 현 학계에서 만들어질 정도로 고전소설에서 단약이라는 요소는 흔히 나오는 요소였다. 하지만 이런 경우는 그리 특수한 경우는 아니었다. 고전소설은 서로 설정이나 세계관을 공유하곤 하는 것을 종종 찾아볼 수 있기 때문이다. 물론 그렇다고 해서 다른 소설에서 만든 단약들까지 모두 금호진인이 만든 건 아니겠지만 <소현성록>에 따르면 금호진인이 살던 강주 심양현에 단약을 만드는 무리의 본거지가 있으며, 이 설정이 후대의 작품에서 계승되는 것을 보면 다른 소설에서 악인들에게 단약을 판 무리가 금호진인과 아주 관계가 없는 자들은 아니라고 생각된다.

<명주옥연기합록> 속 미혼단(迷魂丹) : 교주(嬌珠)가 현희문에게 미혼단(迷魂丹)을 먹여 사리 분별을 하지 못하게 만든 뒤 구소저를 모함하여 옥에 가두게 한다.

*모옥(茅屋): 띠나 이엉 따위로 지붕을 인 초라한 집

불사약(不死藥)

흥부가 탄 첫 번째 박에서 청의동자가 들고나온 것 중 하나. 먹으면 죽지 않고 영원한 삶을 살 수 있다

용도	치유용
관련문헌	흥부전

유기물-그 외-보은표의 관련 문헌 <흥부전>에서 해당 내용 확인 가능

살귀환(殺鬼丸)

귀신을 쫓는데 쓰는 약. 이것을 불에 태워 연기를 귀신이 있는 곳으로 흘려보내면 귀신이 사라진다

용도	공격용
관련문헌	청파극담

정창손이라는 학자의 집에 어느 날 갑자기 귀신이 나타나서 사람이 오기만 하면 아침에도 덤벼들어 갓을 빼앗아 찌그러트려 버리고, 돌을 던지는 등의 행패를 부렸다. 이에 정창손과 집안사람들은 다른 집으로 피신을 떠났고, 이 소문이 조정에까지 알려져 모두가 괴이하게 여겼다고 한다. 집을 계속 비워둘 수 없었던 정창손은 귀신을 죽인다는 살귀환(殺鬼丸)이라는 약을 구해 이것을 불에 태워 그 연기를 집안으로 들여보냈다. 그 이후로 정창손의 집에 나타나 못된 장난을 하던 귀신들은 사라졌고 정창손은 그 집에서 잘살게 되었다고 한다.

스님의 가루약

이것을 먹으면 배가 고프지 않고 정신이 맑아지면서 기분이 상쾌해진다

용도	치유용
관련문헌	동패낙송

기타-조각상-인조신장의 관련 문헌 <동패낙송>에서 해당 내용 확인 가능

신선약

어떠한 일에도 동요하지 않고 인내해야만 얻을 수 있는 약으로, 수은에 열을 가하는 연단술을 통해 만들어낼 수 있다. 약을 통해 불사의 생을 얻음과 동시에 신선이 될 수 있다

용도	치유용
관련문헌	청구야담

중국의 한 서생이 집이 부자였는데 가산을 탕진해 가난하게 되었다. 배고픔과 추위를 견디기 어려워 눈물을 흘리면서 혼자 보통문(普通門)* 앞에 서 있는데, 문득 한 사람이 나타나 웃고 있기에 돌아보니 이상하게 생긴 노인이었다.

노인은 서생의 처지를 모두 알고 있으면서, 인생 부귀는 개미가 둥근 맷돌을 도는 것과 같은 것이라 말하고, 서생의 소활(疏闊)*한 성품이 빈궁(貧

窮)*을 이루게 되었다고 위로했다. 이에 서생이 자신의 지난날 행동을 후회하고 한탄하니, 노인은 곧 서생을 데리고 한 곳으로 갔다.

거기에는 큰 창고가 있었는데, 노인이 벽면의 뚫어진 곳을 가리키면서 "이곳을 통해 안에 있는 보물을 마음대로 갖고 가서 써라."라고 말했다. 그래서 서생은 보물을 갖고 나와 전처럼 부자가 되었으나, 역시 그 허튼 성품 탓으로 재물을 모두 어려운 사람들에게 나누어주고 3년을 못 가서 또 거지 신세가 되었다.

길거리를 헤매다가 다시 보통문 앞을 지나니 역시 그 노인이 있었다. 서생을 보고는 본래 성품이 그렇게 되어 있다면서 다시 창고 있는 곳으로 데리고 가서 보물을 가져가라 했다. 보물을 갖고 와 부자가 된 서생은 이제 정말 인색한 생활을 하며 절약했으나 역시 소용이 없었다. 재물을 간수할 뜻이 없어 어려운 사람에게 모두 나누어주니 곧 세 번째 거지꼴이 되고 말았다.

서생은 다시 노인을 만날까 두려워 보통문 근처는 가지 않았는데, 하루는 흠천감(欽天監)* 길에서 그 노인을 만났다.

서생이 면목이 없어서 피하니 노인이 불러 말하기를, "부끄러워하지 말고 나를 따라오라."하고는 어떤 산속으로 데리고 갔다.

노인은 조용한 곳에 서생을 앉히고 "지금부터 어떠한 놀랍고 무서운 일이나 슬픈 일을 당해도 말을 하지 않아야 하고, 심경의 변화를 일으킴 없이 참아야 신선을 이룰 수 있다."라고 말했다. 서생이 가만히 앉아 있으니, 꿈을 꾸는 것처럼 어떤 환각 상태로 들어가면서, 여러 가지 정신적 압박을 가하여 괴롭히며 인성(忍性) 시험을 했다.

곧 노인이 사라지고, 무서운 바람이 불더니 호랑이와 독사, 큰 구렁이들이 나타나 서생 앞에 와서 입을 벌리고 위협했다. 그래도 서생은 움직이지 않고 입을 열지 않았다. 그러니까 다음은 하늘에서 뇌성벽력과 함께 도깨비와 신장 10여 명이 내려와 "무슨 요물이 술을 부리느라고 입을 열지 않느냐?"라며 꾸짖으며 온갖 행패를 가하면서 위협했다. 그래도 서생은 입을 열지 않았다. 신장들은 안 되겠다고 하면서, 서생을 하늘나라로 끌고 올라가 옥황상제 앞에서 각종 형벌을 실시했다. 그러나 역시 서생이 동요하지 않으니, 옥황상제는 지옥의 염라대왕에게로 보내 엄한 형벌을 가하라고 명령했다. 그래서 지옥에 가니 염라대왕이 귀졸을 시켜 온갖 벌을 가하는데, 서생은 역시 입을 열지 않았다. 이에 염라대왕은 방법을 바꾸어, 서생을 세상에 내보내 고통을 당하게 하라고 말하고, 세상에서 가장 괴롭게 사는 사람이 누구냐고 귀졸에게 물으니 가난한 선비의 아내라고 대답했다.

염라대왕은 곧 서생을 태주(台州)의 노처사의 딸로 태어나게 했다. 노처사는 옛날 신선이 되려고 수련하다 실패하고 아이들에게 글을 가르치며 근근이 살아가고 있었다. 노처사의 딸로 태어난 서생은 16세에 이르는 동안, 온갖 질병을 앓으면서 자랐지만 울고 웃는 일이며 말을 하는 일이 없었다. 그래서 시집을 못 가고 있다가 한 가난한 홀아비에게 시집을 갔다.

서생은 시집을 가서 아들을 낳아 기르면서도 말을 하거나 웃는 일이 없었다. 그러니까 남편은 무슨 이런 여자가 있냐며 아들을 빼앗아 섬돌로 쳐서 가루를 내 죽이려고 했다. 이 모습을 본 서생은 '아아!'하고 탄식하는 외마디 소리를 내고 말았다. 그 순간 큰 충격이 가해지더니 곧 서생은 꿈을 깬 것처럼 산속에 앉아 있었고, 옆에서 노인이 수은(水銀)*에 열을 가해 불사약을 단련(鍛鍊)*하고 있다가 실패하고는 한숨을 지으며 다음과 같이 말했다. "운명이로다. 오직 자식에 대한 애착심만 극복했으면 신선약을 이룰 수 있었는데 안타깝지만 어쩌겠느냐? 내 너를 보니 재물에 뜻이 없고 인내심이 있어 보여 신선을 이루게 하려고 시험했는데, 자애심에 걸려 연단(鍊丹)*에 실패했도다. 집으로 돌아가라."라고 말하고 노인은 구름 속으로 사라졌다. 집에 돌아온 서생은 그 뒤 호흡법(呼吸法)*의 수련을 통해 벽곡(辟穀)*을 이루어 명산대천을 돌다가 어디론가 종적을 감추었다.

* 보통문(普通門): 고구려 때에 건립되고 조선 시대에 재건된 평양성 중성의 서문
* 소활(疏闊): 꼼꼼하지 못하고 어설프다
* 빈궁(貧窮): 가난하고 궁색함
* 흠천감(欽天監): 중국 명나라·청나라 때에, 천문·역수(曆數)·점후(占候) 따위를 맡아보던 관아
* 수은(水銀): 상온에서 유일하게 액체 상태로 있는 은백색의 금속 원소
* 단련(鍛鍊): 어떤 일을 반복하여 익숙하게 됨. 또는 그렇게 함
* 연단(鍊丹): 옛날 중국(中國)에서 도사(道士)가 진사(辰砂)로 황금(黃金)이나 약 등(等)을 만들었다는 일종(一種)의 연금술
* 호흡법(呼吸法): 특정한 목적에 따라 숨쉬기를 조절하는 방법
* 벽곡(辟穀): 밥을 먹지 않아도 되는 경지

여학도사의 신기한 약

여학도사가 선관을 통해 편지와 함께 장국진에게 전해 준 신비한 약. 죽은 이에게 먹이면 다시 살려낼 수 있다

용도	치유용
관련문헌	장국진전

무기류-검-절운도의 관련 문헌 <장국진전>에서 해당 내용 확인 가능

용궁에서 받은 선약(仙藥)

먹으면 아무리 고치기 힘든 병이라도 단숨에 나을 수 있다

용도	치유용
관련문헌	장국진전

무기류-검-팔광검의 관련문헌<장국진전>에서 해당 내용 확인 가능

혼신보명단

금호진인이 동네 어린이들을 잡아 와 심장과 간, 그리고 그 피를 약초와 섞어 만든 환약 중 하나. 먹으면 모습이 투명하게 변한다

용도	변신용
관련문헌	쌍성봉효록, 현수문전 등 고전소설

<쌍성봉효록>의 내용은 술/약-약-미혼변심단의 관련 문헌에서 확인 가능.
<현수문전>의 내용은 이러하다. 여진족의 장수 진도관이 혼신보명단을 먹어서 사람들이 자신의 모습을 알아차리지 못하게 한 뒤 송나라 진영에 들어가 박여상과 장계원의 목을 베어 들고 나온다.

회면단(回面丹)

금호진인이 동네 어린이들을 잡아 와 심장과 간, 그리고 그 피를 약초와 섞어 만든 환약 중 하나. 개용단으로 바꾼 얼굴을 원래대로 돌려놓는 약이다

용도	치유용
관련문헌	쌍성봉효록 등 고전소설

술/약-약-미혼변심단의 관련 문헌 <쌍성봉효록>에서 해당 내용 확인 가능

회심단(回心丹)

금호진인이 동네 어린이들을 잡아 와 심장과 간, 그리고 그 피를 약초와 섞어 만든 환약 중 하나. 도봉잠이라고도 불리며, 사람의 마음을 돌리는 힘을 가지고 있다

용도	기타
관련문헌	쌍성봉효록, 현봉쌍의록 등 고전소설

<쌍성봉효록>의 내용은 술/약-약-미혼변심단의 관련 문헌에서 확인 가능
<현봉쌍의록>에서는 진승상의 아들인 진한림과 시부모님이 둘째 부인인 요귀주만을 사랑하자, 첫째 부인 윤씨부인이 진한림과 시부모님께 회심단(回心丹)을 먹여 자신을 사랑하게 만들고 요귀주를 모함한다.

환약 세 알

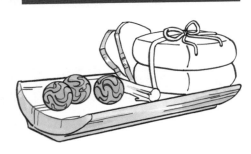

천명도사가 조웅에게 건넨 세 알의 환약. 강력한 치유 효과가 있으며, 죽기 직전의 병도 고칠 수 있다

용도	치유용
관련문헌	조웅전

무기류-검-조웅검의 관련 문헌 <조웅전>에서 해당 내용 확인 가능

기
타

신비한 힘을 가진 구슬과 마법 같은 일을 이루어지게 해주는 해골. 일
반적인 물건들은 아니지만 판타지 세상에서는 빠질 수 없는 특별한 것
들입니다. 오직 이곳에서만 만날 수 있는 특별한 도구들을 소개합니다.

구슬

귀물의 구슬

탄알 크기만 하며 하나는 자주색, 또 다른 하나는 흑색이다.
정확한 사용법은 오직 구슬의 주인인 귀물만이 알고 있다

용도	기타
관련문헌	청구야담

강원도 횡성 읍내에 한 여자가 있었는데, 어느 날 밤 어떤 남자가 들어와 그녀를 겁탈했다. 여자는 어떤 방법을 써서라도 막아보려고 했지만, 속수무책이었다. 그 남자는 매일 밤 찾아왔는데 다른 사람의 눈에는 보이지 않았지만, 그 남자는 다른 사람들을 볼 수 있었다.

모습이 보이지 않아서 여자의 남편이 곁에 있어도 그녀를 범했고, 교합할 때마다 여성은 감당할 수 없는 고통을 받았다. 그 남자를 물리칠 계책이 없었고, 남자는 더 대담해져 밤낮을 가리지 않고 찾아왔으며 사람을 보고도 피하지 않았다.

하지만 그녀의 오촌숙이 들어오는 것을 보면 반드시 밖으로 달아났다. 그녀가 이 사실을 말하자 그녀의 삼

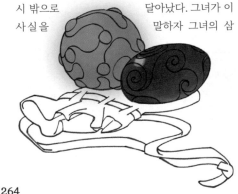

촌은 몰래 무명실 뭉치를 바늘에 매어 그의 옷깃에 꿰매놓으면 어디 있는지 쉽게 알 수 있을 거라고 했고, 그녀는 삼촌의 말대로 하였다.

계책대로 하여 무명실 뭉치를 쫓아가 보니 집 앞 숲속의 빽빽한 나무 아래까지 무명실 뭉치가 있었다. 가까이 다가가 보니 실이 지하로 들어가 있어 땅을 파보니, 썩은 나무 밑동 아래 실이 매어져 있었고 밑동 윗머리에는 탄알 크기만 한 자색 구슬이 한 개 있었는데, 그 광채가 사람을 눈 부시게 하였다. 그녀의 삼촌은 구슬을 뽑아 주머니에 넣고 그 나무 밑동은 불살라버렸다. 그 후 남자는 다시 그녀의 집에 오지 않았다.

그러던 어느 날 밤 그녀의 삼촌 집 문밖에 어떤 사람이 와서 구슬을 돌려주면 부귀와 공명이 소원대로 이루어질 것이라고 했다. 그녀의 삼촌이 구슬을 돌려주지 않자 그 외방인(外邦人)*은 밤새도록 애걸하다가 갔는데 4, 5일 동안 매일 밤 이와 같이 하였다. 그러던 어느 날 저녁 또다시 와서 그 구슬은 자신에게 몹시 필요한 것이지만, 당신에게는 그렇게 꼭 필요한 물건이 아니니 이익이 있는 다른 구슬로 교환해주겠다고 했다. 삼촌이 보여 달라고 하자 귀물이 밖에서 흑색 구슬 한 개를 들여보냈는데, 그 크기가 이전 구슬만 하였다. 삼촌이 그 구슬까지 빼앗고 예전 구슬도 돌려주지 않자 귀물은 통곡하며 그곳을 떠났고, 이후로는 다시 모습을 나타내지 않았다.

그 사람은 매번 사람들에게 구슬을 자랑했지만, 사용법을 귀물에게 묻지 않아 어디에 쓰는지 알 수 없었다. 그 후 그 사람이 출타하였다가 술에 취하여 돌아오는 길에 노상에서 잠을 잤는데, 그때 주머니 속 구슬 두 개가 모두 사라져 버렸으니, 이는

반드시 귀물이 가지고 간 것일 것이다. 홍천 읍민 중에는 그 구슬을 본 사람이 많았다.

*외방인(外邦人): 다른 나라 사람

백원도사의 화전

백원도사의 구슬로 강력한 보배 중 하나. 한 번 흔들기만 해도 상대방을 화염으로 뒤덮어버린다

용도	공격용
관련문헌	장국진전

무기류-검-팔광검의 관련 문헌 <장국진전>에서 해당 내용 확인 가능

붉은 구슬 한쌍

천축도사의 것으로, 이 구슬 한 쌍을 입에 물려주면 죽은 사람이 되살아난다

용도	치유용
관련문헌	금섬전

무기류-검-천축도사의 단검의 관련 문헌 <금섬전>에서 해당 내용 확인 가능

빛의 구슬

정확한 능력을 알 수 없으나, 불을 켜놓은 것처럼 환한 광채를 내뿜으며, 가난하던 소년이 이 구슬을 가진 후 부자가 되었다는 기록이 있다

용도	기타
관련문헌	필원잡기

경주부*에 한 노파가 혼자 외롭게 살고 있었다. 그러던 어느 날 천둥·번개가 몰아치며 천지가 진동하더니 하늘이 맑아지고 밝은 달이 비치었다. 이상하게 생각한 노파가 뜰로 나가보니 달빛에 무언가 반짝이는 것이 보였다. 가까이 가서 자세히 보니 달걀만 한 크기의 구슬이었는데 노파가 그 구슬을 방안으로 들고 들어오

니, 마치 불을 켜놓은 것처럼 환하여 가느다란 털끝도 감별할 수 있었다. 노파가 이 구슬이 보통 물건이 아니라고 생각하고 있었는데 이웃집에 나쁜 짓만 하고 다니는 소년이 노파의 집에 가서 빛의 구슬을 보고는 이런 귀한 물건은 관가에 맡겨야 한다고 하면서 가지고 나갔고, 노파는 소년이 그 구슬을 관가에 가져다준 것으로 알고 있었다. 하지만 6년 뒤 노파가 관가에 가서 구슬을 돌려달라고 호소하자 관가에서는 구슬에 대해서 모른다고 하였다. 결국, 조정에서 관리가 나와 가장 수상한 소년을 추궁하였으나 소년은 정 대감에게 바쳤다고 우겼고 정 대감은 그런 기억이 없다고 했다. 결국 이 사건은 증거가 부족하여 미제사건으로 끝나버

렸지만, 과거 가난하던 소년이 갑자기 부자가 된 것을 봐서 그 구슬을 숨기고 있는 것 같다.

*경주부: 조선시대 때 경주시를 부르던 명칭

빨간 구슬

던지면 호랑이가 나오며 눈앞에 있는 것을 잡아먹는다

용도	공격용
관련문헌	조선동화집

기타-구슬-파란 구슬의 관련 문헌 <조선동화집>에서 해당 내용 확인 가능

삼광주(三光珠)

일월정기가 모여있는 보배로, 인간 세상에는 없는 물건이다. 월섬의 강력한 무기인 조화환(造化環)을 부술 수 있으며, 독을 막을 수 있다

용도	공격용
관련문헌	사각전

무기류-검-벽력도의 관련 문헌 <사각전>에서 해당 내용 확인 가능

세상의 모든 독을 해독하는 구슬

옥황상제의 아홉 번째 딸이 몰래 하늘에서 가지고 내려온 구슬로, 세상의 모든 독을 해독할 수 있다

용도	치유용
관련문헌	민간전승

무기류-갑옷-용갑옷의 관련 문헌에서 해당 내용 확인 가능

여우구슬

여우 요괴가 남성의 정기를 빨아먹을 때 사용하는 구슬. 이걸 먹은 사람은 먹은 후 처음 본 것에 통달하게 된다

용도	기타
관련문헌	표강상전 외 고전소설, 구비전승

어떤 소년이 고개를 넘어 서당에 다녔다. 그러던 어느 날 소년이 고개를 넘어가는데 어여쁜 처녀가 나타나 소년에게 입을 맞추며 구슬을 입안에 넣었다 뺐다 하였다. 그 후로 소년은 고개를 넘어갈 때마다 처녀와 입을 맞추었고 소년의 안색이

점점 나빠졌다.

서당 선생이 소년의 변화를 눈치채고 무슨 일이 있는지 사실대로 말하라고 하였다. 소년이 처녀와의 일을 사실대로 말하니 서당 선생이 다음에 또 처녀가 입을 맞추어 입안에 구슬이 들어오면 구슬을 삼키고 하늘을 보라고 했다.

다음날 소년이 처녀와 입을 맞추다가 입안에 구슬이 들어오자 서당 선생의 말대로 삼켜 버렸다. 그러자 처녀가 구슬을 돌려달라며 소년에게 달려들었다. 소년은 깜짝 놀라 엎어져 땅을 보게 되었고, 구슬을 빼앗긴 처녀는 여우로 변해 산으로 도망가 버렸다.

소년이 서당 선생에게 돌아가서 구슬을 삼키고 엎어져 땅을 보게 되었다고 말했다. 그러자 서당 선생이 만약 구슬을 삼키고 하늘을 먼저 보았으면 천문을 알게 되었을 텐데 땅을 보게 되었으니 풍수와 지리만 알겠다며 안타까워하였다. 소년은 후에 명당을 잘 잡아주기로 유명한 지관(地官)*이 되었다.

이야기를 보면 알 수 있듯 정기를 한 번에 몽땅 빨아버리는 것이 아니라 서서히 빨아들이는 물건이다. 하지만 이 구슬이 사람의 손에 넘어가면 그 용도는 완전히 바뀌게 된다. 여우구슬에 모아둔 정기 때문인지 아니면 다른 이유인지는 모르겠지만 사람이 여우구슬을 먹고 처음 본 것이나 처음 한 행동에 통달하게 된다.

하늘을 보면 천문을 알게 되고, 땅을 보면 지리나 풍수에 통달하며, 여우가 무서워서 무섭다고 비명을 질러 명창이 되기도 하고, 자신을 도와주러 온 스승님의 모습을 보고 인간에 통달하여 의사가 되기도 하는 등 여러 방면에서 능력을 꽃피우게 된다. 그 외에도 그냥 먹었더니 공부를 잘하게 되어서 문장관(紋章官)*이 되었다거나, 그냥 훌륭한 사람이 되었다는 식으로 시시하게 끝나는 경우도 있으며, 여우가 모은 정기가 응축된 물건이라 정력이 좋아진다는 유형도 있는 등 삼키게 된다면 인간에게 이로우면 이로웠지 해가 되는 경우는 없다.

하늘을 보면 천문을 알게 된다고 하는데 어떤 유형에서도 주인공이 구슬을 먹고 하늘을 보는 유형은 없다. 구슬을 먹고 하늘을 보는 유형이 딱 하나 있는데, 이는 주인공이 아니라 서당 선생이 땅을 보고 지리에 통달한 아이의 뒤를 며칠 동안 따라다니다가 그 아이가 변을 누자, 그 속에 들어있던 여우구슬을 꺼내먹고 하늘을 봐 천문을 알게 되었다고 한다.

여우구슬은 굉장히 흥미롭고 독특한 소재다 보니 고전소설에서 그 설화의 내용을 소재로 삼기도 했는데 <서화담전>과 <전우치전>, 그리고 <표강상전>이 그러하다. 하지만 <서화담전>에 나오는 화담의 제자 허운과 <전우치전>의 도사 전우치는 여우구슬을 삼킨 후 하늘을 본다거나 어떤 특정한 행동을 하지도 않았는데, 그냥 바로 신통한 법술을 익히고 천문지리에 능통해지는 식으로 여우구슬의 기능이 간소화되었으며, <표강상전>에서는 여우가 미인과 동자 두 가지 모습으로 변신하는 모습이 나오는데 그 내용은 다음과 같다.

아버지를 찾기 위해 길을 떠나는 강상에게 월정

거사가 강상의 소매를 걷어 글을 써주고는 혼미한 일이 있으면 이를 보라고 했다. 계속 길을 가는 강상 앞에 한 미인이 나타나 아름다운 거문고 소리로 유혹하며 함께 술을 마시자고 했다. 미인이 연주하는 거문고 소리를 들으며 술을 마시던 강상은 술에 취해 정신이 혼미해짐을 느꼈는데, 순간 월정도사의 말이 떠올랐다. 글을 보니 '거문고 소리에 혹하지 말고 구슬을 삼키라'고 적혀 있어 얼른 미인이 가지고 있던 구슬을 삼켰다. 미인이었던 여우는 다시 동자의 모습으로 변하여 표강상의 팔을 칼로 찔렀다. 팔을 찔린 강상이 목숨을 빌자 여우는 구슬을 토해내라고 하였다. 강상은 그렇게 하겠다 하고 토하는 척하다가 명월도사에게 받은 오화선을 휘둘렀고, 여우는 달아났다.

이후 강상이 한 주점에 머무르고 있는데 갑자기 사람들이 달려들어 그를 결박했다. 강상은 어쩔 수 없이 잡혀 한 곳에 이르렀다. 그곳에서 한 노인이 오화선의 출처를 강상에게 물었다. 강상은 명월도사가 준 것이라고 대답했다. 그 노인은 청풍도사로, 형인 명월도사로부터 편지를 받고 그간 사정을 알았다. 그리고 강상은 자신을 찌른 동자가 자신을 도둑으로 모함하였다는 것을 알게 되었다. 이에 동자는 다시 여우로 변하여 달아나려고 했지만 강상에게 단칼에 죽고 말았다.

여우구슬은 사람의 정기를 흡수할 수 있는 보물로 그것을 빼앗기면 여우는 <표강상전>의 여우처럼 칼로 위협을 하며 어떻게 해서든 되찾으려고 하거나, <전우치전>처럼 통곡을 하면서 사라지는 등 여우에게 굉장히 중요한 보물이라는 것을 알 수 있다.

*지관(地官): 풍수설에 따라 집터나 묏자리 따위의 좋고 나쁨을 가려내는 사람
*문장관(紋章官): 문장을 식별하거나 읽는 직책을 맡은 사람

여의주(如意珠)

용의 힘이 원천인 구슬. 이무기가 입에 여의주를 물면 용으로 승천할 수 있는데, 오직 하나만 물어야 용이 될 수 있다고 한다

용도	기타
관련문헌	원천강본풀이, 청장관전서, 기장군지, 알당본 등

<원천강본풀이>의 내용은 이러하다.

아득한 옛날 소진뜰의 적막한 들에 옥처럼 고운 소녀가 솟아났다. 어느 날 그녀를 발견한 사람들이 누구이며 왜 이곳에 살고 있냐고 물어보자, 소녀는 자신은 부모도 모르며 혼자 살아왔다고 한다. 적막한 들에서 부모님 대신 학들이 날개로 감싸 지켜주기도 하고, 떡을 물어다 주기도 하며 소녀를 보살펴 주었다는 것이었다. 사람들은 그녀를 오늘 만났으니 생일도 오늘로 하고, 이름도 오늘이라 하기로 했다. 그렇게 사람들은 오늘이를 마을로 데리고 와서 살았는데, 다른 사람들은 전부 가족이 있었지만 오늘이만 혼자였다. 혼자서 아무도 없는 뜰에서 학들과 살 때는 몰랐지만, 사람들과 살다 보니 오늘이는 자신만 부모님이 없다는 것에 의문을 가지기 시작했다.

어느 날 오늘이를 친손녀처럼 돌보아주던 백씨 부인이 오늘이를 불러서 말하길, 오늘이의 부모님이 꿈에서 나왔는데 그들은 신관과 선녀가 되어 원천강을 지키고 있다고 했다. 그러자 오늘이는 부모님을 만나고 싶으니 원천강이 어디인지 알려달라고 부탁했고, 백씨 부인은 원천강은 사람이 갈 수 없는 먼 곳이라서 못 가게 말렸지만 오늘이의 결의를 꺾을 수는 없었다. 그래서 "남동쪽으로 흰 모래 마을을 찾아가 별층당에서 글을 읽고 있는 도령에

게 길을 물어봐라"라고 조언해 주었다.

백씨 부인의 말대로 남쪽으로 길을 잡아 곧장 걸으니 과연 흰모래 마을이 나타났고, 그곳의 별층당에서는 글 읽는 목소리가 들려왔다. 그 도령의 이름은 장상이로 오늘이가 원천강으로 가는 길을 물어보자 장상이는 서쪽의 연화못의 연꽃 나무에게 길을 물어보라고 하고는 원천강에 가면 자신은 왜 이곳에서 밤낮으로 글을 읽어야 하며, 밖으로 나갈 수 없는가를 알아봐달라고 했다. 오늘이는 그렇게 하겠다 하고는 별층당 빈방에서 묵은 뒤, 다음날 아침 일찍 서쪽으로 길을 떠났다. 한참을 가다 보니 장상이가 말한 연화못이 나타났고, 연못가에는 탐스러운 꽃 한 송이를 피우고 서 있는 연꽃 나무가 있었다. 오늘이가 연꽃 나무에게 원천강에 가려면 어떻게 해야 하는지 물어보자, 연꽃 나무는 아랫길로 곧장 내려가면 청수 바닷가에 큰 뱀 한 마리가 뒹굴고 있을 테니 그 뱀에게 물어보면 될 거라고 했다. 그리고는 원천강에 가거들랑 왜 자신의 가장 윗가지에만 꽃이 피고, 다른 가지에는 피지 않는지 알려달라고 했다. 오늘이는 그렇게 하겠다고 하고 다시 한나절을 걸으니 푸른 물이 넘실거리는 청수바다가 펼쳐지는데, 모래밭에 큰 뱀 한 마리가 뒹굴고 있었다. 오늘이가 다가가 원천강 길을 물으니, 뱀은 길을 알려 줄테니 자신은 여의주가 하나가 아닌 셋이나 있는데 왜 용이 되지 못하는지 알아봐달라고 했다. 오늘이가 허락하자 뱀은 오늘이를 등에 태우고서 청수바다로 스며들었다. 그 길고도 험한 모험 끝에

오늘이는 어느 낯선 땅에 이르렀다.

인적이 없는 낯선 땅을 한참을 걸어가다 보니 길가의 외딴 별층당에서 한 처녀의 글 읽는 소리가 들려왔다. 오늘이가 그녀에게 원천강이 어딘지 물어보자 그녀는 길을 따라 한참 가다보면 우물에서 물을 긷고 있는 선녀들이 있으니 그들에게 물어보면 길을 알려 줄 거라고 했다. 그녀의 이름은 매일이라고 하며 원래는 하늘나라 사람이었지만, 죄를 짓는 바람에 이곳에서 글을 읽는 벌을 받고 있으며, 언제쯤 자신이 이 신세를 면할 수 있는지 알아봐달라고 했다. 오늘이가 매일이와 헤어져 길을 가다 보니 갈래길 옆 우물에서 젊은 여자들이 슬피 울고 있는 모습이 보였다. 오늘이가 그녀들이 우는 이유를 묻자 그녀들은 자신들은 하늘나라의 시녀로 천하궁의 물을 긷는 일을 소홀히 한 죄로 여기서 물을 푸고 있으며, 우물물을 다 퍼야 하늘로 올라갈 수 있는데 두레박에 구멍이 뚫려서 아무리 애를 써도 물을 퍼낼 수가 없다고 했다. 오늘이는 선녀들에게 두레박을 받아 댕댕이 덩굴을 으깨어 뭉쳐서 구멍을 막고 나서 송진을 녹여 틈을 막았다. 송진이 굳은 뒤 두레박으로 물을 푸게 하니 물이 한 방울도 새지 않아 금방 우물의 물을 다 퍼낼 수 있었다. 기뻐하는 선녀들에게 오늘이가 원천강으로 가는 길을 물어보니 선녀들이 함께 가주겠다 하였다. 선녀들이 오늘이를 데리고 한참을 가다 보니 멀리 궁궐 같은 커다란 별당이 보였다. 선녀들은 저곳이 원천강이라며 꼭 부모님을 만나라고 축원을 하고는 하

늘로 올라갔다.

오늘이가 별당에 다가가 보니 집 둘레에 장성이 높으며, 험상궂게 생긴 문지기가 성문을 막고 서 있었다. 오늘이가 부모님을 만나러 왔다고 보내 달라고 했지만, 문지기는 이곳은 아무나 들어 올 수 없다고 막아섰고 오늘이는 땅에 주저앉아 흐느껴 울기 시작했다. 그러자 바위와도 같은 문지기의 마음에도 동정심이 생겨 안으로 들어가 사실을 고하니 이미 울음소리를 들은 신관이 아이를 안으로 들이라 하였다. 신관은 오늘이에게 어떤 아이인데 여기까지 왔는지 물어보자 오늘이는 빈 들에서 학에게 보살핌 받으며 홀로 살던 일부터 수만 리 길을 헤치고 부모를 찾아온 사정을 전부 이야기했다. 단위에 있던 신관과 선녀는 이야기를 다 듣기도 전에 눈물을 흘리며 오늘이를 감싸 안으며 자신들이 부모라는 사실을 밝혔다. 그들이 오늘이를 홀로 남기고 떠난 이유는 천지왕으로부터 원천강을 지키라는 명을 받았기 때문이며 오늘이를 돌보던 학도 그들이 보낸 것이라 했다.

부모님들은 오늘이에게 원천강을 구경 시켜 주었다. 높은 담장이 둘러쳐진 곳에 문이 네 개나 있는데, 첫 번째 문을 열어보니 봄바람이 따스하게 부는 속에 진달래, 개나리, 매화꽃, 영산홍 등의 봄꽃이 가득했고, 두 번째 문을 열어 보니 뜨거운 햇살 속에 보리와 밀 같은 곡식과 채소가 무성했다. 세 번째 문을 열어보니 너른 들판에 누런 벼가 황금빛으로 물결쳤으며, 네 번째 문을 열어보니 찬 바람이 부는 가운데 흰 눈이 세상을 하얗게 뒤덮고 있었다. 이 세상의 봄, 여름, 가을, 겨울이 모두 그곳에서 흘러나오는 것이었다. 부모님을 만나서 만족한 오늘이는 약속을 지키기 위해 돌아간다고 하

였다. 부모님께 그간의 이야기를 들려주니 해답을 알려 주셨고, 오늘이는 훗날 다시 만날 것을 기약하고 길을 나섰다.

먼저 별층당에서 글을 읽고 있는 매일이를 만나 자신과 함께 가면 소원이 이루어질 것이라며, 매일이를 이끌고 바닷가로 갔다. 바닷가에 이르니 큰 뱀이 여의주 세 개를 입에 넣은 채 뒹굴고 있었다. 오늘이는 뱀에게 용이 되지 못하는 이유를 알아 왔다며 바다를 건너면 알려주겠다고 하자 뱀은 기뻐하며 오늘이와 매일이를 등에 태우고 수만 리 물길을 헤엄쳐 청수바닷가까지 데려다주었다. 오늘이는 여의주를 세 개나 물어서 용이 되지 못하는 것이며, 하나만 물면 용이 될 수 있다고 일러주었다. 그러자 뱀은 얼른 여의주 두 개를 뱉어서 오늘이에게 주고 용이 되어 하늘로 승천했다. 다음은 연화못의 연꽃 나무에게 윗가지에 핀 꽃을 처음 보는 사람에게 주면 가지마다 꽃이 필 것이라고 알려주었다. 그러자 연꽃 나무는 얼른 꽃을 꺾어서 오늘이에게 주었고, 그러자 가지가지마다 송이송이 꽃이 피었다. 오늘이와 매일이는 길을 걸어 흰 모래마을 별층당에 이르렀고, 그곳에는 예전처럼 장상이가 글을 읽고 있었다. 오늘이는 장상이에게 '장상이님처럼 몇 년간 홀로 글을 읽은 처녀를 만나면 만년 영화를 누리실 수 있습니다.'라며 매일이를 소개해주었다. 장상이와 매일이는 서로 한눈에 반해 결혼했다. 오늘이는 전에 자신이 살던 마을로 돌아가 백씨 부인을 찾아갔고, 부모님을 만나러 가면서 겪은 일들을 다 이야기하고 여의주를 하나 주었다. 그 뒤 오늘이는 옥황상제의 부름으로 하늘나라의 선녀가 되어 원천강을 돌보며 사계절의 소식을 세상에 전하는 일을 맡게 되었다.

한 손에는 여의주를, 또 한 손에는 연꽃을 들고 원천강을 돌보며 사계절의 소식을 세상에 전하는 일을 맡게 되었다.

<원천강본풀이> 이야기를 보면 여의주는 이무기가 승천하기 위해서는 반드시 필요한 물건으로 등장한다. 하지만 이무기가 여의주가 셋이나 있어도 승천하지 못한 것을 보면 많다고 무조건 좋은 것은 아니다.
<청장관전서>에서는 여의주가 없으면 용이 신묘한 힘을 낼 수 없다고 되어있다.
실제로 <기장군지> 하권에 실려 있는 용천강의 황룡설화를 보면 이미 용이 되어 승천을 하게 되었음에도 여의주를 잃어버려 황룡이 낭패를 겪게 되는 이야기가 있는데, 그 내용은 다음과 같다.

부산광역시 기장군 일광면 용천리의 흐르는 강에 황룡이 살았다. 이 황룡이 여의주를 얻어 승천하던 날 매구가 강가에서 빨래를 하다가 그 모습을 보고 황룡에게 "노란 구렁이가 지랄을 한다."며 조롱했다. 이 매구는 천년 묵은 여우가 여자로 둔갑한 것으로 마을을 돌면서 마을 사람들을 괴롭혀 왔었다. 매구의 조롱에 화가 난 황룡은 하늘로 올라가려다 말고 두 발로 매구를 움켜잡으려고 하였다. 그러다가 가지고 있던 여의주를 용천강에 빠뜨려서 황룡은 하늘로 올라가지 못하게 되어 버렸다. 승천하지 못한 황룡은 매구와 싸움을 벌였는데, 이 싸움 끝에 매구가 죽어 매구로 인한 마을의 환란은 없어졌지만, 황룡이 싸움 중에 큰 꼬리로 강을 내리치는 바람에 강물이 범람하여 논밭이 모두 쓸려가 마을이 폐허가 되어 버렸다. 마을 사람들은 황룡을 달래기 위해 강가에서 고사를 지내 주었다. 마을 사람들의 정성으로 여의주를 찾게 된 황룡은 다시 승천하면서 번개와 비바람으로 조화를 부려 강이 다시는 범람하지 않도록 강둑을 만들어 주었다.

이후부터 황룡이 승천한 곳이라 하여 이 강을 '용천강'이라 불렀고, 마을 이름이 '용천리'가 되었다. 또 용이 승천하다가 다시 돌아온 곳을 '돌용골' 혹은 '회룡 마을'이라 불렀다.

용은 반드시 여의주를 물고 있다는 것이 일반적인데, 제주도의 <알당본>을 보면 나주 목사가 자신이 부임한 마을에서 이무기를 섬기고 있다는 말을 듣고는 가서 그 이무기가 금광주(金光珠)나 여의주(如意珠), 생금 불로초, 팔모야광주를 물고 있는지 확인해보고 어느것도 물고 있지 않자 저건 신령이 아니고 요물이라며 퇴치해버린다. 여기서 팔모야광주는 <산천굿>에 나오는 것과 동일하며, 금광주는 금빛이 나는 여의주와 비슷한 것으로 추측되며, 유형에 따라서는 불로초를 물고 있는 용도 있는 모양이다.

정통주

천년 묵은 용의 뼈 속에서 얻을 수 있는 매우 귀한 구슬. 아픈 곳에 이 구슬을 대고 쪼이면 통증이 깨끗하게 낫고 재발하지 않는다

용도	치유용

관련문헌	천예록

한 역관(譯官)*이 사신을 따라 중국에 가서 고평(高平), 반산(盤山) 지역을 지나니, 마침 여름이라 무척 더웠다. 비가 와서 곳곳에 물이 고였는데, 한 곳은 물이 깨끗하고 좋아서 옷을 벗고 들어가 멱을 감으며 보니, 수면에 구멍이 뚫어져 있고 그 구멍 사이로 바닥에 뼈 하나가 보였다. 그 뼈를 꺼내니 수면에 구멍이 없어졌다. 뼈에는 구슬이 박혀 있었는데, 그 구슬을 뽑고 뼈만 물에 넣으니 수면에는 구멍이 생기지 않았고, 구슬만 물속에 넣으니 다시 수면에 구멍이 생겼다.

그래서 역관은 그 구슬을 감추어 가지고 와서 중국 보석상을 방문했다. 많은 손님을 밀치고 가서 그 구슬을 내놓으니, 남만국에서 온 상인이 놀라면서 값을 물었다. 역관이 상인들에게 값을 정해보라 하니 처음에는 백금 2천 냥을 말했다. 역관이 그렇게는 팔지 않겠다고 하였고, 여러 번 흥정 끝에 백금 4천 냥에 또 2천 냥 상당의 다른 보석을 주겠다고 제안했다. 그래서 팔기로 하고 매매 계약서를 작성한 다음, 백금과 다른 보석을 받고 잔치를 열어 사람들을 대접했다.

역관이 잔치를 하면서 그 구슬의 용도를 물어보니, 남만국 상인은 "이것은 병을 치료하는 정통주라는 것으로, 천년 묵은 용의 뼛속에서 얻어지는 것으로 매우 귀한 것이며, 아픈 곳에 이 구슬을 대고 쪼이면 통증이 깨끗하게 낫고 재발하지 않는다. 남만국 왕이 백금 1만 냥과 1품의 벼슬을 주겠다고 현상을 걸고 찾고 있으나 아직 구하지 못했고, 이제 내가 가지고 가면 1만 냥의 상금과 1품의 벼슬을 얻게 된다."라고 말했다.

역관은 귀국하여 중국에서 가지고 온 보석들을 동래(東萊) 왜관(倭館)에 가져가서 파니 백금 4천 냥과 합해 거의 1만 냥에 가까운 돈이 되었다더라.

*역관(譯官): 통역을 맡아보는 관리

파란 구슬

던지면 커다란 황소가 나오며, 던질 때마다 계속해서 나온다

용도	화수분
관련문헌	조선동화집

옛날에 마음씨 착한 아우와 욕심 많은 형이 살고 있었다. 부모님이 돌아가신 뒤 형은 재산을 독차지하고 아우를 쫓아내 버렸다. 하루는 아우가 길에서 수수 이삭을 주웠다. 아우는 이 수수로 떡을 만들어 팔면 돈을 벌 수 있을거라 생각하고 수수떡을 만들어 시장으로 갔다.

시장으로 가는 길에 나무 그늘에서 배고파하는 할머니를 본 아우는 수수떡을 모두 할머니에게 주었다. 할머니는 고마워하며 저 산꼭대기에 있는 나무 밑에 파란 구슬과 빨간 구슬이 있는데, 파란구슬만 가져가 던지면 좋은 일이 있을 거라고 했다. 아우는 할머니가 말한대로 파란 구슬만 집으로 가져와 던지니 커다란 황소가 나타났으며, 계속해서 던지니 황소가 많이 나타나 아우는 소를 팔아 큰 부자가 되었다. 아우가 큰 부자가 되었다는 소식을 들은 형이 찾아가 어떻게 부자가 되었는지 묻

273

자 아우는 모두 사실대로 알려주었다. 형은 파란 구슬에서 좋은 것이 나왔으니 빨간 구슬에도 좋은 게 나올 거라 생각하고 구슬 두 개를 모두 가지고 집으로 돌아왔다. 형이 파란 구슬을 던지자 큰 황소가 나왔다. 형이 기뻐하며 이번에는 빨간 구슬을 던졌는데, 호랑이가 나와 형과 황소를 모두 잡아먹었다.

팔광주

갈원도사가 황백호에게 준 보물로, 전투 시에 한 번 휘두르면 그 속에 있는 천병만마와 억만의 장수 귀신들이 나와서 도와주고 지켜준다

용도	공격용
관련문헌	황백호전

일상사물-그 외-열봉채의 관련 문헌 <황백호전>에서 해당 내용 확인 가능

팔모야광주

여덟 모가 나있는 구슬이다. 각 모마다 특별한 능력을 가지고 있으며, 상황에 따라 그에 맞는 모를 사용하면 된다

용도	공격용, 기타
관련문헌	산천굿

영산국에서 오대 독자 붉은 선비는 어려서부터 서당에 다녔는데, 그가 15세가 되자 영산각시와 혼례를 치렀다. 이후 붉은 선비는 더 공부하고 싶어 절에 들어가 3년간 공부를 하고 집으로 돌아왔다. 스승은 붉은 선비에게 오늘은 날이 좋지 않다며 다른 날 갈 것을 권했으나, 가족이 너무 보고 싶었던 붉은 선비는 당장 떠나겠다고 했다. 이에 스승은 집으로 가다가 목이 마르면 길 위의 맑은 물 대신 길 아래 흐르는 물을 마셔야 하며, 이후 길을 가다 보면 머루와 다래가 익어갈 터인데, 먹지 말고 그냥 지나가야 하고, 그 후 갑자기 폭우가 쏟아질 테지만 피하지 말고 그냥 계속 길을 갈 것이며, 십년 묵은 나무 위에서 새파란 각시가 불을 꺼달라고 소리를 지를 것인데, 모르는 척하고 불을 꺼주지 말아야 한다며 신신당부를 했다. 선비는 알겠다고 했으나 스승이 신신당부한 일을 모두 어기고 말았다. 붉은 선비가 불을 꺼주자 각시는 재주를 서너 번 돌더니 큰 대망신으로 변해 붉은 선비를 잡아먹겠다고 했다. 선비가 그 이유를 묻자 대망신이 "난 죄를 짓고 쫓겨난 선녀인데 맑은 물과 잘 익은 머루, 다래 같은 청정한 것을 먹고, 불이 붙은 상태에서 폭우를 타고 승천하려 했던 것을 네가 방해했으니 너라도 잡아먹어야겠다."라고 말했다. 이에 선비는 자신이 오대 독자니 잡아먹히더라도 부모님께 하직 인사만이라도 하고 오게 해달라고 사

시가 모의 능력을 가르쳐 주지 않으면 낭군님을 먹을 수 없다고 하자 대망신은 할 수 없이 "미운 사람을 겨누면 저절로 죽는 모이다."라고 알려주었다. 그러자 영산각시는 "미운 건 너다!" 하며 대망신에게 모를 겨누었고, 대망신은 승천도 하지 못하고 죽어버렸다. 대망신이 죽은 것을 본 영산각시는 손짓을 해서 붉은 선비를 불러 도인과 함께 대망신을 화장했다.

정을 했다. 대망신은 그렇게 할 것을 허락해 주었다.

집에 도착한 붉은 선비는 아내에게 이 모든 것을 사실대로 말했다. 이야기를 들은 영산각시는 자신이 먼저 대망신에게 갈 것이니 손짓을 하면 그때 오라고 하고는 대망신이 있는 장소로 향했다. 기다리던 대망신은 영산각시에게 선비를 보지 못 했냐고 물었다. 그러자 영산각시는 그가 자신의 남편인데 남편을 잡아먹으면 자신도 살 수 없으니 남편이 없이도 평생 쓰고, 입고, 놀고, 먹고 할 수 있는 물건을 달라고 했다. 이에 대망신은 각시에게 '팔모야광주'를 뱉어 주었다. 영산각시가 팔모야광주의 쓰임새를 묻자 대망신이 말하길, "팔모야광주의 여덟 모는 각각 특별한 능력이 있다. 첫째 모는 하산(下山)이 명산(名山)이 되는 모, 둘째 모는 명산(名山)이 하산(下山)이 되는 모, 셋째 모는 없던 금전이 저절로 나오는 모, 넷째 모는 없던 사람도 저절로 나오는 모, 다섯째 모는 없던 집도 저절로 나오는 모, 여섯째 모는 금은보화가 저절로 나오는 모, 일곱째 모는 없던 살림도 저절로 나오는 모이다."라고 말했다. 하지만 대망신은 마지막 모의 능력은 알려주지 않았다. 영산각

황제의 여의주

황제가 가지고 있던 여의주 네 개 중 하나로, 우물 속 자라가 묘정에게 보답으로 뱉어 준 것이다. 몸에 지니고 있으면 사람들의 호감을 얻을 뿐만 아니라 존경까지 받을 수 있다

용도	기타
관련문헌	삼국유사

신라 38대 원성왕(元聖王)이 황룡사의 스님 지해(智海)를 궁궐로 불러들여 50일간 화엄경(華嚴經)*을 읽어달라고 했다. 이때 스님을 따라 궁에 들어온 수행자 묘정(妙正)이 금광정(金光井)*에서 발을 씻는데, 우물 속의 큰 자라가 떠올랐다가 잠기곤 하였다. 묘정은 그 자라에게 늘 먹이를 주었다.

스님이 독경을 끝내고 돌아갈 무렵, 묘정도 떠날 준비를 하면서 자라에게 "내가 너에게 50일간이나 먹이를 주었으니, 너는 나에게 무엇으로 보답하려느냐?"라고 말했다. 며칠 후 자라는 그에게 구슬 하나를 토해 주었다.

묘정이 그 구슬을 띠의 끝에 매고 있으니, 임금이 묘정을 몹시 총애하여 곁에서 떠나지 못하게 했고, 조정의 높은 관료 역시 묘정을 총애하여 당나라에 사신으로 가면서 데리고 가려고 하니, 왕이 이를 허락하였다. 당나라에 가서도 황제가 묘정을 총애했고, 당의 대신들도 모두 묘정을 존경하고 경의를 표했다. 이때 한 관상가가 묘정을 보고 황제에게 아뢰기를 "저 묘정이라는 자는 좋은 상이 아닌데 사람들의 존경을 받으니 아마 이물(異物)*을 지닌 것 같습니다. 조사해 보십시오."라고 말했다. 그래서 황제가 묘정을 조사해 보게 했더니 띠에 묶인 구슬을 발견했다. 이것을 본 황제는, "내 여의주 네 개를 보관하고 있었는데, 지난해 하나를 잃었더니 바로 이것이다."라고 말하고, 구슬을 얻은 내력을 물었다. 묘정이 사실을 얘기하니 황제가 여의주 잃은 날짜와 자라가 묘정에게 구슬을 가져다 준 날짜가 같았다. 황제는 묘정의 구슬을 거두어 가고 그를 돌려보내니, 이후로 묘정은 아무에게도 사랑받지 못했다.

*화엄경(華嚴經): 불교 화엄종의 근본 경전
*금광정(金光井): 신라 궁정 내에 있던 우물
*이물(異物): 기이한 물건

돌

경귀석(警鬼石)

암컷과 수컷이 있으며, 항상 용왕의 책상 위에서 잠시도 떠나지 않는 돌이다. 영험한 힘을 가지고 있어 온갖 귀신들이 돌의 그림자만 보여도 도망간다

용도	공격용
관련문헌	어우야담

원사안(元士安)은 소경 대왕 때의 문관으로 이름난 선비다. 그의 형수 남씨는 일찍 죽었으며, 누이동생 원씨는 아직 시집을 가지 않고 있었다. 누이동생이 어느 날 갑자기 정신이 혼미해지더니 미친 소리를 마구 지껄이며 자신이 남씨라고 하였다. 원사안 형제가 "누이!" 하고 부르면 곧 대답하기를, "나는 너의 누이동생이 아니고 바로 너희의 형수인 남씨다. 너희 누이동생의 혼령은 저기에 있다."라고 하면서 창 사이의 빈 공간을 가리켜 보였다. 이는 남씨의 혼령이 원래 있던 곳에서 떨어져 나와 다른 곳에 있다가 원씨 몸으로 들어왔기에 목소리와 행동거지가 모두 남씨였던 것이다. 어떤 때는 그 혼이 떠나기도 하고 어떤 때는 들어오기도 했는데, 혼이 떠나가면 드러누워서 신음하며 끙끙거렸고, 혼이 들어오면 일어나 용모를 바로 잡고 남씨의 말씨로 말했다. 이렇게 된 지 1년 정도 지나자 원씨의 정신과 기운은 날로 상해 구제할 수 없을 지경에 이르렀다.

원주(原州)는 원씨 집안의 본관으로 그곳에는 오래된 장원(莊園)*이 있었다. 원씨 부모는 그 딸을 이끌고 원주로 돌아가 귀신을 피하고자 했으나 귀신 또

276

한 그들을 따라와 원씨를 못살게 구는 것이 더욱더 심하였다. 하루는 귀신이 나가 노닐다가 돌아오지 않았는데, 수염과 눈썹이 하얗게 센 한 장부가 대청으로 내려와, "나는 너희 집안의 선조이니라. 내 자손이 귀신에 씌었다는 말을 듣고 너에게 좋은 처방을 일러 주러 왔다. 여주와 원주의 경계에 우만이라는 강이 있다. 강 가운데로 수십 보 들어가면 자수정이 있을 것인데, 길이가 두어 촌에 폭이 한 촌쯤 되는 것이 수십 개 있을 것이다. 너희 형제들은 사람이 변변하지 못하고 아둔하여 이 일을 맡기에 부족하니, 네가 가서 그것을 가져오너라. 내 마땅히 가려내 줄 것이다."라고 말했다.

원사안은 그 말대로 우만에 가니 강 가운데 모래톱이 있는데, 과연 자수정이 많았다. 원사안이 수십 개를 선조에게 가져가니 장부가 꾸짖으며 모두 진짜가 아니니 다시 가서 살펴보라고 했다.

원사안이 다시 가서 강을 살펴보니 옅은 여울에 또 수십 개의 자수정이 있어서 모두 가져왔다. 선조가 그중 하나를 골라주면서 "이것은 경귀석(警鬼石)이라 하는 돌인데 암컷과 수컷이 있다. 항상 용왕의 책상 위에서 잠시도 떠나지 않는 것인데, 마침 최근에 용왕이 밖에 나가 노닐어서 이 돌이 잠깐 호숫가로 놀러 나온 것이다. 수컷은 네가 다시 찾을 줄 알고 호수 깊은 곳으로 피해 들어갔으며, 지금 네가 얻어 온 것은 암컷이다. 애석하구나! 네가 처음 갔을 때 둘 다 얻어왔어야 했는데…. 하지만 이 돌의 영험함은 비할 바가 없으니, 온갖 귀신들이 그림자만 보고도 달아날 것이야. 항상 옷의 허리띠에 차고 잠시도 몸에서 떼지 말도록 하거라. 다른 사람들이 혹 구하더라고 삼가고 주지 말아야 한다."라고 말했다.

이로부터 원씨가 밤낮으로 이 돌을 차고 있자 그 귀신은 문밖에 와서 서성대다 결국 들어 오지 못하고, 이내 두 번 다시는 오지 않았다. 그 후로 정안의 사대부 집에 귀신이 들면 이 돌의 영험함에 대해 듣고 지성으로 와서는 빌리고자 하였다. 원사안은 차마 거절하지 못해 간혹 주기도 했는데, 이것을 차면 매번 효험이 있었다.

그러다 이 돌을 벽 위에 걸어놓았다가 잃어버렸는데 나중에 술독에서 찾았으니, 벽 위에서 잘못해서 술독 속으로 떨어진 것이었다. 이후로 돌의 신령한 기운이 손상되어 효험이 없는 경우가 많았다.

* 장원(莊園): 중국에서, 한(漢)나라 이후 근대까지 존속한 궁정 · 귀족 · 관료의 사유지

바위 속 마을

옛날에 난리가 나면 피난하던 곳이라고 한다

용도	방어용
관련문헌	임석재 전집 한국구전설화

강동군 삼등면 제령리에 큰 산이 있는데 이 산기슭에 큰 바위가 있다. 이 바위 중턱에 조그마한 구멍이 뚫린 것이 있는데, 이것은 옛날에 난리가 나면 피난하던 곳이라고 한다. 이 바위 구멍에 들어가 보면 물이 강처럼 많이 흐르고 있는데, 이 강물을 건너가면 바다가 있고, 그 바다를

건너가면 사람이 많이 사는 마을이 있다고 한다. 그런데 이 마을 사람들은 어디로 다니는지 아무도 모른다고 한다.

주석(酒石)

바닷속에서 나는 작은 돌. 그릇에 담아두면 좋은 술이 저절로 우러나오며, 이는 천 년이 가도 마르지 않는다

용도	기타
관련문헌	청구야담

옛날 한양의 자하동에 사는 정진사는 의학을 취미로 할 뿐 벼슬에는 나가지 않는 유유자적한 삶을 즐기고 있었다. 그러던 어느 날 새벽에 잠이 오지 않아 깨어있는데, 어떤 잘생긴 소년이 찾아와 자신의 이름은 백화(白華)며, 선생의 높으신 이름을 듣고 만나 뵙고 싶어서 찾아왔다고 했다. 그리고 소년은 소매에서 술과 술잔을 꺼내 정진사에게 술을 바쳤다. 술을 좋아하는 정진사는 그것을 받아 마셨는데, 그 맛이 매우 맑고 시원하여 평생 처음 마셔보는 술이었다. 정진사가 술을 다 마시자 백화는 자신의 아버지가 병이 있는데 별의 별 약을 써도 나을 기미가 보이지 않아 찾아왔다면서 부디 자신의 집에 와달라고 했다.

갑작스러운 요구에 정진사는 당황했지만 이미 술을 얻어 마신 뒤라 거절하는 것도 예의가 아니라고 생각하여 소년을 따라나섰다. 백화는 정진사를 큰 배에 태워 며칠간 항해를 하자 구름과 바다가 하늘과 맞닿은 신비스러운 땅이 나타났다. 바닷가에는 비단 장막이 쳐져 있었고, 말과 수레가 가득했는데 그 또한 처음 보는 것이었다. 백화의 안내를 받아 궁궐로 들어간 정진사는 화려한 궁실을 보고 깜짝 놀라며 백화에게 여기가 어딘지 물어보았다. 백화는 이곳은 백화주(白華州)라는 땅이고, 자신은 백화주의 태자라고 했다. 그리고 자신의 아버지인 왕이 오랜 병을 앓고 있으며 전혀 낫지 않아서 정진사를 모셔온 것이라고 했다.

여기까지 와서 거부할 수도 없어서 정신사는 왕을 만나보았다. 왕은 특이하게도 등에 소나무 한 그루를 지고 앉아 있었다. 놀란 정진사가 어떻게 된 것이냐고 묻자 왕은 자신이 어릴 때부터 소나무 잎과 뿌리와 싹을 삶거나 지져 먹는 것을 좋아했는데 어느 날부터 등이 가렵더니 소나무가 자라났다고 했다. 그리고 등에서 자라난 소나무 때문에 잎에 찔려 따갑고, 무거워서 고통스러우니 제발 고쳐달라고 했다.

장진사는 수많은 의학책을 보았으나 등에 소나무가 자란 병을 듣지도 보지도 못했기 때문에 무슨 병인지 알아낼 시간이 필요했다. 그래서 물러가서 생각해보고 필요한 약을 가져오겠다고 했다. 정진사는 사흘 동안 고민한 끝에 문득 무언가 떠올랐는지 백화 태자에게 도끼 백 개와 가마솥 하나, 장작 백 개와 냉수 한 항아리를 가져와달라고 했다. 백화 태자가 그 말대로 모든 것을 준비해주니 정진사는 가마솥에 냉수와 도끼 백 개를 함께 넣은 뒤

장작불로 가마솥을 끓였다. 그 도끼 달인 물을 왕의 등에 난 소나무에 뿌렸더니 소나무가 점점 마르고, 솔잎이 떨어져 나갔으며, 그 물을 직접 마시게 하자 소나무는 흔적도 없이 녹아버렸다. 왕과 태자는 매우 기뻐하며 병의 처방을 어떻게 알았느냐고 묻자 정진사는 음양오행에서 나무를 이기는 건 쇠기 때문에 쇠로 만든 도끼를 삶은 물로 소나무를 죽인 거라고 했다.

왕은 정진사를 위해 잔치를 열어 그를 성대하게 대접해주었고 선물로 작은 돌 하나를 주었는데, 그것은 주석(酒石)이라고 했다. 주석은 바닷속에서 나는 것인데, 그릇에 두면 좋은 술이 저절로 우러나와서 천년이 가도 마르지 않으며, 백화 태자가 정진사를 처음 만났을 때 준 술도 그 돌에서 나온 거라고 했다. 술을 좋아하는 정진사는 주석을 사양하지 않고 받았으며, 집으로 돌아와 행복한 삶을 보냈다.

환혼석(還魂石)

파란색의 빛이 나는 돌로, 죽은 사람 혹은 동물의 곁에 놔두면 그 대상이 다시 되살아난다

용도	치유용
관련문헌	어우야담

어느 마을에 있는 큰 나무에 학 한 쌍이 둥지를 틀고, 알을 낳고 살았다. 마을에 사는 아이 하나가 나무 위에 올라가 둥지에서 알을 꺼내 장난을 치다가 알을 깨뜨리고 말았다. 깨진 알에서는 죽은 새끼학이 나왔다. 노인은 생명을 함부로 죽인 아이를 혼내었고, 아이는 깨진 알과 함께 죽은 학 새끼를 둥지에 올려놓았다. 학부부는 죽은 새끼를 보고 슬피울더니 그중 한 마리가 어디론가 날아가 파랗게 빛

나는 돌멩이를 물고 돌아왔다. 그 파란 돌이 둥지에 들어가자 죽었던 새끼 학이 살아났다. 나무 아래에서 이 광경을 지켜본 노인은 이를 신기하게 여겨 나무 위로 올라가 파란 돌멩이를 가지고 집으로 돌아왔다. 노인은 아들에게 자신이 본 것을 이야기해주며 잘 간직하라 하고 돌을 주었다. 아들은 아버지의 말을 전부 믿지는 않았지만, 일단은 그 돌을 가지고 다녔다. 얼마 후 아들은 중국에 가게 되었고, 자신이 머무는 숙소의 많은 사람 앞에서 그 돌을 보여주었다. 그 돌을 본 외국 장사꾼은 천금을 줄 테니 그 돌을 자신에게 팔라고 했다. 아들은 그렇게 하겠다고 했고, 장사꾼은 돈을 가져오겠다며 잠시 자리를 비우게 되었다. 큰돈을 벌 생각에 기분이 좋아진 아들은 돌을 보았다. 그런데 돌을 자세히 살펴보니 지저분한 것 같았다. 이를 보고 장사꾼이 돈을 덜 줄까 봐 모래와 돌을 가져다가 파란 돌을 박박 문질러 표면을 말끔하게 했다. 이윽고 돈을 가져온 장사꾼은 파란 돌멩이를 보더니, 실망하면서 이러면 돈을 줄 수 없다고 도대체 돌에 무슨 짓을 한 거냐며 따졌다. 아들이 의아해하면서 왜 그러냐고 묻자 장사꾼이 말하길 이 돌은 저 먼 서쪽 사막인 유사(流沙)*에 있는 아주 희귀한 보물로, 죽은 생명의 영혼을 돌아오게 하는 환혼석(還魂石)이라는 물건으로 이 돌을 시체 곁에 놔두면 죽은 사람이나 동물이 다시 살아난다고 했다. 하지만 아들이 환혼석의 표면을 죄다 닳아버리게 해서 신비한 힘이 전부 없어져 단순한 돌멩이가 되어버렸다고 했다.

* 유사(流沙): 중국 서부, 서역(西域)의 사막 지방

물

경액(瓊液)

이 물을 마시면 먹지 않아도 배가 고프지 않으며, 수명이 늘어나 장수할 수 있다

용도	치유용
관련문헌	학산한언

강원도 고성의 유동지는 젊어서 동네 사람 23명과 함께 배를 타고 미역을 채취하러 바다에 나갔다. 돌아오다가 풍랑을 만나 배가 표류해 어느 섬에 닿았는데, 기절했다가 깨어나 보니 24명 중 5명만 살아 있었다. 5명이 사방을 헤매다가 또 2명이 죽고, 그렇게 3명이 남아 모래밭에 누워 있었다. 이때 어디선가 두 동자가 와서 우호(羽壺)*에 든 물을 우상(羽觴)*에 부어, 한 잔씩 주었다. 이것을 마시고 나니 정신이 들었다. 두 동자가 말하기를, 자기들 선생이 "여기에 표류해 온 사람이 있을 테니 데리고 오라."고 말하여 이곳에 왔으니 같이 가자고 했다. 그래서 동자를 따라가니 얼굴 검은 노인이 있었고, 이 노인도 역시 고성 사람으로서 옛날에 표류해 와서 돌아가지 않고 이 섬에 살고 있다고 말했다. 노인이 얘기하는 고향의 가족들을 들어보니, 이 노인은 세 사람의 증조부나 조부의 친구뻘이었고, 비슷한 나이의 사람들은 벌써 5~60년 전에 모두 사망한 상태였다.

이 섬은 고성에서 3만 리 떨어져 있고, 해 뜨는 곳에서 역시 3만 리 떨어져 있는 동해 가운데의 섬으로, 섬 이름은 단구(丹邱)*라 했다. 섬에서는 음식을 먹지 않았고, 앞서 그 동자가 주었던 경액(瓊液)이라는 물만 마시고 산다는 것이었다.

얼마 후 세 사람은 여기까지 왔으니 해 뜨는 곳의 광경을 보여달라고 노인에게 졸랐다. 노인은 두 동자를 시켜 배를 저어 동해 밖으로 나가 보여주라고 했다. 세 사람은 배를 타고 동쪽으로 가는데, 동자가 주는 경액을 세 번 받아 마시며 배에 엎드려 있으니 배가 나는 듯이 달려 일출 지역에 닿았다. 세 사람은 큰 해가 떠오르는 그 장관을 보고, 해 뜨는 산봉우리 넘어서의 쪽도 가보고 싶다고 하니, 동자들은 "거기는 우리 선생도 아직 가보지 못한 곳이니 불가능하다."라고 말했다.

이렇게 일출 광경을 구경하고 역시 갈 때처럼 엎드려 있으니 다시 섬으로 돌아왔다. 이때 배 안에서 유동지는 경액 두어 병을 훔쳐 옷 속에 감추었다. 여러 날 지나고 세 사람은 노인에게 고향으로 가게 해달라고 조르니, 노인은 "여기 하루는 세상의 1년으로 벌써 50년이 지났을 것이니 가봐야 아는 사람은 다 죽었고, 살기 어려울 테니 그냥 이 섬에서 살거라."라고 말하며 말렸다. 그러나 세 사람이 강하게 귀향을 요청하니, 노인은 동자를 시켜 세 사람을 배에 태우고 고성으로 데려다주라고 하면서, 지남철(指南鐵)*을 동자에게 주었다. 그러고 방향을 가르쳐 주었는데, 이 지남철은 노인이 표류해 올 때 갖고 온 것이라 했다. 동자는 세 사람을 고성 근처에 내려주고 떠났고,

세 사람이 고향 집으로 돌아오니 이미 그 부모들은 40여 년 전에 사망했고, 아내들도 모두 죽고 없었으며, 세 사람이 바다로 나간 날을 제삿날로 정해 제사를 모시고 있었다.

이후 유동지는 숨겨 가지고 온 경액을 마시고 밥을 먹지 않으니 200여 세까지 살았는데, 다른 두 사람은 돌아온 후로 밥을 먹어 수년 후에 죽었다. 사람들과 관장(官長)*들은 유동지를 찾아와 옛날얘기를 물어서 매우 귀찮게 되었다.

경액이 아니라 신선이 약이나 둥근 떡을 주어 그것을 먹으니 배가 고프지 않았다는 이야기도 있다. 신선이 선주나 동자삼을 주는 경우도 있는데 이 경우에는 먹어도 별다른 일이 일어나지 않는다.

* 단구(丹邱): 동해 바다 한가운데에 있다는 이상향으로, 신선이 살며 밤도 낮과 같이 늘 밝다는 곳
* 우호(羽壺): 새 날개 모양의 작은 항아리
* 우상(羽觴): 새 날개 모양의 잔
* 지남철(指南鐵): 쇠를 끌어당기는 자기를 띤 물체
* 관장(官長): 관가의 관가의 장(長)이란 뜻으로, 시골 백성이 고을 원을 높여 이르던 말

삼천리의 약수

저승의 약수 삼천리에 흐르는 물. 아픈 사람의 입안에 흘려보내주면 병이 씻은 듯이 낫는다

용도	치유용
관련문헌	바리데기

유기물-꽃-뼈살이꽃의 관련 문헌 <바리데기>에서 해당 내용 확인 가능

젊어지는 물

마시면 젊어지는데 마시는 양에 따라 그 정도가 달라진다

용도	변신용
관련문헌	임석재 전집 한국구전설화

옛날에 한 사람이 산으로 나무를 하러 갔다. 숲 사이에 늪이 있었는데, 그 늪의 물이 너무 맑아 보여서 그 물을 마셨다. 그랬더니 이 사람은 젊은 청년이 되었다. 나무를 하고 집으로 가니 아내가 웬 남자 놈이 남의 집에 들어오냐면서 내쫓으려고 했다. 남자가 남편이라고 말해도 아내는 자기 남편은 그렇게 젊지 않다며 믿지 않고 자꾸 나가라고 했다. 그래서 남자가 자초지종을 이야기하자 아내는 자신도 젊어져보겠다며 산으로 올라갔다. 그런데 아무리 기다려도 돌아오지 않아서 찾으러 가보니 조그마한 아기가 울고 있었다. 남자가 누구냐고 묻자 아기는 당신 아내인데 젊어지겠다고 그 물을 너무 많이 마셨더니 아기가 되어버

렸다고 말했다. 이 말을 들은 남자는 아기가 된 아내를 업고 집으로 돌아왔다고 한다.

청석봉 옥장천의 물

청석봉 옥장천에서 솟아오르는 옥같이 맑은 물로, 이 물을 석 달 열흘간 마시면 천하무적의 장수가 될 수 있다

용도	변신용
관련문헌	구전설화

무기류-검-만근도(万斤刀)의 관련 문헌 구전설화에서 해당 내용 확인 가능

부적

대망의 부적

천오백 년 묵은 대망의 부적으로, 한 장으로도 수백만의 군사를 불러낼 수 있다

용도	공격용
관련문헌	장한절효기

무기류-검-검각산 신령의 보검의 관련 문헌 <장한절효기>에서 해당 내용 확인 가능

백원도사의 부적

백원도사의 부적으로, 신병들을 불러낼 수 있다

용도	공격용
관련문헌	장국진전

무기류-검-절운도(切雲刀)의 관련 문헌 <장국진전>에서 해당 내용 확인 가능

부적

많은 고전 소설에서 다양한 인물들이 사용하는 도구로, 보통은 용도에 따라 그에 맞는 글과 그림이 그려져있다. 용도에 따라 다양하게 사용할 수 있으며, 많은 일을 해결해주는 만능도구 역할을 한다

용도	공격, 저주, 방어 등 다양
관련문헌	최치원전, 하진양문록 등 고전소설 다수

많은 고전소설에서는 부적이 주로 모든 일을 해결해주는 만능도구로 등장하며, 그 능력은 작품에 따라 천차만별이다. 요괴나 귀신을 쫓아내거나 봉인하는 것은 물론이며, 기후를 마음대로 다루거나 상대의 요술이나 도술을 무효화시켜버리기도 한다. 또한, 저주가 담긴 부적으로 원인 모를 병에 걸리게 하기도 한다.

<최치원전>의 내용은 이러하다. 최치원이 중국의 황성 대궐에 들어갈 때 세 개의 문을 지나야 하는데 중국의 간신들이 그 문마다 최치원을 죽이기 위한 함정을 설치해 두었다. 첫 번째 문에는 여러 명의 악인을 숨겨두었는데, 치원이 들어오면 풍악을 요란하게 울려 정신을 못 차리도록 하고, 두 번째 문에는 함정을 파놓고 그 위에 얇은 판을 깔고 흙을 덮어 음악 소리에 정신을 못 차리는 치원을 빠져 죽게 하려 했다. 만약 최치원이 운 좋게 함정을 피해 들어왔을 때를 대비하여 세 번째 문에는 사나운 코끼리를 숨겨두었다. 최치원의 아름다운 부인은 최치원에게 푸른색과 붉은색, 노란색의 부적 석 장을 주면서 문을 지날 때마다 하나씩 던지라고 알려주었다.

최치원이 첫 문을 들어가는데 요란한 음악 소리가 들려왔다. 최치원이 붉은 부적을 던지자 악인들 앞에 붉은 옷을 입은 자들이 수천 명이나 나타나 '큰 손님이 오시니 떠들지 말라!'며 쇠뭉치를 휘두르며 위협하여 풍악을 울리지 못하게 했다.

두 번째 문에서 푸른 부적을 던지자 함정 속에 큰 뱀들이 우글우글하게 가득 찼다. 최치원이 판 위로 지나가도 뱀들이 함정 공간을 가득 메우고 있었기 때문에 함정에 빠지지 않고 지나갈 수 있었다. 마지막 문에 이르러 코끼리가 숨어있는 휘장 안에 노란 부적을 던지니, 부적이 노란뱀으로 변해 코끼리의 입을 감아 코끼리가 입을 열지 못하게 했다.

<하진양문록>에서는 귀비 장씨와 귀비 여씨가 궁궐에 수많은 부적과 요기가 담긴 해괴한 것들을 숨겨놓아 요괴의 힘으로 황후를 죽이려고 했으나, 하옥윤과 세백에 의해 모든 일이 실패하고, 귀비들은 처형당하게 된다.

이외에도 <왕현전>에서는 양순도사가 유준과 왕충에게 화공을 피하는 부적과 도술을 피하는 부적을 가르쳐 사용한다.

<현수문전>에서는 계양춘이 쓴 부적을 사용하니 닫혀있던 성문이 저절로 열려버리며, <장한절효기>에서는 성산도사가 부적으로 백만대군, 혹은 큰 뱀을 불러내는 모습을 보여주며, <태원지>의 종황은 동물의 가죽이나 신장의 그림들에 부적을 사용하여 동물이나 신장들을 만들어내 요괴들을 퇴치한다.

<보은기우록>에서는 악룡에 부적을 붙여 용총마
로 만들어 타고 다니며,
<매화전>에서는 동자가 바위에 붙여 백마로 바꾸
기도 한다.
<권용선전>에서는 안개와 구름을 뿜는 괴물에게
부적을 붙여 피해를 주는 단순한 유형도 있다.
즉, 고전 소설에서 부적은 도술, 도술 방어, 요괴나
귀신의 접근 방어, 소환, 변신, 저주 등 다양한 상황
에서 어떤 일이든 다 할 수 있는 도구라 할 수 있다.

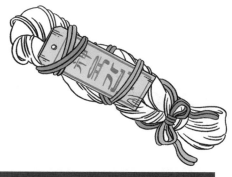

육갑부(六甲符)

홍록(紅綠)실 36가닥으로 묶여 있는 부적이다. 가지고 있으
면 몸을 숨길 수 있다

용도	변신용
관련문헌	동야휘집

기타-그 외-하늘을 나는 종이학의 관련 문헌 <동야휘집>에
서 해당 내용 확인 가능

종황의 부적

고양이 등의 동물 가죽과 허수아비, 닭의 깃털 등에 붙여서
사용하며, 이 부적을 붙이면 그 대상이 진짜로 변해서 전투
에 사용할 수 있다

용도	공격용
관련문헌	태원지

문방구-책-하늘의 계시를 적은 책의 관련 문헌 <태원지>에
서 해당 내용 확인 가능

살만부(殺萬符)

남성도사의 세 가지 보배 중 하나. 하늘에서 내려온 72가지
살기를 모아 만든 강력한 부적이다. 부적을 불에 태운 후 진
언을 외우면, 독기가 입에서 나와 천만인(千萬人)이라도 즉
각에 죽는다

용도	공격용
관련문헌	남정팔난기

일상사물-줄-혼천승의 관련 문헌 <남정팔난기>에서 해당 내
용 확인 가능

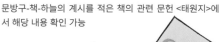

조각상

5마리의 인조룡

신선인 손기가 업룡을 물리치기 위해 사용한 다섯마리 용 조각상. 흑룡, 적룡, 청룡, 백룡, 황룡으로 구성되어 있다. 사신(四神)깃발과 함께 놓고, 버들가지에 물을 묻혀 뿌리면서 해당 용을 부르면 조각상에 생명이 깃들어 용이 되어 싸운다

용도	공격용
관련문헌	영이록

사악한 업룡(業龍)의 장난 때문에 송나라의 황제가 병에 걸려버렸다. 신선인 손기가 업룡을 물리치기 위해 여덟 모서리를 가진 단을 쌓고, 그곳에 사신(四神)과 다섯 용의 조각상을 배치하였다. 북쪽에는 현무의 깃발을 세우고, 여섯 자 크기의 흑룡(黑龍)을 만들어 앉히고, 남쪽의 단 위에는 주작의 깃발을 세우고, 일곱 자 크기의 적룡(赤龍)을 만들어 앉히고, 동쪽의 단 위에는 청룡(靑龍)의 깃발을 세우고, 여덟 자 크기의 청룡을 만들어 앉히고, 서쪽의 단 위에는 백호의 깃발을 세우고, 넉 자 크기의 백룡(白龍)을 앉혔다. 마지막으로 단의 중앙에 '북두태을성'을 그린 누런 깃발을 세우고, 다섯 발톱을 가진 금빛용을 만들어 앉혔다.

모든 준비를 마치고 업룡이 날아오길 기다리다가 업룡이 나타나자 손기는 버들가지에 동해 수를 묻혀 동쪽으로 뿌리며 "나무의 정기를 받은 동방의 청룡은 급히 일어나 저 업룡을 맞아 싸워라."하고 외치자 청룡이 발톱을 벌리고 뛰어올라 검은 업룡과 싸웠다. 그러자 업룡은 일백 자나 되는 검고 큰 용으로 변해 달려드니 청룡의 힘이 점점 빠져 대적하지 못하게 되었다.

그러자 손기가 또다시 버들가지에 물을 묻혀 서쪽으로 뿌리며 "호수의 정령인 서방의 백룡은 급히 일어나 청룡을 도와 싸워라."하고 외치자 백룡이 갈기를 세우고 공중에 올라 업룡과 싸웠는데, 여전히 적수가 되지 못했다. 손기가 이번에는

물을 남쪽으로 뿌리며 "부엌의 정령인 남방의 불의 용아! 오늘 네가 때를 만났으니 빨리 나가 싸움을 도와라."하고 외치자 적룡이 지느러미 세우며 올라가 싸웠으나, 역시 이기지 못했다.

손기가 장 천사에게 칠성검을 휘두르게 하고는 금빛용을 불렀다. "중앙에 있는 금빛용은 급히 힘을 다하여 저 업룡을 쳐라!"하고 외치자 금빛용이 입을 크게 벌리고, 번갯불을 타고, 공중으로 솟아올라 싸웠다. 바람이 크게 일어나고 번쩍번쩍하는 번갯불이 공중에 휘돌았다.

하지만 업룡은 네 마리 용과 싸우면서도 전혀 물러나지 않았다. 손기가 버드나무 가지에 북해 수를 뿌리며 "거북이 정령인 북방의 흑룡은 급히 싸움을 도우라."하고 외치자 흑룡이 꼬리를 치고 발톱을 세우며 올라가 싸웠다. 용들 하나하나에 생명을 불어넣어 다섯 마리의 용들을 동원하여 업룡을 몰아치자 업룡은 달아나게 되었다. 장난이 달아나는 업룡에게 칠성검을 휘둘렀지만 업룡이 급히 몸을 비틀어 피하는 바람에 중상은 입었으나 목숨은 건져 동북쪽으로 달아났다.

귀신이 붙은 불상

나무로 조각한 것에 금을 입혀 만든 불상. 산 귀신이나 나무 도깨비 등이 불상에 붙어, 불상에 기도하는 자의 소원을 들어준다

용도	기타
관련문헌	어우야담

나옹(懶翁)은 고려 말의 신승이다. 회암사(檜巖寺)의 주지가 되어 부임해 가는데, 절에서 십 리쯤 못 미치는 곳에서 찢어진 납의*를 입고 대삿갓을 쓴 어떤 사람이 길가에 엎드려 그를 알현하였

다. 나옹이 누구냐고 묻자, 그 사람이 "빈도는 절에 있는 시주승입니다. 대사께서 저희 절에 오신다는 말을 듣고 감히 길에서 기다리고 있었습니다."라고 대답했다.

나옹은 그에게 앞장서라고 했는데, 그는 물속을 건너면서도 옷자락을 걷지 않고 평지를 걸어가듯이 하는지라, 나옹은 마음속으로 그가 사람이 아님을 알았다. 절 문에 들어서자 그가 간 곳을 알 수 없었다. 나옹은 절에 들어와서는 예불도 하지 않고 곧장 행랑으로 가 머무르니, 절의 중들이 괴하게 여겼다. 조금 있다가 중들에게 한 다발의 삼으로 만든 동아줄 수십 길을 준비하게 하니, 여러 중이 더욱 이상하게 여기며 "대사께서 처음 오셔서 예불도 드리지 않고, 먼저 물건을 징발하고 인력을 동원하니 어찌 된 일입니까?"라고 말했다.

그러나 주지의 명이라 감히 거역하지 못하고, 갖추어 올리자 나옹은 대불전(大佛殿)*에 올라 건장한 중 백 명을 뽑아서 지시하기를, 굵은 동아줄로 몇째 번 자리에 있는 장육불(丈六佛)*을 얽어매어 땅에 쓰러뜨리라고 했다. 절에 있던 늙은 중들이 모두 모여 합장하며 나옹을 말렸다.

"예전부터 이 불상은 영험하여 범상치 않습니다. 비를 빌면 비가 오고, 병이 나서 빌면 병이 나

앉고, 아들을 빌면 아들을 잉태하여 무릇 기원하는 바에는 곧바로 응함이 있었습니다. 대사께서 처음 하시는 일에 대중들이 귀를 기울이고 눈을 닦고 보는데, 제일 먼저 불상을 쓰러뜨리게 하시니 매우 괴이한 일입니다." 이에 나옹은 눈을 부릅뜨며 "너희들은 내가 시키는 대로만 하거라!" 하며 승려들을 꾸짖었다.

여러 중이 감히 거역하지 못하고 일제히 힘을 합해 불상을 끌어당겼다. 불상은 나무로 만든 것에다 금을 입혀 무거운 것이 아니었는데도 100명이 끌어당겼지만, 전혀 움직이지 않았다. 늙은 승려가 눈썹을 추켜 올리며 "과연 사람들의 말과 같도다. 영험한 불상을 모욕해서는 안 되니 커다란 우환이 있을 것이다." 라고 말했다.

하지만 나옹이 불상이 있는 곳으로 올라가 한 손으로 그 불상을 밀자, 즉시 땅바닥으로 쓰러졌고, 밖으로 끌어내 승려들 앞에 놓고는 땔나무를 쌓아 불태우자 노린내가 산에 가득하였다. 그러고 나서 다시 불상을 만들어 세웠는데 또다시 요환(妖幻)*이 있자 전처럼 불태워 버렸다. 세 번째로 만들어 세웠더니 다시는 재앙이 없었다.

나옹은 이에 불상을 안치하며 말했다.

"무릇 불상을 안치하고 향불을 피워서 공양을 올리는데, 간혹 산 귀신이나 나무 도깨비가 불상에 붙어서 거짓으로 석가여래의 신령한 환술인 것처럼 꾸미는 경우가 종종 있다. 이른바 아무 절에 영험한 불상이 있어서 감통(感通)하여 즉시 감응이 있다고 하는 것들은 모두 이런 따위들이다. 어리석은 중들이 그것을 받들어 모시는데, 간혹 절 전체가 화를 입고 중들이 까닭 없이 죽는 일까지 벌어지기도 하니, 두려워하지 않을 수 있겠는가?"

이처럼 나옹은 신통한 고승이다. 대개 사물이 오래되면 신령해지고, 신령해지면 반드시 이에 붙는 것이 있는 법이다. 하물며 절집이 아침저녁으로 공양하는 곳이니, 먹을 것을 구하는 귀신들이 이를 두고 어디로 가겠는가? 요즘 사람들이 또한 무덤가에 간혹 돌로 사람을 만들어 그로써 신도(神道)*를 지키게 하는데, 세월이 오래되면 간혹 산 귀신이 생겨나 그 제사를 대신 받기도 한다. 근래에는 간혹 돌로 된 화표(華表)*를 세워 돌로 만든 사람을 대신하기도 하는데, 이는 자못 이치가 있다.

*납의: 승려의 옷. 세속 사람들이 버린 옷을 기워 입었다 하여 납의(衲衣)라 부른다
*대불전(大佛殿): 큰부처를 모셔 둔 법당
*장육불(丈六佛): 신장을 주척으로 1장 6척이 되게 만든 불상. 일반인의 2배 정도의 크기
*요환(妖幻): 야릇한 술법으로 사람의 눈을 속임
*신도(神道): 귀신의 존칭
*화표(華表): 묘 앞에 세우는 문. 망주석 따위

머리카락과 수염이 자라는 나무

남자 종의 목각과 여자 종의 목각이며, 각각 수염과 머리털이 나 있다. 길이는 약 9~12cm이고, 모근이 살아 있는 사람의 것과 같다. 저주 혹은 안좋은 기운을 전하는 것으로 추측된다

용도	저주용
관련문헌	어우야담

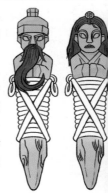

윤호전이 부친을 땅에 묻은 뒤 풍수를 잘 보는 박상의에게 부친의 묏자리가 어떤지 봐달라고 했다. 이에 박상의가 "이곳은 귀문혈(鬼門穴)*을 범하고 있어 구덩이 속에 괴이한 기운이 있으니, 속히 묘를 옮기십시오, 그렇지 않으면 반드시 큰 재앙이 닥칠 것입니다."라고 말했다.

그래서 땅을 파보니 부친과 같이 묻어둔 남자 종의 목각에는 수염이 나고, 여자 종의 목각에는 머리털이 나 있었다. 그 길이가 서너 촌(약 9~12cm)으로 바람결에 나부꼈다. 매우 괴이하게 여겨 머리털을 모두 뽑아보니, 모근이 모두 하얀 것이 살아 있는 사람의 피부에 붙어 있는 것과 똑같았다. 상서롭지 못한 것이라 여기고 다시 점쳐 다른 산에 장사를 지냈다.

*귀문혈(鬼門穴): 귀신이 드나드는 문. 혹은 구멍

미륵석상

바다에서 낚싯대에 걸려 올라온 석상. 좋은 곳에 모시고 잘 받들면 부귀영화를 누릴 수 있으나, 그렇지 않으면 미륵석상을 건져냈던 이에게 병이 난다

용도	기타
관련문헌	제주시 화복 1동 윤동지 영감당 설화

옛날 화북마을에 윤동지 영감이라는 할아버지가 살았다. 하루는 이 할아버지가 바다에 갈치를 낚으러 갔는데 낚싯대에 미륵 석상이 걸려 올라왔다. 할아버지는 석상을 바다에 도로 던져 버리고 낚시를 계속했는데 그 미륵 석상이 계속 올라왔다.

할아버지는 석상이 계속 낚싯줄에 걸려 올라오는 것에는 분명히 이유가 있으리라 생각하고, 그 미륵석상을 뱃머리 부분에 놓아두고 "나와 연인이 있는 조상이거든 이 바다의 물고기를 많이 낚게 해주세요!"라고 빌었다. 그러자 정말 갈치가 배에 가득하도록 잡혔다.

포구로 돌아온 윤씨 할아버지는 그 미륵석상을 포구 가에 버렸다. 그 뒤로 다른 배들이 오가며 이 미륵 석상에다 닻줄을 매곤 하였다. 시간이 지나면서 미륵은 허리가 갈라져갔다.

그와 동시에 윤씨 할아버지의 몸에도 부스럼이 나고 아프기 시작하였다. 병이 깊어져 여러 방법을 써봐도 낫지 않아 점치는 무당을 찾아가 보니 무당이 "미륵 석상의 조화입니다. 낮에는 볕 이슬 맞게 하고, 밤에는 찬 이슬 맞게 하며 박대한 죄입니다."라고 말했다. 할아버지는 그제서야 미륵 석상을 포구가에 버린 것이 생각나 미륵 석상을 동네 안으로 옮기고 당을 지어 모셨다. 그랬더니 할아버지의 병도 낫고, 동지 벼슬도 하며 부자가 되었다. 하지만 마을 청년들이 미륵석상을 모시는 당을 못마땅하게 생각하고 미륵을 모신 당에 불을 질러버렸다. 그러자 미륵 석상은 불 속에서 스스로 걸어나왔다. 윤씨 할아버지는 미륵을 다른 곳에 옮긴 뒤 울타리를 둘러 당을 설립하였고, 그때 불을 지른 청년들은 모두 물에 빠져 죽어버렸다.

인조신장

우주가 창조되던 무렵에 태어난 나무를 조각하여 만든 것으로, 청색, 적색, 백색, 흑색, 황색 조각으로 구성되어 있다. 5조각을 각각 동서남북과 중앙에 하나씩 배치하여 각 신의 이름을 외치면, 신장이 되어 요괴를 해치운다

용도	공격용
관련문헌	동패낙송

서경덕이 12세 되던 해에 한 스님에게 가서 글공부를 했다. 하루는 스님이 글을 읽고 있는 서경덕

을 불러 "애야, 내일 어떤 손님이 너를 찾아오게 되어 있다. 지금 곧 집으로 내려가서 기다리고 있도록 해라."라고 말했다.

스님이 지시에 따라, 서경덕은 집으로 내려와서 하룻밤을 보내고는 찾아올 손님을 기다렸다. 정오가 가까워지니, 과연 화양건(華陽巾)*을 쓰고 학창의(鶴氅衣)*를 차려입은 한 도사가 의젓한 모습으로 나귀를 타고 찾아왔는데, 청의동자 둘을 거느리고 있었다. 서경덕이 뜰에 내려가 공손히 인사하고 맞이하니, 도사는 마루로 올라와 앉아서는, "내 태백산에 들어가 도를 닦다가 잠시 내려온 김에 도령을 한번 만나 보려고 왔네."라며 이렇게 찾아온 내력을 말했다.

그래서 같이 앉아 이야기 해보니, 도사는 육경(六經)*을 막히는 데 없이 훤히 알고 있었고, 천문 지리, 신선과 점복 등에 관한 내용도 모르는 것이 없어 이야기가 청산유수 같았다. 이에 서경덕은 그 도사의 이야기를 들으며 하룻밤을 같이 보내면서 감탄을 금치 못했다.

이튿날 서경덕은 도사와 작별하고 다시 스님에게로 나아가, 한 도사를 만나 하룻밤 지내면서 여러 가지 이야기를 나누었다고 아뢰었다. 서경덕의 이야기를 듣더니 스님은 아무 말도 하지 않고 벽을 향해 눈을 감은 채 합장을 했는데, 그러고는 3일 동안 식사도 하지 않고 가만히 앉아 움직이지 않았다. 3일 만에 눈을 뜬 스님은 비로소 식사를 하고 나서 서경덕을 향해 "자, 먼 곳을 가야 하니 나를 따르도록 하라."라고 말했다.

곧 스님은 육환장(六環杖)*을 짚고 서경덕을 데리고는 뒷산으로 올라가더니 정상에 이르러, "너는 내 허리를 꼭 싸안고 눈을 감고 있어야 한다. 눈을 뜨면 바람에 눈이 상하니 조심하도록 해라."라고 말하며, 서경덕을 겨드랑이에 끼었다. 그러고 나서 스님은 몸을 날려 어디론가 한없이 날아갔는데, 여러 날 만에 한 곳에 닿아 서경덕을 땅에 내려 놓았다. 이어 스님은 주머니에서 가루약을 꺼내 물에 타서 마신 다음, 서경덕에게도 마시라고 주었다. 서경덕이 이것을 받아 마시고 나니 배가 고프지 않고, 정신이 맑아지면서 기분이 상쾌했다.

그곳은 어느 높은 산꼭대기였는데, 큰 나무가 한 그루 서 있어서 살펴보니, 둘레가 수십 리나 되고 가지가 수백 리까지 뻗어 있었다. 스님은 그 나무에 올라가 나뭇조각 다섯 개를 잘라서 주머니에 넣고 내려왔다. 스님은 다시 약을 꺼내 물에 타서 마시고 서경덕에게도 그 약을 마시게 한 다음, 갈 때와 같은 모습으로 서경덕을 허리에 끼고 날아서 절로 돌아왔다. 서경덕이 절에 도착해 날짜를 계산해보니, 떠난 지 꼭 6일 만이었다.

스님은 즉시 자리를 정결하게 하고 병풍을 둘러친 다음, 서경덕을 불러 "무서운 일이 벌어질 테니 너는 내 등 뒤에 숨어서 엎드려 구경만 하고 있어라."라고 말했다. 그래서 서경덕이 스님의 등 뒤에 숨어서 살피니, 스님은 앞서 잘라 온 그 다섯 개의 나뭇조각을 꺼내 각각 청색, 적색, 백색, 흑색, 노란색 등의 색을 칠했다. 그러고 나서 그것을 책상 위에 벌여 놓는데, 청색은 동쪽에, 적색은 남쪽에, 백색은 서쪽에, 흑색은 북쪽에, 그리고 황색은 중앙에 배치하는 것이었다.

그날 밤 초저녁에 동네 입구에서 큰 고함 소리가 들려오니, 스님은 먼저 청색의 신을 내보내 싸우게 했다. 얼마쯤 지나니 청색 신이 가서 싸우다가 패해 힘없이 돌아왔다. 그러자 스님은 이번엔 적색 신을 내보냈는데, 적색 신도 역시 싸우다가 힘이 모자라 돌아왔다. 스님이 다시 백색 신을 내보내니 백색 신 역시 져서 돌아오고, 이어 흑색 신까지 내보냈으나 여전히 패하니 스님은 크게 한숨을 쉬면서 "그놈 정말 생각했던 대로 지독한 놈이로구나. 어디 내 황색 신도 당해 내나 보자."라고 말하고, 중앙에 있는 황색 신을 마지막으로 내보내 대항하게 했다. 보내놓고 한참동안 기다리고 있으니 드디어 황색 신이 돌아왔는데, 이겨서 놈을 처치하고 왔다고 했다.

이러는 동안 새벽이 되었는데, 스님은 서경덕을 앞으로 나오라고 해 "나를 따라가 그 지독한 놈을 한번 보도록 해라."라고 말하며 서경덕을 데리고 동구 밖으로 나갔는데, 살펴보니 꼬리가 아홉 개 달린 큰 구미호 한 마리가 쓰러져 죽어 있었다.

다시 절로 돌아온 스님은 서경덕에게 그 구미호에 대해 이런 설명을 했다. "아주 오랜 옛날 유소씨(有巢氏) 때에 여우 한 마리가 태어났는데, 세월이 지나면서 이 여우는 꼬리가 아홉 개 생겨서 구미호로 변했다. 이 구미호는 매우 영악하여 모든 천지조화를 다 알고 인간 세상의 일을 모르는 것이 없었으므로, 우주 안에 있는 모든 신 중 그를 당할 자가 없었다."

이야기를 듣고 있던 서경덕이 "스님, 그러면 전날 소생을 만나러 왔던 그 도사가 바로 구미호였습니까?"라고 묻자 스님이 대답했다. "그렇다. 그 구미호는 사방으로 돌아다니면서 매우 뛰어난 남자의 정혈(精血)*과 오장을 먹고 힘을 보충하면서 살아왔는데, 며칠 전에 도사로 변해 정남(精男)인 너의 정혈과 오장을 먹으러 왔었단다. 그동안 많은 뛰어난 젊은이들이 이놈에게 당했는데, 너와 하룻밤을 같이 자면서 네 정력을 시험해보니 너무 강해 뜻을 이루지 못했으므로 더 힘을 길러 오려고 그냥 돌아가고 만 것이었다."

스님의 설명을 들은 서경덕은 하마터면 그 구미호에게 잡아먹힐 뻔했다고 생각하면서 크게 놀랐다. "그래서 내가 그 구미호를 이번 기회에 처치하려고 결심했는데, 구미호를 잡으려면 유소씨 이전에 태어난 어떤 것을 신령으로 만들어 제압하는 길밖에 없음을 알고, 3일간 눈을 감고 앉아 천하를 두루 살펴보아 우주 창조 무렵에 태어난 나무가 있는 곳을 알아내게 된 것이었다. 그래서 거기로 가서 그 나무의 조각을 다섯 개 잘라 와 오방신(五方神)으로 만들어 구미호를 처치하게 된 것이다."

이야기를 들은 서경덕이 이날 밤 자고 나니 스님은 간 곳이 없었다.

본문에 나오는 오방신장은 진짜 신이 아니라 스님이 구미호를 퇴치하기 위해 우주 창조 무렵에 태어난 나무조각을 잘라 만들어낸 신장이다.

* 화양건(華陽巾): 예전에, 도가(道家)나 은거 생활을 하던 사람이 쓰던 쓰개의 하나
* 학창의(鶴氅衣): 웃옷의 한가지로, 소매가 넓고 뒷솔기가 갈라진 흰 옷의 가를 검은 헝겊으로 넓게 꾸민다
* 육경(六經): 중국 춘추 시대의 여섯 가지 경서(經書)
* 육환장(六環杖): 승려들의 필수품으로 고리 여섯 개 달린 지팡이
* 정혈(精血): 생기를 발하는 피. 맑은 피

태행산 금부처

노승으로 나타나는 금빛의 부처. 신앙심이 가득한 이에게
나타나 위기에서 구해준다

용도	방어용
관련문헌	반필석전

과거를 보러 가던 반필석이란 사람이 중간에 어떤
미인과 만나게 되는데, 그녀가 말하길 본읍의 태수
가 이방의 뇌물을 받고, 자신을 이방의 아들과 강
제로 혼인시키려고 한다는 것이었다. 이에 필석은
이방 부자를 찾아가 그들을 죽였다.

이후 반필석은 장원에 급제하여 집으로 돌아오는
데, 어느 날 한 노승이 와서 시주를 청했다. 필석은
노승을 맞이하여 주연(酒宴)*을 베풀었다. 술을 너
무 마셔 취해버린 노승을 필석의 방에 재웠는데,
갑자기 뇌성벽력이 크게 일며 홀연 머리 없는 귀신
과 봉두난발(蓬頭亂髮)*의 두 귀신이 나타나 필석
을 꾸짖었다. 이 귀신들은 노승을
필석인 줄 잘못 알고, 삼척장검으
로 머리를 부수고 허리를 잘라
죽이고 사라졌으니, 이들
은 저번에 필석이 응징
한 이방 부자였다. 필석
이 노승의 시신을 수습
하려 하자 노승은 다시 살
아나, 자신은 태행산(太行
山) 금부처의 변신으로 필
석 아버지의 신앙심에 감동
하여 필석의 목숨을 구해준
것이라 이야기하였다.

태행산 금부처는 이후 반필

석이 지렁이 요괴와 여우요괴로부터 목숨을 위협
받게 되자, 자물쇠 귀신인 철쇄(鐵鎖)를 보내주어
반필석의 목숨을 구해준다.

*주연(酒宴): 술을 마시며 즐겁게 노는 간단한 잔치
*봉두난발(蓬頭亂髮): 쑥대머리로 더부룩하게 엉클어진 머리털

그 외

귀신붙은 가면

가면을 쓰거나 가지고 있으면, 그 집에는 전염병이 든다

용도	저주용
관련문헌	청파극담

광주의 한 노인은 나이가 80여 세인데, 두 가지 기
괴한 일을 보았다고 했다. 이웃에 항상 가면을 쓰
고 놀이하는 사람이 있었는데, 집에 염병(染病)*
이 있어서 무당에게 물으니 나무 가면이 요괴가

된 것이라 했다. 그래서 그 가면을 들에 내다 버리
니 병이 나았다.

몇 달 후 한 사람이 들에 가니 그 가면이 반쯤 썩
어 버섯이 나 있었다. 그래서 그 버섯을 따와 삶
아서, 한 사람이 먼저 한쪽을 먹으니 곧 일어나
웃으면서 춤을 추고 미친 사람처럼 행동했다. 또
다른 사람이 먹으니 웃으며 노래하고 춤추며 뛰
놀다가 한참 후 그쳤다. 그 사람들에게 물으
니 저절로 그렇게 되고, 하지 않으려 해도 안 되
더라고 했다.

*염병(染病): 전염병 같은 것

금령(金鈴)

금빛이 찬란한 방울로, 손으로 눌러도 터지지 않고, 돌로 내
려쳐도 깨지지 않는다. 이 방울이 내는 빛은 대낮처럼 환하
며 따뜻하고, 향취 또한 매우 좋다고 한다. 손을 댈 수 없을
만큼 뜨거워지기도 하고, 크기가 커지기도 하며, 여러 개로
나누어지기도 하는 등 상황에 따라 다양한 능력을 보여준다

용도	기타
관련문헌	금령전

명나라의 장원이라는 선비는 오래도록 자식이 없
었다. 그러던 어느 날 아내가 꿈을 꾸었는데 꿈속
에 비바람과 함께 붉은 옷의 동자가 부인 앞에 나
타나 자신이 죽을 위기에 빠졌으니 제발 살려달라
고 했다. 부인은 크게 놀라며 도대체 무슨 일이며,
내가 어떻게 하면 살려줄 수 있는지 물어보았다.
붉은 옷의 동자가 말하길 자신은 동해 용왕의 3번
째 아들로, 남해 용왕의 딸과 혼례를 올린 뒤 동해
용궁으로 돌아오는 길에 동해호상에서 남섬진주
라는 요괴가 습격하여 남해 용왕의 딸을 빼앗으려
고 하는 바람에 둘이 협력하여 싸웠으나 남해 용

왕의 딸은 힘을 다하여 죽고, 자신 역시 어린 나이
라 신통력을 부리지 못하여 이길 수 없었기에 달
아났다고 하였다. 동자는 이제 기력을 다하여 달아
날 곳이 없으니 부인이 잠깐 입을 벌리시면 그 속
으로 몸을 피하고, 후세에 은혜를 갚겠다고 했다.
그 꿈을 꾼 뒤 부인은 아들을 가졌으니, 이를 해룡
이라 이름 지었다.

한편 남섬진주에게 죽은 남해 용왕의 딸은 붉은
옷을 입은 신선에게 계절을 조절할 수 있는 오색
명주를, 파란 옷을 입은 신선에게 천리라도 하루
에 갈 수 있는 부채를, 하얀 옷을 입은 신선에게는
바람과 안개를 부릴 수 있는 붉은 부채를 받았으
며, 검은 옷의 신선은 자신은 줄 것이 없으니 힘을
주겠다며, 검은 기(氣)를 받았다. 그리고는 막씨와
막씨의 죽은 남편 김삼랑의 영혼 사이에서 태어나
도록 해주었다.

하지만 태어난 것은 아이가 아니라 금빛이 찬란한
금방울로, 이를 괴이하게 여긴 막씨는 아기를 없애
려고 하였다. 하지만 손으로 눌러도 터지지 않고,
돌로 내려쳐도 깨지지 않았으며, 멀리 버리고 돌
아오면 방울이 굴러서 따라왔고, 깊은 물속에 던
져 넣어도 물 위로 둥둥 떠올라 막씨를 보고 따라
왔다.

막씨는 자신의 팔자가 기구하여 이런 괴물을 낳았
으니 이대로 두면 후일에 반드시 큰일이 나겠다고
생각하고, 불을 때어 방울을 아궁이에 넣었다. 아
궁이에 들어간 방울이 움직이지 않아 막씨는 기뻐
하며 계속 불을 때었다. 닷새 후에 해쳐보니 방울
이 상하기는커녕 빛이 더욱 생생하고 향기가 나서
막씨는 할 수 없이 데리고 살았다.

금방울은 밤에는 막씨의 품속에서 자고 낮이면 굴

293

러다니며 내려앉은 새를 잡거나, 나무에 올라가 과일도 따서 가지고 왔다. 막씨가 자세히 보니 금방울의 속에는 실 같은 것이 있어, 거기 온갖 것을 다 묻혀 오는데 그 실은 굉장히 단단하였다.

어느 추운 겨울 막씨가 일을 하고 돌아오니 방울이 굴러오며 막씨를 반겼다. 막씨가 추위를 견디지 못하고 방으로 들어가니 방안은 따뜻하고 금방울이 내는 빛으로 대낮처럼 환하였다. 막씨는 기이하게 여기며 이를 남이 알까 걱정하였다. 그래서 낮이면 집안에 두고, 밤이면 품속에서 재우니 금방울은 점점 자라나 산을 오르기를 평지같이 하고 흙이나 진흙 위를 굴러다녀도 흙이 몸에 묻지 않았으며, 빛은 더욱 찬란하고 부드러워졌다.

그러니 자연스럽게 사람들이 알고 와서 방울을 구경하였다. 혹 어떤 이가 잡으려고 하면 땅에 박혀 떨어지지 않을 뿐만이 아니라 그 몸이 마치 불같이 뜨거워져서 손을 댈 수 없었다. 이러니 사람들은 더욱 신통히 여기어 함부로 만지지 않았다. 어느 날 욕심 많은 무손이가 금방울과 막씨가 자고 있을 때 방울을 훔쳐서 집에 가지고 돌아와 아내와 자식들에게 자랑하고 감추어두었다. 그런데 그날 밤 무손의 집에 난데없이 불이 났으며 바람까지 불길을 도와 집과 재산을 전부 태워버렸다. 무손과 그의 처는 통곡하다가 금방울이 생각나 재를 헤치니, 재속으로부터 금방울이 굴러 나왔고, 무손 처가 금방울을 치마로 싸서 집어 들었다.

그날 밤 무손의 처가 추위에 떨자, 무손은 이처럼 더운 날 어째서 추위하느냐고 물었고 무손의 처는 방울이 전에는 그렇게 따뜻하더니 오늘은 차갑기가 얼음 같으며 아무리 떼어 놓으려고 해도 살에

박힌 듯 떨어지지 않는다고 했다. 무손이 잡아떼려고 손을 대니 불처럼 뜨거워 손을 대지 못하고 방울이 끓는 듯 뜨거운데 어찌 차다고 하냐면서 꾸짖었고 서로 금방울이 얼음같이 차다, 불같이 뜨겁다하며 다투었다.

그제야 무손의 처는 깨달아 우리가 하늘이 내린 보물을 훔쳐 와서 이런 일을 당한 것이라며 금방울이 없어져 울고 있는 막씨를 찾아가 방울을 돌려주고 용서를 빌었다. 하지만 무손은 자신의 재산을 태운 것에 원한을 품고 금방울이 요사스러운 괴물이라고 지현(知縣)*인 장원에게 고발하였다. 지현은 관원을 파견하여 잡아 오라고 했으나 관원은 잡으려고 하면 미끄러져서 잡지 못하였다고 했다. 이에 지현이 막씨를 잡아 오면 따라올 것이라며 막씨를 잡아 오게 하자 금방울이 막씨를 따라서 굴러왔다.

지현이 금방울을 보니 금빛이 찬란하여 사람을 놀라게 하니 신기하면서도 한편으로는 괴이하게 여겨, 나졸들로 하여금 철퇴로 내려쳐 깨라고 명했다. 나졸들이 힘을 다하여 철퇴로 내려쳤으나, 방울은 조금도 상하지 않았다. 이번에는 도끼로 찍으니 방울이 점점 커져 크기가 한 길(2.4~3m)이 넘게 되었다. 이에 지현이 화를 내며 군사에게 보검을 주며, 그 보검은 천하에 당해낼 자가 없는 보물로 사람을 베어도 칼날에 피도 묻지 않는 보검이니, 이 검으로 방울을 치라고 했다. 군사가 보검으로 금방울을 힘껏 치니 금방울은 반이 잘리면서 온전한 두 개의 방울이 되어 바닥을 굴렀고, 그래서 다시금 내려치니 내려치는 족족 늘어나 뜰에 방울이 가득했다.

지현은 더욱 노하여 기름을 끓여 그 안에 금방울

을 넣었다. 가마에 불을 지펴 집어넣으니 금방울이 점점 작아지다가 대추 씨만 해지자 기름 속에 가라앉았다. 건져내려고 하니 그렇게 끓던 기름이 엉기어 쇠와 같이 되어있어서 건질 수 없었다. 지현은 더욱 괴이하게 여겼으나, 한편으로는 크게 분노하여 막씨를 옥에 가두었다. 방으로 들어가니 지현의 아내가 지현에게 저 물건이 하늘이 내린 것 같으니 막씨를 풀어주고 후일을 보는 것이 좋지 않겠냐고 했다. 하지만 지현은 냉소(冷笑)를 지으며 요물이 신통하긴 하지만 저만한 것은 제어할 수 있으니 근심할 필요가 없다고 하며 부인의 말을 듣지 않았다.

방울은 가마에 들어 있다가 밤이 된 후에 가마를 뚫고 나와 바로 상방 아궁이에 들어가 지현이 누워있는 곳만 불처럼 뜨겁게 만들어 잠을 못 자게 하고, 밥을 지을 때는 아궁이를 얼음처럼 차갑게 하여 밥을 못 하게 만들었다. 이렇게 삼사일을 먹지도 자지도 못하여 거의 앓게 되었고, 그제야 금방울의 조화인 줄 알고 가마에 가보니 가마 밑에 구멍이 나 있었고, 방울은 간데없었다. 즉시 나졸을 불러 막씨를 가둔 감옥에 가보라고 하였다.

감옥에 다녀온 나졸이 보고하길 방울이 옥문 밑에 구멍을 뚫어 출입하며 어머니에게 과일 같은 것을 물어다 주고 있었으며, 막씨가 들어가 있는 감옥은 오색구름이 둘러싸고 있어서 안이 잘 보이지 않는다고 했다. 장원은 금방울의 그 신비한 능력에 놀라 막씨를 풀어 주었고, 막씨의 효양(孝養)*을 듣고 크게 뉘우쳐 새 집을 잘 지어 주고, 월급도 주어 막씨의 일생을 편안하게 해주었다. 장원의 부인은 아들 해룡을 잃고, 오랜 세월 찾지 못해 그리움에 병을 얻어 세상을 떠났다. 장원은 아내의 죽

음에 슬퍼하며 기절하고, 다른 사람들도 모두 통곡하였다. 이때 찬란한 금빛과 함께 방울이 문밖에서 굴러들어와 부인의 시체 앞에 앉기에 모두 울음을 그치고 보니 방울이 풀잎 같은 것을 물어다 놓고 돌아갔다. 나뭇잎 가운데는 '보은초(報恩草)'라 적혀 있었다. 장원은 '막씨가 보은하도라'하고 크게 기뻐하며, 그 풀잎을 부인의 입에 넣으니 부인이 다시 살아났을 뿐만이 아니라 병세도 점점 나아졌다. 장원은 크게 기뻐하며 이 은혜를 감사하고 결의형제(結義兄弟)*를 맺었다. 그 후로는 방울이 굴러 장원의 부인 앞으로 오면, 장원 부부는 방울을 귀여워 해주었고, '금령(金鈴)'이라는 이름도 지어주었다.

금령이 밤이면 장원 부부의 품 속에 들어와 자고, 낮이면 제집에 가니 장원 부부에게는 마치 친자식과 같았다. 하루는 금령이 무언가를 물어다 놓았다. 장원의 부부가 괴이하게 여겨 보니 한 개의 족자였다. 그 족자의 그림을 보니 한 아이가 길가에서 우는데 사면으로 도적이 쫓아오고, 부부 양인은 아이를 버리고 도망가며, 그 아이가 돌아보는 형상이오. 또 도적 가운데의 한 사람이 그 아이를 업고 촌가로 가는 그림이었다. 장원 부부는 족자의 그림이 자신들이 옛날에 해룡과 생이별 할 때의 모습임을 깨닫고 그림을 보고 눈물을 흘리며 슬피 울었다. 사람이 없고 촌 가운데로 들어가는 그림이 있는걸 봐서 누군가가 해룡을 업어가 잘 기르고 있으며, 금령이 신통하여 장원 부부가 슬퍼함을 보고 해룡이 살아있음을 알게 해주었으니, 이것 또한 하늘의 뜻이라 생각하고, 그 족자를 침상에 걸고 슬퍼하지 않을 때가 없었다. 그러던 어느 날 금령이 홀연히 모습을 감추었고 막씨가 울면서 장원에게

와 금령이 사라졌음을 말하니, 장원 부부는 크게 놀라며 슬퍼하였다.

한편 장삼이 업어간 해룡은 장삼과 그의 부인 변씨의 손에서 자랐다. 변씨와 변씨의 아들은 모든 부분에서 뛰어난 해룡을 시기하여 온갖 모해(謀害)*를 하였으나, 장삼은 이를 듣지 않고 해룡을 아끼고 사랑하였다. 하지만 장삼이 죽자 변씨 모자는 해룡을 구박하여 온갖 집안일을 전부 해룡에게 시켰다.

하루는 해룡이 일을 하러 방앗간에 나가보니 밤에 못다 찧은 것이 다 찧어진 상태로 그릇에 담겨 있었다. 해룡은 이상하게 생각하였으나 할 일이 다 되어 있어 방으로 돌아오니 방이 밝고 따뜻하였다. 아무리 생각해도 이상해서 주변을 살펴보니 침상에 이전에 없던 방울 같은 것이 놓여있었다. 해룡이 방울을 잡으려 하니 이리 미끈 달아나고, 저리 미끈 달아나고, 요리 이리저리 굴러다녀 잡히지 않았다. 움직이는 방울이 신기하여 자세히 보니 금빛이 방안에 가득하고 움직일 때마다 향취가 났다. 일도 다 되어 있고, 방은 따뜻하고 향기도 나니 해룡은 잠을 청했다.

이때 변씨 모자는 추위 잠을 잘 수 없어 떨며 앉아 있다가, 날이 밝아서 나아가 보니 쌓인 눈이 집을 두루 덮고, 한풍(寒風)*은 얼굴을 깎는듯하여 사람의 몸을 움직이기가 어려운 추위였다. 변씨는 해룡이 얼어 죽었을 거라 생각하고 해룡을 불렀으나, 해룡은 잠을 자고 있어서 대답이 없었다. 변씨는 해룡이 죽었다고 생각하고 눈을 헤치고 나와 문틈으로 해룡의 방안을 들여다보니, 해룡은 벌거벗고 누워 잠들어 있었다. 놀라서 깨우려 하다가 자세히 보니 천상천하(天上天下)에 흰 눈이 가득한데 오직 해룡의 방위에는 조금의 눈도 없고 검은 기운이 연기같이 일어났다.

변씨는 굉장히 괴이하다 생각하였으나 좀 더 상황을 봐야겠다 싶어 해룡을 깨웠다. 해룡은 변씨에게 문안 인사를 한 후에 빗자루를 들고 눈을 쓸려고 하자 홀연히 일진광풍(一陣狂風)*이 일어나며 반 시간이 못 되어 눈을 다 쓸어버리고 광풍이 그치는 것이었다. 변씨는 깜짝 놀라며 이는 분명 해룡이 분명 요술을 부리는 것이며 만약 이대로 두었다가는 큰 화를 입으리라 생각하고 해룡을 죽일 흉계를 꾸몄다.

변씨는 해룡을 불러 호환(虎患)*이 심했기 때문에 폐농(廢農)*이 된 구호동의 집으로 보내 그곳의 땅을 일구면 그 집을 주고 장가도 보내주겠다고 했다. 해룡은 이를 허락하고 구호동으로 가니 얼마 지나지 않아 두 마리의 범이 나타나 해룡에게 달려들었다. 그때 홀연히 금방울이 달려와 두 범을 받아 버리니, 범이 소리를 지르고 달아나려고 했다. 금방울은 나는 듯이 달려들어 연속으로 범을 받아 버리니 두 범이 모두 거꾸러졌다. 이때 해룡이 달려들어 두 범을 죽이고 보니 방울이 번개같이 굴러다니며 한 시각이 되지 못하여 그 넓은 밭을 다 갈아버렸다. 해룡은 금령에게 무수히 감사를 표하고 죽은 범을 끌로 산에서 내려오려고 하니 금령이 없어져 있었다.

변씨는 해룡이 호랑이에게 죽었을 거라 생각하고 기뻐하고 있었는데 밖에서 사람들이 요란하게 떠드는 소리가 들렸다. 변씨가 밖에 나가보니 해룡이 큰 범 두 마리를 끌고 돌아왔다. 변씨는 해룡이 범을 잡아 무사히 돌아온 것을 기뻐하는 체하며 방에 들어가 일찍 쉬라고 했다. 해룡이 감사히 여기고 방에 들어가니 방울이 먼저 돌아와 있었다.

변씨는 소룡과 함께 죽은 범을 가지고 관가에 가서 지현에게 자신들이 잡은 범이라고 거짓을 고해 많은 상금을 받았다. 하지만 변씨의 고약한 심사를 나쁘게 여긴 금령이 농간을 부려 변씨 모자는 상금을 가지고 돌아오는 길에 강도를 만나 가진 돈과 옷을 다 빼앗기고 알몸으로 나무에 매달려 있다가 해룡의 도움으로 집에 돌아오게 되었다.

금령은 해룡과 함께 지내며 여름이 되면 시원하게 해주고, 겨울이 되면 따뜻하게 해주었으며, 어려운 일이 생기면 해결해주었다. 해룡도 금령에게 마음을 붙여 세월을 보내던 어느날 변씨 부인의 아들 소룡이 밖에 나가서 놀다가 사람을 죽이고 돌아왔다. 변씨는 그 죄를 해룡에게 덮어씌웠다. 해룡은 장삼이 지금까지 자신의 키워준 은혜를 갚고자 자신이 범인이라고 자백하여 큰 칼을 쓰고 옥에 들어갔다.

그런데 해룡이 옥에 들어간 뒤로 해룡의 몸은 금빛에 둘러싸여 밤마다 비단이불을 덮고 잠들었으며, 변씨 부인이 전혀 밥을 가져다주지 않았음에도 굶주리는 기색이 없었다. 그리고 사또에게는 세 살 난 귀한 아들이 있었는데, 그 아들은 웃으며 잘 놀다가도 해룡을 매로 치려고 하면 기절할 때까지 울었고, 해룡을 해하지 않으면 울음을 뚝 그치고 잘 놀았다. 또한, 자고 일어나면 항상 해룡이 갇혀 있는 감옥 앞에 앉아서 울고 있었다.

급기야 아이는 항상 감옥에 있는 해룡에게 가자고 울며 떼를 썼다. 가지 못하게 하면 아무리 달래고 보채어도 듣지 않았다. 하지만 감옥에만 가면 울음을 뚝 그치고 웃으며 해룡에게 안기어 놀고 해룡 곁을 잠시도 떨어지지 않았다. 사또는 할 수 없이 해룡을 풀어주고 자신의 아이를 돌봐 달라고 했다. 변씨는 해룡이 옥중에 죽길 바랐는데 죽지 않고 오히려 사또의 신임을 받게 되었다는 말을 듣고, 이러다 해룡이 살인에 대해서 바른대로 말하면 자신들이 위험해질 거라 생각이 들었다. 그래서 멀리 갈 일이 있으니 해룡에게 집을 보라하고 집에 불을 질렀다. 금령의 조화로 해룡이 있던 방은 조금도 불에 타지 않았지만, 해룡은 변씨가 자신을 죽이려고 한 것을 한탄하며 자신의 기구한 신세에 대한 글을 쓰고, 자신을 친자식 이상으로 아껴준 장삼의 묘를 찾아가 통곡한 뒤 집을 떠났다.

해룡이 길을 가는데 앞으로 큰 산으로 막혀있었으며, 어디로 향할 줄을 몰라 주저할 즈음에 금령이 굴러와 갈 길을 인도하였다. 해룡이 금령을 따라 길을 가다 바위에 앉아 잠깐 쉬고 있을 때 문득 벽력같은 소리와 함께 금색 털이 난 짐승이 입을 벌리고 달려들었다. 그때 금령이 굴러와 해룡의 앞을 막았다. 그 짐승은 몸을 흔들더니 아홉 머리를 가진 악귀로 변하여 금령을 집어삼키고 땅속으로 달아났다. 해룡은 금령이 죽었다 생각하고 낙담하며 탄식하니 홀연히 광풍이 일어나며 공중에서 금령을 구하러 가라는 소리가 들려왔다. 해룡은 맨손이라 그 괴물을 상대할 수단이 전혀 없었으나, 금령이 없었으면 자신이 지금까지 살아나지 못했을 거라 생각하고 괴물을 쫓아 땅속으로 뛰어들었다. 힘을 다하여 땅속으로 한참을 들어가니 홀연히 천지가 밝아지고 해와 달이 있는 세상이 나타났다. 주변을 살펴보니 돌비석에 '남천산 봉래동'이라는 글자가 새겨져 있었고, 구름 같은 돌다리 위에 만장폭포(萬丈瀑布)* 흐르는 소리는 세상사를 잊을 만하였다. 그곳을 지나 점점 들어가니 으리으리한 궁전이 있었다. 이윽고 안에서 여러 여인이 나오는데 그 자태가 아름답고 고귀해 보였다. 해룡이 급히 몸을 피해 풀포기에 숨어 동정을 살피니 4~5명의 여인이 피 묻은 옷을 광주리에 담아 머리에 이고 나와, 시냇가에서 옷을 물에 빨며 서로 대화를 하는데 이 성의 주인은 용기와 힘이 남보다 뛰어나고, 강한 신통력이 있어 당해낼 자가 없었는데 오늘 나갔다 돌아온 뒤로 피를 무수히 토하고 기절했다는 말과, 우리 공주님이 꿈을 꾸었는데 하늘에서 한 선관이 내려와 내일 용왕의 아들이 전생인 수재(秀才)*가 이 악귀를 잡아 없애고 공주님을 구하여 고향으로 데려간다고 말했다는데 아직까지 소식이 없으니 그 꿈도 허사라고 하면서 고향과 부모님을 그리워하며 눈물을 흘렸다. 해룡이 이 말을 모두 듣고 풀 밖으로 나가니 그 여인들이 놀라 달아나려고 했다. 해룡이 여인들을 진정시키며 자신은 그 악귀를 없애고자 여기 들어왔으니 악귀가 있는 곳으로 안내해달라고 했다.

여인들은 해룡을 궁전 안으로 안내했다. 그곳에는 금령을 집어삼킨 짐승이 누워서 앓고 있었는데 해룡을 보고 일어나려 하다가 도로 쓰러졌다. 배를 움켜쥐고 온몸을 뒤틀며 움직이지 못하고 입에서 피를 토하고 거꾸러졌다. 해룡은 이 모습을 보고 괴물을 죽이고자 했으나 아무런 무기가 없어 방황하는데, 그때 한 미인이 벽상에 걸린 보검을 급히 해룡에게 가져다주었다. 해룡은 그 보검을 받아들고 달려들어 그 요귀의 가슴을 무수히 찌르고 보니 금 털이 난 돼지였다. 괴물의 정체는 금저대왕으로, 돼지가 여러 천 년 동안 산중에 살며 득도하여 사람의 형상으로 둔갑하여 변화무쌍한 조화를 부린 것이었다. 해룡이 금저대왕의 가슴을 파헤치니 금령이 굴러

나왔다. 여인들은 모두 요괴에게 납치당해 6년 동안 잡혀있던 사람들이며 해룡에게 보검을 건네준 미인은 다름 아닌 천자의 외동딸인 금선공주 낭랑이었다. 해룡은 금선공주를 황궁으로 데려오고, 그 공로를 인정받아 장군으로 책봉되었다.

공주는 6년 만에 어머니인 황후와 상봉하여 서로 끌어안고 기쁨의 눈물을 흘렸다. 그리고 요괴에게 잡혀가서 고초를 무수히 겪던 일이며, 꿈속에 신선이 내려와서 동해용왕의 아들이 사람으로 났으니 속세의 연분을 이룰 거라고 말했던 것, 또한 천지(天地) 조화로 된 금령의 신통함이 기이하여 재주와 수단을 부리고, 해룡이 요괴를 처치한 일들까지 모두 낱낱이 고하니 황후는 금령을 어루만지며 요괴를 쓰러뜨리고 공주를 구한 것을 무한하게 감사하였다. 황제가 해룡을 보아하니 용모가 당당하고 위의(威儀)*가 늠름한 영웅호걸이며 공주의 꿈에 관한 이야기도 있고 하여 해룡을 사위로 삼았다.

이때 북방의 흉노 천달이 호각을 선봉으로 삼고, 설만철을 구응사(救應使)*로 하여 백만의 대군과 날랜 장사 천여 명을 거느리고 황하를 건너 물밀듯이 내려왔다. 이에 해룡이 자진해서 자신이 흉노족을 막겠다고 나섰다. 호각은 어린 해룡을 보고 업신여겼지만, 막상 싸워보니 당해내기 어려워 계교를 쓰기로 하였다.

다음날 호각은 해룡에게 결투를 신청하고, 오십여 합을 싸우다가 산골짜기 쪽으로 도망을 쳤다. 본진이 아니라 산골짜기로 도망을 쳐서 해룡은 간계인 줄 알았으나 두려워하지 않고 호각을 쫓아갔다. 골짜기에 들어가니 호각은 보이지 않고 허수아비가 무수히 서 있었다. 수상히 여기고 말을 돌리려는 순간 포성과 함께 두 편의 언덕으로부터 불이 일어

났고, 그 많은 허수아비가 전부 화약을 싸서 세운 것이라 불길은 순식간에 번져 빠져나갈 곳이 없었다. 해룡은 적의 계교에 넘어간 것을 한탄하며 자결하려고 하는데 그때 황금빛과 함께 금령이 불길을 뚫고 해룡 앞으로 굴러와 해룡 주변에 찬바람을 일으키니 불길이 해룡 근처에는 일어나지 않았다. 해룡은 금령을 보고 반가움을 이기지 못하고 손으로 어루만지며 지금까지 입은 두터운 은혜에 대해서 감사하였다.

불이 꺼지자 해룡은 금령과 함께 본진으로 돌아왔다. 장수들과 병사들은 해룡이 죽은 줄 알고 어쩔 줄 몰라 하다가 해룡이 살아 돌아온 것을 보고는 놀라기도 하고 신기하게 여기면서도 좋아하였다. 해룡은 적들은 자신이 죽어 부대가 혼란에 빠졌을 것이라 생각하고 본진을 칠 것이니, 오히려 그걸 역으로 이용해 매복하고 있다가 적을 기습하기로 했다. 해룡의 예측대로 흉노족은 명나라의 본진으로 쳐들어왔고, 명의 기습공격에 의해 모조리 소탕당했다. 해룡은 승전의 공로를 인정받아 정북장군 좌승상위국공(征北將軍左丞相魏國公)이 되었다. 하지만 승전의 기쁨도 잠시 황후가 슬퍼하며 금령이 이것을 두고 사라졌다면서 승상에게 작은 족자를 주었다. 해룡이 족자를 펼쳐보니 아이 하나가 전쟁 중에 부모와 헤어진 그림이 있고, 그 아래는 한 사람이 그 아이를 업고 가는 형상이 그려져 있었다. 해룡은 그 그림이 자신의 신세를 그린 것임을 알고, 이것은 하늘이 주신 것이라 생각하며 그 족자를 단단히 간수하여 가지고, 때때로 내어보며 슬퍼하지 않는 때가 없었다.

한편 막씨와 장원 부부는 금령이 사라진 뒤로 항상 슬퍼하며 하루하루를 보내고 있었다. 막씨가 늦은 시간까지 일하던 어느 날 홀연 금령이 문을 열고 들어오니 모두 반가움을 이기지 못하고 뛰어나와 금령을 반겼다. 온종일 금령을 안고 즐기며 밤이 늦도록 이야기하다가 잠이 든 막씨의 꿈에 다섯 명의 선관이 하늘에서 내려와 금령에게 인연이 다 하였으니 인간계에서 부귀영화를 누릴 것이라며 금령을 손으로 어루만지니 금령이 터지며 한 명의 옥골선녀가 나왔다. 선관은 선녀에게 십육 년 전에 주었던 보배를 다시 돌려달라고 하였고, 선녀가 다섯 가지 보배를 다 드리니 선관들이 받아 각각 소매에 넣고 다시 하늘로 올라갔다.

막씨가 눈을 뜨니 꿈이었고 괴이하게 여겨 일어나 금령을 찾았지만 보이지 않았다. 그런데 난데 없는 선녀가 곁에 앉아 있었고, 자세히 보니 꿈에서 본 선녀였다. 그 아름다운 자태와 붉은 입술에 흰 피부이며 갖은 애교가 사람의 정신을 앗아가니 그야말로 경국지색(傾國之色)이었다. 장원 부부도 금령이 사람이 된 것을 기뻐하며, 이름을 금령소저라 하고 자를 선애라 하였다.

그때 나라에 흉년이 들어 민심이 흉흉해지자 해룡은 황제의 명을 받아 순무도찰어사(巡撫都察御使)가 되어 각 고을을 돌며 민심을 진정시켰다. 어느 날 뇌양현에 들러 그곳 지현의 방에서 하룻밤을 묵다가 벽에 걸린 족자가 금령에게 받은 족자와 똑같다는 것을 알게 되었다. 이로써 어려서 헤어졌던 부모님을 찾게 되었고, 아름다운 여인으로 변한 금령과도 재회하게 되었다. 모든 사연을 들은 황제가 금령을 양녀로 삼았고, 황후와 금선공주도 금령과 해룡이 혼인해야 한다고 주장하여 금령을 해룡의 두 번째 부인으로 맞이하였고, 이후 부귀영화를 누리며 행복하게 살았다.

금령이 태어나기 전에 꿈에서 붉은 옷을 입은 신선에게 계절을 조절할 수 있는 오색 명주를, 파란 옷을 입은 신선에게 천리라도 하루에 갈 수 있는 부채를, 하얀 옷을 입은 신선에게는 바람과 안개를 부릴 수 있는 붉은 부채를 받았으며 검은 옷의 신선은 자신은 줄 것이 없으니 힘을 주겠다며 검은 기(氣)를 받는 장면이 나온다. 즉 금령이 부리는 여러 가지 조화들도 여러 선관들에게 받은 보배들의 힘이며, 금방울 모습일 때의 금령은 그 모든 도구의 힘이 응집되어 있는 상태로, 도구들의 조화를 자유롭게 사용할 수 있었다.

하지만 여성의 몸으로 변할 때 선관들이 보배를 거두어갔으니 소설 후반부의 금령은 아무런 능력이 없는 평범한 여성이 되었을 것이다.

* 지현(知縣): 중국 송·청나라 때에 둔 현(縣)의 으뜸 벼슬아치
* 효양(孝養): 어버이를 효성으로 봉양함
* 결의형제(結義兄弟): 남남끼리 의리(義理)로써 형제 관계를 맺음
* 한풍(寒風): 겨울에 부는 차가운 바람
* 모해(謀害): 꾀를 써서 남을 해침
* 일진광풍(一陣狂風): 한바탕 몰아치는 사나운 바람
* 호환(虎患): 호랑이에게 당하는 화
* 폐농(廢農): 농사를 그만둠
* 만장폭포(萬丈瀑布): 매우 높은 데서 떨어지는 폭포
* 수재(秀才): 머리가 좋고 재주가 뛰어난 사람
* 위의(威儀): 위엄이 있고 엄숙한 태도나 몸가짐
* 구응사(救應使): 벼슬의 하나

물나라 속 금붕어가 수초덤불 속에 소중히 보관하던 것. 차례차례 먹으면 흉측하게 변한 모습이 다시 원래대로 돌아온다.

용도	치유용
관련문헌	북한 설화

유기물-그 외-물속나라 요괴의 피의 관련 문헌에서 해당 내용 확인 가능

도깨비가 선물한 양물

"이건 대체 무엇에 쓰는 물건인고?"라고 말하면 건장한 성인 남성으로 변한다

용도	기타
관련문헌	촌담해이

어느 시골에 한 과부가 살고 있었다. 그런데 그녀는 특이하게도 도깨비와 친해지기를 원했다. 그녀는 '만약 도깨비와 친해지면 능히 원하는 물건을 가질 수 있겠지?'라고 생각했다.

그러나 이런 생각과 달리 도깨비의 비위를 거스르면 무서운 변괴(變怪)*가 일어났다. 밭의 곡식이 거꾸로 심어지게 되고, 솥뚜껑이 솥 안에 들어가거나, 밤이 되면 집안에 모래나 바위가 날아들기도 했다.

어느 날 밤 그 과부가 방에 홀로 앉아 있었는데, 도깨비가 이상한 물건 하나를 방안으로 던져 넣는 것이 아닌가? 깜짝 놀라 가만히 들여다보니, 그것은 길고 굵은 양물이었다. 과부는 마음속으로 '도깨비가 나를 동정하는구나...'라고 생각하고, 그것을 집어 장난치듯이 "이건 대체 무엇에 쓰는 물건인고?"라고 말했다.

그렇게 혼잣말처럼 중얼대니, 양물이 갑자기 건장

한 총각으로 둔갑하는 것이 아닌가! 녀석은 앞뒤 가리지 않고 과부에게 달려들어 이내 구름과 비가 어우러지듯 희롱을 했다. 그렇게 즐거운 때를 마치니 총각은 다시 하나의 양물로 되돌아왔다. 과부는 그 조화에 내심 크게 기뻐했다. 이후로 그녀는 간간이 그 양물로 외로움을 달랬다. 그러고는 세상에 이보다 더 귀한 것은 없다고 여기며, 상자 속 깊이 숨겨두었다가 필요할 때마다 꺼내 쥐고는 "이건 대체 무엇에 쓰는 물건인고?"라고 말하면 양물은 곧 총각으로 변해 필히 그녀와 음란한 짓을 했다. 이후로 과부의 얼굴빛은 언제나 기쁨과 즐거움이 흘러넘쳤다.

그러던 어느 날, 과부는 급한 일로 멀리 외출해야 했기에 이웃집 여자에게 집을 봐 달라고 하고 길을 떠났다. 그 이웃집 여자도 역시 과부로, 집주인인 과부와 정이 두터운 사람이었다. 그녀는 특별히 할 일이 없어 살림살이나 구경할 겸 이리저리 집안을 둘러보았다. 그러다 마침 상자를 발견해 여니, 안에 양물을 닮은 물건이 보였다.

놀란 이웃집 여자는 "이건 대체 무엇에 쓰는 물건인고?"라고 중얼거렸다. 그러자 말이 떨어지기 무섭게 건전한 총각 하나가 순식간에 나타났다. 그리고 총각은 그녀를 강제로 끌어안고서 간음을 했고, 일이 끝나자 다시 하나의 양물로 되돌아갔다. 오랜만에 희열을 만끽한 이웃집 여자는 그 양물을 세상에 둘도 없는 큰 보배라고 일컬었다.

이윽고 주인집 과부가 집에 돌아오자, 이웃집 여자가 자신이 겪은 일을 있는 그대로 털어놓았다. 그러자 질투가 났는지 두 여자는 서로 다투기 시작했고, 마침내 그 일로 관가까지 가게 되었다.

사정을 들은 사또가 그 물건을 가져오라고 한 후 손에 쥐고 이리저리 살펴보았다. 분명 하나의 양물처럼 생긴 물건이라 생각한 사또는 웃으면서 "이건 대체 무엇에 쓰는 물건인고?"라고 중얼거렸다. 그러자 그 물건은 이전처럼 돌연 총각으로 변했다. 그러고는 많은 사람들이 보는 가운데 사또를 강제로 겁탈해 버렸다. 이에 화가 난 사또는 이 사실을 감영(監營)*에 알리고 그 물건을 보냈다.

감영에서 그 얘기를 들은 감사는 세상에 어찌 그런 일이 일어날 수 있겠냐며, 그 물건을 가지고 오도록 한 후 진위를 확인하기 위해 자세히 살펴보았다. 감사가 "음, 이상하게도 생겼군. 이건 대체 무엇에 쓰는 물건인고?"라고 혼잣말을 하자, 역시 물건이 건장한 사내로 둔갑했다. 그리고 강제로 감사를 겁탈하고 말았다. 이에 머리 끝까지 화가 난 감사는 이 요물을 그대로 놔뒀다간 인간 세상에 소란이 일겠다며 얼른 불에 태워버리라고 했다. 감사의 명에 물건은 불 속에 던져졌다. 하지만 이상하게도 전혀 타거나 녹지 않았다. 그래서 펄펄 끓는 뜨거운 물 속에 던졌는데, 삶아지거나 익지도 않는 것이었다. 그 밖에 갖은 방법을 써 보았지만, 도무지 그 물건은 끄떡도 하지 않았다. 결국 감사는 단념하고 그 물건을 원래 주인인 과부에게 돌려보냈다고 한다.

도깨비가 주는 것이 아니라 중이 성기모양 나무를 주는 것이며 매월이라고 부르면 남자가 나타나 성관계를 한다는 유형도 있으며, 버섯장수에게 산 큰 송이버섯인 덕거동이가 남자로 변해 과부와 성관계를 하는 경우도 있고, 중이 준 좆과 비슷하게 생긴 물건을 보고 '에이, 참 좆같다.'라고 하면 남자로 변해 과부와 성관계를 하는 경우도 있고, 중이 백(白)과 홍(紅)을 써주며 백백하고 부르면 남자가 나와 과부와 성관계를 하고 홍홍하면 사라지는 경우도 있고, 주인이 준 좆과 비슷하게 생긴 물건을 보고 '아, 이 아까운 것을 어쩌려고.'라고 하면 남자로 변해 과부와 성관계를 하는 경우도 있고, 퇴계선생이 준 봉투에서 남자가 나와 과부와 성관계를 하는 경우도 있다.

*변괴(變怪): 이상야릇한 일이나 재변
*감영(監營): 조선 시대에, 관찰사가 직무를 보던 관아

맞으면 웃는 인형

나무를 깎아 만든 인형. 때리면 인형이 생글생글 웃고, 강하게 때릴수록 더 크게 웃는다

용도	기타
관련문헌	매옹한록

토정이 서울 마포 강가에 살면서 강물의 흐름을 다른 곳으로 조금 옮기려고 마음 먹었다. 그래서 나무로 인형을 깎아 만들어 망치로 인형의 머리를 '탁'치니, 나무 인형이 강물 속으로 들어가 서서 생글생글 웃는 것이었다. 근처 강가에 사는 아이들이 몰려와 인형을 보고 돌을 던져 맞히면 인형이 입을 벌리고 크게 웃었다. 이것이 재미있다고 생각한 아이들은 매일 몰려와 돌을 던지니, 그 돌이 쌓여 언덕이 형성되고 강물의 흐름이 바뀌었다고 한다.

바다를 가르는 홀(笏)

혼례나 제례 때에 사용하던 의식의 순서가 적힌 물건으로, 용궁의 사신들이 사용한다. 이것을 휘두르면 바다가 갈라지며, 용궁으로 가는 길이 열린다

용도	이동용
관련문헌	가야진용왕당기우록

예로부터 가야진은 용왕이 살고 있어 기우제(祈雨祭)*나 기청제(祈晴祭)*를 드리는 곳이었다. 황강에 사는 만랑자는 가뭄이 극심한 가을날 배를 타고 용왕당 위에 올라가 축문을 지어 용왕당 처마에 붙였다. 그 축문에 감동한 용왕이 만랑자에게 사신을 보내 그를 용궁으로 데리고 오라고 했다. 용궁의 사신이 만랑자에게 자초지종을 설명하고 함께 용궁으로 가자며 손에 들고 있던 홀(笏)을 휘두르자 바다가 갈라지며 용궁으로 가는 길이 열렸다.

용왕은 만랑자를 반갑게 맞이하며, 세상 밖의 극심한 가뭄은 인륜도덕(人倫道德) 붕괴에 대한 옥황상제의 징벌임을 알려주었다. 그리고 만랑자가 글을 잘 쓰니 옥황상제에게 축문을 써 올리면 옥황상제가 노여움을 풀고 비를 내려줄지도 모른다면서, 글을 잘 썼다고 고대 중국의 문인들 굴원(屈原), 장건(張騫), 이백(李白), 하지장(賀知章)을 초청해 만랑자와 용왕과 함께 힘을 합쳐 기우축문을 써 옥황상제에게 올리니, 옥황상제는 여러 신하들과 의논한 끝에 우사부(雨師

府)와 해왕욕신(海王慾神)에게 명하여 수일간 비를 내리게 하였다.

만랑자는 용왕에게 감사인사를 올리고, 고대 중국의 문인들과 함께 봉래산으로 들어갔다.

* 기우제(祈雨祭): 고려·조선 시대에, 하지(夏至)가 지나도록 비가 오지 않을 때에 비 오기를 빌던 제사
* 기청제(祈晴祭): 고려·조선 시대에, 입추(立秋)가 지나도록 장마가 계속될 때에 나라에서 날이 개기를 빌던 제사

벼락별

김유신이 성부산에 단을 만들어 신술을 사용하자 나타난 광채로, 하늘에서 날아와서 적군의 모든 것을 파괴한다

용도	공격용
관련문헌	삼국유사

당나라 군사들이 백제를 평정하고 본국으로 돌아간 뒤에 신라 왕은 장수들에게 명하여 백제의 잔당을 추적해 잡으라고 명했다. 신라군이 한산성에 이르러 진을 치고 있었는데, 고구려와 말갈 두 나라 군사들이 공격해 신라군을 포위했다. 서로 공방을 계속하였으나, 고구려와 말갈의 군사들의 포위가 풀리지 않아 신라군은 위기에 빠져있었다.

왕이 이 소식을 듣고서 신하들에게 어떻게 해야 할지 논의를 해도 해결책이 나오지 않았다. 이에 김유신이 "일이 급박하 옵니다. 사람의 힘으로는 불가능하 고 신술로나 구원할 수 있 을 것입니다." 라고 말했다.

김유신은 곧 성부산에 단을 만들어 신술을 사용하자 갑자기 큰 돌만한 광채가 단 위에 나타나더니 별이 날듯 북쪽을

향해 날아갔다. 한산성 안에 포위당해 있던 군졸들은 지원병이 오지 않음을 원망하며 서로 바라보고 울고 있을 뿐이었다. 적군이 공격을 서두르고 있는데 홀연히 한 광채가 남쪽 하늘로부터 날아와선 벼락불이 되어 30여 개소의 포석을 일거에 파괴하였으며, 적군의 활이나 화살, 창 따위가 모두 부서지고, 적은 모두 땅에 쓰러졌다. 얼마 뒤에 적군은 깨어나 뿔뿔이 흩어져 달아나버렸다.

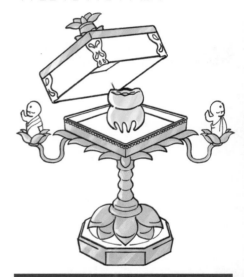

부처님의 어금니

부처님이 인간 세상에 내려보낸 40개의 이 가운데 하나. 소중히 보관하고 있다가 기도를 하거나 소원을 빌면 이루어진다

용도	기타
관련문헌	삼국유사, 고려사

의상법사가 당나라 지상사에 있을 때, 이웃에 도선율사가 있어서 항상 옥황상제가 내리는 하늘의 공

양물을 받아 재를 오리고 있었다. 하루는 도선율사가 의상법사를 초청하여 제를 올리는데 아무리 기다려도 천사(天使)*가 공양물을 가져오지 않았다. 그래서 할 수 없이 빈 그릇으로 제를 마치고 나니 천사가 공양물을 가져왔다. 도선율사가 천사에게 늦은 이유를 묻자 고을 입구에 의상법사를 호위하는 신병들이 지키고 있어 들어오지 못하고 늦었다고 했다. 그래서 도선율사는 의상이 신이한 힘이 있음을 알았다.

다음날 도선율사는 지엄과 의사를 초청해 재를 올리고, 어제 천사의 이야기를 했다. 의상이 도선율사에게 말하길 "스님은 이미 천제(天帝)*의 존경을 받고 계시니 일찍이 듣건대 제석궁(帝釋宮)에는 부처님의 40개의 이 가운데 한 어금니가 있다고 하니, 우리들을 위하여 그 어금니를 부탁하여 인간세상에 내려보내어 복이 되게 하는 것이 어떻습니까?"라고 하였다. 도선이 후에 천사(天使)와 함께 그 뜻을 상제(上帝)에게 전했더니 상제는 7일 안에 부처님의 어금니를 의상에게 보내주었고, 이를 당나라 궁궐에서 모시게 되었다고 한다.

훗날 당나라는 북송으로 바뀌게 되었고, 북송의 황제 휘종은 불교를 멀리하고 도교를 가까이하면서 이 어금니를 배에 띄워 멀리 떠나려 보내려고 하였는데, 그때 국교가 불교였던 고려의 사신들이 이를 알고 중간에서 빼돌려 고려로 가져왔으나 몽고의 침입으로 강화도로 수도를 천도하던 과정에서 사라졌다고 한다. 일설에 따르면 석가여래의 어금니를 보관하고 있다가 이것에 빌면 영험이 이루어진다고 전하고 있다.

* 천사(天使): 종교에 있어서, 신과 인간의 중개자
* 천제(天帝): 중국에서 이야기하는 천상의 최고신

비를 내리게 하는 기계

극심한 가뭄으로 인해 남홍량이 직접 설계하여 만든 기계. 기계에서 비가 흘러 나와서 가뭄을 해결할 수 있다

용도	기타
관련문헌	남홍량전

어느 날 남접역국에 극심한 가뭄이 찾아왔다. 이에 왕이 신하들을 모아 어떻게 하면 좋겠냐고 묻자 남홍량은 천기를 살피더니 얼마 있다가 비가 올 것이니 걱정 안 해도 된다고 했으며, 정말로 그 말대로 되었다.

다음 해 농번기에는 알맞게 비가 내리는 곳도 있었지만, 가뭄인 곳도 있어 왕은 남홍량에게 뭔가 방법이 없는지 물어보았고, 남홍량은 비를 내리게 하는 기계를 만들자고 했다. 왕이 허락하자 남홍량은 직접 설계하여 비를 내리게 하는 기계를 만들었다. 기계를 시험해보니 처음에는 비가 졸졸 나오다가 나중에는 줄줄 나오더니 마지막에는 콸콸 나와 순식간에 숲과 골짜기에 물이 차오르는 지경에까지 이르렀다. 이에 남홍량은 기계

를 멈추고 그것을 들판 한가운데 있는 토담 위에 옮겨 놓는 것으로 가뭄을 해결하였다.

소가면

나무로 깎은 소얼굴 모양의 가면. 사람이 가면이랑 같이 소가죽을 쓰면 진짜 소로 변하며, 이 가면과 가죽을 벗을 수 있는 유일한 방법은 무를 먹는 것이다

용도	변신용
관련문헌	어우야담

한강의 남쪽, 청계산(淸溪山)의 북쪽에 과천(果川) 관사(官舍)가 있다. 관사 뒤편에 간으로 오르는 큰길이 나 있는데, 이 길을 여우고개라고 불렀다.

옛날에 어떤 과객(過客)*이 이 길을 지나다가 몇 칸짜리 초가를 보았는데, 집 안에서 무언가를 두드리는 소리가 들렸다. 과객이 안을 들여다보니 머리가 하얀 노인이 소가죽 위에 앉아 나무를 깎아 소의 머리를 만들고 있었다. 과객이 선 채로 바라보다가 "이것을 만들어 어디에 쓰시렵니까?" 하고 물어보았다. 노인은 "쓸데가 있소."라고 대답하고 소의 머리가 완성되자 과객에게 소의 머리와 깔고 앉아있던 소가죽을 주면서 이것을 한 번 쓰고, 입어보라고 했다.

과객은 장난으로 여기고 관을 벗고서 소머리를 머리에 쓰고, 발가벗은 몸에 소가죽을 입었다. 노인이 이만 벗으라고 했으나 그의 생각처럼 벗겨지지 않았고, 그는 그대로 한 마리의 큰 소가 되어버렸다. 노인은 그를 외양간에 매어 놓았다가 다음 날 타고서 시장으로 갔다. 그때는 농사철로 일이 많을 때였던지라 소가 된 과객은 비싼 값으로 팔리게 되었다. 과객은 큰 소리로 "나는 사람이지 소가 아니오!"라고 외치며 그간의 사정을 다 갖추어 말했으나, 소를 사려는 사람들에게는 그냥 소의 울음소리로만 들렸다.

노인은 비싼 값을 매겨 50단의 베를 받고 소를 팔면서, 소를 산 사람에게 "이 소를 끌고 무밭 가까이는 가지 마십시오. 이 소는 무를 먹으면 곧바로 죽습니다."라 고 말했다. 소를 산 사람은 그 소를 타고 집으로 갔다. 무거운 것을 짊어지고 먼 길을 가거나, 보습*을 메고 땅을 갈다가 피곤해 숨을 헐떡이면 그때마다 채찍질이 가해지니 그 고통을 견딜 수 없었다. 분노하여 아무리 하소연하고자 해도 주인은 알아듣지 못했다. 인간이라는 본래의 형체를 잃고, 가축으로 변하고 만 것을 스스로 비관하여 죽으려 했으나 죽을 수도 없었다. 그 집의 말구유*는 문 가까이에 있었는데, 가동(家童)*이 무를 씻어서 광주리에 가득 채워서 문으로 들어왔다. 과객은 무를 먹으면 반드시 죽을 거라던 노인의 말을 생각하고, 입으로 광주리를 쳐서 무를 땅에 떨어뜨린 뒤 재빨리 몇 개를 먹었다. 무를 먹자마자 소머리가 저절로 떨어지고, 소가죽도 저절로 벗겨져 완연히 발가벗은 사람의 몸이 되었다. 주인이 놀라 묻자 과객은 자초지종을 자세히 이야기해 주고, 다시 여우고개를 찾아가 보았다. 그곳에 초가는 없고 다만 바위 아래에 베 몇 필만이 있었으니, 여우고개란 이름은 이로부

터 비롯된 것이다.

어떤 군자가 이 이야기를 듣고. "이 이야기는 비록 황당한 얘기이지만, 인간 세상의 사실과 크게 비유된다. 세상 사람들은 혼미한 시대에 살면서 올바른 길을 잃고 간사한 사람의 꼬임에 빠지는 경우가 많다. 한번 나쁜 사람의 올가미에 걸려 팔리고 나면, 이 이야기 속의 소처럼 남의 조종을 당할 수밖에 없는 처지가 된다. 그때 수천 마디의 말로 변명해도 사람들이 믿어주지 않으니 슬픈 일이다. 그러니 마땅히 조심해야 한다." 하고 평하면서 주의를 환기시켰다.

* 과객(過客): 지나가는 나그네
* 보습: 쟁기, 극젱이, 가래 따위 농기구의 술바닥에 끼워 사용하는 쇳조각으로 된 삽 모양의 연장
* 구유: 가축의 먹이를 담아주는 그릇
* 가동(家童): 예전에, 집안 심부름을 하는 사내아이 종을 이르던 말

용천이 만든 세 번째 기계

금으로 만든 죽간(竹簡)*과 옥으로 글씨를 새긴 패, 그리고 은으로 만든 병으로 이루어져있는 기계다. 일육수(一六水)라 쓰여진 패를 뽑아 병 안에 넣고 흔들면, 물이 나와 연못으로 만들어버린다

용도	기타
관련문헌	남홍량전

무기류-기계-용천이 만든 기계들의 관련 문헌 <남홍량전>에서 해당 내용 확인 가능

* 죽간(竹簡): 중국에서 종이가 발명되기 전에 글자를 기록하던 대나무 조각

조화환(造化環)

뛰어난 능력을 가진 마월섬의 무기로, 신통한 고리이다. 적을 향해 던지면 겁을 먹고 정신을 잃으며, 혼란에 빠지고 사지를 마음대로 사용하지 못한다. 인간 세상에는 막을 수 있는 것이 없으며, 오직 삼광주(三光珠)만이 이를 부술 수 있다

용도	공격용
관련문헌	사각전

무기류-검-벽력도의 관련 문헌 <사각전>에서 해당 내용 확인 가능

하늘을 나는 종이학

사람이 탈 수 있을 정도로 커다란 종이 학. 이것을 타고 하늘을 날아다닐 수 있다

용도	이동용
관련문헌	동야휘집

문유영은 남원사람으로 아내를 잃고, 재혼을 하려고 했으나 잘되지 않았다. 하루는 운봉(雲峰)주점에 들러 청노새를 탄 한 노인을 만나 술을 마시면서 사정 얘기를 했다. 노인은 "동남쪽으로 10리쯤 가면 좋은 일이 있을 것이다."라고 일러주었다. 문유영은 노인이 말한 대로 동남 방향으로 10리쯤 가니 많은 사람이 모여 연극 구경을 하는데, 저쪽 수양버들 밑에 있는 누각에서 여인이 내다보고 있었다. 문유영이 그 여인을 보고 있으니, 등 뒤에서 한 남자가 나타나 강제로 끌고 그 누각으로 가면서 여인은 자기 누이동생인데 인연을 맺으라 했다.

그래서 방에 들어가 있으니 여인이 아름답게 꾸미고 나타나 앉았는데, 조금 후 여인의 모친이 와서 여인을 불러 데리고 나갔다. 이후로 문유영은 혼자 앉아 밤을 새우는데, 새벽에 여인이 병풍 뒤에서 나타나 옷을 벗고 휘장(揮帳)*으로 들어갔다. 문유영은 정감이 솟아올라 곧 그쪽으로 가서 휘장으로 들어가 보니 목침만 있고 여인은 없었다. 아침에 여인이 왔기에 물어도 대답해 주지 않았다. 이튿날 밤은 문유영이 휘장에 먼저 들어가 있으니, 여인이 간략한 옷차림으로 나타나 자리에 앉기에 문유영이 달려 나가 껴안으니 역시 여인은 나는 듯이 사라지고 흔적이 없었다.

다음 날 아침 영저(英姐)라는 여자아이가 지나가다가 문유영이 글씨를 쓰고 있는 것을 보고 옆에 와, 글을 읽을 줄 아느냐고 물었다. 그래서 글을 안다고 대답하니, 영저는 크게 탄식하는 것이었다. 문유영이 까닭을 물으니 영저는 다음과 같이 설명했다.

오빠가 환술(幻術)*에 빠져 남의 재물을 뺏으려고 언니를 시켜 남자들을 유혹하게 하고, 결혼하게 하는 것처럼 꾸미지만 동침은 시키지 않고 죽이는데, 지금까지 이 꼬임에 빠져 죽는 남자를 여러 명 보았다고 했다. 그리고 오늘 밤 문유영도 죽게 되어 있다고 말했다.

문유영이 살아날 방법을 물으니, 영저는 이불속에 홍록(紅綠)실 36가닥으로 묶인 육갑부(六甲符)가 들어 있는데, 이것을 꺼내 없애면 환술이 풀려 언니가 몸을 숨기지 못하게 될 테니, 이때를 놓치지 말고 언니와 환애(歡愛)해 부부의 인연을 맺으면 살 수 있다고 일러주었다.

그래서 영저가 시킨 대로 이불 속에서 그 육갑부를 찾아내 없애고 기다리니, 여인이 지난밤처럼 나타나서 자리에 들어가다가는 놀라며 일어나 앉아 "어린것이 다 말해 주었구나. 그러나 운명이니 어떻게 하리."라고 말하고 순순히 문유영과 잠자리를 함께했다.

그런 다음 여인은 부부가 되었으니 빠져나갈 방법을 일러 주겠다고 말하고, 막대기 끝에 수탉을 한 마리 동여매 주면서, "이 막대기를 어깨에 메고 급히 빠져나가 30리 가면 이 닭이 울

것입니다. 그때 막대기를 땅에 집어 던지고 도망쳐 20리쯤 더 가면 거기서 나를 만나게 될 테니 급히 떠나시오."라고 말했다. 문유영이 여인이 시키는 대로 해 빠져나가 30리쯤 가니 막대기에 매인 닭이 울었다. 곧 닭을 땅에 던지니까 어디에서 흰빛이 날아와 닭을 때려 즉사시켰다. 이는 문유영이 도망간 것을 알고 여인 오빠가 잡으러 가려는 것을, 여인이 오빠에게 환술로 칼을 날려 죽이라고 유도했기 때문이었다.

문유영은 거기를 떠나 20리를 더 가니 여인이 학을 타고 내려왔다. 그 학을 자세히 보니 종이학이었다. 여인은 "환술의 범위는 50리 밖으로는 미치지 못합니다."라고 말하며 함께 시골로 돌아가 살자고 했다. 그래서 문유영이 여인과 함께 시골에 가서 사는데, 하루는 여인의 아우 영저가 찾아왔다. 언니는 동생인 영저까지 문유영과 결혼하게 하니, 문유영은 두 아내를 얻게 되었다.

어느 날 한 노인을 만났는데, 여인이 노인을 보고는 자기 오빠를 가르친 스승이라고 말했다. 이에 노인은 "여인 오빠에게 신선술을 가르쳤는데, 열심히 하지 않아 신선술을 완성하지 못하고 환술로 빠져, 내 가르친 술법을 응용해 사람들을 괴롭혔으니 타일러도 듣지 않아 죽이기로 했다. 그런데 죄 없는 여동생 둘을 구출해야 했기에 자네를 보내 데리고 나오게 한 것이고, 여인의 오빠와 가정은 완전히 멸망하게 되어 있다."라고 말했다. 이 말을 들은 여인은 통곡했고, 문유영이 며칠 후 노인이 일러준 날 여인 오빠의 가정에 가서 살피니 과연 관군들이 닥쳐 모두 끌고 갔다.

* 휘장(揮帳): 피륙을 여러 폭으로 이어서 빙 둘러치는 장막
* 환술(幻術): 남의 눈을 속이는 기술

하늘을 받치는 동기둥

기울어진 하늘의 한쪽을 받치는 역할을 한다

용도	기타
관련문헌	조선민담집

아주 먼 옛날, 하늘의 한쪽이 기울어진 때가 있었다. 옥황상제는 커다란 동으로 된 기둥으로 기울어진 쪽을 받치려고 했다. 그러나 땅은 공간에 걸려 있으므로, 그 기둥의 무게 때문에 자꾸만 밑으로 내려가 기둥의 밑이 지상을 받칠 수가 없게 되었다. 그래서 옥황상제는 천하에서 제일 크고 힘센 장군에게 명하여 땅 밑에서부터 어깨에 땅을 매고 받쳐 기둥을 세우도록 하였다. 그 장군은 지금도 어깨 위에 땅을 받치고 있지만, 어깨가 때때로 아프기 때문에 어깨를 바꿀 때가 있는데 그 때마다 땅이 움직여 지진이 되었다.

옛날에는 지진이 잦았는데, 오랜 세월 땅을 받쳐 장군의 어깨가 단련되어 오래 참을 수 있게 되어 지금은 지진이 조금 일어난다고 한다.

출전

서적

[계서야담(溪西野談)]	이희준, 유화수 역	국학자료원	2003
[고려사 - 열정과 자존의 오백년]	이상각	들녘	2015
[고전소설 해제]	조선문학창작사고전연구실	한국문화사	1994
[교감역주 천예록(天倪錄)]	임방, 정환국 역	성균관대학교출판부	2005
[국선생전(麴先生傳)]	이규보, 권영순 외 역	농촌진흥청	2012
[국역 대동야승] 전 18권	민족문화추진회	민문고	1989
[국역 학산한언] 전 2권	신돈복, 김동욱 역	보고사	2007
[권용선전(權龍仙傳)]	미상	국립중앙도서관본	
[금계필담, 낙향 선비의 은밀한 조선록]전 7권	서유영, 황의웅 역	돌도래	2017
[금방울전]	최운식 역	지식을만드는지식	2013
[금방울전]	미상	국립중앙도서관본	
[금오신화(金鰲新話)]	김시습	국립중앙도서관본	
[기문총화(記聞叢話)]	미상	국립중앙도서관본	
[기문총화]	미상	국립중앙도서관본	
[기장군지]		기장군지편찬위원회	2001
[김원전(金園傳)]	미상	대영박물관본	
[남북이 함께 읽는 우리 옛이야기]	건국대학교 통일인문학연구단	박이정	2017
[남정팔난기(南征八難記)]	이윤석 역	이회문화사	2006
[남정팔난기(南征八難記)]	미상	규장각본	
[남제주군 대정읍 가파리 (학술조사보고서)]		제주대학교 국어국문학과	1974
[남홍량전(南洪量傳)]	미상	국립중앙도서관본	
[녹파잡기(綠波雜記)]	한재락	휴머니스트	2017
[동패낙송(東稗洛誦)]	노명흠	일본 도요문고본	
[매옹한록(梅翁閑錄)]	박양한	장서각본	
[매화전(梅花傳)]	서유경 역	박문사	2018
[명주옥연기합록]	미상	국립중앙도서관본	
[반필석전(班弼錫傳)]	미상	숭실대학교 한국기독교박물관본	
[방주전]	미상	지식을 만드는 지식	2017
[백두산 설화 연구]	정제호 외	고려대 민족문화연구소	1992
[백두산 전설]	이천록 외	연변인문출판사	1989

[백학선전(白鶴扇傳)]	미상	국립중앙도서관본	
[보은기우록 현대어본]	임치균 외 역	한국학중앙연구원	2019
[보은기우록(報恩奇遇錄)]	미상	장서각본	
[사각전(謝角傳)]	미상	국립중앙도서관본	
[살아있는한국신화]	신동흔	한계레출판	2014
[삼국사기(三國史記)]	김부식	한불학예사	2013
[삼국유사(三國遺事)]	정욱	진한엠앤비	2008
[삼한습유(三韓拾遺)]	김소행	서울대학교 도서관본	
[삼한습유(三韓拾遺)]	김소행, 조혜란 역	고려대학교민족문화연구원	2007
[상운전]	미상	장서각본	
[석태룡전(石太龍傳)]	미상	고려대학교 도서관본	
[설공찬전]	채수, 이복규 편저	시인사	1997
[소한세설(消閒細說)]	미상	단국대학교율곡기념도서관본	
[소현성록(蘇賢聖錄)]	미상	규장각본	
[소현성록(蘇賢聖錄)] 전 4권	최수현 외 역	소명출판	2010
[시왕경]	김두재 역	성문	2006
[신재효의 판소리사설집]	신재효, 강한영 역	교문사	1996
[쌍성봉효록(雙星奉孝錄)]	미상	국립중앙도서관본	
[양풍운전(楊豊雲傳)]	미상	국립중앙도서관본	
[어우야담]	유몽인, 신익철 역	돌베개	2006
[역주 동국세시기]	과학원고전연구실	한국문화사	1999
[영남의 전설]	유증선	형설출판사	1971
[영이록 현대어본]	임치균 외 역	한국학중앙연구원	2010
[옥난빙]	미상	동양문고본	
[옥루몽(玉樓夢)]	남영로	회동서관본	
[완월회맹연]	미상	장서각본	
[왕현전(王賢傳)]	미상	박순호 소장본	
[요재지이(聊齋志異)] 전 6권	포송령, 김혜경 역	민음사	2002
[우리 신화 상상 여행]	신동흔	나라말	2017
[운수전(雲水傳)]	미상	이수봉 소장본	
[원회록(冤悔錄)]	미상	강전섭 소장본	
[위현전(魏賢傳)]	미상	박순호 소장본	
[위현전(魏賢傳)]	미상	사재동 소장본	
[유충렬전(劉忠烈傳)]	미상	국립중앙도서관본	
[이만영전]	양승민 외 교주	선문대학교 중한번역문헌연구소	2006
[이화전(李華傳)]	미상	국립중앙도서관본	

[임석재전집 한국구전설화집] 전 12권	임석제	평민사	1991
[임씨삼대록(林氏三大錄)]	미상	장서각본	
[잡고기담(난실만필)]	임매	돌도래	2018
[장국진전(張國振傳)]	미상	국립중앙도서관본	
[장수의 설화(하)]	장수문화원		2017
[장인걸전(張仁傑傳)]	미상	서울대학교 가람문고본	
[장한절효기(張韓節孝記)]	미상	국립중앙도서관본	
[장한절효기(張韓節孝記)]	미상	신명서림본	
[전우치전(田禹治傳)]	미상	규장각본	
[정을선전(鄭乙善傳)]	미상	국립중앙도서관	
[제주도 무가본풀이사전]	진성기	민속원	1991
[제주도 본향당 신앙과 본풀이]	문무병	민속원	2008
[제주민요채록집-제주민요사전]	좌혜경 외	제주발전연구원 제주학연구센터	2015
[조선동화대집]	최인학	민속원	2009
[조선민담집]	손진태	제이앤씨	2013
[조선설화집]	손진태, 최인학 역	민속원	2009
[조선왕조 500년 괴담]	김현룡	자유문화사	2004
[조선의 전설]	다와다마키	동경 박문관	1919
[조선조말 구전설화집]	최인학	박이정	1999
[조웅전(趙雄傳)]	미상	국립중앙도서관본	
[중요무형문화재지정자료, 관북지방무가(추가본)]	임석재	문화재관리국	1965
[지봉유설]	이수광, 남만성 역	을유문화사	1994
[청구야담, 조선에 핀 오백 년 이야기 꽃] 전 19권	황희웅 역	돌도래	2016
[청장관전서(靑莊館全書)]	이덕무	규장각본	
[촌담해이(조선의 육잠에 빠지다)]	강희맹, 황의웅 역	돌도래	2015
[최치원전]	미상	도디드	2014
[태원지 현대어본]	임치균 외 역	한국학중앙연구원	2013
[태원지(太原誌)]	미정	장서각본	
[태평광기]전 21권	이방 외, 김장환 외 역	학고방	2004
[파한집(破閑集)]	이인로	신원문화사	2002
[팔역지]	이중환	국립중앙도서관본	
[하진양문록(河陳兩門錄)]	윤석범 윤색, 이동윤 주해	문예출판사	1987
[한거만록(閑居漫錄)]	정재륜	국립중앙도서관본	
[한국 고전소설 등장인물 사전] 전 25권	조희웅	지식을만드는지식	2013
[한국 고전소설사 큰사전] 전 69권	조희웅	지식을만드는지식	2018
[한국 구전설화집] 전 23권	박종익	민속원	2000

[한국 신이 요괴 사전]	최인학	민속원	2020
[한국고전문학전집 29 제주도무가]	현용준, 현승환	고려대학교 민족문화연구소	1996
[한국고전소설해제집] 전 2권	고전문학실	보고사	1997
[한국구비문학대계] 전 83권		한국정신문화연구원	1980-1988
[한국문헌설화] 전 7권	김현룡	건국대학교출판부	2000
[한국의 민담]	임동권	서문당	1986
[한국의 민담]	최운식	시인사	1987
[한국의 민담]	홍태환	민속원	1999
[한국의 전설] 전 10권	박영준	한국문화도서출판사	1974
[한국의 판타지 백과사전]	도현신	생각비행	2018
[한국의전래소화]	이훈종	동아일보사	1969
[해당향(海棠香)]	미상	국립중앙도서관본	
[현봉쌍의록]	미상	장서각본	
[현수문전]	미상	국립중앙도서관본	
[호질(虎叱)]	박지원	유페이퍼	2013
[화계박영만의 조선전래 동화집]	박영만	보고사	2013
[황백호전]	권택무 윤색·주해	연문사	2000
[황장군전(黃將軍傳)]	미상	동미서시본	

논문

이후남	[고전소설의 요괴 서사 연구]	한국학중앙연구원 박사학위 논문	2017
정재윤	[〈남홍량전〉 연구]	한국학중앙연구원 석사학위 논문	2017
김승호	[태허당의 < 가야진용왕당기우록 (伽倻津龍王堂奇遇錄) > 연구]	한국고소설학회 학술 논문	1999

사이트

교육과학기술부	[한국구비문학대계DB]	https://gubi.aks.ac.kr/web/
국사편찬위원회	[조선왕조실록DB]	http://db.history.go.kr/
한국고전번역원	[한국고전종합DB]	https://db.itkc.or.kr/

출처별 도구 모음

문헌 출처의 가나다 순에 따라 한 눈에 보기 도구 리스트를 표로 만들었습니다. 하나의 이야기에 함께 나오는 도구들은 묶어서 표기하였고, 같은 문헌에 여러 이야기가 나오는 경우, 각 이야기별로 나누어 따로 표기하였습니다.

문헌	도구명
가야진용왕당기우록	바다를 가르는 홀
계서야담	청학동일기(靑鶴洞日記)
구전설화 - 흑룡의 불칼과 백장군의 만근도	만근도(万斤刀)
	불칼
	청석봉 옥장천의 물
구전설화	떠돌이 도승의 파란 부채
구전설화	벼락몽둥이
구전설화	요술맷돌
구전설화	해인(海印)
국선생전	복숭아 꽃
권익중전	낭중 갑옷
	비수검(匕首劍)
	자용검(自用劍)
	풍운선(風雲扇)
	비룡장(飛龍杖)
	철퇴
	보신주
금계필담	예언서
금령전	장원의 보검
	백의 신선의 붉은 부채
	하루에 천리를 갈 수 있는 부채
	오색명주
	금령(金鈴)
금섬전	보신갑(保身甲)
	천축도사의 단검
	칠성검(七星劍)
	붉은 구슬 한쌍

금오신화	홍규포
기문총화	우장자검(右將雌劍)
	좌장웅검(左將雄劍)
김원전	보신갑(保身甲)
	아귀의 보검
	산호채
	자금일월용봉의 투구
	홍갑선
	천서 세 권
	무엇이든 나오는 연적
난실만필	청초도(靑鞘刀)
남정팔난기	취화포(吹火砲)
	혼천승(渾天繩)
	살만부(殺萬符)
남제주군 대정읍 가파리 학술조사보고서	도깨비 등불
남홍량전	오릉응심기(五稜應心機)
	용천이 만든 첫번째 기계: 불태우는 도구
	용천이 만든 두번째 기계: 불길을 일으키는 도구
	팔풍비행거(八風飛行車)
	비를 내리게 하는 기계
	용천이 만든 세번째 기계
내두산과 칠성봉	지옥신의 독
	막내의 약물
녹파잡기	인어의 고기
동국세시기	용의 알
동야휘집	선녀의 다듬이 방망이

동야휘집 - 하늘을 나는 종이학	육갑부(六甲符)		백학선전	조은하의 갑옷
	하늘을 나는 종이학			일광검
동패낙송	신인(神人)의 배			백학선
동패낙송 - 인조신장	스님의 가루약		보은기우록	문창성의 붓
	인조신장		보은기우록	신궁
마누라본풀이	인물도감책		보은기우록	천계의 천서(天書)
매옹한록	맞으면 웃는 인형		북한 설화 - 물속나라 요괴의 피	수로달의 삼지창
맹감본풀이	인물도성책			물속나라 요괴의 피
	백년해골			수로달의 구렁이 허물
민간전승 - 고독	구미호의 고기			금붕어가 건넨 진주 세 알
	고독		사각전	벽력도
	금잠고			송백도
민간전승 - 여우잡는 호리병	빨간 병			삼광주(三光珠)
	파란 병			조화환(造化環)
	하얀 병		산천굿	팔모야광주
민간전승 - 용갑옷	용갑옷		삼국사기	김유신의 신검
	세상의 모든 독을 해독할 수 있 는 구슬		삼국사기 - 자명고와 자명각	자명각(自鳴角)
				자명고(自鳴鼓)
민간전승	금척		삼국유사 - 만파식적	검은 옥대
민간전승	도깨비 감투			만파식적(萬波息笛)
민간전승	선녀의 날개옷		삼국유사, 민간전승 - 아기장수 설화	콩으로 만든 갑옷
민간전승	호랑이로 변하는 책			곡물로 만든 병사
바리데기	바리의 낭화		삼국유사 - 현금과 신적	신적
	뼈살이꽃			현금(玄琴)
	살살이꽃		삼국유사	벼락별
	숨살이꽃		삼국유사	부처님의 어금니
	피살이꽃		삼국유사	시주를 다니는 석장
	혼살이꽃		삼국유사	학의 깃털
	삼천리의 약수		삼국유사	황제의 여의주
반필석전	자물쇠 귀신		삼승할망본풀이	노각성자부줄
	태행산 금부처			은가위
방주전	열녀검			멸망꽃
	홍선(紅扇)			번성꽃
	홍포(紅袍)와 화관(花冠)			생불꽃
백두산 부리봉 설화	솔개그림		삼한습유	용의 고기

삼한습유	홍금상(紅錦裳)
	금강수화침(金剛繡花針)
삼한습유 - 패향옥녀(佩香玉女) 의 향	선적(仙籍)
	패향옥녀(佩香玉女)의 향
	푸른 삽살개의 털
석태룡전	공명 선생의 갑주(甲胄)
설공찬전	복숭아 나뭇가지
성호사설	염매(魘魅)
소한세설	선녀의 방아공이
소현성록	칠성참요검(七星斬妖劍)
속제해지	옛날거울
손님굿	호반손님의 활
	문신손님의 붓
	명신손님의 은침&철침
시왕경	업경
쌍성봉효록	회면단(回面丹)
	미혼변심단
	회심단(回心丹)
	혼신보명단
	개용단(改容丹)
	철삭(鐵索)
양풍운전	삼광검
	철통골의 채찍
	철통골의 흰 병
	옥룡전의 북
	낙화
	철통골의 꽃가지
	불로단(不老丹)
	보신갑(保身甲)
어우야담	경귀석(警鬼石)
어우야담	귀신이 붙은 불상
어우야담	머리카락과 수염이 자라는 나무
어우야담	뱀의 뿔
어우야담	삼원명감수(三元明鑑數)
어우야담	소가면
어우야담	인어의 기름

어우야담	호랑이의 독
어우야담	환혼석(還魂石)
여암전서	비차(飛車)
영남의 전설	느티나무 정령의 약
영이록	5마리의 인조룡
오주연문장전산고	백조 기계
옥난빙	참요검
	망심단
옥루몽	부용검(芙蓉劍)
옥루몽	호로병
위현전	장신갑옷
	벽력퇴
	낙화선
	멸화선(滅火扇)
	비선(飛船)
	보신주
	용천검(龍泉劍)
운수전	운수병(雲水瓶)
원천강본풀이	여의주(如意珠)
원회록	철장(鐵杖)
유충렬전	용린갑
	장성검
	일광주
	꿈속 노인의 붉은 부채
	신화경
이공본풀이	멸망꽃
	불 붙을 꽃
	수레멸망악심꽃
	싸움꽃
	울음꽃
	웃음꽃
	뼈살이꽃
	살살이꽃
	숨살이꽃
	피살이꽃
	혼살이꽃

이세경본풀이	멸망꽃
	뼈살이꽃
	살살이꽃
	숨살이꽃
	피살이꽃
	혼살이꽃
인귀설화	그림귀신
임석재 전집 한국구전설화 - 검은 작대기	검은 작대기
	노파의 피
임석재 전집 한국구전설화	곽재우의 붉은 옷
임석재 전집 한국구전설화	궁감투
임석재 전집 한국구전설화	도깨비 장대
임석재 전집 한국구전설화	도깨비의 책
임석재 전집 한국구전설화	뚝배기 아기
임석재 전집 한국구전설화	매의 깃털
임석재 전집 한국구전설화	바위 속 마을
임석재 전집 한국구전설화	벼락칼
임석재 전집 한국구전설화	열녀의 거울
임석재 전집 한국구전설화	원하는 것이 나오는 화로
임석재 전집 한국구전설화	젊어지는 물
임석재 전집 한국구전설화	춤추고 노래하는 지팡이
임석재 전집 한국구전설화	향나무 방패
임석재 전집 한국구전설화	호침(虎針)
임석재 전집 한국구전설화	홀련만년 풍덕새의 꼬리 깃털

임석재 전집 한국구전설화	황계(黃鷄) 수탉
임씨삼대록	보요삭
장국진전	풍운갑(風雲甲)
	절운도(切雲刀)
	팔광검(八光劍)
	청학선(靑鶴扇)
	유부인의 바늘 한 쌍
	오금도사의 물병
	백가지 병이 소멸하는 술
	여학도사가 준 신기한 약
	용궁에서 받은 선약(仙藥)
	백원도사의 화전
	백원도사의 부적
장수의 설화 하권 - 원숭이들의 보물	원숭이의 채찍
	원숭이의 갓
	원숭이의 호미
장인걸전	고정금
장한절효기	검각산 신령의 보검
	조마경
	대망의 부적
전우치전	여우의 천서
	부용삭
	선과
	여우구슬
정을선전	금성진인(金城眞人)의 금약(金藥)
제주시 화복1동 윤동지 영감당 설화	미륵석상
조선동화집 - 파란 구슬, 빨간 구슬	빨간 구슬
	파란 구슬
조선민담집	용궁의 보물상자
조선민담집	천상 공주의 반지
조선민담집	체부동 집의 옥함
조선민담집	하늘을 받치는 동기둥
조선왕조실록 - 평양부편	용광검
	오룡거

조선의 전설	뱀의 관
조선의 전설	비를 내리게 하는 병
조선전래동화집 - 또아리검	또아리검
	박쥐괴물의 주머니
	쇠로 만든 궤짝
조선전래동화집 - 코가 길어지는 아가위	입으면 보이지 않는 두루마기
	돈이 나오는 주머니
	군병들이 나오는 나팔
	노란 아가위
	빨간 아가위
조선전래동화집	하늘을 나는 옷
조선조말 구전설화집	신선의 바둑돌
조웅전	백마혈인검
	조웅검
	환약 세 알
지봉유설	용의 표주박
천예록	목우병마(木偶兵馬)
천예록	여우의 천서(天書)
천예록	정통주
천예록	환영 장막
천지왕본풀이	무쇠활과 화살
	쇠테
	옥황이 준 박씨
청구야담	귀물의 구슬
청구야담	신선약
청구야담	용의 비 내리는 병
청구야담	주석
청구야담	진시황의 화로
청구야담	항우의 그림
청파극담 - 귀신붙은 가면	가면에서 자라난 버섯
	귀신붙은 가면
청파극담	귀신의 활과 화살
청파극담	살귀환(殺鬼丸)
촌담해이	도깨비가 선물한 양물
최치원전 등 고전소설 다수	부적

태원지	음양신명봉
	하늘의 계시를 적은 책
	응천의 배
	종황의 부적
태평광기	도깨비 방망이
팔역지	의상대사의 지팡이
필원잡기	빛의 구슬
학산한언	경액(瓊液)
한거만록	피를 흘리는 가죽자루
한국구비문학대계 - 멍석귀신, 지게귀신	멍석귀신
	지게귀신
한국구비문학대계 - 선녀가 봉인된 병풍	선녀가 봉인된 병풍
	송화주(松花酒)
한국구비문학대계	도깨비 사역서
한국구비문학대계	돌을 부리는 채찍
한국구비문학대계	두 개의 뒷박
한국구비문학대계	미인으로 둔갑하는 해골
한국구비문학대계	박달나무 방아
한국구비문학대계	산신령의 안경
한국구비문학대계	신기한 궤짝
한국구비문학대계	신기한 은장도
한국구비문학대계	옥통소
한국구비문학대계	용 곰국
한국구비문학대계	이무기 육포
한국구비문학대계	저절로 끓는 솥가마
한국구비문학대계	짐승의 말이 들리는 보자기
한국구비문학대계	청소녀
한국구비문학대계	호랑이 눈썹
한국의 민담	고추장종지 귀신
한국전래소화	과거를 잊게 하는 술
한국전래소화 -빨간 부채, 파란 부채	빨간 부채
	파란 부채
해당향	악비의 보검
해동야언	구리술잔

호질	여우의 갓	
	여우의 신	
	여우의 꼬리	
황백호전	열봉채	
	팔광주	
황장군전	참룡검	
	참사검	
흥부전	능청낭	
	요지경	
	화한단(火漢緞)	
	보수표(報讐瓢)	
	보은표(報恩瓢)	
	개언초(開言草)	
	불로초(不老草)	
	개안주(開眼酒)	
	환혼주(還魂酒)	
	불사약(不死藥)	

주식회사 화화

꽃 화, 이야기 화. 즉, 이야기꽃을 피운다는 뜻의 '화화'입니다. 한국 전통 콘텐츠를 모던하고 글로벌한 감각으로 개발하여 세계에 널리 알리는 것을 목표로 하는 출판/기획/디자인 스튜디오 입니다.

블로그 https://blog.naver.com/hwahwa_studio

묘시월드

화화 스튜디오는 어릴 적 듣던 설화부터 [어우야담], [성호사설], [열하일기], [청장관전서] 등 알려지지 않은 문헌 속 요괴들까지 섭렵하여 창의적이고 다양한 한국신화 캐릭터들이 등장하는 판타지 세계 <묘시월드>를 만들었습니다. <묘시월드>는 한국만의 특색있는 정서와 문화를 담은 콘텐츠로, 그 중심이 되는 고양이신 '묘신(猫神)'을 통해 이제껏 볼 수 없었던 차별화된 한국형 판타지 이야기와 설정을 사용하며, 이는 <묘시월드 도감>과 <묘시BackDo> 보드게임, 그리고 현재 제작 중인 애니메이션을 통해 자세히 확인하실 수 있습니다.

인스타그램 @meoshiworld

<묘시월드> 관련 캐릭터굿즈 및 화화 스튜디오의 모든 도서와 보드게임은 "화화 스튜디오 네이버스토어"를 통해 구매 가능합니다.
https://smartstore.naver.com/hwahwa

SPECIAL THANKS TO
한국괴물 전문가 **이승민**

건국대학교 국어국문학과 고전문학전공 박사 과정 수료
석사학위논문 <한국 구비설화 속 괴물의 양태와 콘텐츠화 전망>집필
<한국요괴대백과> 글 작가

이승민 선생님은 2020년부터 화화 스튜디오의 제작팀에 합류해 한국형 요괴 판타지 <묘시월드>와 <한국 판타지 아이템 도감> 등 여러 프로젝트의 기획 및 집필을 도와주시고 계십니다. 특히 이번 도감 내용은 이선생님의 방대한 리서치를 바탕으로 만들어졌으며, 양장본에 들어간 아이템의 삽화 일러스트에도 많은 아이디어를 제공해 주셨습니다.

블로그 이선생의 신화도서관 : http://lsm20418.egloos.com/